中国自主知识体系研究文库

敦煌学概论

郝春文 等 著

中国人民大学出版社
·北京·

"中国自主知识体系研究文库"编委会

编委会主任

张东刚　林尚立

编委（按姓氏笔画排序）

王　轶	王化成	王利明	冯仕政	刘　伟	刘　俏	孙正聿
严金明	李　扬	李永强	李培林	杨凤城	杨光斌	杨慧林
吴晓求	应　星	陈　劲	陈力丹	陈兴良	陈振明	林毅夫
易靖韬	周　勇	赵世瑜	赵汀阳	赵振华	赵曙明	胡正荣
徐　勇	黄兴涛	韩庆祥	谢富胜	臧峰宇	谭跃进	薛　澜
魏　江						

总　序

张东刚

2022年4月25日，习近平总书记在中国人民大学考察调研时指出，"加快构建中国特色哲学社会科学，归根结底是建构中国自主的知识体系"。2024年全国教育大会对以党的创新理论引领哲学社会科学知识创新、理论创新、方法创新提出明确要求。《教育强国建设规划纲要（2024—2035年）》将"构建中国哲学社会科学自主知识体系"作为增强高等教育综合实力的战略引领力量，要求"聚焦中国式现代化建设重大理论和实践问题，以党的创新理论引领哲学社会科学知识创新、理论创新、方法创新，构建以各学科标识性概念、原创性理论为主干的自主知识体系"。这是以习近平同志为核心的党中央站在统筹中华民族伟大复兴战略全局和世界百年未有之大变局的高度，对推动我国哲学社会科学高质量发展、使中国特色哲学社会科学真正屹立于世界学术之林作出的科学判断和战略部署，为建构中国自主的知识体系指明了前进方向、明确了科学路径。

建构中国自主的知识体系，是习近平总书记关于加快构建中国特色哲学社会科学重要论述的核心内容；是中国特色社会主义进入新时代，更好回答中国之问、世界之问、人民之问、时代之问，服务以中国式现代化全面推进中华民族伟大复兴的应有之义；是深入贯彻落实习近平文化思想，推动中华文明创造性转化、创新性发展，坚定不移走中国特色社会主义道路，续写马克思主义中国化时代化新篇章的必由之路；是为解决人类面临的共同问题提供更多更好的中国智慧、中国方案、中国力量，为人类和平与发展崇高事业作出新的更大贡献的应尽之责。

一、文库的缘起

作为中国共产党创办的第一所新型正规大学，中国人民大学始终秉持着强烈的使命感和历史主动精神，深入践行习近平总书记来校考察调研时重要讲话精神和关于哲学社会科学的重要论述精神，深刻把握中国自主知识体系的科学内涵与民族性、原创性、学理性，持续强化思想引领、文化滋养、现实支撑和传播推广，努力当好构建中国特色哲学社会科学的引领者、排头兵、先锋队。

我们充分发挥在人文社会科学领域"独树一帜"的特色优势，围绕建构中国自主的知识体系进行系统性谋划、首创性改革、引领性探索，将"习近平新时代中国特色社会主义思想研究工程"作为"一号工程"，整体实施"哲学社会科学自主知识体系创新工程"；启动"文明史研究工程"，率先建设文明学一级学科，发起成立哲学、法学、经济学、新闻传播学等11个自主知识体系学科联盟，编写"中国系列"教材、学科手册、学科史丛书；建设中国特色哲学社会科学自主知识体系数字创新平台"学术世界"；联合60家成员单位组建"建构中国自主的知识体系大学联盟"，确立成果发布机制，定期组织成果发布会，发布了一大批重大成果和精品力作，展现了中国哲学社会科学自主知识体系的前沿探索，彰显着广大哲学社会科学工作者的信念追求和主动作为。

为进一步引领学界对建构中国自主的知识体系展开更深入的原创性研究，中国人民大学策划出版"中国自主知识体系研究文库"，矢志打造一套能够全方位展现中国自主知识体系建设成就的扛鼎之作，为我国哲学社会科学发展贡献标志性成果，助力中国特色哲学社会科学在世界学术之林傲然屹立。我们广泛动员校内各学科研究力量，同时积极与校外科研机构、高校及行业专家紧密协作，开展大规模的选题征集与研究激励活动，力求全面涵盖经济、政治、文化、社会、生态文明等各个关键领域，深度挖掘中国特色社会主义建设生动实践中的宝贵经验与理论创新成果。为了保证文库的质量，我们邀请来自全国哲学社会科学"五路大军"的知名专家学者组成编委会，负责选题征集、推荐和评审等工作。我们组织了专项工作团队，精心策划、深入研讨，从宏观架构到微观细节，全方位规划文库的建设蓝图。

二、文库的定位与特色

中国自主的知识体系，特色在"中国"、核心在"自主"、基础在"知识"、关键在"体系"。"中国"意味着以中国为观照，以时代为观照，把中国文化、中国实践、中国问题作为出发点和落脚点。"自主"意味着以我为主、独立自主，坚持认知上的独立性、自觉性，观点上的主体性、创新性，以独立的研究路径和自主的学术精神适应时代要求。"知识"意味着创造"新知"，形成概念性、原创性的理论成果、思想成果、方法成果。"体系"意味着明确总问题、知识核心范畴、基础方法范式和基本逻辑框架，架构涵盖各学科各领域、包含全要素的理论体系。

文库旨在汇聚一流学者的智慧和力量，全面、深入、系统地研究相关理论与实践问题，为建构和发展中国自主的知识体系提供坚实的理论支撑，为政策制定者提供科学的决策依据，为广大读者提供权威的知识读本，推动中国自主的知识体系在社会各界的广泛传播与应用。我们秉持严谨、创新、务实的学术态度，系统梳理中国自主知识体系探索发展过程中已出版和建设中的代表性、标志性成果，其中既有学科发展不可或缺的奠基之作，又有建构自主知识体系探索过程中的优秀成果，也有发展创新阶段的最新成果，力求全面展示中国自主的知识体系的建设之路和累累硕果。文库具有以下几个鲜明特点。

一是知识性与体系性的统一。文库打破学科界限，整合了哲学、法学、历史学、经济学、社会学、新闻传播学、管理学等多学科领域知识，构建层次分明、逻辑严密的立体化知识架构，以学科体系、学术体系、话语体系建设为目标，以建构中国自主的知识体系为价值追求，实现中国自主的知识体系与"三大体系"有机统一、协同发展。

二是理论性与实践性的统一。文库立足中国式现代化的生动实践和中华民族伟大复兴之梦想，把马克思主义基本原理同中国具体实际相结合，提供中国方案、创新中国理论。在学术研究上独树一帜，既注重深耕理论研究，全力构建坚实稳固、逻辑严谨的知识体系大厦，又紧密围绕建构中国自主知识体系实践中的热点、难点与痛点问题精准发力，为解决中国现实问题和人类共同问题提供有力的思维工具与行动方案，彰显知识体系的实践生命力与应用价值。

三是继承性与发展性的统一。继承性是建构中国自主的知识体系的源头活水，发展性是建构中国自主的知识体系的不竭动力。建构中国自主的知识体系是一个不断创新发展的过程。文库坚持植根于中华优秀传统文化以及学科发展的历史传承，系统梳理中国自主知识体系探索发展过程中不可绕过的代表性成果；同时始终秉持与时俱进的创新精神，保持对学术前沿的精准洞察与引领态势，密切关注国内外中国自主知识体系领域的最新研究动向与实践前沿进展，呈现最前沿、最具时效性的研究成果。

我们希望，通过整合资源、整体规划、持续出版，打破学科壁垒，汇聚多领域、多学科的研究成果，构建一个全面且富有层次的学科体系，不断更新和丰富知识体系的内容，把文库建成中国自主知识体系研究优质成果集大成的重要出版工程。

三、文库的责任与使命

立时代之潮头、通古今之变化、发思想之先声。建构中国自主的知识体系的过程，其本质是以党的创新理论为引领，对中国现代性精髓的揭示，对中国式现代化发展道路的阐释，对人类文明新形态的表征，这必然是对西方现代性的批判继承和超越，也是对西方知识体系的批判继承和超越。

文库建设以党的创新理论为指导，牢牢把握习近平新时代中国特色社会主义思想在建构自主知识体系中的核心地位；持续推动马克思主义基本原理同中国具体实际、同中华优秀传统文化相结合，牢牢把握中华优秀传统文化在建构自主知识体系中的源头地位；以中国为观照、以时代为观照，立足中国实际解决中国问题，牢牢把握中国式现代化理论和实践在建构自主知识体系中的支撑地位；胸怀中华民族伟大复兴的战略全局和世界百年未有之大变局，牢牢把握传播能力建设在建构自主知识体系中的关键地位。将中国文化、中国实践、中国问题作为出发点和落脚点，提炼出具有中国特色、世界影响的标识性学术概念，系统梳理各学科知识脉络与逻辑关联，探究中国式现代化的生成逻辑、科学内涵和现实路径，广泛开展更具学理性、包容性的和平叙事、发展叙事、文化叙事，不断完善中国自主知识体系的整体理论架构，将制度优势、发展优势、文化优势转化为理论优势、学术优势和话语优势，不断开辟新时代中国特色哲学社会科学新境界。

中国自主知识体系的建构之路，宛如波澜壮阔、永无止境的学术长征，需要汇聚各界各方的智慧与力量，持之以恒、砥砺奋进。我们衷心期待，未来有更多优质院校、研究机构、出版单位和优秀学者积极参与，加入到文库建设中来。让我们共同努力，不断推出更多具有创新性、引领性的高水平研究成果，把文库建设成为中国自主知识体系研究的标志性工程，推动中国特色哲学社会科学高质量发展，为全面建设社会主义现代化国家贡献知识成果，为全人类文明进步贡献中国理论和中国智慧。

是为序。

目　录

绪　论 /001

　　第一节　敦煌学的由来及其定义 /001

　　第二节　敦煌学的兴起和发展 /012

　　第三节　学习和研究敦煌学的意义 /041

上篇　敦煌的历史

第一章　敦煌的兴起与曲折发展 /049

　　第一节　河西与敦煌的地理 /049

　　第二节　汉武帝以前的敦煌 /053

　　第三节　汉代对敦煌的经营与开发 /056

　　第四节　魏晋时期的敦煌 /069

　　第五节　十六国时期的敦煌 /074

　　第六节　北朝时期的敦煌 /080

第二章　敦煌的兴盛与陷落 /086

　　第一节　隋代的敦煌 /086

　　第二节　唐前期的敦煌 /091

　　第三节　吐蕃管辖敦煌时期 /105

第三章　敦煌的回归 /121

第一节　张氏归义军时期 /122

第二节　曹氏归义军时期 /147

第四章　敦煌的衰落与复兴 /157

第一节　西夏时期的敦煌 /157

第二节　蒙元时期的敦煌 /166

第三节　明朝的敦煌 /173

第四节　清朝的敦煌 /179

第五章　古代敦煌的历史特点及兴衰之因 /185

第一节　古代敦煌的历史特点 /185

第二节　古代敦煌的兴衰之因 /189

中篇　敦煌石窟艺术

第六章　敦煌石窟艺术的起源及其发展 /201

第一节　早期敦煌石窟艺术（十六国时期）/201

第二节　北魏和西魏时期的敦煌石窟艺术 /211

第三节　北周时期的敦煌石窟艺术 /224

第七章　敦煌石窟艺术的繁荣时期 /232

第一节　隋代的敦煌石窟艺术 /232

第二节　唐前期的敦煌石窟艺术 /242

第八章　敦煌石窟艺术的衰落 /261

第一节　吐蕃时期的敦煌石窟艺术 /261

第二节　归义军时期的敦煌石窟艺术 /270

第三节　晚期敦煌石窟艺术 /283

下篇　敦煌遗书

第九章　敦煌遗书的概况与宗教文献的主要内容及其价值 /291

第一节　敦煌遗书的概况 /291

第二节　敦煌遗书的流散、数量及收藏情况 /299

第三节　敦煌宗教文献的内容及其价值 /311

第十章　敦煌社会历史文书的内容及其价值 /329

第一节　敦煌历史地理文书的内容及其价值 /329

第二节　敦煌社会史文书的内容及其价值 /343

第十一章　敦煌俗文学、科技文献与四部书的内容及其价值 /368

第一节　敦煌俗文学文献的内容及其价值 /368

第二节　敦煌科技文献的内容及其价值 /379

第三节　敦煌写本四部书（古籍）的内容及其价值 /395

后　记 /411

绪　论

第一节　敦煌学的由来及其定义

一、敦煌学的由来

长期以来，中国学者一直认为"敦煌学"一词是陈寅恪先生在1930年首先提出的。1989年，日本学者池田温在《敦煌学与日本人》[①]一文中，指出日本学者石滨纯太郎在1925年已使用敦煌学一词。池田先生并未直接否定中国学者的说法，只是委婉地指出在1930年以前，"敦煌学已经部分地使用了"。2000年，王冀青发表《论"敦煌学"一词的词源》一文，具体论证了石滨纯太郎使用敦煌学一词要早于陈寅恪。[②] 没有证据表

[①] 池田温：《敦煌学与日本人》，1989年日文初刊；译文载《国际汉学》第1期，商务印书馆，1995年，第203-212页。

[②] 王冀青：《论"敦煌学"一词的词源》，《敦煌学辑刊》2000年第2期。

明陈寅恪先生使用敦煌学一词是否受到了石滨纯太郎的影响，其实这个问题并不重要，重要的是经过陈先生振臂一呼，敦煌学才在我国学术界广泛流传开来，并激励几代中国学人投身敦煌学研究。所以，池田先生所说在1930年陈寅恪使用敦煌学一词之前，敦煌学已经"部分地使用"（在小范围内流传），也是事实。

如果从1925年算起，敦煌学一词已经流行了100年，以后还会不以人的意志为转移地继续流行下去。百年来，这个名词的内涵、性质都发生了很大变化。起初，敦煌学不过是指研究敦煌文献而形成的新的学问或新的学术潮流。以后，其范围逐步扩大，学术积淀也日益深厚。20世纪80年代以后，多数学者逐渐把敦煌学看作一门学科，同时有部分学者不同意把敦煌学当作一门学科，也有学者继续模糊地使用着敦煌学。

这样，我们可以把敦煌学分为两种不同属性的对象来进行讨论。一种是作为历史名词或历史概念的敦煌学，一种是作为学科概念的敦煌学。

作为一个历史名词或历史概念的敦煌学，其内涵具有不确定性，每个使用者在遵守命名学原则的基础上，都可以有自己的界定，每个读者也可以有自己的理解，可以见仁见智、人见人殊。对敦煌学而言，命名的原则就是它的空间范围必须限定在历史时期的敦煌，包括历史时期敦煌管辖的地区。如果某个地区曾经一度归敦煌管辖，这个地区在敦煌管辖的时间内可以划入敦煌学的范围。反之则不可。如果把历史时期不属于敦煌的地区划入敦煌学的范围，就违背了敦煌学因地名学的基本原则。所以，作为一个历史名词或历史概念的敦煌学也是有前提的，即它的空间范围不能跨越敦煌及其管辖地区。只有在这个前提下，使用者才可以对敦煌学各说各话。比如吐鲁番地区，历史上曾经隶属敦煌，在这样的时期吐鲁番地区当然可以划入敦煌学的范围。但在更长的历史时期吐鲁番并不隶属敦煌，包括吐鲁番文书所归属的主要时代。这样看来，把古代的吐鲁番和吐鲁番文书整体划入敦煌学的看法就值得重新考虑了。当然，把新疆、西藏甚至更远的地方划入敦煌学的范围就更缺乏依据了。

作为一门学科概念的敦煌学，与作为一个历史名词的敦煌学有很大区别，其内涵应该有更加明确和具体的规定，不仅要证明它能够满足一门学科概念所需要的基本条件，还要对反对者提出的理由作出合理的分析。

能否成为一门学科似需要满足三个基本条件：一是有无独立的研究对象；二是是否形成自成系统的知识体系；三是有无独特的理论和方法。以下依据这三个基本条件对敦煌学的定义略作说明。

二、敦煌学的定义

敦煌学是以敦煌遗书、敦煌石窟艺术、敦煌史迹和敦煌学理论等为主要研究对象，包括上述研究对象所涉及的历史、地理、社会、哲学、宗教、考古、艺术、语言、文学、民族、音乐、舞蹈、建筑、科技等诸多学科的新兴交叉学科。

以上表述说明敦煌学的研究对象主要有四个方面：

第一，敦煌遗书。

敦煌遗书是敦煌学的主要研究对象，也是使敦煌学成为一门学科的主要因素。其主体部分是1900年敦煌藏经洞出土的七万多件古写本和少量印本，也包括古敦煌郡范围内发现的少量纸本文书和典籍以及吐鲁番地区出土的敦煌文书。

第二，敦煌石窟艺术。

包括古代敦煌郡、晋昌郡范围内就岩镌凿的敦煌莫高窟、西千佛洞，瓜州榆林窟、东千佛洞、水峡口下洞子石窟，肃北五个庙石窟、一个庙石窟，玉门昌马石窟等佛教石窟寺。其内容包括彩塑、壁画、题记和建筑等几个部分。

第三，敦煌史迹。

包括敦煌古郡范围内的郡县、关址、长城、烽燧、塔寺、古墓葬、古代居住遗址，以及敦煌地区出土的汉晋简牍（1906年以来，敦煌地区出土了多批汉晋简牍）、文物、乡土文献等。

第四，敦煌学理论。

包括敦煌学发展的历史、现状、研究方法，以及这门学科的性质、概念、范围等问题的探索。

以上表述还指明了敦煌学的范围，即上述主要研究对象所涉及的十几个学科。

从学科命名的角度来看，敦煌学与历史学、宗教学等依据内容分类的学科不同，它的主体词"敦煌"二字不是学科名，而是地名。正是由于敦煌学具有因地名学和多科性的特征，所以，学术界对其性质和内涵的认识并不一致，需作进一步说明。

尤其应该说明，敦煌学不是其所涉及那十几个学科的简单综合，更不是把它所涉及的那十几个学科的全部内容统统包揽收容，变成一个多种学科的集合体。[1]

按现代学科分类，敦煌学的主要研究对象之一——敦煌遗书的内容不仅涉及宗教、历史、语言、文学、民族等文科的诸多学科，还涉及医学、数学、天文学等理科的一些学科。所以，多科性或多学科交叉是敦煌学的本质特征。但是，敦煌学与我们一般所说的交叉学科又有明显的不同。一般所说的交叉学科是指不同学科在认识世界过程中，用不同的角度和方法

---

[1] 李正宇：《敦煌学导论》，甘肃人民出版社，2008年，第一章"绪论"，第1页，认为敦煌学"是包容了诸多单体学科，兼有人文科学、自然科学及意识形态科学的特殊学科"。李并成主编：《敦煌学教程》，商务印书馆，2007年，第一章，第12页，也认为敦煌学"实际上是一门包括许多学科的群体性学问"。

为解决共同问题产生的学科交融，经过反复论证和实验产生的新的学科领域。其核心和实质是两门以上不同学科的理论和方法互相渗透，渗透的目的是解决同一问题。[①] 而敦煌学的多学科交叉则只是不同学科的材料在同一地域空间（敦煌）的交叉。因为诸多不同学科的资料都是在敦煌发现的，所以敦煌也就成了敦煌学的特定空间范围，是敦煌学区别于其他学科的特点和标志。如历史学是一门独立的学科，从整体上看，这门学科不属于敦煌学。但如果用敦煌出土的资料或研究敦煌地区的古代历史问题，就属于敦煌学的范围；当然，用敦煌出土的资料或研究敦煌地区的古代历史问题也还仍然属于历史学的范围。

这样，敦煌学就与历史学产生了交叉。其他如宗教、语言、文学等学科的情况可依此类推。所以，敦煌学是由与敦煌有关的诸多学科的相关部分组成的集合体（图0-1）。

因这个集合体与历史学、宗教学等单体学科面貌完全不同，所以，一些学者认为敦煌学"不是有内在规律、成体系、有系统的一门科学"，希望"让它永远留在引号之中"。[②]

但是，敦煌学并不是简单的集合体，而是有内在联系、有独特理论和方法的集合体。

首先，敦煌学的研究对象虽然分为四个主要方面，但这些主要对象同时是一个不可分割的整体。以敦煌遗书而论，就其内容来说虽然涉及许多学科，但这些遗书的主体部分出自同一洞窟，所以这些分属不同学科的资料同时又是一个不可分割的整体，各类文书之间存在密切的内在联系，共同反映着当时民众生活的不同侧面。同时，敦煌遗书也是敦煌古代文化的

[①] 郑晓瑛：《交叉学科的重要性及其发展》，《北京大学学报（哲学社会科学版）》2007年第3期。
[②] 周一良：《何谓"敦煌学"》，《文史知识》1985年第10期。周一良：《魏晋南北朝史论集续编》，北京大学出版社，1991年，第300-308页。荣新江：《敦煌学十八讲》，北京大学出版社，2001年，第2页。

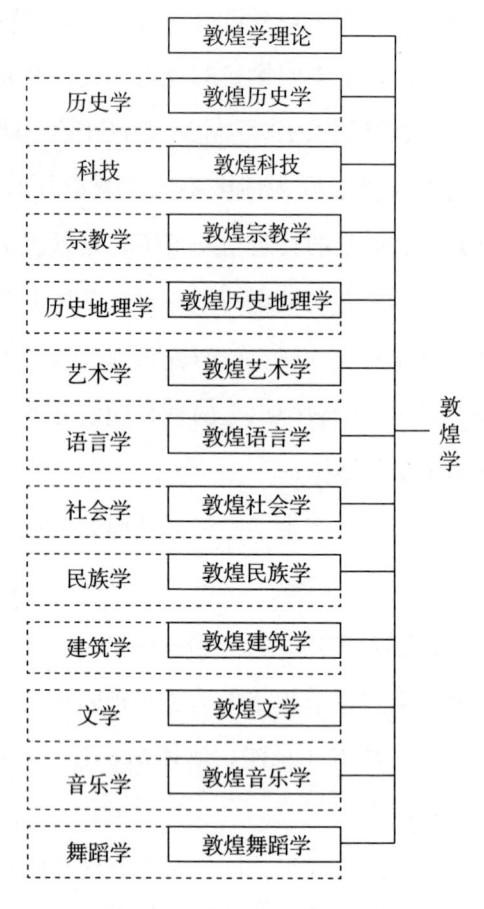

```
                 ┌─ 敦煌学理论 ─┐
      历史学 ─── 敦煌历史学 ──┤
      科技   ─── 敦煌科技   ──┤
      宗教学 ─── 敦煌宗教学 ──┤
      历史地理学 ─ 敦煌历史地理学 ┤
      艺术学 ─── 敦煌艺术学 ──┼── 敦煌学
      语言学 ─── 敦煌语言学 ──┤
      社会学 ─── 敦煌社会学 ──┤
      民族学 ─── 敦煌民族学 ──┤
      建筑学 ─── 敦煌建筑学 ──┤
      文学   ─── 敦煌文学   ──┤
      音乐学 ─── 敦煌音乐学 ──┤
      舞蹈学 ─── 敦煌舞蹈学 ──┘
```

图 0-1　敦煌学学科示意图

组成部分，包括敦煌石窟遗存以及其他敦煌发现物和古遗址，统统都是敦煌古代文化的一部分。敦煌出土文献和敦煌文化遗存是近代学科分类以前的产物，它们作为复合体混杂在一起自有其道理，我们在对这些遗产进行分科整理和研究的同时，也应该尊重并认真对待敦煌文化遗产的原生形态。如果我们把这些分属不同学科的资料当作整体来考察，从整体上把握它，这些分属不同学科的资料就成为了解当时民众的教育、民俗和社会生活的砖瓦。用这样的眼光来考察敦煌资料，各个学科的所有资料都可以是了解先民社会生活史的资料。长期以来，已有学者对敦煌学内部各个学科、各个领域之间的内在联系和共同规律进行了有益的探索。

其次，经过一百多年的积累，敦煌学已经形成了独特的理论和方法。

因为敦煌学的主要研究对象敦煌遗书的绝大部分为古写本，与传世印本文献性质不同，其中保存了很多的俗体字和异体字，还有不少写本使用河西方音。只有经过特殊的文献学训练，才有可能顺利地阅读、抄录和利用敦煌遗书。这种多年整理敦煌遗书逐渐形成的敦煌学方法或敦煌文献学方法包括文字辨认、文字释录、文书辨伪等内容。

可见，敦煌学虽是由与敦煌有关的诸多学科的相关部分组成的集合体，但这个集合体是具有内在联系、具有独特理论和方法的有机集合体，是一门有内在规律、自成体系、自成系统的由新材料发现而产生的新兴交叉学科。

目前，在各大学的研究生招生目录和课程设置中，一般将敦煌学置于历史文献学之下。其实敦煌学的很多内容如敦煌石窟艺术研究等，并非历史文献学所能容纳，恰当的方法是在历史学门类中单设敦煌学一级学科，与历史学一级学科并列。

三、敦煌莫高窟藏经洞的发现

之所以是在敦煌而不是在其他地方形成因地名学的学科，与敦煌莫高窟藏经洞的发现有很大关系。

莫高窟又叫千佛洞（在我国，不少佛教石窟群都被人们称为千佛洞），位于今敦煌市东南25公里处的鸣沙山东麓断崖上，坐西朝东，前临宕泉，面对三危山。自十六国时期的前秦建元二年（366）起，历代虔诚的佛教徒们便不断在这里凿窟造像，使这里成为我国历史上著名的佛教圣地。宋元以后，由于种种原因，佛教在这里逐渐衰落，莫高窟也逐渐不再为世人所知。

1899年，曾在清肃州（酒泉）驻军服役的湖北麻城人王园禄，退役后出家做了道士，从酒泉游历到了敦煌莫高窟（图0-2）。在莫高窟前荒废已久的下寺住了下来，要将这座佛教寺庙改造成道观，同时还清理出几个临近下寺的洞窟，作为他进行法事活动的场所。

图0-2　王道士

图片来源：M. Aurel Stein, *Ruins of Desert Cathay*. London：Macmillan and Co., Limitted，1912, Vol Ⅱ, Fig 187.

1900年6月22日（农历五月二十六日），王道士雇人清理这几个洞窟内的积沙时，偶然发现现编号为第16窟的甬道的北壁有一部分是中空的。王道士等人打开甬道中空部分的墙壁，发现了一个小的耳洞。此洞约一丈见方，六尺多高，洞内重重叠叠堆满了粗麻布包，其中包裹着从魏晋十六国至北宋时期的经卷和文书（图0-3）。这批古代文献总数在七万件以上，多数为手写本，也有极少量雕版印刷品和拓本；其形态有卷轴装、梵夹装、经折装、旋风装、蝴蝶装、包背装、线装、册叶本和单片纸叶等；其文字多为汉文，但古藏文、回鹘文、于阗文、粟特文、梵文和突厥文等其他文字的文献亦为数不少；其内容极为丰富，涉及宗教、历史、地理、语言、文学、美术、音乐、天文、历法、数学、医学等诸多学科，但以佛教典籍和寺院文书为主。除了这批珍贵的古代文献，在这个洞窟中还发现了一批绢绣纸画塑像等。由于这个洞窟出土的文献以佛教经卷为主，以后人们就把这个洞窟称作"藏经洞"。"藏经洞"的现编号为莫高窟第17窟。

图 0-3 在包裹内的敦煌遗书

图片来源：M. Aurel Stein, *Ruins of Desert Cathay*. London: Macmillan and Co., Limitted, 1912, Vol Ⅱ, Fig 194.

第17窟本是第16窟的一个耳室，其出口在第16窟的甬道北壁。这个耳室原是归义军时期的首任都僧统洪辩休息和坐禅的地方。洪辩死后，僧徒们为了纪念他而塑了他的坐禅像，放置在窟中，窟内壁上还绘有壁画。这里成了纪念这位高僧的影堂，或叫影窟。藏经洞封闭时，人们将洪辩的坐像移出第17窟，腾出空间来专门封存经卷和佛画等物品。

至于是什么人、什么时候、出于什么原因而把这些经卷、文书等封存在藏经洞中，藏经洞中的文献和相关材料均无明确记载，只能试作推测。

因莫高窟是佛教石窟寺，而藏经洞中的经卷、文书等也均属寺院之物，所以，推测封闭藏经洞的应是当时的寺院僧人。另，现知藏经洞中的经卷、文书，有明确纪年时间最晚的一件是1002年所写，所以藏经洞的封闭应在1002年以后的数年间。

目前争议比较大的是关于藏经洞封闭的原因，比较有代表性的有两种说法，一种是"废弃说"，一种是"避难说"。"废弃说"认为藏经洞中的经卷、文书等都是当时人废弃的东西。力证此说的方广锠认为：北宋以来，敦煌的佛典与其他文化典籍的来源渠道增多，除大量写本继续涌入外，四川的刻本佛典也传入了此地。北宋雕版印行的佛教大藏经《开宝藏》可能也已传入。与此同时，纸张的生产、流通情况也有了变化。晚唐，五代以来，敦煌地区一直自己造纸，到北宋时，随着敦煌对外经济交往的增多和自身经济的发展，纸张短缺的状况也大大缓解。大量崭新的写本印本经典的涌入，为敦煌地区淘汰残旧经卷提供了可能性，而纸张供应的充裕又使利用其背面的必要性大大下降。于是在11世纪初敦煌各寺院进行了一次大规模的故书清点活动。结果清点出一大批复本过多的、因残旧不宜再用的及一些过去曾流行而当时已很少有人再读的经卷和其他文化典籍。寺院把这批书籍和各寺以前剔除而零散存放的经卷、外典，积存多年的过时文书、废纸，以及旧的幡画、多余的佛像等集中在一起。按照中国的文化传统，字纸不能随便丢弃，依佛教徒的常规，残破的经书、法器更不容亵渎。于是，敦煌僧团便参照我国佛教徒在长期宗教生活中形成的传统处理办法，把这批经卷、文书分别用布包好，和那些旧幡画、多余的佛像一道，整齐地堆放在大小适中的第17窟中封存了起来。[1] "避难说"则认为藏经洞是为避外寇入侵而仓皇封闭的。起先是说为避1035年西夏

---

[1] 方广锠：《敦煌藏经洞封闭原因之我见》，载《敦煌学佛教论丛》（上），中国佛教文化出版有限公司（香港），1998年，第17—48页。

进攻敦煌而封闭。近年荣新江对"避难说"作了新的解说和论证。他认为：依据较早见到藏经洞遗书的斯坦因的记录，洞中原本分帙封藏着大批佛典和许多信士供养的佛画，以及一些残纸和丝织品残片等。这些按次序收藏的文献和文物都应该是三界寺的财产。特别是其中的绢纸绘画和丝织、刺绣等美术品，精美者今人看了都爱惜不已，当时人怎忍心废弃？公元1006年，于阗佛教王国为信奉伊斯兰教的黑韩王朝所灭，占领者对于阗的佛教进行了毁灭性的打击。因于阗与敦煌有姻亲关系，所以大批于阗人东逃到了敦煌，预防黑韩王朝东进应该是藏经洞封闭的直接原因。①

我们看到，两种说法都有一定依据，但也都不够圆满。有一个事实是争论的双方都承认的：藏经洞封闭时，当事者除用砖石等把原来的门封堵好，还用泥把整个甬道北壁抹平，并重新绘制了壁画，以掩盖封堵的痕迹。这说明封堵是具有掩藏性质的行为，同时也说明封闭工作应该是从容不迫地进行的。问题是：如果是废弃物，有必要这样精心掩藏吗？如果是当作宝贝而收藏的，我们已知黑韩王朝最终没有东进到敦煌，那么封闭者为什么没有把这些宝贝取出来重新利用？看来，藏经洞封闭的原因，还需要更加圆满的解说。

2021年，张涌泉等又提出藏经洞是敦煌三界寺僧道真修补佛经的"故经处"，其中所保存的大多是"古坏经文"，洞窟的封闭是缘于道真主持的修复工作的结束。② 此说实际上是对"废弃说"作了新的解读，但也未能提供直接证据，且未能说明藏经洞中大量存在的并非"古坏"的经本和精美的绢纸绘画等美术品存在的原因。所以，新的"废弃说"仍然属于假说性质。

---

① 荣新江：《敦煌藏经洞的性质及其封闭原因》，载季羡林等主编：《敦煌吐鲁番研究》第二卷，北京大学出版社，1997年，第23-48页。
② 张涌泉、罗慕君、朱若溪：《敦煌藏经洞之谜发覆》，《中国社会科学》2021年第3期。

第二节　敦煌学的兴起和发展

敦煌学的出现，始自对 1900 年敦煌藏经洞出土遗书的整理和研究。

1909 年，伯希和到北京为法国国立图书馆购买汉籍，随身携带了一些 1908 年他从敦煌掠走的敦煌文献珍本。当时在京的许多著名学者如罗振玉、蒋斧、王仁俊、曹元忠等，纷纷前往伯希和住所参观、抄录、拍照敦煌遗书。这是我国学者接触、研究敦煌文献的开端，并很快就陆续推出了《敦煌石室真迹录》《敦煌石室遗书》等一批有关敦煌遗书的图版、释文、叙录的初步研究成果。所以，1909 年一般被认为是敦煌学的发端。自 1909 年至今，敦煌学已经走过了 110 多年的历程，这期间中外学者贡献的著作盈千，论文累万，可谓著述如林。

自 1909 年至今，敦煌学的发展大致经历了四个阶段。

一、敦煌学的兴起和发展（1909—1949 年新中国成立前）

第一阶段以 1930 年为界，分为两个时期。1909 年至 1930 年为第一个时期，这是敦煌学兴起的时期。

1909 年农历九月，王仁俊出版了我国第一部敦煌文献资料集《敦煌石室真迹录》。同年农历十一月，罗振玉出版了他和蒋斧辑录的《敦煌石室遗书》。以后，中国学者又陆续出版了《石室秘宝》（存古学会辑，民国初年）、《鸣沙石室佚书》（罗振玉辑，1913 年）、《鸣沙石室佚书续编》（罗振玉辑，1917 年）、《鸣沙石室古籍丛残》（罗振玉辑，1917 年）、《敦煌零拾》（罗福葆辑，1924 年）、《沙州文录补》（罗福葆辑，1924 年）、《敦煌石室碎金》（东方学会编，1925 年）等。

这一时期我国学者接触的敦煌遗书有限，主要是伯希和1909年带到北京的敦煌文献和伯希和归国后陆续寄给罗振玉等的敦煌文献照片，也有少量购于民间的私人收藏品和入藏于京师图书馆的敦煌文献，还有一些系罗福苌、罗福葆分别从日本狩野直喜等人那里转录的英藏敦煌文献录文。但我国学者在非常困难的条件下不遗余力地多方搜求，上列著作几乎公布了中国学者当时所能见到的所有敦煌文献的录文和照片图版。这一时期公布的资料内容以经史子集四部书为多，但也有不少有关佛教、道教、摩尼教经典和少量涉及中国古代社会、历史、通俗文学等方面的文书。

在整理、刊布上述文献的同时，我国学者如罗振玉、王国维、陈寅恪等人还对不少写本的性质、价值进行了考证与论述。

这一时期的一项重要工作是对入藏京师图书馆的敦煌文献进行整理。有两项重要成果，第一项是1910年佛学专家李翊灼在遍阅京师图书馆所藏的8 000多件敦煌写经的基础上编成了《敦煌石室经卷中未入藏经论著述目录》，为研究京师图书馆收藏的佛经指出了门径。1928年，京师图书馆更名北平图书馆，邀请陈垣先生对所藏敦煌文献进行系统整理，于1930年完成了详细记载每卷起讫、纸数、行数、题记和残缺情况的《敦煌劫余录》。这是第二项重要成果，它是最早的一部敦煌文献馆藏目录，水平也比较高，为学术界了解、使用北图所藏敦煌文献提供了极大的方便。

这一时期的另一项值得一提的工作是1925年出版的《敦煌掇琐》，刘复编。此书的特点，一是材料来源与他书不同，全系作者从法藏敦煌文献中直接挑选；二是所收内容比较广泛，所收104件敦煌文书多为我国学者前所未见，其内容包括民间文学、语言文学、社会经济、官府文书等多方面材料，完全超出了经史子集四部书的范围。这部书开阔了国内研究者的眼界，为他们开辟新的研究领域提供了原始材料，从而促进了国内学者对敦煌文献的研究。

这一时期的特点是以公布资料和编撰目录为主，同时也以跋、按语和提要等为主要形式在许多方面进行了开拓性的研究。虽然在今天看来他们所公布的释文在文字录校方面还存在一些问题，但这些文本在其后几十年内一直是中国学术界利用敦煌文献的主要资料来源。由于这一时期我国学者掌握的资料很不系统，其研究成果不免带有时代的局限性，但他们对归义军史的探索，对四部典籍以及宗教、法律、地志、语言文学等方面资料的整理和研究，仍为以后的工作奠定了基础。这一阶段我国学者所作的整理和研究工作，在世界上明显处于领先地位。罗振玉父子在这一时期的整理和研究工作中所作的贡献最大。

在国外，日、法、英等国在这一时期也都开展了对敦煌文献的研究，其中以与中国文化同源的日本行动最快。1909年9月，在北京的田中庆太郎成为第一个在伯希和住所看到敦煌文献的日本人。他先在北京的日侨刊物《燕尘》上发表文章介绍了这一重要的文化发现，消息很快传到日本。同年，《朝日新闻》以《敦煌石室的发见物》为题，报道了敦煌发现藏经洞及伯希和从敦煌带走大批古书的消息。日本京都帝国大学教授内藤湖南和狩野直喜在京都大学史学研究会的第二次总会上，展览了罗振玉寄赠的敦煌文献照片，由几位专家对照片作了讲解，在日本学术界引起轰动。1910年，从欧洲留学回国的黑板胜美博士将其在伦敦考察斯坦因劫去敦煌文物的情况，向日本学界作了介绍。1910年，在北京任教官的藤田丰八出版了《慧超传笺释》，对伯希和劫走的《慧超往五天竺国传》进行了细致的考证和注释。

此后，狩野直喜、矢吹庆辉、内藤湖南、石滨纯太郎、小岛祐马等日本学者又先后赴法、英等国考察、抄录、拍摄敦煌文献，并陆续出版了《佛典研究》（松本荣三郎，1914年）、《敦煌遗书》（影印本、活字本，羽田亨与伯希和合编，1926年）、《三阶教研究》（矢吹庆辉，1927年）、《大正新修大藏经》85卷《古逸部·疑似部》（大正一切经刊行会，1928年）、《沙州诸子廿六种》（小岛祐马，1929年）、《鸣沙余韵》（矢吹庆辉，1930年）等一批著作和论文。

在法国，伯希和首先对所获的敦煌文献进行初步清理，编成了一个草目，并对其中的汉、藏、回鹘、粟特等多种语言的敦煌文献进行了广泛的研究。他从1911年开始在法兰西学院开设亚细亚讲座，讲座的主要内容之一是介绍他研究敦煌文献的成果。他还利用在敦煌拍摄的照片，于1920—1924年出版了六卷本的《敦煌石窟》。这是有关敦煌佛教艺术最早的大型图集。

英国于1919年将敦煌文献交给翟理斯（Lionel Giles）进行整理和研究。

总之，到1930年前后，在中、日、法、英等国，对敦煌文献的整理和研究已成为一种新的学术潮流，并逐渐发展成一种专门的学问。在这样的背景下，中日学者不约而同地将这门学问概括为敦煌学，并为学术界所接受。但此时的敦煌学主要指的是对敦煌文献的研究。

1931年至1949年是第一阶段的第二时期。

这一时期，更多的东西方学者投身到敦煌学研究中来，促进了这一学科的发展，研究不断深入，研究领域也不断扩大。

其一，中日学者继续到法英考察、抄录、研究敦煌文献。中国去的人数增多，有向达、王重民、于道泉、姜亮夫等，日本有那波利贞、神田喜一郎等。与前一时期相比，资料来源发生了根本变化，他们向学术界介绍、公布或带回的敦煌文献录文、照片的范围也更加广泛。

王重民和向达陆续发表了《巴黎敦煌残卷叙录》（王重民，1935—1940年）、《伦敦所藏敦煌卷子经眼录》（向达，1939年）、《伦敦所藏敦煌群书叙录》（王重民，1947年）等论著，使国内研究者对巴黎、伦敦的敦煌文献有了更多的了解。他们寄回或带回的文书录文、照片，则为国内研究者提供了研究资料。在利用敦煌文献研究敦煌历史和俗文学方面，王重民和向达也作出了重要贡献。如王重民的《金山国坠事拾零》（1935年），利用敦煌文献中的有关资料，对史籍记载简略的金山国史事进行了开创性研究，使之"有年可稽，有事足纪"。向达不仅利用敦煌文献结合传世文献撰写了敦煌俗文学的著名作品《唐代俗讲考》《西征小记》《两关杂考》，还开辟了将敦煌文献、考古资料、文献记载和洞窟壁画结合起来研究敦煌史地的新途径。

对英法所藏敦煌文献研究的进展促进了国内学者对北平图书馆所藏敦煌文献的进一步整理。许国霖将其中的题记和变文、契约等世俗文书录出，辑成《敦煌石室写经题记与敦煌杂录》（1937年）一书，为学术界提供了重要的研究资料。

日本的那波利贞在1931年至1933年留学欧洲期间，仔细阅读了法国国立图书馆收藏的全部敦煌文献，并对其中相当大的一部分进行了抄录和拍照。在那波利贞以前，旅欧访察敦煌文献的东方学者，其注意力主要放在佛教典籍和四部书上，而那波利贞关注的主要是寺院文书、社邑文书等社会经济资料。回国以后，那波利贞长期致力于对这批在当时被称为"杂文书"的文献的整理、介绍和研究。他曾多次在日本史学研究会等学术会议上介绍自己的研究成果，并发表了《梁户考》（1938年）、《关于唐代的社邑》（1938年）等若干篇著名论文。那波利贞的研究拓宽了敦煌学的研究领域，使学术界对敦煌文献中的所谓"杂文书"的内容和价值有了更多的了解。在那波利贞之后去欧洲考察敦煌文献的神田喜一郎，回国后完成了《敦煌秘籍留真》（1938年）和《敦煌秘籍留真新编》（1947年）。仁井田陞则在日本国内完成了他的敦煌学巨著《唐宋法律文书研究》（1937年）。

这一时期我国学者将归义军政治史的研究范围扩大到了西北各民族变迁史的广阔领域，开展了对金山国史的专题研究，对宗教史的研究也开辟了新的领域，对古代典籍和社会经济文献的整理和研究则更加系统化，开始出现按类或按专题搜集资料进行整理的趋向。在研究方法上，这一阶段创造的用文学体裁的文书研究历史问题，利用文书与实地踏勘相结合等新方法，都对以后的研究产生了深远的影响。这一阶段以王重民和向达的贡献最大。就整体而言，后一时期国内对敦煌文献的整理和研究的重点在古籍（经史子集四部文献），热点在文学。与同期的日本学界相比，我们的研究领域有待拓宽，如那波利贞对寺院经济文书、社邑文书等世俗文献的整理和研究，在我国尚无人涉足。一些方面的研究深度也有差距，未能出现如藤枝晃《沙州归义军节度使始末》那样全面、深入、细致的论文。与西方学者相比，我们在整理、研究少数民族语言文献方面也有明显的差距。

其二，在20世纪三四十年代，对敦煌石窟艺术的考察和研究得到了中日学者的重视。

这一时期，我国的历史学、考古学和美术工作者到敦煌进行实地考察的人逐渐增多。他们分别就各自专长在这里进行了踏查洞窟、抄录碑文题记、临摹壁画等工作，并对壁画的内容、建窟年代、洞窟的分期等问题进行了初步考察，还通过撰文、著书、展览临摹的壁画等形式向国人宣传、介绍莫高窟。如贺昌群《敦煌佛教艺术的系统》（1931年）、何正璜《敦煌莫高窟现存佛洞概况调查》（1943年）。张大千的临摹品在兰州、成都、重庆等地展出时，曾引起轰动。去敦煌考察、临摹壁画的还有向达、阎文儒、谢稚柳、何正璜、吴作人、关山月、黎雄才等。经过这些学者的介绍与宣传，莫高窟在学术界的知名度逐渐提高。

1944年2月1日，民国政府在学术界和社会舆论的强烈呼吁下，成立国立敦煌艺术研究所，常书鸿为所长。他从重庆招聘了以美术工作者为主体（董希文、潘絜兹等），包括美术史（史岩、李浴）、文献学（苏莹辉）、测绘（胜其力）、摄影（罗寄梅）等专业人员20余人，这是我国第一个保护、研究敦煌文物的专门机构。敦煌艺术研究所的成员在极其困难的条件下，担负起保护莫高窟的重任，并开展了临摹、记录、测量、考证等方面的工作，修筑了保护洞窟的围墙，对洞窟内容进行了初步踏查和考证，抄录了供养人题记，对主要洞窟进行了简单的测量和绘图，整理了土地庙发现的藏经。其中，史岩编著了《敦煌石室画像题记》（1945年），这是我国第一部对石窟题记进行整理考证的著作。

抗战结束以后，敦煌艺术研究所一度被撤销，人员均返回了内地。后经向达、傅斯年等著名学者和所长常书鸿四处活动，八方呼吁，民国政府决定保留该所，并改隶中央研究院。1946年秋，常书鸿所长重返敦煌，招聘了段文杰、霍熙亮、史苇湘等一批自愿献身敦煌石窟艺术的专业人员。这一时期敦煌艺术研究所的主要工作是临摹壁画，并取得了显著的成就。到1949年秋，三年间临摹壁画928幅，计264平方米，临摹塑像5件。这一时期我国学者对敦煌石窟的考察和研究，不仅在世界上居于领先地位，同时扩大了敦煌学的研究领域，是值得表彰的亮点。

日本学者松本荣一出版了《敦煌画研究》（1930年）和《敦煌画研究·图像篇》（1937年）。

以上叙述表明这一时期敦煌学的研究范围已由敦煌文献扩大到敦煌石窟艺术。研究领域的不断扩大，研究的不断深入，使人们对敦煌学这一概念的认识也逐步深化。如1952年，日本学者神田喜一郎在龙谷大学作"敦煌学五十年"的学术报告，已开始把对敦煌壁画的研究正式纳入"敦煌学"的研究领域。

二、敦煌学的曲折发展（1949年新中国成立后至1978年改革开放前）

这一阶段以1966年"文革"为界，也可划分为两个时期。前一时期研究的重心在中国大陆，这一时期是敦煌学在世界范围内取得巨大成就的时期，它已成为一门显学。

在敦煌石窟艺术方面。1950年，敦煌艺术研究所被更名为敦煌文物研究所，直接由文化部领导，仍由常书鸿任所长，并增加了人员编制，扩大了工作范围。到1966年，已有各种专业人员30多名，分设美术、考古、保护、资料四个室。敦煌文物研究所遵循文化部确定的"保护"与"发扬"的总方针，主要做了以下几个方面的工作：

一是全面加固莫高窟。1950年抢修了唐宋木构窟檐。1956年加固了248窟至259窟一带的早期洞窟。1963—1965年，对莫高窟进行全面加固，长度达875米，使主要的洞窟得到全面保护，并能经受7级地震。加固的洞窟通道上下衔接，南北贯通，彻底改变了残破坍塌的旧面貌，使莫高窟焕然一新。对窟内壁画和塑像也进行了抢修，使1 409.56平方米的壁画和215身彩塑得到了妥善的保护。二是临摹壁画，此项工作是这一时期的中心任务。1952—1965年，段文杰等美术工作者共临摹了通史性代表作、专题资料和原大整窟模型共1 014幅，计749.74平方米，还临摹了彩塑30多身。这一时期的临摹水平比以往有了较大提高。三是整理资料和编辑出版物，撰写论文。对《石窟内容总录》和《供养人题记》进行了校勘和增补。有计划地对壁画和塑像进行摄影和记录。编辑出版了《敦煌壁画》《敦煌彩塑》《敦煌唐代图案》《敦煌壁画临本选集》等一批大中型图册和一套12册的通俗读物《敦煌艺术小画库》，并配合出版物撰写了近20篇学术论文。

在敦煌文献整理和研究方面。第一，陆续出版了一批总结以往成果和经验的专著。总结几十年来研究变文成果的有周绍良的《敦煌变文汇录》（1954年；1955年增订）、王重民、向达等的《敦煌变文集》（1957年）；总结敦煌曲子词研究成果的有王重民的《敦煌曲子词集》（1950年；1956年修订再版）、任二北的《敦煌曲初探》（1954年）、《敦煌曲校录》（1955年）；总结我国学者整理和研究敦煌文献中四部书成果的有王重民的《敦煌古籍叙录》（1958年）；总结敦煌文献目录成果的有商务印书馆编辑的《敦煌遗书总目索引》（王重民、刘铭恕，1962年；1983年再版）；总结语言音韵方面成果的有蒋礼鸿的《敦煌变文字义通释》（1959年初版，先后六次修订）、罗常培的《唐五代西北方音》（1961年），姜亮夫的《瀛涯敦煌韵辑》（1955年）；总结敦煌石窟艺术成果的有《敦煌艺术叙录》（1955年）；等等。这些带有总结性的成果既是以往数十年相关研究的总结，又成为以后进一步研究的基础。第二，开辟了很多新的课题或研究领域。如中国科学院历史所对敦煌经济资料的集录、王重民用敦煌诗补《全唐诗》、陈铁凡对经部文献的整理和校勘、潘重规对敦煌赋的集录、饶宗颐对敦煌白画的专题研究、金维诺对敦煌经变画的系列研究等。以上所列相关成果，虽然在今天看来资料搜集尚不完备，释文也都存在不少问题，研究也不无缺憾，但都是披荆斩棘的拓荒者，开拓了某一研究领域或某一研究课题的专题研究，具有筚路蓝缕之功，后人循其途径，继续努力，即可取得更为完善、更加厚重的带有总结性的成果。第三，有一些领域或专题开始得到学术界的关注。如常书鸿对敦煌壁画图案的研究、金维诺对佛教史迹画的研究、郑良树对《春秋后语》的集录、宿白用考古学方法对敦煌石窟及莫高窟营建史的研究、梁思成对敦煌壁画中古代建筑图像的研究、马继兴对敦煌医药文书的研究、席泽宗对敦煌星图的研究、潘吉星对写经纸的研究等。以上所列多为单篇论文，自身价值或许有限，但其所涉及的都是具有重大学术价值和研究空间的领域或课题，可启发读者在相关方面进行更加系统的专题研究，为后来者导夫先路。

在国外，日本敦煌学研究队伍已初具规模，几乎各个领域都有人研究。京都西域文化研究会的学者，于1958—1963年出版了六卷本的《西域文化研究》，其中包括研究论文、资料、目录等方面的内容，是日本这一时期敦煌学的集大成之作。东京的东洋文库，设立了敦煌文献研究委员会研究室，开始编辑《西域出土汉文文献分类目录初稿》等敦煌学研究的工具书，这一时期完成的有《公文书》《道教文献》等。仁井田陞的《中国法制史研究》（全四卷，1959—1964年），是这一时期日本学者研究敦煌文献中法制文书的代表作。

法国学者戴密微完成了运用敦煌文献研究禅宗入藏问题的名著《拉萨僧诤记》（法文版，1952年；中译本，1984年），谢和耐出版了《五—十世纪中国寺院经济》（法文版，1956年；中译本，1986年）。此外，对敦煌文献中的藏文、粟特文、回鹘文的整理与研究，法国学者也取得了卓越的成就。

英国学者翟理斯经过几十年的努力，终于完成了《英国博物馆所藏敦煌汉文写本注记目录》（1957年）。英国博物馆还将收藏的敦煌汉文文书摄成缩微胶卷（编号S.6980以前部分）[①]，与各国交换（北京图书馆是在1957年通过交换得到了这批缩微胶卷），这就为各国学者利用英藏敦煌汉文文献提供了方便。

苏联学者孟列夫主编的《东方学研究所所藏敦煌汉文写本注记目录》第一卷和第二卷终于在20世纪60年代出版，使学术界开始对奥登堡劫去的敦煌文献有了初步的了解。

[①] "S"，或作"斯"，表示斯坦因从敦煌掠走的敦煌遗书，后面的数字是收藏机构的编号。"S"是"Stein"的字头，"斯"则是"斯坦因"中文译名的第一个字。

上述成果之外，日、法、英、俄等国学者还撰写了一大批有关敦煌学的论文，从多方面推动了敦煌学的发展。

总之，到了60年代中叶，敦煌学已经发展到了成熟阶段。各类目录日趋完善，人们可看到的资料日益增多，对资料的整理、考定，以及各个领域、各个专题的研究也都有了相当的基础，研究方法也更加成熟，更重要的是，在世界范围内已形成了一支专业研究队伍。但正当我国学者准备在这个基础上与各国学者一道再展宏图时，中国大陆发生了"文革"。

与国外同行相比，"文革"前（1949—1966年），我们在敦煌石窟艺术、瓜沙史地、四部典籍的整理和研究方面仍略占优势；社会经济方面的研究虽具有自己的理论特色，但深度和广度不及日本学者；宗教史和少数民族历史语言方面的研究则已明显地落后于法、日等国。"文革"期间，中国大陆的敦煌学研究基本陷于停滞，中国港台地区学者却加快了研究步伐，他们所取得的成绩也就更加引人注目。但从整体上看，"文革"时期中国的敦煌学研究已远远落后于日、法等国。

自1966年"文革"开始至1978年改革开放前，是第二阶段的第二个时期。

这一时期中国大陆的敦煌学研究因"文革"而陷于停滞，中国港台地区的敦煌学研究却异军突起，以潘重规、苏莹辉、饶宗颐为代表，出版了一批重要成果。如饶宗颐的《敦煌曲》（1971年），潘重规的《敦煌云谣集新书》（1971年）、《瀛涯敦煌韵辑新编》（1974年）等。此外，潘重规还陆续培养出了一批敦煌学研究人才，并创办了《敦煌学》杂志（1974年），这是我国第一部有关敦煌学的专业期刊。

国外的敦煌学在这一时期继续发展。日本西村元佑的《中国经济史研究》（1968年），是研究社会经济的代表作。《西域出土汉文文献分类目录初稿》又完成了"寺院经济"和"文学"文献两种。此外，还出版了一批专著和论文。法国在1970年出版了《法藏敦煌汉文写本目录》第一册。

三、敦煌学的腾飞（1978年改革开放后至2000年）

"文革"结束以后，中国大陆的敦煌学研究不仅在许多领域已远远落后于日本、法国和中国港台地区，更值得忧虑的是，由于正规的文化教育中断了十年，我们整整少培养了一代人，研究队伍存在着严重的青黄不接的局面，呈倒三角形。

面对这种严峻的局面，在学术界的呼吁下，我国许多大学和科研机构纷纷采取措施，急起直追。

第一项措施是集中人才，进行科研攻关。

1980年，段文杰出任敦煌文物研究所所长。此后，研究所将工作重点转移到了研究领域。1984年8月，敦煌文物研究所升格为敦煌研究院，段文杰为院长。下设石窟保护、石窟考古、石窟美术和敦煌文献四个研究所及音乐舞蹈研究室、资料中心等机构，成为目前世界上最大的以研究敦煌石窟艺术为中心的研究实体。中国社会科学院历史研究所、西北师范大学、兰州大学、南京大学、南京师范大学、上海师范大学等先后都成立了敦煌学研究机构。北京大学、武汉大学、杭州大学（今浙江大学）、北京师范学院（今首都师范大学）、厦门大学、中央民族大学和国家文物局古文献研究室也集中了一批专业研究人员，分别有重点地开展课题攻关。

为推动敦煌学发展，我国学者还创办了敦煌学专业刊物。1981年，敦煌文物研究所创办了《敦煌研究》；1983年，兰州大学敦煌学研究室创办了《敦煌学辑刊》；1984年，中国敦煌吐鲁番学会创办了《中国敦煌吐鲁番学会研究通讯》（1997年停刊）；1996年，《敦煌吐鲁番研究》年刊创刊；2002年，《敦煌学国际联络委员会通讯》创刊。这些陆续创办的刊物成为国内外敦煌学研究者发表学术成果的园地。

第二项措施是抓紧培养人才。

北京大学、杭州大学、兰州大学、武汉大学、中山大学、西北师范大学和北京师范学院相继开设有关敦煌学的课程，招收研究生。杭州大学和武汉大学还相继举办了有关敦煌吐鲁番研究的讲习班。

1983年，中国敦煌吐鲁番学会在兰州正式成立。学会在组织协调国内研究力量，加强国内外交流，资助学术著作出版方面都作了许多卓有成效的工作。

总之，改革开放以后的中国敦煌学和其他领域一样，各方面都有了新的起色，打开了新的局面。所以我们把改革开放后至2000年这一段称为新时期的中国敦煌学。经过20多年的努力，我国的敦煌学研究逐渐赶了上来，至2000年前后，不仅在敦煌学的各主要领域都取得了国际领先的业绩，也逐渐掌握了国际敦煌学的主导权和话语权。同时，敦煌学的研究队伍不断壮大，并培养出了一大批中青年研究人才，正常的学术梯队已经形成。这批中青年学者已经在某一学科、某一领域或某一专题有所建树，这是我国敦煌学兴旺发达的希望所在。由于这一时期是中国敦煌学发展最快的时期，在各个领域和各个方面都取得了巨大的成就，所以这一时期是中国敦煌学的腾飞时期。

新时期我国敦煌学发展的另一重要特征是，随着中国对外开放政策的实行，在世界性的敦煌学热潮的推动下，中国敦煌学界与海外的学术交流日益增多。"敦煌在中国，敦煌学在世界"的学术景观已经形成。

在新时期的20多年中，中国老中青三代敦煌学研究者在各种刊物上发表的论文数以千计，各种著作在数百部以上，许多领域都已处于前沿或领先地位。

资料整理刊布方面。第三阶段敦煌学取得的最重要的成就是基本完成了敦煌文献原材料的公布。20世纪70年代末至80年代初，中国国家图书馆将所藏全部敦煌文献制成缩微胶卷公开出售。1981—1986年，黄永武编纂的《敦煌宝藏》（台湾新文丰出版公司）陆续出版，该书将英、法和北图公布的缩微胶片影印成书，极大地方便了更多学者接触和利用敦煌遗书。徐自强、李富华等主编的《敦煌大藏经》（星星出版公司和台湾前景出版社，1991年），也公布了很多佛经典籍的图版。

由于当时摄影设备和技术欠佳，所以敦煌遗书的缩微胶片和《敦煌宝藏》的图版均质量欠佳，不少世俗文书文字模糊，很难辨认，严重地影响了学术界对这批资料的利用。进入20世纪90年代，四川人民出版社率先推出了《英藏敦煌文献》（四川人民出版社，1990—1995年）大型文献图集。该书是由专业摄影人员用当时先进的摄影设备重拍，而印制则采用了当时刚刚流行的先进的电子分色技术，装帧则采用大八开形式，一版一印，以便最大限度地向读者展示敦煌遗书的文字内容。其图版的清晰度大为提高，原来缩微胶片模糊不清的文字，至此绝大部分可辨认出来。《英藏敦煌文献》大型图集可以说是创造了新的敦煌遗书图版编纂印制范式。在其带动下，上海古籍出版社陆续推出了《上海博物馆藏敦煌文献》（全2册，1993年）、《北京大学图书馆藏敦煌文献》（全2册，1996年）、《天津艺术博物馆藏敦煌文献》（全7册，1997—1998年）、《俄藏敦煌文献》（全17册，1992—2001年）、《法藏西域敦煌文献》（全34册，1995—2005年）等国内外诸多藏家的敦煌文献图版。甘肃人民出版社出版了《甘肃藏敦煌文献》（全6册，1999年）。浙江教育出版社出版了《浙藏敦煌文献》（1册，1999年）。江苏古籍出版社出版了《中国国家图书馆藏敦煌遗书》（1999年）。至2000年，英、法、俄等敦煌遗书主要藏家和国内外散藏的敦煌遗书图版大部分均已刊布，这些新印本的图版比以往的印本和缩微胶卷清晰，有利于正确释录图版上的文字。

对敦煌文献的释录这一阶段也取得了巨大成就。最早出版的分类释录文本是张锡厚的《王梵志诗校辑》（中华书局，1983年），可惜释文存在不少问题。其后有朱凤玉的《王梵志诗研究》，对张著作了补充和订正。项楚的《王梵志诗校注》（上海古籍出版社，1991年），后出转精，将释文和注释提升到了一个新的水平。历史文书的释录以唐耕耦、陆宏基的《敦煌社会经济文献真迹释录》1—5辑（第1辑，书目文献出版社，1986年；第2—5辑，全国图书馆文献缩微复制中心，1990年）为最早，收录了敦煌文献中与社会经济有关的重要文书和价值较高的历史文献1664件，采用上图下文方式编排，极便使用，但释文不够完善。分类释录以江苏古籍出版社出版的"敦煌文献分类录校丛刊"水平最高，影响也最大，这套丛刊共有10种12册，包括《敦煌天文历法文献辑校》（1996年）、《敦煌赋汇》（1996年）、《敦煌社邑文书辑校》（1997年）、《敦煌佛教经录辑校》（1997年）、《敦煌表状笺启书仪辑校》（1997年）、《敦煌契约文书辑校》（1998年）、《敦煌医药文献辑校》（1998年）、《敦煌变文讲经文因缘辑校》（1998年）、《敦博本禅籍录校》（1998年）、《敦煌〈论语集解〉校证》（1998年）。这是中国学术界第一次按学科和专题对敦煌文献进行系统搜集、整理的大型学术丛刊，总结了此前几十年相关专题敦煌文献整理和研究的成果，可以说是代表国家水准的标志性工程，出版20多年来都是国际敦煌学界引用率最高的图书。此外，由中国学者完成的敦煌文献分类录校本尚有《唐五代韵书辑存》（中华书局，1983年）、《敦煌歌辞总编》（上海古籍出版社，1987年）、《敦煌写卷新集文词九经抄研究》（台湾文史哲出版社，1989年）、《老子想尔注校证》（上海古籍出版社，1991年）、《唐写本论语郑氏注及其研究》（文物出版社，1991年）、《敦煌碑铭赞辑释》（甘肃教育出版社，1992年）、《敦煌类书》（台湾丽文文化出版社，1993年）、《敦煌邈真赞校录并研究》（台湾新文丰出版公司，1994年）、

《敦煌僧诗校辑》（甘肃人民出版社，1994年）、《敦煌写本书仪研究》（台湾新文丰出版公司，1994年）、《敦煌变文校注》（中华书局，1997年）、《古本敦煌乡土志八种笺证》（台湾新文丰出版公司，1998年）、《敦煌诗集残卷辑考》（中华书局，2000年）等多种。至20世纪末，中国学者完成的分类释录文本已经涵盖了敦煌遗书的所有重要类别。

目录和工具书的编纂方面。目录方面的进展可以分为四个方面。一是总目和馆藏目录的编纂取得了重大进展。总目有黄永武的《敦煌遗书最新目录》（台湾新文丰出版公司，1986年），在众家目录基础上，进一步对中、英、法、俄以及散藏的敦煌遗书目录进行考订和补充。施萍婷的《敦煌遗书总目索引新编》（中华书局，2000年），纠正了原书很多错误。馆藏目录的编纂，中国国家图书馆编辑出版了《敦煌劫余录续编》。荣新江的《英国图书馆藏敦煌汉文非佛教文献残卷目录（S.6981—S.13624）》（台湾新文丰出版公司，1994年）和方广锠的《英国图书馆藏敦煌遗书目录（S.6981—S.8400）》（宗教文化出版社，2000年），分别对英国国家图书馆收藏的S.6981以后的非佛教文献和佛经文献进行了编目。二是国内各单位分散收藏的敦煌文献目录相继刊布。如敦煌研究院收藏目录、西北师范大学收藏目录等。三是已有学者开始从理论上探讨敦煌文献的编目问题。如白化文、杨宝玉的《敦煌学目录初探》（河北人民出版社，1989年）。四是出版了三种敦煌学研究的论著目录。即郑阿财、朱凤玉编的《敦煌学研究论著目录（1908—1997）》（汉学研究中心［台北］，2000年），卢善焕、师勤编的《中国敦煌吐鲁番学著述资料目录索引（1909—1984）》（中国敦煌吐鲁番学会，1985年）及师勤编的《中国敦煌吐鲁番学著述资料目录索引续编（1985—1989）》（中国敦煌吐鲁番学会，1990年），刘进宝编的《敦煌学论著目录（1909—1983）》（甘肃人民出版社，1985年）。

工具书的编纂在这一时期也取得了很大成绩。其中最重要的是由季羡林主编的《敦煌学大辞典》，该书于1998年由上海辞书出版社出版，既具有学术性，又具有知识性，是敦煌学研究者和其他学科学者了解敦煌学必备的工具书。潘重规主编的《敦煌俗字谱》（石门图书公司，1978年）、金荣华编的《敦煌俗字索引》（石门图书公司，1980年）、潘重规编的《龙龛手鉴新编》（石门图书公司，1980年；中华书局，1988年）等，对于检索敦煌文献中的俗字极有帮助。此外还有收录敦煌文献中的语词并进行诠释的《敦煌文献语言词典》（蒋礼鸿主编，杭州大学出版社，1994年）。

敦煌石窟保护和洞窟资料整理方面。一是完成了莫高窟南区一段的加固工程，使南大像以南的洞窟得到了保护，通道互相连接，与中区形成了统一的整体。二是在石窟保护方面做了许多工作。在治理壁画的病害和对病害严重洞窟的监控方面也取得了很大进展。三是在整理和研究石窟艺术资料方面取得了巨大成就。敦煌文物研究所、文物出版社与日本合作编辑、出版了5卷本《中国石窟·敦煌莫高窟》，按照年代顺序收入152个洞窟有代表性的彩塑和壁画，以及200幅窟龛照片，每卷发表图版192—300幅，论文2—5篇，并有图版说明、大事年表和实测图，还附有各石窟群的内容总录。这5卷系列图书在当时可谓鸿篇巨制，相当系统全面地发表了莫高窟艺术的重要作品和论文等研究参考资料，反映了当时最新的研究水平。该书采用A4版精装，印刷精美，图版清晰，和此前的同类图书相比，无论内容、质量还是形式，都提升到了一个新的水平，为中外学术界了解和研究敦煌莫高窟提供了重要的图像和研究资料，出版以来为世界各国学术界所瞩目。由于当时国内的印刷条件有限，初版是在1980年由日本平凡出版社出版。段文杰主编的《中国美术全集（14）·敦煌壁画（上）》《中国美术全集（15）·敦煌壁画（下）》（上海美术出版社，1985年）和《中国美术全集（29）·敦煌彩塑》（上海美术出版社，1987

年），也是较早出版的大型敦煌壁画和石窟彩塑的图集，并附有图版说明和相关论文。限于当时国内的印刷条件，该书图版不如《中国石窟·敦煌莫高窟》清晰。其后是敦煌研究院与江苏美术出版社合编的《敦煌石窟艺术》（21册，江苏美术出版社，1993—1998年），这套八开本巨型画册以洞窟为单元，全景式收录莫高窟和榆林窟代表性洞窟的形制、彩塑和壁画图版，并附有图版说明和相关研究论文。而由香港商务印书馆于1999年开始陆续推出的26卷《敦煌石窟全集》，则分别由敦煌研究院的专家主编，该书除第一卷为总论外，其他各卷则是敦煌石窟壁画的分类画册。包括尊像画、本生因缘故事画、佛传故事画、阿弥陀经画、弥勒经画、法华经画、塑像、报恩经画、密教画、楞伽经画、佛教东传故事画、图案、飞天画、音乐画、舞蹈画、山水画、动物画、建筑画、石窟建筑、科学技术画、服饰画、民俗画和交通画等。这些以洞窟为单元的分类画册为国内外研究者提供了基本研究资料。记录敦煌莫高窟内容的《敦煌莫高窟内容总录》（文物出版社，1986年）和记录供养人题记的《莫高窟供养人题记》（文物出版社，1986年）也在这一时期完成出版。前者已于1996年出新版，因增加了榆林窟的内容而更名为《敦煌石窟内容总录》。上述成果和一批相关的专著、论文的出版，标志着我国学者对敦煌石窟的断代、内容的考订和著录、供养人题记的整理等工作已基本完成，并得到了学术界的公认，对各时期石窟特征的研究，也不断取得新的进展。可以说，我们在这方面的研究在国际上已具有明显的优势。

敦煌文献和石窟图版、目录的公布与出版，以及相关文献的释录和整理工作，为新时期敦煌学研究的飞跃式发展提供了坚实的基础。

在敦煌学研究方面，各个重要领域都推出了总结性的或开创性的论著。

所谓总结性的论著，是指那些既是以往数十年乃至一百多年相关研究的总结，又成为以后进一步研究的基础的论著。这类成果具有代表性的有：荣新江的《归义军史研究》（上海古籍出版社，1996年），对归义军历代节度使的卒、立、世系与称号，以及归义军政权与中央及周边少数民族政权的关系都作了深入系统的研究。宋家钰的《唐朝户籍法与均田制研究》（中州古籍出版社，1988年），从研究户籍法入手，探明均田制或均田令是国家颁行的有关各级官府和官民私人土地占有的法规。其中关于土地收授的规定，收回的主要是户绝田、逃死户田等，授给低于本地请授田标准的民户。李正宇的《敦煌史地新论》（台湾新文丰出版公司，1996年），调查考证了敦煌的古塞城和唐宋时期敦煌县的疆域、四至、绿洲范围、耕植面积、水利灌溉网络、诸山位置等，绘制出了敦煌塞城及唐宋时期敦煌十二乡位置及渠系分布示意图、五代沙州归义军辖境诸山位置关系图。姜伯勤的《唐五代敦煌寺户制度》（中华书局，1987年），考察了敦煌寺户制的各种表现形态及其衰落的演变过程。林悟殊的《摩尼教及其东渐》（中华书局，1987年）和《古代摩尼教艺术》（淑馨出版社，1995年），对中古时期的摩尼教史作了系统总结。张涌泉的《敦煌俗字研究》（上海教育出版社，1996年），在总结以往几十年敦煌俗字研究成果的基础上，通过大量字例的分类分析，构建了敦煌俗字研究的理论体系。马德的《敦煌莫高窟史研究》（甘肃教育出版社，1996年），运用石窟考古学上的崖面使用理论，结合造像功德记和供养人题记及史籍等多方面的相关资料，对莫高窟开凿史作了深入研究。

所谓开创性的论著，是指开创了某一重要领域的论著。这类成果具有代表性的有：季羡林的《敦煌吐鲁番吐火罗语研究导论》（台湾新文丰出版公司，1993年），考察了吐火罗语资料的发现及其内容、价值和研究方法，并探讨了吐火罗语两个方言之间及与其他语言的关系。王永兴的《唐勾检制研究》（上海古籍出版社，1991年），依据史籍中有关唐代勾官和勾检制的记载，结合敦煌吐鲁番文书中的勾官进行勾检的实际记录，全面考察了唐代上自中央、下到地方的勾检制及其实行情况，填补了唐官制研究的一项空白。方广锠的《佛教大藏经史》（中国社会科学出版社，1991年），将敦煌文献中的资料与传世资料、金石资料结合起来，系统考察了汉文大藏经的形成、发展过程。郝春文的《唐后期五代宋初敦煌僧尼的社会生活》（中国社会科学出版社，1998年），开辟了利用敦煌遗书研究寺院和僧尼生活的新领域，揭示了与传世记载不同的图景。姜伯勤的《敦煌吐鲁番文书与丝绸之路》（文物出版社，1994年），探讨了与"东西方贸易担当者"——粟特人有关的丝路的实况，并考察了波斯通往敦煌吐鲁番的"白银之路"和敦煌吐鲁番通往印度的"香药之路"以及曾在敦煌流行的波斯文化和天竺文化。

国外的敦煌学在这一阶段也取得了重要进展。

资料整理与刊布方面。法国在20世纪70年代末公布了所藏敦煌文献的缩微胶卷，出版了《集美博物馆和国立图书馆所藏敦煌丝织品》《集美博物馆所藏敦煌绢幡绘画》《伯希和石窟笔记：题记与壁画》。英国国家图书馆发起的"国际敦煌项目"已经有中、英、法、俄等收藏敦煌文献的单位合作在互联网上建立起敦煌文献数据库（其中英国的网址是：http://www.bl.uk，中国的网址是：http://idp.nlc.cn，法国的网址是：http://gallica.bnf.fr）。日本出版了《敦煌道经·图录篇》（大渊忍尔，福武书店，1979年）、《中国古代籍帐研究》（池田温，东京大学东洋文化研究所，1979年；中华书局，1984年）、《中国古代写本识语集录》（池田温，东京大学东洋文化研究所，1990年）和大型资料丛书《敦煌吐鲁番社会经济资料丛刊》（东洋文库已出《法律文书》《户籍》《契券》《社文书》四种）及其补编。苏联则出版了《敦煌汉文文书》第1册（1983年）。

目录方面。法国出版了《敦煌汉文写本目录》（*Catalogue des manu-*

scrits chinois de Touen-Houang）第 3、4、5、6 册。俄国孟列夫教授（Лев Николаевич Меньшиков）主编的《俄藏敦煌汉文写卷叙录》（«Описание китайской части коллекции из Хара-Хото»）完成出版，其汉文本也已由上海古籍出版社于 1999 年出版。日本出版了《敦煌道经·目录篇》（大渊忍尔，福武书店，1978 年）和《斯坦因、伯希和搜集敦煌法华经目录》（兜木正亨，灵友会，1978 年）。

各个领域的研究方面。日本组织国内数十位各方面专家和部分外国学者合作撰写了一部大型学术丛书——《讲座敦煌》（大东出版社），共出 9 卷，即《敦煌的自然与现状》《敦煌的历史》《敦煌的社会》《敦煌佛典与禅》《敦煌与中国道教》《敦煌与中国佛教》《敦煌胡语文献》《敦煌的文学与语言》《敦煌汉文文献》。这套丛书每一卷都在主题下分若干专题，每一专题都由学有专长的专家执笔，并尽量做到深入浅出。所以这套丛书既有较高的学术价值，又是一部从各方面介绍敦煌的普及读物。但由于成于众手，每卷内各专题的水平并不一致，有的全为撰写者的研究心得，有的只是介绍日本国内以前的研究成果。此外，日、法、英、俄等各国学者在这一时期还分别撰写了一大批专著和论文，不断将敦煌学各个领域的研究推向深入。

此外，在匈牙利、荷兰、意大利、德国、美国、加拿大、澳大利亚、韩国、印度等国也都有学者致力于敦煌学研究，有的还取得了相当的成绩。

总之，改革开放以后 20 多年来，敦煌学在世界范围内都保持着良好的发展势头。可以毫不夸张地说，至 20 世纪末，中国学者已占据了国际敦煌学多数前沿制高点，完全掌握了国际敦煌学的主导权和话语权。

四、敦煌学的转型（2001年至今）

这一阶段是我国敦煌学开始转型的阶段。进入21世纪以后，如何在上一世纪研究的基础上将敦煌学研究进一步推向深入，成为国际敦煌学界关注的热点议题。2006年9月7日至11日，敦煌学国际联络委员会策划的"转型期的敦煌学——继承与发展"国际学术研讨会在南京师范大学召开。这次会议的主题就是讨论如何努力改变过去比较零碎的研究敦煌文献资料的状况，在宏观把握敦煌文献的基础上，实现敦煌学的创新与转型。这次会议的论文结集出版，名为《转型期的敦煌学》。其后，2010年甘肃人民出版社出版了《转型期的敦煌语言文学》，说明敦煌语言文学界亦认识到了在新世纪敦煌学研究需要转型。

虽然敦煌学需要转型的意识和呼声已经出现，但这一阶段的成果仍是以传统课题为主。资料刊布方面，2001年以后又推出了《国家图书馆藏敦煌遗书》（1—146册，国家图书馆出版社，2005—2012年）、《敦煌秘笈》（1—10册，武田科学振兴财团，2009—2013年）。至此，中、法、英、俄、日所藏敦煌遗书主体部分的图版均已刊布。学术界期盼已久的敦煌《悬泉汉简》也终于出版了第壹卷至第肆卷（中西书局，2019年至2024年），该书包括所收全部简牍的彩色图版和红外图版。

在原来分类整理基础上对敦煌遗书作进一步的文献学整理成为21世纪的一项重要工作。对敦煌社会历史文献新的整理路径主要有两三种，一是按经、史、子、集四部分类法重新进行分类整理，其中《敦煌经部文献合集》（中华书局，2008年）已经出版；二是按收藏地编号依次整理，目前已经出版的有《浙藏敦煌文献校录整理》（全2册，上海古籍出版社，2012年）和《英藏敦煌社会历史文献释录》（1—20卷，社会科学文献出版社，2003—2024年）。三是按过去分类录校的办法对某类敦煌文献进行释录或再释录。初次释录的有《敦煌本数术文献辑校》（中华书局，2019年）。再次释录的有《英藏敦煌医学文献图影与注疏》（人民卫生出版社，2012年）和《敦煌吐鲁番医药文献新辑校》（高等教育出版社，2016年）两种。这两种分类录校本附有彩色图版，是升级版的敦煌文献分类整理文本。王卡主编的《敦煌道教文献合集》（1—2册，社会科学文献出版社，2020年），亦包括所收道教文献的彩色图版和释文。用这种新的整理模式重新整理原有分类录校本，应是最近20年内敦煌学界应该完成的任务。

工具书方面，张涌泉、张小艳、郜同麟主编的《敦煌文献语言大词典》（四川辞书出版社，2022年）和郝春文主编的《敦煌学大辞典（第二版）》（上海辞书出版社，2024年），都是具有里程碑意义的成果。

2001年以后出版的带有总结性的著作有：王卡的《敦煌道教文献研究》（中国社会科学出版社，2004年），对敦煌遗书中的道教文献的渊源、性质、名称等作了全面考证。郑汝中的《敦煌壁画乐舞研究》（甘肃教育出版社，2002年），采用音乐考古学的方法，从图像音乐学的视角，对敦煌壁画中的音乐图像进行统计、分类、比较、分析，进而诠释其中的史学价值和文化内涵。杨富学的《回鹘文献与回鹘文化》（民族出版社，2003年），全面考察了回鹘文化及回鹘与汉、吐蕃、契丹、西夏、金、蒙古等周边民族的文化交流。伏俊琏的《敦煌文学总论》（甘肃教育出版社，2003年），重点考察敦煌文学作品的创作背景和创作主体，兼及敦煌文学写卷的形态、抄写、题记、来源，并关注敦煌文学的类型学、传播学研究。郝春文的《中古时期社邑研究》（台湾新文丰出版公司，2006年；上海古籍出版社，2019年），将敦煌社邑文书研究放到中古时期广阔的背景下进行了新的考察。沙武田的《敦煌画稿研究》（中央编译出版社，2007年），对敦煌画稿的内容、定名等问题作了全面的再探讨。谭蝉雪的《敦煌民俗——丝路明珠传风情》（甘肃教育出版社，2006年），对敦煌地区的婚姻制度、婚姻观念、婚姻类别、婚俗礼仪、离异等几个方面进行了考察。刘进宝的《唐宋之际归义军经济史研究》（中国社会科学出版社，2007年），对敦煌遗书中有关归义军的经济资料作了全面分析。刘屹的《六朝道教古灵宝经的历史学研究》（上海古籍出版社，2018年），对国际道教学界围绕古灵宝经的一系列争论，在深入分析文献的基础上提出了自己的看法。王进玉的《敦煌学和科技史》（甘肃教育出版社，2011年），对敦煌遗书中的科技资料进行了全面考察。

开创性的著作则有：黄正建的《敦煌占卜文书与唐五代占卜研究》（学苑出版社，2001年；增订版，中国社会科学出版社，2014年），将敦煌占卜文书放到唐五代的历史背景下进行了全面考察。吴丽娱的《唐礼摭遗——中古书仪研究》（商务印书馆，2002年），深入探索了书仪的流变及与礼、政治、制度、习俗的交互影响。史苇湘的《敦煌历史与莫高窟艺术研究》（甘肃教育出版社，2002年），开创了运用艺术社会学研究敦煌石窟的途径，提出了敦煌本土文化论和石窟皆史等理论。彭金章、王建军的《敦煌莫高窟北区石窟》（3卷，文物出版社，2000—2004年），开辟了莫高窟北区石窟考古的新领域。黄征的《敦煌俗字典》（上海教育出版社，2005年；第二版，2020年），广泛收录了敦煌写本文献异体俗字，兼收隶古字、避讳字、武周新字、合文等。张小艳的《敦煌书仪语言研究》（商务印书馆，2005年），对敦煌书仪的语言进行了全面系统的考察。贺世哲的《敦煌图像研究》（甘肃教育出版社，2006年），深入分析了敦煌石窟中的塑绘题材及其塑绘原因。高启安的《旨酒羔羊——敦煌的饮食文化》（甘肃教育出版社，2007年），开辟了敦煌饮食文化研究的新领域。樊锦诗、蔡伟堂的《敦煌石窟全集》第一卷《莫高窟第266—275窟考古报告》（文物出版社，2011年），以文字、测绘和照相等各种记录手段，逐窟记录洞窟位置，窟外立面，洞窟结构、塑像和壁画，洞窟保存状况，以及附属题记等全部内容，不仅是洞窟最翔实的"档案资料"，还为以后同类石窟考古报告的撰写提供了新的范式。赵声良等的《敦煌石窟美术史：十六国北朝卷》(上下卷，高等教育出版社，2014年)，开辟了从美术史角度探索敦煌艺术的新领域。

五、用新范式和新视角开辟敦煌学的新领域

自改革开放以来，经过40多年的努力，中国学者在国际敦煌学的各个重要领域都推出了世界公认的带有总结性或具有开创性的成果，完全改变了"敦煌在中国，敦煌学在外国"的局面，掌握了国际敦煌学发展的主导权和话语权，这是中国学者的骄傲，也提升了我国在世界上的学术地位。

同时也应该看到，虽然中国敦煌学家群体已经取得了骄人的业绩，但未来我们仍有很多工作要做，我们的工作也还有许多不足和值得改进的地方。以下拟对敦煌学的未来发展试作展望。

第一，敦煌遗书的图版和释文等都需要用新的编纂和印制方式升级换代。

首先，敦煌遗书的图版需要升级换代。改革开放以来，经过中国敦煌学界和出版界的不懈努力，基本完成了敦煌遗书图版的刊布工作。但以往公布的敦煌遗书图版的主体部分都是黑白图版。由于敦煌写本中有很多朱笔校改或句读，这些朱色墨迹在黑白图版上很难显示；又由于敦煌写本是写于几百年乃至一千多年前，有的墨迹已经脱落；有的写本有很多污渍，污染或遮蔽了原来的文字。这类文字在黑白图版中很难辨识。如果是高清彩色图版或红外摄影图版，可以在很大程度上解决黑白图版存在的问题。

杜建录、高国祥主编的《中国藏黑水城汉文文献》（10册）已经实现了全彩写真印刷。而甘肃简牍博物馆等编的《悬泉汉简（壹）》（上下册，中西书局，2019年）则更进一步，包括所收全部简牍的彩色图版和红外图版。比较而言，敦煌遗书的黑白图版已经明显落伍了，需要重新编纂出版高清全彩写真图版（必要时另加红外摄影图版）。这项工作既需要国际协作，也需要敦煌学家和出版方的通力合作。令人欣慰的是，编纂高清全彩敦煌文献图版的工程已经启动，目前法藏、甘藏和国图藏品已陆续出版，希望能在十年至二十年时间内完成敦煌遗书图版的升级换代工作。

其次，敦煌文献的分类释录本也需要升级换代。长期以来，对敦煌遗书的文献学整理，绝大多数是对敦煌文献文本的释录和校勘。而再整理则是对原来文字版的修订或补充。进入21世纪以后，出现了分类整理文本附有所收全部文书的高清彩色图版，而且文书文字部分和图版均采用彩印模式。这是新的升级版的分类整理模式。未来的敦煌分类整理本都应该是图文对照本，即包括文书释文和高清彩色图版并采用全彩印，再加上精校和核查原卷。图文对照本的排版格式应该是彩色图版和释文分别放置在不同的页面，采用这种图文对照的排版格式，再加上适当加大书籍开本，才能保证文书图版拥有可使文字足够清晰的空间。用这样的标准衡量，过去完成的分类释录本都有个升级换代的问题。仅释录某类文字再加几张黑白或彩色图版的分类整理模式已经过时了。用新的整理模式重新整理原有分类释录本，是最近二十年内敦煌学界应该完成的任务。

最后，敦煌遗书总目录也需要升级换代。由于敦煌遗书内容庞杂，又散在世界各地，编纂一部包括世界各地收藏的敦煌遗书的总目录的重要意义是不言而喻的。但目前最全的敦煌遗书总目录是1962年出版的《敦煌遗书总目索引》，反映的是60多年前的情况，当然未能包括其后出版的俄藏目录和20世纪80年代以来国内外陆续公布的很多公私藏家目录。2000

年出版的《敦煌遗书总目索引新编》，不仅没有收录1962年以来国内外新公布的公私藏家目录，还删掉了原《敦煌遗书总目索引》中的散藏目录，只收录了英藏（著录到6980号）、法藏和中国国图藏品目录。因而，《敦煌遗书总目索引新编》只是英国、法国和中国国图三大藏家的目录，实际上已经不能称为敦煌遗书"总目"了。这样看来，编纂一部新的真正包括全世界各地收藏的敦煌遗书的总目录，可以说是当务之急。这样一部总目录不仅是敦煌学界所急需，也可为其他学科学者了解敦煌遗书提供方便。

第二，积极探索用新范式和新视角开辟敦煌学的新领域。

未来敦煌学的发展，还要积极探索用新范式和新视角来开辟新的研究领域，新世纪以来我国学者在这方面也作了很多有益的探索。

对敦煌文献的整理和研究而言，通常使用的是文献学范式和历史学范式，当然这两种范式在具体的研究中有时会有交叉或重合。所谓文献学范式主要包括文字释读和写本的定性、定名、定年等内容。历史学范式则是将经过处理的文本放到一定的历史背景下作历时性和共时性的考察。比较而言，文献学范式属于基础性工作，而历史学范式则是利用文献学范式的成果作进一步深入研究。对敦煌文献的整理和研究来说，以往所做的工作主要是文献学工作，利用史学范式对其开展深入研究还需要进一步加强。我国学界从文献学范式转换为历史学范式比较成功的课题是有关敦煌写本书仪的整理和研究。在20世纪八九十年代，赵和平经过长期的艰苦努力，完成了《敦煌写本书仪研究》《敦煌表状笺启书仪辑校》《敦煌本〈甘棠集〉研究》等著作，这些成果基本完成了对敦煌写本书仪的文字释录和定性、定名、定年等文献学范式所应处理的工作。在此基础上，吴丽娱通过《唐礼摭遗——中古书仪研究》（商务印书馆，2002年）及相关系列论文，深入探索了书仪与社会的关系，包括：书仪自身发展的背景（渊源、发展和流变及其原因），书仪与礼、政治、制度、习俗的交互影响，这就使敦煌书仪从被整理的文本资料转换成了历史学的研究资料。这个个案值得其他领域借鉴。

敦煌遗书的主体是印刷文本流行之前的手写文本。早年学界主要关注的是敦煌写本的文字内容，对写本自身的特点关注不多。进入21世纪以来，专门关注写本特点的敦煌写本学悄然兴起，现在已经发展成为引人注目的新范式，成为敦煌学的新的分支和研究领域。我国学者不仅在敦煌写本学理论方面作了很多探索，用写本学范式对敦煌写本进行研究的成果也日益增多。理论方面的探索如张涌泉的《敦煌写本文献学》（甘肃教育出版社，2013年；增订本，商务印书馆，2024年），是全面考察敦煌写本文献特点的集大成之作。郝春文的《敦煌写本〈六十甲子纳音〉相关问题补说》，是运用写本学方法研究敦煌写本《六十甲子纳音》的个案，该文在通检各写本具体情况的基础上，将敦煌写本《六十甲子纳音》区分为正式文本和随意抄写的文本等四类，借以说明对个体性很强的敦煌写本来说，即使是内容完全相同的文本，由于抄写目的的差异，其性质和用途也可能判然有别。方广锠研究了敦煌遗书中多主题遗书的类型，段真子考订出内容连贯完整的BD.3024《八相变》是由具有不同版本来源、抄写时间不一的六组写本粘贴而成。这些案例都通过研究实践展示出敦煌写本的特征。伏俊琏的《写本时期文学作品的结集——以敦煌写本Дх.3871＋P.2555为例》，通过分析文学写本内容的构成框架来探寻结集者的思想、情绪和心灵世界，是用写本学范式研究敦煌写本的另一种尝试。

写本学之外，社会学范式也被引入敦煌文献研究中。如孟宪实的《敦煌：民间结社研究》（北京大学出版社，2009年），利用社会学范式，重点从结构、功能的视角重新解读敦煌写本社邑文书，以及敦煌社邑及其活动，这是以往文献学和历史学范式未曾涉及的视角。佛教本生故事画的产生及其社会功能研究也成为不少学者关注的问题。如在对睒子本生故事画、鹿王本生故事画和须大拿太子本生故事画等的研究中，学者们开始思考图像产生的社会、宗教背景，以及图像背后的宗教功能，体现出将艺术史和宗教学、社会学紧密结合的研究范式逐步得到应用。余欣的《神道人心——唐宋之际敦煌民生宗教社会史研究》（中华书局，2006年），引入了"民生宗教"的概念来诠释唐宋之际敦煌民众的信仰世界。钟海波的《敦煌讲唱文学叙事研究》（北京大学出版社，2009年）和王昊的《敦煌小说及其叙事艺术》（安徽人民出版社，2005年），则利用叙事学范式重新解读敦煌的讲唱文学和小说，分析了敦煌词文、变文、故事赋、话本、小说的情节、结构、人物、语言、叙述者和修辞等。胡连利的《敦煌变文传播研究》（人民出版社，2008年），从传播学视角考察了敦煌变文作为一种特殊的文学样式在文学传播史上具有的独特意义，由此探讨变文的传播所反映的文化意义。邹清泉将藏经洞约1 173件《维摩诘经》写卷看作一个整体，通过中古敦煌《维摩诘经》的翻译、书写、流传与庋藏情况来考察该经的传播史，这是利用传播学范式考察敦煌佛教典籍流布情况的代表。

把原有的研究范式扩大到新的领域，可以说是另一种形式的研究范式转变。如语言学界自新世纪以来将书仪（张小艳的《敦煌书仪语言研究》）、社会经济文书（黑维强的《敦煌、吐鲁番社会经济文献词汇研究》）、法律文书（王启涛的《中古及近代法制文书语言研究——以敦煌文书为中心》）、宗教典籍（于淑健的《敦煌佛典语词和俗字研究——以敦煌古逸和疑伪经为中心》、叶贵良的《敦煌道经词语考释》）和契约（陈晓强的《敦煌契约文书语言研究》）等扩充为语言文字研究的材料，对语言学来说，这是扩大语料范围，对书仪等领域而言，就是采用新的范式对其进行研究。

从整体上看，敦煌学界在利用新范式和开拓新视角方面的成果还不够多，21世纪敦煌学的转型至今仍然是"星星之火"，但因为它标示了未来敦煌学发展的方向，所以应该得到进一步加强。

第三节　学习和研究敦煌学的意义

敦煌在1987年被国务院确定为中国历史文化名城。同年12月，敦煌莫高窟被列入世界文化遗产名录。莫高窟，这座宏伟绚丽的艺术博物馆，珍藏着数百个不同时代的洞窟，三千多身彩塑，四万多平方米的壁画，是研究我国美学史、美术史、建筑史、音乐舞蹈史以及中国古代生产、生活等各个方面的珍贵图像资料。而藏经洞中发现的文献更是涉及社会科学和自然科学的诸多领域。所以，把在敦煌保存下来的这笔丰富的古代文化遗产列为世界级的人类文化遗产，是当之无愧的。这笔文化遗产是我们的先人创造的，这无疑是我们中华民族的骄傲。也正因为此，我们应该用无愧于先人的工作为它争光。在敦煌学已经成为一门国际显学的时代，我们在欢迎国外学者对它开展研究的同时，也有责任、有义务比国外学者研究得多一些、深一些、好一些。因为这毕竟是我们祖宗留下来的东西。所以，希望青年朋友能够带着这种责任感来学习、研究、宣传敦煌学，为敦煌学的普及和发展贡献力量。

具体而言，学习和研究敦煌学至少具有以下几个方面的意义。

第一，可以更具体、更形象地了解我国多民族国家形成、发展的历史。

我国古代的历史典籍，虽说是浩如烟海，但古代史家书写历史也有自己的标准，如重政治，轻经济；重帝王将相等上层，轻视中下层等。这些经过古代史家筛选而成的二十四史等传统史籍，过滤掉了很多在我们今天看来十分重要的资料。敦煌的历史文化遗产，为我们保存了大量丰富而生动的第一手资料。这些多数未经古代史家剪裁的原始档案的发现，首先，为我们全面、深入、系统地考察中古时期的一个地区提供了相对充足的研究资料。因为全部敦煌遗书和石窟遗存都与敦煌地区有不同程度的关系或联系。就世界范围来看，具备以上条件的古代文化遗产已为数不多。如果我们依据这些资料对中古时期敦煌社会的各个角度、各个层面作全方位的考察，其成果将为学术界认识中古社会的具体面貌提供一个模型或参照系。这当然有助于推进人们对中古时期社会的进一步认识。显然，对历史学而言，解剖敦煌这样一个麻雀，其意义会超出敦煌地区。而敦煌文献为解剖这个麻雀提供了必要条件。其次，敦煌文献为我们进一步研究9世纪中叶至11世纪初西北地区的民族史提供了大量原始资料。9世纪中叶至11世纪，是我国西北地区民族发生大变动的时期。但传世史籍有关这方面的记载较少，很难据之进行深入系统的考察。敦煌文献中保存了一批反映这一时期民族情况的汉文、藏文、回鹘文、于阗文、粟特文公私文书，为我们探讨西北地区民族变迁、各民族的政治经济文化状况与相互间的交往提供了可能。再次，敦煌遗书等资料还为解决中国古代史上的一些重大问题提供了具体材料。古代的敦煌是中国的一个地区，所以，敦煌文献不仅对了解敦煌地区具有重要意义，其中的许多材料还反映了中原地区的一般情况。我国学者在利用这些材料方面也做了许多工作。如均田制即属中国古代史的重大问题，但在敦煌遗书发现以前，对其实施情况的研究始终无法深入。我国学者依据对敦煌户籍档案等资料的具体探讨，为均田制实施与否的争论画上了圆满的句号，并对均田制的实质形成了新的认识。最后，古代的敦煌是中国和世界接触的窗口。所以，敦煌遗书和洞窟壁画中，保存了不少反映中西经济文化交流的资料。我国学者利用这些资料，探索中国与印度、中国与波斯等地的经济文化交流，探索丝绸之路的贸易等课题，都取得了重要成果。但与敦煌文献中保存的这方面材料相比，还有许多工作可做。特别是在唐代，敦煌汇聚了中国、希腊、印度、中亚、西亚等不同系统的文化，这些在敦煌文献中都有不同程度的反映。站在中古时期世界文化交流的高度，全面系统地发掘敦煌文献中有关这方面的资料，将是21世纪的一项重大课题。

第二，可以领略古代中国处于世界领先时期的风采。

敦煌古代文化遗产的主体是公元4世纪至11世纪的文化遗存。在这个长达700年的时间段，中国的内部曾经出现过很多问题。如南北朝时期的南北分裂、唐后期的藩镇割据、五代时期的战乱等等。但和当时世界上的其他国家相比，中国仍然是世界上制度最先进、经济最发达、文化最兴盛的国度，科学技术也处于世界领先的地位。敦煌石窟艺术和敦煌遗书等文化遗产所展现的就是这样一个时期的社会风貌。

如果深入了解敦煌古代文化遗产，我们会发现它具有以下几个鲜明的特征：一是追求宏大和厚重的情怀，二是女性处于自由和张扬的时代，三是对外来文化持开放和包容的态度。特别是唐前期的敦煌，汇聚了中国、印度、中亚、西亚、希腊等不同系统的宗教、文化、艺术。那时因为我们的制度先进、文化发达，所以就有海纳百川的气度与胸襟。

中古时期的敦煌文化可以让我们真切地感受到中华民族处于领先时期充满活力的脉动。

在实现中华民族伟大复兴的过程中，一个十分重要的内容就是传承我国古代优秀传统文化。而传承我国古代优秀传统文化的前提就是要深入了解我国古代的历史文明。了解中国古代的历史文明，主要是通过学习古代的经典文本、阅读史籍和欣赏古代的文化遗存达到的。与阅读文字资料相比，欣赏古代文化遗存具有更生动、更具体、更直观的特征。

精美的古代敦煌文书和敦煌石窟艺术遗存等敦煌文化遗产具有资料和文物双重价值，是我国古代优秀传统文化的具体载体。那些楚楚动人的菩萨、勇猛刚毅的天王、精美绝伦的绢画和令人叹为观止的精致古代文书等至今仍有震撼人心的魅力，向我们诉说着我们先人曾经创造的辉煌。这些都是对广大人民群众特别是青少年进行爱国主义教育的最好教材，具有无可替代的价值。

第三，可以获得宝贵的启示和创新灵感，促进社会主义物质文明和精神文明建设。

对敦煌古代文化遗产进行深入的研究，可以使我们获得很多宝贵的启示。如学术界通过对敦煌写本长期深入的研究，揭示出很多敦煌写本具有个性特征。这类具有个性特征的写本，是个人使用的具有笔记本性质的文本。这类文本往往内容庞杂，与印刷术流行以后的印本书籍差异很大。如果用印本时代形成的认知模式来看待这些具有个性特征的写本，就很可能在无意中将其个体特征默认为一般现象，也容易对这类文本的内容产生误读和困惑。这个事例提示我们，用近现代的知识体系和思维模式解读古代文本，既有"人体解剖对于猴体解剖是一把钥匙"的优越性，有时也会因时代的局限而产生盲区。

欣赏敦煌古代文明成果，还可以激发当代人的创新灵感，创作出新的精神文明和物质文明成果。如我国的舞蹈工作者在借鉴敦煌壁画之乐舞图像的基础上，创作出了敦煌舞，并形成了敦煌舞派，饮誉中外的舞剧《丝路花雨》就是敦煌舞派的代表作。在音乐界，也已有人依据敦煌壁画中的乐器资料，尝试复原带有敦煌特色的古代乐器。

国内外美术工作者对敦煌石窟艺术的借鉴由来已久，临摹敦煌的彩塑和壁画是很多美术学院国画专业学生的必修课程。以敦煌石窟为代表的古代石窟艺术是滋养中国美术人才的重要土壤。现代已有美术家尝试在借鉴敦煌壁画的基础上创作带有敦煌特色的美术作品。如画家张大千，曾在敦煌长期临摹壁画，经过敦煌艺术的熏陶，他在人物画方面有了新的风格。

由于对色彩的领悟，他在山水画、花鸟画上采用极为大胆的泼墨泼彩法，尤其在他晚年，已经把敦煌壁画中那种恢宏的气度和绚烂的色彩自由地运用于山水画、花鸟画中。潘絜兹曾长期从事敦煌壁画的临摹和研究工作，他创作的《石窟艺术的创造者》，便是直接以他在敦煌石窟临摹的切身感受而画出的。董希文也曾在敦煌学习、临摹壁画，他钟情于西部少数民族风情，画过很多表现少数民族的作品，如《哈萨克牧羊女》，除了构图和人物形态等方面体现出敦煌艺术的特色，飘起的头巾以及衣服的裙摆，都可感受到敦煌壁画中人物造型的特征。油画巨制《开国大典》，不论近景中的人物布局，远景中的空间安排，以及色彩明暗的对比等等，都可以感受到敦煌艺术给予画家的深刻影响。此外，曾在敦煌工作过的常沙娜，在设计人民大会堂、民族文化宫等建筑的装饰方面，充分利用敦煌壁画中的元素来创作，形成了富有民族精神的工艺装饰。长期在敦煌工作的雕塑家孙纪元、何鄂等，也在后来的创作中表现出极大的优势，如孙纪元的雕塑《瑞雪》、何鄂的雕塑《黄河母亲》等作品，都是具有深厚传统精神又富有时代感的作品。

敦煌莫高窟的窟顶壁画保存了大量的图案图像资料，这些图案大多色彩鲜艳、精美绝伦，融合了中西文化元素，对当今的图案设计有重要借鉴价值。

敦煌遗书以写本居多，70 000多件自公元4世纪至11世纪的写本都是古代书法的标本，其书体包括隶书、行书、楷书、草书等，很多写本的书法具有很高的艺术价值。欣赏和研究这些古代写本，对当代的书法创作亦有助益。

总之，在借鉴古代敦煌文化遗产并推陈出新方面，还有很大的潜力。无论是文学工作者、美术工作者，还是音乐舞蹈工作者，乃至建筑学家、书法家、医学家都可以从丰富的敦煌文化遗产中汲取营养，并据以创造出新的成果。

当前，我国正在实施"一带一路"倡议，深入研究敦煌古代文化遗产，可为这一倡议提供历史借鉴。

敦煌文化遗存本来就是古代丝绸之路的产物。如果把古代的丝绸之路看作经济、文化交流的网络，这个网络经由的城镇就像一颗颗珍珠，由于敦煌位居丝绸之路的咽喉，所以它是丝绸之路上最耀眼的一颗明珠。敦煌石窟和藏经洞文书中保存了很多古代丝绸之路沿线国家的资料，记录了古代中国对外交往的历史。对这些资料进行深入研究，总结古代中国与丝路沿线国家交往的经验和教训，可以为实施"一带一路"倡议提供有价值的背景资料和有益的历史借鉴。

上篇 敦煌的历史

本篇择要介绍敦煌的地理，概要叙述自远古至清代敦煌的历史，以展示先民创造敦煌古代文化的背景。

第一章 敦煌的兴起与曲折发展

自史前至汉初,在敦煌一带活动的均为少数民族。敦煌登上中国历史的舞台,始自其正式归入西汉版图。此后至北朝末年,敦煌的发展虽非一帆风顺,但总趋势是向上发展的,或曰曲折地向上发展。

第一节 河西与敦煌的地理

一、河西的地理

河西走廊位于欧亚大陆腹地的东部。走廊的南边是祁连山,祁连山是河西走廊与青海柴达木盆地之间许多平行高山的总称。它的高峰海拔在4 000米以上,山顶终年积雪。再往南是青藏高原,地处高寒,通行比较困难。祁连山的另一个名称叫"南山",这是因为在走廊的北侧存在着一组与之平行,被统称为"北山"的山脉。北山由东向西分别称为龙首山、合黎山和马鬃山。由于饱经北来风沙的剥蚀,北山山势远较南山低平,但它的北边就是蒙古高原的腾格里沙漠和巴丹吉林沙漠，也不便通行。这样，这个夹在南北两山之间，长1 000多公里，宽几公里到百余公里的狭长地带，就名副其实地成为一条地理上的走廊。它位于黄河之西，从乌鞘岭开始，经过武威、张掖、酒泉、敦煌，西至玉门关和阳关。

从河西走廊西行，经过新疆、中亚，可以和中亚、南亚、西亚乃至欧洲和北非联结起来。历史上，在海运和空运发达之前，这条走廊一直是中西交通的主要干线。同时，它还是中原王朝与少数民族政权对抗的前沿地带，具有十分重要的战略地位。在古代，河西走廊一般控制在中原王朝手中，河西以外则常由少数民族占据。谁占有了河西，谁就有了进可攻、退可守的主动权。另外，南北有高山，东有黄河之险，西有阳关、玉门关相阻的河西走廊，还是一个相对独立的区域，每当中原动乱时，这里还容易产生割据自保的势力。

二、河西的自然条件

与周围地区相比，河西走廊的自然条件是优越的。北山山脉虽较低平，却组成了一条长长的屏障，减弱了蒙古高原风沙的威势，也遏制了山北沙漠的南侵。只是在它的缺口处，如武威北部的民勤一带，张掖、酒泉北部的弱水（额济纳河）河谷，强劲的北风仍可把大量流沙带进走廊，形成大片风成沙丘。

河西走廊的气候是沙漠性干燥气候，年降水量很少，从东向西递减，从武威的170多毫米递减到安西、敦煌的20—30毫米。河西走廊的冬季寒冷而又漫长，西部的气温低于东部，而且大陆性气候特点较强，年温差和日温差均较大，越往西越明显。

同干旱的走廊相比，祁连山的降水量是丰富的。山区东段年降水量有

500毫米，西段也在100毫米左右。这些降水多在高空凝结为白雪，使祁连山终年积雪，形成了大量储水量很高的冰川。这些冰川大部分分布在祁连山的北坡，成为"冰源水库"。夏秋季节，冰雪消融，汇成大小40多条河流从山顶奔腾而下。这些河流首先滋润了前山的坡地，为林木和牧草的生长创造了条件，成为放牧者的天堂。在戈壁前沿，这些雪水汇合，形成石羊河、黑水河、疏勒河三大水系，滋润、灌溉着河西的绿洲。历史上的"金张掖""银武威"和酒泉、敦煌就分布在这三条河流流经的绿洲上。正是这些草场和绿洲，大大改变了河西走廊的荒漠景观，使其成为宜农宜牧、适于人类生养蕃息的丰饶之乡。河西走廊养育着敦煌与河西的人们，并为往来的行旅和屯戍之卒提供了衣食之需。这是敦煌和整个河西发展的物质基础。

三、敦煌的地理和自然条件

敦煌位于河西走廊的西端，其地界在古代东接酒泉郡，西邻罗布泊，西边扼玉门、阳关两关，出关过塔克拉玛干大漠，可达葱岭。所以，如果说河西走廊是中西交通的干线，敦煌则可以说是古代中原与西域，中国与西亚乃至欧洲、北非交通的咽喉之地（图1-1）；如果说河西是一个具有重要战略地位的区域，作为走廊西部门户的敦煌就更为重要。

敦煌的南北均为山区。它的南面是属于祁连山脉的三危山，三危山的西南有鸣沙山。举世闻名的莫高窟，就开凿在古宕泉（今名大泉）水冲刷而成的鸣沙山崖壁上。敦煌的北面是北山山脉——马鬃山山脉。中部低洼。

流经敦煌的河流，有发源于疏勒南山的疏勒河，由东向西横过其境。发源于疏勒南山和党河南山的党河，经今肃北蒙古自治县南，绕鸣沙山西、北麓东流，至敦煌古城东南折而向北 60 余里，汇入东来的疏勒河。

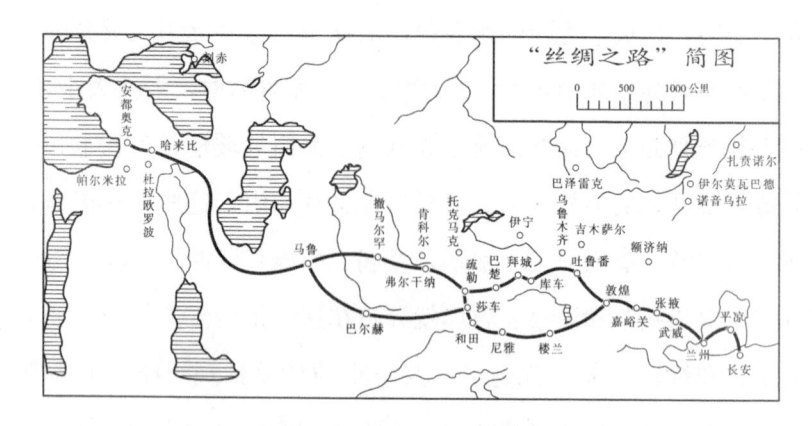

图 1-1　古代丝绸之路简图

图片来源：郑炳林、高国祥主编：《敦煌莫高窟百年图录》，甘肃人民出版社，2008 年，第 16 页。

敦煌地区的地势是东南高，西北低，由东南向西北倾斜，故这一地区的河流的流向多向西北流。

敦煌地区的地貌除山区有积雪和冰川外，其余多为戈壁荒漠。只有河流经过的地段，沿河出现一块块带状绿洲。敦煌就位于党河下游的一块绿洲（名为敦煌绿洲）上。

在河西地区，以敦煌的自然条件最差。这里气候寒冷，每年十月结冰，来年三月尚未解冻，冰冻期长达 5 个月。年降水量在河西最少，年平均只有 39.9 毫米，年平均蒸发量却高达 2 486 毫米。所以，干旱少雨是敦煌气候的基本特征。这就决定了自古至今敦煌地区都高度重视引水灌溉。

敦煌地区气候的另一特征是风沙较多。秋季和春季风沙极大，特别是十二月和一月，狂风起处，沙尘蔽天。敦煌南面包括有名的鸣沙山在内的大片沙山群，都是由大风带来的流沙形成的。

干旱少雨虽然不利于人类的生存，却有利于文物和遗址的保存。敦煌石窟群、敦煌遗书和敦煌简牍等得以相对完好地保存，都和这一地区的干燥气候有关。

尽管敦煌地区的地理和气候具有诸多不利因素，祁连山雪水哺育的草场和绿洲，仍使这里具备了人类生存的必要条件，再加上其地理位置十分重要，遂使这里成为我国历史上各民族频繁出入、轮番演出的大舞台，成为各种文化的交融荟萃之地。骠悍的胡骑、抗戈的汉军、扬鞭的牧民、垦荒的农夫、虔诚的僧侣、远行的商队、往来的使者，都在这里留下了脚印，洒下了血汗。也正是我国历代各族人民不间断的努力，共同经营开发这块土地，才有了作为文化宝库的敦煌。

第二节　汉武帝以前的敦煌

一、史前的敦煌居民

我们的先民在这一地区的活动，可以上溯到远古时代。在古史传说中，就有舜"窜三苗于三危"的说法，有人认为这里的"三危"就是敦煌境内的三危山。如是，"三苗族"就应该是传说时代敦煌地区最早的居民。但"三苗"会否在西北地区出现？"三危"是否就是今天敦煌的三危山？还有待进一步证明。先秦古籍中也出现"敦薨之水"的记载，有学者认为即今天的党河，进而认为先秦时代这一地区就已经名曰"敦薨"，后来的"敦煌"只是一个更加典雅化的名称。这些观点由于缺乏更多的史料印证，至今难以落实。不过，在张骞通西域之前，河西走廊西部乃至更远地方的信息，早已为中原人所知，这是很有可能的。古代东西方文明沿河西走廊进行交往和交流，不是晚至张骞"凿空"之后才开始，这一点也是可以肯定的。

新中国成立以后，考古工作者在河西走廊发现了几十处新石器时代的遗址。目前所知距敦煌最近的一处古文化遗址，是距今 3 600 多年（相当于中原的夏朝时期）的酒泉玉门市火烧沟类型文化。① 这是目前能够确定的敦煌一带最早的居民遗址。火烧沟遗址中出土了大量的彩陶器、石器、铜器和金银装饰品。其中，仅铜器就有 200 多件，还发现了铸镞的石范。这表明，火烧沟人已进入了青铜器时代。遗址中还有不少马、牛、羊、猪骨骼，其中以羊骨最多，有些墓葬中用成对的羊角随葬，说明火烧沟人所经营的主要是牧羊业。从出土遗物来看，火烧沟人的社会生活并不比中原地区的华夏族落后。遗物中的石锄、石磨、酒器和贮藏的粟粒，说明他们不仅经营畜牧业，而且农业也具有一定水平。青铜工具和饰品较多，陶纺轮大量出现，金和银开始用于装饰，说明他们已经有了分工较细的手工业。随葬品中还有松绿石珠、玛瑙珠、海贝和蚌饰，这些都不是当地所产，说明他们与外界有交换关系。有些海贝放于死人口中或贮存于罐内，可能是具有了货币的职能。从墓葬来看，火烧沟人的贫富和等级差别十分明显。随葬品少的仅有一两件，多的陶器达十二三件，还经常伴有铜器以及金、银、玉器。其中，还发现有 20 多座人殉或人祭牲的墓，并大量用牲畜随葬。这些情况表明，火烧沟人已进入早期文明和阶级社会。墓葬中用羊随葬的情况很普遍，死者无论男女，在鼻和耳部多有金银饰品；且头顶多见粗壮的骨针，似为椎发用具。这些都表明火烧沟人应该是与华夏族不同的少数民族。我国古代文献中把羌人称为西戎牧羊人，因此，火烧沟人很有可能就是我国古代羌人的祖先。

近年来，河西走廊西部的史前考古遗址，在张掖、酒泉、玉门、瓜州、肃北、敦煌等市县多有发现。特别是敦煌一带的考古文化，主要有马

---

① 文物编辑委员会编：《文物考古工作三十年：1949—1979》，文物出版社，1979 年，第 142-143 页。最新的检测结果认为火烧沟文化的绝对年代在公元前 1800 年—公元前 1500 年。

家窑文化、马厂文化、四坝文化、骟马文化等各种类型。不仅说明敦煌一带在史前时期就有当地居民生活，而且他们的文化特征也呈现出对来自河西走廊东、西、南、北方向上不同文化的接纳和吸收。可以说，敦煌与河西从史前时代起，就是一个物质文化交融荟萃之地。

二、商周至汉初的敦煌

大约直到商周时代，还有羌人居住在河西走廊西部的敦煌一带。但据史书记载，相当于中原的战国时期，这里已是乌孙人和月氏人的天下。乌孙和月氏都具有白种人的体貌特征，有可能是从欧亚草原东南部迁来的游牧民族。《史记》《汉书》都记载"本居敦煌、祁连间"的月氏，在秦朝末年逐渐强大起来。月氏向乌孙发起进攻，乌孙战败，投靠了居住在蒙古高原的匈奴。这些有关月氏情况的记载，依据是汉武帝时张骞两次出使西域的所见所闻，可以说是有史以来有关敦煌最早的可靠记载。月氏赶走乌孙以后，成为敦煌与整个河西走廊的主人，也是当时西北最强大的民族之一，连匈奴头曼单于也不得不把儿子冒顿送到月氏那里去做人质。公元前209年，冒顿逃归，被其父任命为万骑长。他以严明的纪律训练部队，并在同一年杀死自己的父亲而自立为单于。在他的带领下，匈奴强大起来，先击败了东边的强邻东胡，而后与乌孙联合，西进打败了河西走廊的月氏。月氏人被迫西迁到伊犁河和楚河流域，匈奴则成为敦煌与河西地区的新主人。

随后，匈奴又向南吞并了鄂尔多斯草原和河套地区，由单于下属的楼烦王、白羊王分别占领；向西控制了西域诸国。这样，匈奴就控制了我国东北部、北部和西北部的广大地区。中原王朝的北境和西北境，都处于匈奴的直接威胁之下。当时的敦煌及河西走廊西部，由匈奴浑邪王控制，河西走廊东部则由匈奴休屠王控制。水草丰美的河西走廊成为匈奴进扰中原王朝的根据地。西汉建立后，刚刚经过秦末大乱，无力反击，只好用和亲、赠物等方式，换取北部、西北部边境的平安，但匈奴对汉边境的扰掠并没有因此而减少。这种状况直到汉武帝时才开始发生改变。

第三节　汉代对敦煌的经营与开发

公元前141年，汉武帝即位。这时的西汉王朝经过了六七十年的休养生息，经济得到空前的发展，财力富足，兵力强大，为反击匈奴的骚扰奠定了物质基础。于是，汉武帝改变汉初以来的和亲政策，采取了主动攻击匈奴的战略。

汉武帝听说被匈奴赶出河西的大月氏一直想复仇，于是募人西使大月氏，希望和他们联合起来东西夹击匈奴。公元前139年，汉中人张骞应募，带领一百多人的汉朝使团西行。在经过为匈奴所占据的河西走廊时，使团遭到匈奴攻击，张骞被俘。在被匈奴拘留的十多年中，张骞始终不忘自己出使西域的使命，终于寻机逃脱，继续西进。到达伊犁河流域后，方知大月氏早已在乌孙的打击下又迁往妫水（即阿姆河）流域，攻灭了"希腊—巴克特里亚王国"（大夏）。而新的迁居地（巴克特里亚）自然条件优越，故大月氏已无意迁回河西故地。张骞出使西域的政治使命没有达成，当他历经艰辛回到汉朝时，西汉王朝也已经开启了对匈奴的大规模战争。但张骞的这次西行，使汉朝对河西、西域的历史、地理、物产和各民族的风俗习惯都有了较详细的了解。

公元前121年春，汉武帝派骠骑将军霍去病率大军击败匈奴的浑邪王和休屠王，将河西地区归入汉朝版图。这是一次汉朝对匈奴的重大胜利。敦煌与河西的丢失，对匈奴来说损失是惨重的。他们悲歌道："亡我祁连山,使我六畜不蕃息;失我燕支山,使我嫁妇无颜色。"① 匈奴退到了北山以北的蒙古高原,仍然保有强大的军事力量。为了确保敦煌与河西不再受匈奴的武力干扰,西汉王朝采取了一系列措施来确立和稳固在这一地区的军政统治。

一、西汉对敦煌的经营与开发

第一是设立郡县,由中央直接管辖。就在河西地区正式归汉的公元前121年,汉朝在河西地区设置了武威、酒泉二郡,敦煌一带最初归属酒泉郡。公元前111年,又分割武威、酒泉的辖地,增设了张掖和敦煌郡。这就是著名的"河西四郡"。② 有文字记载的敦煌历史自此开始。西汉时期的敦煌郡统辖六个县,即敦煌、冥安、效谷、渊泉、广至、龙勒。其范围大致在疏勒河以西,阳关、玉门关以东,包括今天的敦煌市、瓜州县、肃北县及阿克塞县的一部分。

关于"敦煌"这个名称的含义与由来,目前学界的认识还不一致。汉文"敦煌"一词最早见于《史记·大宛列传》,是张骞自西域归来后向汉武帝介绍河西和西域时提及的。③ 东汉的应劭最早对这个名称加以解释,他认为"敦"是大的意思,"煌"是兴盛的意思。④ 唐代李吉甫进一步发挥了应劭的解释,他在《元和郡县图志》中说:"敦,大也,以其广开西域,故以盛名。"⑤ 近年国内外学者多以为"敦煌"是建郡以前居住在当

---

① 《史记》卷一一〇《匈奴列传》,司马贞《索隐》引《西河旧事》,中华书局,2013年,第3493页。
② 敦煌置郡的时间,史书记载不一致,目前学界尚无定论。各种意见的综述,见刘进宝:《敦煌学通论》,甘肃教育出版社,2002年,第11—12页。
③ 《史记》卷一二一《大宛列传》,中华书局,2013年,第3810页。
④ 《汉书》卷二八下《地理志下》,中华书局,1959年,第1614页。
⑤ 《元和郡县图志》卷四〇《陇右道下》,中华书局,1983年,第1026页。

地的少数民族对本地区所取的名字的音译。或认为是来自匈奴语的音译，其根据是常与"敦煌"连称的"祁连"就是匈奴语的音译；或认为"敦煌"是对"吐火罗"的另一种音译；或认为是突厥语的音译。但以上推测均缺乏直接材料支撑，最终都无法落实。应劭、李吉甫等古代史家的解释自有其依据，因为河西四郡的其他三郡武威、张掖、酒泉都是有确定含义的汉语名词，所以用汉语含义来解释"敦煌"二字的思路与其他三郡命名的逻辑是契合的。①

第二是建立军事防御体系。早在秦始皇时，为了防范匈奴南侵，修筑了长城，最西端到甘肃临洮（今岷县）。汉王朝在酒泉设郡以后，修筑了从令居（今兰州市附近）至酒泉的一段长城。公元前108年，又把这段长城继续向西修到敦煌，形成了一道自敦煌至辽东，长达11 500余里的雄伟屏障。直到今天，敦煌一带仍然保留着大约300里左右的汉长城遗址，其中以玉门关一带较为完整。这一带的汉长城主要是用芦苇与沙石间隔筑成的，其间隔厚度为20—30厘米。虽然经过了两千多年的风沙削蚀，有些地段长城的墙体残高仍达3米左右。

在长城沿线每隔5—10里的地方，都修有戍堡与烽燧。目前仅敦煌境内存留的汉烽燧遗址就有70余座。这些烽燧通常也是用芦苇加上泥坯修筑而成。有的遗址附近还堆积着供戍卒报警时兴烽用的积薪。在当年驻军的长城和烽燧遗址中，出土了大量的汉简，对了解汉代敦煌及西北地区的政治、经济和军事状况，具有重要的史料价值。②

依据史书的有关记载和敦煌出土的汉简中的资料，敦煌在设郡之前，曾设有酒泉玉门都尉，其治所在敦煌。敦煌设郡以后，酒泉玉门都尉改名为玉门都尉，隶属敦煌。除玉门都尉外，敦煌郡下还设有阳关、中部、宜

---

① 参见郝春文：《说"敦煌"》，《光明日报》2024年8月28日，第11版。
② 何双全：《简牍》，敦煌文艺出版社，2004年。

禾等都尉。每个都尉之下又设有若干候官。如玉门都尉下辖大煎都、玉门两候官，等等。"候"是数座烽燧的中心，驻有士兵 10—20 人，以及候吏 4—5 人（其中候长 1 人）。候下设若干烽燧。烽燧为驻守 3—5 名戍卒的望楼，建筑在可清晰眺望四周情况的地势较高之处。烽燧一般高 3—5 丈，附有 1 丈 6 尺见方的营舍。望楼的一侧备有积薪，遇有敌情可将其点燃以通知相邻的烽燧。望楼上有弩弓发射台和瞄准装置（深目），还有危急之际用来悬挂的信号旗和点燃柴草的信号柱（蓬干）。当时，在整个河西地区驻扎的戍卒约有 30 万。这些戍卒有的来自当地敦煌郡和张掖郡，更多的来自内地。他们的服役期按规定是一年。阳关都尉和玉门都尉分设在敦煌郡最西部的龙勒县境内。玉门都尉统辖着龙勒北境，控制着玉门关；阳关都尉统辖着龙勒南境，控制着阳关。在阳关与玉门关之间，也有长城和烽燧。这样，阳关和玉门两都尉就分别镇守着南北两条通往西域的丝绸之路，东西来往的人都必须经由两关出入。其中玉门关是军事关隘，不让平民百姓或使团、商旅出入。阳关才是除军队以外进出敦煌的主要关口。

在距今敦煌市城西北 90 公里外的小方盘城，曾发现许多有关"玉门都尉"的汉简。这是一座版筑的汉代城址，方形，城墙南北长 26.4 米，东西宽 24 米，高 9.7 米，北、西两面有门。这座城，过去被推定为汉玉门关址。近年有研究认为，玉门关最早设在酒泉之西、敦煌之东。直到公元前 101 年，李广利征大宛之后，汉朝才在敦煌以西设立玉门关。不过，从史书记载的"列四郡，据两关"来看，玉门关与阳关的设置，应该是从一开始就占据汉朝所能控制的最为险要的隘口，不太可能是因为从酒泉分出敦煌郡后，才又将两关从酒泉境内移置于敦煌。现在敦煌境内找到不止一处被怀疑是玉门关的遗址。有学者认为汉武帝至汉昭帝时，玉门关和玉门都尉都在小方盘城。汉宣帝至汉哀帝时，分迁向西，与大煎都候官并存。汉平帝至王莽时，又和大煎都候官一起东迁至敦煌马圈湾一带。马圈湾出土的大量简牍,主要是新莽时期驻军留下的。自汉武帝至王莽时期,一百多年间,敦煌的玉门关也应经历了三次变迁,应有三个遗址。①

在敦煌市城西南 70 多公里处的南湖乡附近,有一片叫作"古董滩"的地方,至今仍保留着十余座烽燧遗址。过去不少人认为这里就是古阳关遗址。但后来考古工作者在古董滩以西的沙漠中,又发现了上万平方米的建筑遗址。其中,有排列整齐的房基以及时断时续的城堡城基,还有耕地、窑址、水渠遗址及汉五铢钱、铜箭头等器物。有学者认为这里才是真正的古阳关遗址,也有学者仍坚持阳关遗址确在南湖乡的古董滩。总之,玉门关和阳关在汉代历史上也屡有变迁,所以现在敦煌地区关于这两关的遗址也有不止一处,尚难得出确切的结论。

第三是开发河西与敦煌的农业经济。其中最重要的是实行大规模的移民和屯垦。经过汉匈之间的战争后,河西地区人口稀少,这对于巩固汉王朝对河西的统治,加强这个地区的防御十分不利。为了改变这种情况,汉武帝实行了从内地往河西迁徙贫民和囚犯的措施。到西汉末年,河西四郡已有户 71 000 余,人口 28 万多,其中,敦煌郡就有 11 200 余户,38 000 多人。②再加上 30 万左右的戍卒,使敦煌与河西的民族构成发生了根本变化。由于迁徙来的人和戍卒多数是内地的汉人,虽然敦煌与河西仍有少数民族居住,但汉人已成为敦煌居民的主体民族。

来到敦煌与河西的移民和戍卒,使这个地区的社会生活发生了根本变化。敦煌归汉以前,在这里活动的,多是游牧民族。汉代的移民和戍卒不仅为开发河西提供了大量劳动力,而且带来了内地的先进农耕生产技术。这就使敦煌与河西以游牧为主的社会生活,逐渐转变为以农耕为主的社会生活。

---

① 何双全:《简牍》,敦煌文艺出版社,2004 年,第 197-214 页。
② 《汉书》卷二八下《地理志下》,中华书局,1962 年,第 1612-1614 页。

西汉时期的屯田组织可分为军屯和民屯两种。军屯的主要劳动力是戍卒和士兵。他们平时耕种，战时荷戈打仗。此外，一些远征西域的战斗部队，也在战争准备期间在敦煌参加屯田。如公元前104年，贰师将军李广利第一次讨伐大宛受挫。汉武帝大怒，命李广利不得率军进入玉门关（当时的玉门关很可能尚在酒泉），李广利只得暂留敦煌屯田。这些屯田的戍卒和军队，自己解决军粮，不仅减轻了内地转运的沉重负担，对开发和建设敦煌也作出了贡献。民屯的主要劳动力是田卒和移民。田卒和从事军屯的戍卒一样，耕种的都是政府的公田。他们的衣食和主要生产工具都由政府供给，屯田的收获也必须送交官仓。移民初到敦煌时，衣食亦由政府提供，并借给他们生产工具，在有关官吏组织下进行生产，并向政府交租服役。

为保证农业发展，西汉政府还组织人力兴修水利。如前所述，敦煌地区处于广阔的戈壁沙漠地带，干旱少雨，故其农田全赖水利灌溉。汉政府曾组织大批劳力利用疏勒河（汉时称籍端水）、党河（汉时称氐置水）河水开渠灌溉农田，并设有"河渠卒"，负责灌溉工作。此外，还根据不同的地理条件，采取掘堰、筑堤、凿井的办法，来开辟水源和调节水量。在藏经洞中发现的唐人所写的《沙州都督府图经》中，就记有汉武帝时所修的较大规模的水利工程马圈口堰的情况。马圈口堰在当时还是重要的漕运码头，可见当时敦煌地区的水利资源要比今天丰富得多。

在农业技术方面，汉武帝晚年时，在河西推广了赵过的"代田法"。这种耕作方法不仅可以充分发挥地力，使耕地无须轮作，还可使禾苗耐风旱，更适合敦煌与河西地区耕地少、干旱少雨的自然条件。与"代田法"同时在河西推广的，还有新式农具耧犁（但此时未推广到敦煌）。这些措施都促进了河西农业的发展。从汉简记载来看，当时河西地区的粮食亩产量与内地差不多。这里生产的粮食，除自给外，还有不少存粮。汉元帝时，内地粮食匮乏，就曾从河西地区调粮内济。农业生产发展的同时，畜牧业仍然占重要地位。据史书记载，在汉宣帝时，河西就已出现"人民繁盛，牛马遍野"的景象。

西汉政府对敦煌与河西的经营、开发，其意义是深远的。它不仅起到了"斩断匈奴右臂"的作用，从此确保了陇右地区的安全，而且有力地支持了汉王朝打击匈奴的一系列军事活动，为汉王朝经营西域提供了人力和物力保证。同时，西汉王朝直接控制河西地区，也成功阻断了北边的匈奴与南边的羌人之间的联络，有效地缓解了西汉西北部边疆的外部压力。在公元前60年西域都护设立之前，西汉王朝每一次对匈奴和西域用兵，都以敦煌和酒泉为后方基地。这里不仅是大军的屯驻地和出发地，而且是兵器和粮草的补给点。如公元前104年，汉武帝派贰师将军李广利征大宛，初战失利，李广利退回敦煌休整，补充兵员和物资。待他再次出征时，已有战士6万，牛10万头，马3万余匹，驴、骡、骆驼1万多，军粮充足，兵械齐全，其中不少就是在敦煌就地补充的。随着汉王朝势力深入西域，长城和烽燧也从敦煌向西伸展，最远一直到龟兹（今库车）西北。这些向西伸展的烽燧，大约兴建于汉昭帝、汉宣帝时期。可以说，没有河西，就没有西汉王朝对匈奴战争的胜利，没有敦煌作为后方基地，汉王朝对西域的开拓和经营就无法实现，当然，驰名中外的"丝绸之路"也就不可能畅通。

二、西汉末与东汉时期的敦煌

西汉末年，中原大乱，只有河西兵乱不兴。扶风人窦融从中原来到河西，任张掖属国都尉，拥兵自保。据《后汉书·窦融传》及居延汉简的相关记载，他在政治上"抚结雄杰，怀辑羌虏"，安抚结交当地汉族地主和少数民族上层,同时,对普通百姓也施以"宽和之政",使之"上下相亲,晏然富殖"。这些措施使河西地区的阶级矛盾和民族矛盾都相对比较缓和,社会秩序也比较稳定。在经济上,对因避乱从内地迁来的大量人口妥善安置,并实行严厉打击走私、投机、盗墓、伪造货币等不法行为和一系列鼓励各族人民从事农业、畜牧业生产的措施,使河西地区的经济也有所发展。当时,关中地区粮价飞涨,一石谷值万钱,而河西地区一石谷只卖三四千钱。因此,当时中原地区的"流人避凶饥者,归之不绝"。在军事方面,由于西汉末年边塞防守渐趋松弛,到王莽当政时,匈奴再度"入塞寇盗"。窦融乃"修兵马,习战射,明烽燧之警",保障戍卒的后勤供给,以加强边塞防御,有效地制止了匈奴的侵扰。不过居延汉简也反映出,在窦融统治后期,政绩欠佳,社会问题丛生。[①] 东汉建立以后,河西诸郡选择归顺刘秀。公元37年,窦融应汉光武帝之召,离开河西去了洛阳。窦融离开河西以后,东汉政府委派的继任者继续在这个地区实行发展经济、重视武备的政策。河西各郡包括敦煌在内,一直维持着稳定的局面。

西汉末至东汉初,北匈奴乘中原大乱之际,又控制了西域,这就使得位于河西走廊西端的敦煌,在军事上的重要性日益突出。汉光武帝时,迫于东汉初立,国力虚弱,拒绝了西域诸国要求东汉管辖西域以抗匈奴的请求。此后东汉对于西域经历了"三绝三通",但敦煌一直牢牢掌控在东汉政府手中。作为前线阵地,它不仅要防御外敌的进攻,而且要承担对西域的一些进攻性的军事行动。公元73年,汉明帝派窦固和耿忠率大军出酒泉塞攻击匈奴呼衍王,其中就包括敦煌的甲卒。次年,窦固又和耿秉、刘张一道,出敦煌、昆仑塞进军西域,重新恢复了中原王朝与西域各国的政治关系。公元75年,焉耆、龟兹、车师等国在匈奴的指挥下攻杀西域都护陈睦,并包围了汉朝设在车师的戊己校尉。酒泉太守段彭立即率领张

[①] 何双全:《简牍》,敦煌文艺出版社,2004年,第146-160页。

掖、酒泉、敦煌和鄯善等地的士兵前往救援，在交河城（今吐鲁番）打败了车师。公元102年，镇边达二十年的班超因年老返回中原。此后不久，北匈奴又攻入西域，公元107年，东汉政府被迫撤掉了西域都护。公元109年，西域诸国受匈奴的挟制，再次绝好于汉。敦煌太守曹宗曾派长史索班率士兵一千余进驻伊吾（今哈密）招降了车师和鄯善。从公元120年起，代替西域都护主管西域事务的护西域副校尉，便常驻敦煌，这使得敦煌在军事上的重要性更加突出了。此后，对西域的许多较重要的军事行动，都是在敦煌太守主持下进行的。如公元127年，敦煌太守张朗曾率河西四郡兵三千人出击焉耆，迫使焉耆投降。公元129年，敦煌太守徐由又请求出兵征讨于阗。131年，徐由派疏勒王发兵二万人击破于阗，改立拘弥王。135年，北匈奴呼衍王入侵车师后部，敦煌太守征发诸国兵与玉门关候、伊吾司马合兵六千多骑驰往救援。137年，敦煌太守裴岑率敦煌郡兵三千人在蒲类海（今巴里坤湖）附近打败了匈奴的呼衍王。151年，敦煌太守马达率敦煌、酒泉、张掖士卒四千多人击败了侵犯伊吾的呼衍王。153年，敦煌太守宋亮又立车师后部故王均就质子卑君为王。从这些事例来看，敦煌太守实际上代行了护西域副校尉"西抚诸国，总护南北道"的职责，不仅可以决定是否出兵作战，而且还可以直接废立西域诸国的国王。当时的敦煌不仅是通向中原的门户，而且成了统辖西域的军政中心。西域许多小国的王子作为政治人质，就留居在敦煌。

东汉中后期，被迁移到陇右、汉阳等地的羌人不断起兵反抗东汉的统治。为了镇压羌人，东汉王朝大兴兵旅。在旷日持久的战争中，河西各郡，尤其是河西东部，受损十分严重，通往中原的道路也常常被阻断。敦煌因处走廊西端，损失相对小一些。

随着敦煌地位的日益重要和经济的发展，从中原迁来的大族也在这里站稳了脚跟。东汉时期，豪强地主兼并土地，拥有大量依附人口。普通农民生活困苦,贫富悬殊。从嘉峪关东汉墓出土的画像砖和壁画中,可以看到当时富豪家居时钟鸣鼎食、宴饮享乐,外出游猎时骑仗呼拥、跋扈乡里;而依附于富户的农民却为他们耕田、采桑、放牧或从事各种家务劳动。这应是敦煌与河西地区当时贫富分化状况的真实描绘。东汉末年,内地军阀割据混战,波及河西,敦煌虽近二十年没有太守,但在大族控制下,却保持了相对平静。

早在西汉后期及王莽时期,中原汉人如索、张、氾、曹、阴等姓氏家族就以犯罪、避祸、拓边、征战等途径而迁徙到敦煌。到了东汉后期,索、张、氾、令狐、曹等家族通过儒学经术、出仕做官这两条途径,已经发展成为敦煌的儒家高门世族。汉族豪强地主在敦煌地位的稳固,使最初由西汉移民和戍卒带过来的中原文化在这个地区扎下根来,并逐步开花、结果。其表现是以儒家经典为主的许多汉文典籍开始在这里传播。东汉时,这里已出现一些儒学名士。如东汉末年的张奂(敦煌渊泉人),从少年时代起就在长安一带跟随名儒朱宠研习儒学,晚年拒绝董卓的招聘,隐居乡里传授所学,有门徒一千多人。教书之余,还著有《尚书记难》三十余万字。他的两个儿子后来都成了著名的学者和书法家,特别是长子张芝,被世人誉为"草圣"。张奂晚年所居乡里虽然不在敦煌,但他仍然是出自敦煌的著名学者。唐代敦煌的名胜有"张芝墨池",说明张氏父子在敦煌有很大影响。

三、汉代的中西交通

汉代对河西、西域的经营,为中西交通道路的开辟提供了条件。早在张骞出使西域时,就曾到达中亚的大宛(费尔干纳)、康居(索格底亚那)和大夏(巴克特里亚)。河西归汉以后,汉武帝于公元前119年,又派张骞第二次出使西域，目的是招引居住在伊犁河流域的乌孙回河西故地，并与西域各国联系。张骞率三百人的使团，携带大量马牛羊、金币和丝帛等物品出发。到乌孙后，乌孙人也因早已习惯了这里的生活而不愿东返故地。公元前 115 年，张骞偕同乌孙使者数十人返回长安。随后，被张骞派到大宛、康居、月氏、安息（今伊朗）等国的副使，也同这些国家的报聘汉朝的使者一起，陆续来到长安。张骞两次出使西域，大大丰富了汉人对西域和中亚地区的地理知识，对西域各国与汉族的交往和中外经济文化交流，作出了杰出的贡献。从此以后，汉同西域的交往频繁起来，汉朝派到西域去的使臣，每年多则十几批，少则五六批；每批大的几百人，小的百余人。公元 97 年，东汉的班超曾派甘英试图出使大秦（罗马），进而开辟欧亚交通路线。当时甘英一行到达条支国（今波斯湾出口），正要渡海西行时，因误信了安息人对航海困难的夸大之词，而没有继续前进。[①]

汉代派往西域的使者，大多是贫穷百姓的子弟，他们每次出使都携带内地的物品到西域去贸易，所以使者队伍实际上也是商队。同时，西域的使者和胡商也经常来往内地，这些往来促进了中西经济文化交流。

汉代中西交通的路线是：自长安出发，经过金城（今兰州）和河西的武威、张掖、酒泉到达敦煌，自敦煌分为南北两道。南道出阳关，经塔里木盆地东端的鄯善，沿昆仑山北麓西行至莎车，西逾葱岭，到大月氏、安息诸国，再往西行可以到大秦；北道出玉门关，经车师前王庭（今吐鲁番），沿天山南麓西行至疏勒（今喀什），越葱岭的北部向西，可以到大宛、康居诸国，再往西也可以到大秦。这南北两条大路，是当时中外交流的两大动脉，敦煌正处在这两条大路的汇合处。正是通过敦煌这个中西交通的咽喉，中原地区的丝织品和金属工具被大量输送到西域、中亚、西亚乃至更远的地方。因为运往西方的货物主要是丝和丝织品，所以后来人们

---

① 《后汉书》卷八八《西域传·安息》，中华书局，1965 年，第 2918 页。

把这条中西通道称为"丝绸之路",古代西方人也把中国称为"丝国"。除了丝、丝织品和金属工具,汉族的先进生产技术如铸铁、凿井(包括井渠)、建筑技术等也经由敦煌传到了西域和中亚,促进了当地经济的发展和社会的进步。与此同时,西域的葡萄、石榴、苜蓿、胡豆、胡麻、胡瓜、胡蒜、胡桃等植物,也陆续经由敦煌向东土移植;中亚的毛布、毛毡、汗血马、骆驼及各种珍禽异兽,也都源源东来,从而丰富了我国人民的经济生活。此外,中亚的乐器、乐曲、舞蹈也在这一时期传入我国,增添了我国文化艺术的光彩。

20世纪90年代出土并已初步整理研究的敦煌悬泉置汉简,不仅对认识敦煌在东西方交通史上的突出地位具有极高的学术价值,还可极大地弥补传世史料关于汉代与西域关系史事、河西地区历史与地理状况记述之缺。[1] 悬泉置在汉代属于敦煌郡效谷县辖境,军事上属宜禾都尉驻防范围。悬泉置是一个具有厩置、骑置、驿置、传置、厨、邮、传舍等多种功能的机构,不单单是个驿站。传递紧急军情和公文信件是这种"置"的基本任务,但它也要负责朝廷使者、因公务过往人员,甚至路过此地的戍卒、刑徒等各类人员的食宿接待和迎来送往。同时也负责接待西域各国和中亚一带来汉地通好、朝贡和经商的官方使者、贵族、商贸人员。敦煌郡这样的"置"共有9处,大致彼此间隔30千米,一字排开地设置在通衢要道上。这体现了汉帝国中央对地方掌控的高效及统一的治理体制。

悬泉置遗址位于敦煌与瓜州两县市交界处的敦煌市五墩乡,今瓜敦公路南侧1.5千米的戈壁滩上。考古发掘面积达2.2万平方米,出土简牍3.5万余枚,其中有字简2.3万余枚,还有帛书、纸文书、墙壁题记、封泥、印章、钱币、车马器残件等。由于悬泉置本身的多功能官方机构性

---

[1] 胡平生、张德芳:《敦煌悬泉汉简释粹》,上海古籍出版社,2001年。

质，这里出土的简牍，在内容上较之以往敦煌各烽燧和长城遗址出土的简牍，更加丰富多彩。其中有明确纪年者 2 100 余枚。最早纪年简为武帝元鼎六年（前111），最晚为东汉安帝永初元年（107）。主要包括驿站管理文件，中央和地方官府下达的诏书、命令，私人信函，使者的过所（出入关的凭证）和乘传公文，招待往来客使饮食的账簿，以及一些日书、历谱、术数、医方等古籍残篇。这些新资料，多为传世文献和过去历次发现的西北屯戍简牍所不见或少见，反映了汉朝的邮驿制度、丝路贸易、民族关系、社会生活等各个方面，尤其是汉朝与楼兰、龟兹、于阗、疏勒等西域诸国，以及与乌孙、康居、大月氏、罽宾、乌弋山离等中亚诸国之间的密切通使往来。这些通使记录，往往不见于正史的记载，因而具有重要的史料价值。

值得一提的是，发源于印度的佛教文化，在西汉末年就通过大月氏的使者传入中国的长安。大月氏的使者从巴克特里亚出发，一路东来，必然是要经由敦煌进入汉境的。因此，佛教传入中国的路线，虽有所谓陆路、海路之争，但最初无疑应是以陆路为主。高僧安世高、支娄迦谶、支曜等，也都是经陆路来到西域。这些经由丝绸之路东来的佛教僧人，在进入中国内地的途中，也必然要经过敦煌。所以，敦煌应是我国最早接触佛教的地区之一。悬泉汉简中有一枚东汉前期的简上，出现了"小浮屠里"这样的地名[①]，而"浮屠"就是汉语中对西域语言"佛陀"一词的对应音译词，后来也指佛塔。"里"是汉代郡县乡里的基层行政单位。"小浮屠里"很可能指敦煌当地一个以小型浮屠（佛塔）建筑为地标的居民区。这说明从西域传来的佛教，最晚在东汉前期已经对敦煌地区产生了直接的影响。当然，以尊贵、庄严的"浮屠"（佛）为里名，也表明当时敦煌人还缺乏对"浮屠"的尊敬。等到敦煌有了寺院和大批佛教信徒以后，这类对"浮

---

① 郝树声、张德芳：《悬泉汉简研究》，甘肃文化出版社，2009 年，第 185 – 194 页。

屠"缺乏尊敬的地名也就自然消失了。

上述中西经济文化的交流，无疑会对敦煌地区的经济文化发展起到促进作用。

第四节 魏晋时期的敦煌

一、曹魏时期

东汉末年，敦煌与中央政权失去了联系。原敦煌太守马艾死在任上后，敦煌人推举出身敦煌世族的功曹张恭代理政事。张恭派自己的儿子张就觐见魏王曹操，请求委派新的太守。张恭的做法受到当时河西的其他割据势力，如酒泉郡黄华、张掖郡张进的极力阻挠。当张就行至酒泉时，黄华将其扣留，想以武力胁迫张恭妥协。张恭出奇兵攻击黄华与张进，迫使二人投降了曹操。曹丕（魏文帝）即位后，以敦煌郡属凉州，辖敦煌、龙勒、效谷、广至、宜禾、冥安、渊泉、伊吾八县，正式委派尹奉为敦煌太守。

尹奉任敦煌太守时期，敦煌由于长期丧乱隔绝，地方大族势力强盛，大量兼并土地，而小民无立锥之地，前来贸易的西域商人也备受欺诈。这种混乱的局面一直到魏明帝时才大为改观。

魏明帝太和年间（227—233），仓慈出任敦煌太守。他到任后，办事公平，不结党营私，采取"抑制豪强，抚恤贫寡"的政策，限制豪强兼并土地。而凉州刺史徐邈则采取了收集民间私有武器，统一到官府收藏的办法，解除了包括敦煌在内的河西豪强的武装。这些措施打击了大族的嚣张气焰。仓慈还减省徭役，鼓励百姓开荒垦田。他严格法治，革除积弊，亲自处理各县衙门积压的案件，改变了狱政猥滥的局面。仓慈对居住在敦煌的少数民族与汉族一视同仁,并鼓励少数民族与汉族通婚。这项措施既促进了敦煌的民族融合,也有利于政治的稳定。

仓慈上任以前,虽然有很多西域商人前来敦煌进行贸易,但敦煌地方政府不能有效保护他们的正常经商活动,当地豪强又通过种种欺诈和不公平交易手段获利,这使西域商人颇多怨言。仓慈禁绝了豪强对西域商人的勒索和掠夺。对于要到内地进行贸易的西域商人,及时发给他们过所,提供方便;如果他们愿意留在敦煌交易,则由官府将他们带来的货物全部买下,并用官府所存货物与他们交换。在他们返回时,还派专人护送,以保证其生命财产的安全。

仓慈的这些措施受到了当地百姓和外地商人的欢迎。西域各国商人纷纷东来,使敦煌成为胡汉交往的商业城市。几年以后,仓慈在任上病故,敦煌的官吏和百姓悲痛欲绝,自发出资为他在敦煌修庙、塑像。西域商人聚集在戊己校尉和西域长史的机构所在地举行追悼仪式,也为他建立了祠堂,共同进行祭祀。

仓慈死后,天水人王迁、金城人赵基先后任敦煌太守,他们基本上能遵循仓慈所立法度,虽政绩不甚突出,但保证了敦煌的平稳发展。其后,皇甫隆继为敦煌太守,积极推广中原先进的耕作技术和生产工具。

在皇甫隆之前,当地人浇地用的是大水漫灌的方法,而且不会使用中原早已推广的耧犁耕作法。皇甫隆教当地人制作和使用耧犁耕作,还教会敦煌人民使用比较节水的"衍溉法",既节省了水源和劳动力,又使作物产量大幅度提高。此外,皇甫隆还改变了敦煌地区的一些落后习俗。如敦煌妇女穿的裙子十分浪费,经常用一整匹布"挛缩如羊肠",做成像羊肠一样盘结繁复的裙子穿在身上。皇甫隆以郡太守的名义禁止妇女们再穿这种羊肠裙,而改穿中原地区流行的节省布匹的简易裙。皇甫隆采取的这些措施都收到了良好的效果,对敦煌地区的发展作出了贡献,赢得了敦煌人民的敬重。

经过曹魏时期几位敦煌太守的努力,敦煌成为丝绸之路上一处重要的商业城市和粮食生产基地。敦煌的这种繁荣景象一直保持到西晋。

二、西晋时期

公元265年,司马炎篡魏称帝,建立晋朝,史称西晋。西晋时期,敦煌郡仍属凉州。晋初敦煌郡应当有昌蒲、敦煌、龙勒、效谷、广至、宜禾、冥安、深泉、伊吾九县。元康五年(295)后,敦煌郡东部诸县划归晋昌郡,晋昌郡包括宜禾、伊吾、冥安、深泉、广至、沙头、会稽、新乡八县。敦煌郡仅保留昌蒲、敦煌、龙勒、效谷四县。

西晋初年,东吴降将吾彦被任命为敦煌太守。吾彦才干卓著,他在任期间,亲自带领百姓耕作农田,鼓励农业生产,促进了敦煌农业经济的继续繁荣。

敦煌西北的一座古城遗址大方盘城,据考证是始建于汉代、在晋代重修过的储存军粮用的昌安仓遗址。这个遗址南北二垣各长150米,东西二遗址各长155米,周回610米。这样一座大型仓城,反映了晋代敦煌农业的发展程度。1907年,在敦煌西北长城烽燧遗址中曾发现6件比较完整的粟特人书信。这些书信记载了粟特商人从敦煌前往金城经商的情况,信中还提到当时居住在敦煌的粟特自由民有百家之多。这充分反映出敦煌在晋代已成为汉族与其他少数民族交流、交往的商业都会。

三、魏晋时期敦煌的文化

魏晋时期,随着经济的发展和商业的繁荣,敦煌与中原的联系也日益密切，不少大族和有文化的士人纷纷来到敦煌，中原文化在这里得到了进一步发展。

魏与西晋时期，是敦煌大族的快速发展时期。随着索、张、汜等家族的推动，敦煌的儒学得到进一步发扬。曹魏初期，敦煌人周生烈以名儒的身份参与了当时官方组织的注释经传工作。到西晋时，敦煌出现了索靖、索袭、索紞、宋纤、汜腾等一批名儒。其中，索靖年少诣太学时，已经扬名海内，与乡人汜衷、张甝、索紾、索永同在太学读书。他们五人都才艺超绝，并称"敦煌五龙"。索靖后来举贤良方正，对策高第。他博览经史，精通谶纬，尤其擅长草书。晋武帝时，索靖与另一位著名书法家卫瓘同在尚书台任职，时人号为"一台二妙"。他的著述除《五行三统正验论》《索子》《晋诗》外，还有论述草书形体结构的专著《草书状》。

曹魏时期（244年前后），外国僧人竺高座在敦煌收世居敦煌的大月氏人竺法护为徒。竺高座是目前所知最早在敦煌传播佛教的僧人。在此之前像竺高座一样在敦煌传播佛教而未能留下姓名和事迹的僧人当不乏其人。

据《高僧传》记载，出生在敦煌的竺法护八岁随竺高座出家，每日诵经上万言。晋武帝时，竺法护随师游历西域诸国，学会了36国的语言和文字，携带大量的"梵本"佛经东归。266年，他东行到长安，从事译经和传教工作。284年，竺法护回到了故乡敦煌，继续从事传播佛教的工作。在敦煌形成了一个以他为中心的汉胡僧俗佛教信徒集团，人们亲切地称他为"敦煌菩萨"。此后，竺法护又到长安、洛阳等地从事传教和译经工作，他一生共译佛经165部，是中国佛教史上著名的译经大师，为佛教在东土流传作出了重大贡献。[1]

竺法护的弟子竺法乘先随师傅到长安，后来又返回敦煌，在这里建立

---

[1] 《高僧传》卷一《译经上》，中华书局，1992年，第23-24页。

寺院，广收门徒，宣讲佛法。《高僧传》称赞他"立寺延学，忘身为道，诲而不倦。使夫豺狼革心，戎狄知礼，大化西行，乘之力也"①。即使在今天看来，竺法乘在敦煌的传教工作仍然具有重大意义。一是他建立了寺院，使敦煌的僧俗信徒有了固定活动场所，这就为敦煌佛教的延续与扩大影响提供了基本条件。二是他的弘法活动不仅扩大了佛教队伍，也加深了佛教对敦煌一般民众的影响，这就为敦煌后来成为佛教圣地奠定了基础。

敦煌自立郡以来，与中原地区文化交流频繁。东汉末年，随着大量内地人口迁入，形成汉、氐、羌等多民族共居的社会局面。世居此地的氐、羌等古代民族，其原始信仰即巫鬼道术，与当时内地流行的太平道、五斗米道有着密切的关系，从而为道教在河西地区的传播提供了有利条件。2015年，甘肃省文物考古研究所在敦煌佛爷庙湾—新店台墓群清理了三座三国曹魏时期墓葬，共出土朱书斗瓶10件，这批朱书镇墓文中移殃、除罪、续命的思想及"如律令"等道教词汇的使用，是汉末魏晋时期道教传入敦煌地区的证明。

西晋张华《博物志》、东晋葛洪《神仙传》、梁陶弘景《养生延命录》等道教相关典籍中记载，安定皇甫隆求道而长于养生，并向曹操传授养生术。据刘永明考证，这和在敦煌颇有治绩的太守皇甫隆应该是同一个人。② 如是，则皇甫隆不仅是一位善于治道、惠及百姓的杰出地方官，还是一位秉承黄老道家思想，并为养生术的传承作出贡献的养生家。他在敦煌任职，当然有利于道教在敦煌的传播。

---

① 《高僧传》卷四《义解一》，中华书局，1992年，第155页。
② 刘永明：《皇甫隆与汉魏之际的神仙道教及相关问题》，《兰州大学学报（社会科学版）》2017年第2期。

第五节 十六国时期的敦煌

一、十六国时期敦煌的政治和经济

西晋末年，北方大乱，各民族的上层分子和汉族官僚地主纷纷建立政权，历史上把这一时期称作十六国时期。这一时期，敦煌先后归属前凉、前秦、后凉、西凉和北凉五个政权。直到北魏灭北凉后占据敦煌，敦煌才又重归北方统一政权之下。

前凉（313—376）为汉人张寔（其父张轨任西晋凉州刺史，卒于314年，实为前凉创始人）所建。张氏政权的统治范围是包括敦煌在内的整个河西，政治中心是河西东部的姑臧（今甘肃武威）。与此时中原的动荡相比，前凉境内相对太平。当时长安有"秦川中，血没腕，惟有凉州倚柱观"的民谣。因此，"中州避难来者，日月相继"。张氏政权对这些避难来的普通百姓和士人都给以妥善安置。这些流民带来了中原的技术和文化，给河西补充了大量的劳动力，使河西经济在中原普遍凋敝的情况下有了很大发展。

敦煌是前凉政权的西部重镇。出于经营西域的需要，张氏政权对敦煌十分重视。当时敦煌仍旧担负着制御西域和沟通中西交通的重任。张骏时，以"敦煌、晋昌、高昌、西域都护、戊己校尉、玉门大护军三郡三营为沙州"①，治所在敦煌，以西胡校尉杨宣为刺史。按照《元和郡县图志》的记载，张骏之所以置沙州，"盖因鸣沙山为名"。不过沙州的设置仅持续了3年时间，随后又改回敦煌郡，张祚统治时期还曾将敦煌郡改为商州。张祚被杀后，商州当被废除，敦煌郡复归凉州。

杨宣任沙州刺史期间，组织并兴修了大规模的水利工程。由于甘泉水

---

① 《晋书》卷一四《地理志上》，中华书局，1974年，第434页。

(今党河）河槽下降，影响了敦煌南部干渠中渠的灌溉效益。杨宣决定将中渠的进水口引向甘泉水上游。他组织人力在州城西南10里处的甘泉水上游造五石斗门，将中渠加长，由此引流向东北流，至城东7里，全长共15里，大大增加了这条水渠的灌溉面积，百姓们为了纪念杨宣，将中渠改名"阳（杨）开渠"。当时敦煌的北部干渠北府渠也是每年都被水冲坏，杨宣用家里的一万斛存粮购买石头，重修北府渠，把斗门都改成石制结构。此后一直到唐代，北府渠再也未出现被水冲坏的现象。此外，张茂时，敦煌太守阴澹也组织人力修建了一条长达7里的自州城西南引水至城西北的水渠，灌溉城西的大片土地，受益百姓就把这条渠称为"阴安渠"。这些兴修水利的措施，扩大了敦煌的耕地面积，促进了农业的发展。

376年，前秦灭掉前凉张天锡政权，控制了包括敦煌在内的河西地区。前秦统治者苻坚以梁熙为持节、西中郎将、凉州刺史，领护西羌校尉，镇姑臧。梁熙到任后，清正爱民，使河西得以继续发展。前秦很注意对西域的经营，向西域各国派遣使节，赠送大量的绢帛财物。不久，西域就有十多个国家前往前秦的都城长安进贡。382年，苻坚派骁骑将军吕光等率兵七万，讨伐西域。为了充实敦煌这个后方基地，385年，苻坚又把江汉、中原百姓一万七千余户迁到敦煌。

383年，苻坚在淝水之战中大败于东晋，前秦政权也随之土崩瓦解。386年，吕光从西域返回河西，在凉州（今武威）建立了以略阳氐人为主的后凉政权（386—403）。395年，后凉发生内乱，武威、张掖等地又有数千户逃到了敦煌和晋昌。吕光末年，京兆人段业自称凉州牧，后又自称凉王。段业以敦煌太守孟敏为沙州刺史，孟敏则以敦煌大族李暠为敦煌郡效谷县的县令。孟敏在任期间，继续兴修水利。他在州西南修建了一条长达20里的水渠，引甘泉水溉田，百姓因称此渠为"孟授渠"。

孟敏死后，敦煌护军郭谦、沙州治中索仙等人共同推举李暠为敦煌太守。但段业不信任李暠，想直接控制敦煌，派索嗣前往敦煌，试图取代李暠的太守之任。这引起了敦煌大族的联合抵制，段业只好杀索嗣以拉拢李暠，并分敦煌的凉兴、乌泽二县和晋昌的宜禾县为凉兴郡，以李暠都督凉兴以西诸军事，封镇西将军，领护西夷校尉。至此，以李暠为代表的敦煌汉人大族正式取得了当地的统治权。

400年，李暠在敦煌自称凉王，建立了以敦煌为都城的割据政权，史称西凉。敦煌在历史上第一次成为割据政权的政治中心。

李暠自立以后，鉴于当时河西和敦煌地区历经战乱、地广人稀的状况，决心要恢复生产，安定民心。他发出号令，动员流民回家，还亲自深入农村劝导农民安心耕作。西凉政权对敦煌的行政管理十分重视，有由县、乡、里组成的各级行政机构，实行严密的编户制度。莫高窟藏经洞出土的《西凉建初十二年（416）敦煌郡敦煌县西宕乡高昌里籍》（S.113），记载了各户户主的身份、姓名、年龄及其家属成员的姓氏或名字、年龄，还记有各户丁男、次男、小男、女口数目与全户总口数。这份残户籍虽不满十户，却为我们了解西凉时敦煌的郡县乡里制度和户籍编制情况提供了实物材料（图1-2）。这时，北凉、南凉等割据政权不断在河西东部展开争夺战争，走廊西部的敦煌在李暠治下没有发生大的战乱，而且由于实行严密的行政管理，再加上实施鼓励生产的措施，这里出现了年谷丰登、百姓乐业的景象。在军事方面，李暠派军队攻克了玉门关以西诸城，驻军玉门关和阳关，在两地实行屯田。于是，于阗致玉，"鄯善前部王遣使贡其方物"①。在敦煌城内，李暠修建了靖恭堂、谦恭堂、嘉纳堂等规模宏伟的建筑。这时敦煌已成为"郡大众殷"的大城，具有制御西域的重要地位，并保持了汉代以来忠厚、敦雅的质朴民风，成为全国的著名城市。

---

① 《晋书》卷八七《凉武昭王李玄盛传》，中华书局，1974年，第2259、2263页。

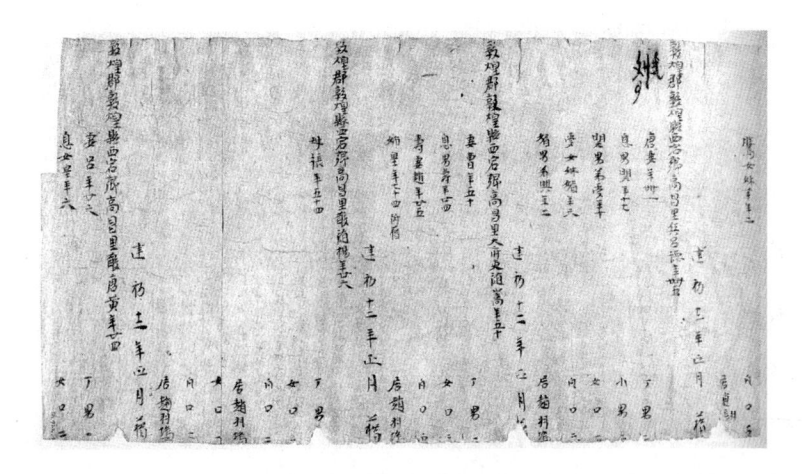

图 1-2 英国国家图书馆藏《西凉建初十二年（416）
敦煌郡敦煌县西宕乡高昌里籍》局部，编号：S.113

图片来源：《英藏敦煌文献》，四川人民出版社，1990年，第1卷第51页。

遗憾的是，敦煌的这种盛况并没有保持多久。西凉的强敌是卢水胡人沮渠蒙逊于401年所建立的北凉政权（401—439）。405年，李暠为了全力对付这一东方的强敌，决定迁都酒泉。同时将苻坚从江汉、中原迁来的和后凉内乱时从武威、张掖逃来的两万三千户人口，从敦煌迁到了酒泉，使敦煌的实力大为削弱。更重要的是，此后西凉政权的主要注意力已经转向东方，敦煌不再是经营西域的后方基地。迁都以后，李暠组织人力重修了敦煌东北和西南的要塞，以防御少数民族政权的进攻，这表明此时敦煌已成为西凉的前沿阵地。417年，李暠去世，此后西凉渐趋衰微。421年，沮渠蒙逊亲自率领两万大军攻灭西凉。在进攻敦煌时，沮渠蒙逊在城外三面筑堤，以水灌城。城破之后，又大肆屠杀，使敦煌再次蒙受重大损失。

北魏太延五年（439），魏太武帝拓跋焘率军攻克北凉都城姑臧，北凉灭亡。但沮渠氏的残余力量在沙州刺史沮渠无讳率领下，在敦煌、酒泉一带继续抗击魏军。直到442年，因寡不敌众，又乏军粮，无讳才放弃敦煌，率一万余家逃往西域。这次撤退带走了大批敦煌人口，敦煌的经济和文化又一次遭到前所未有的破坏。

二、十六国时期敦煌的文化

十六国时期，中原战乱频仍，经济和文化都遭到严重破坏。敦煌的发展虽不是一帆风顺，但在405年西凉迁都酒泉以前，总的趋势是比较稳定的，经济也一直向前发展，这就为文化的繁荣提供了条件。另外，先后统治敦煌地区的前凉、西凉、北凉等各个割据政权的统治者在整顿内政、发展生产的同时，还十分重视学术文化事业。其中前凉张氏和西凉李暠本身就是汉族世家大姓，世代以经学文艺著称。前秦苻氏、后凉吕氏和北凉沮渠氏也都深受儒学熏陶，十分注意尊重和保护士人。他们纷纷兴办学校，鼓励从事学术事业。

社会的相对稳定、经济的繁荣与统治者的保护，使敦煌、河西的学者在十六国时期得以继续著书立说、设馆授徒。西晋大儒郭瑀的弟子刘昞，就是这一时期河西最著名的学者，他曾被西凉李暠征为儒林祭酒、从事中郎，政务之余，读书不辍。他一生著书甚丰，有《略记》八十四卷、《敦煌实录》二十卷、《方言》三卷、《靖恭堂铭》一卷，并为《周易》《韩子》《人物志》《黄石公三略》等书作注。著书之余，他以教学为务，常有学徒数百人。沮渠蒙逊攻灭西凉后，刘昞出任北凉的秘书郎一职，负责修史工作。刘昞的助手索敞也是敦煌人，他专心研究经籍，尽得刘昞真传，写文章也很有名。北凉灭亡后，索敞到北魏都城继续传授儒学，并撰有《丧服要记》。大儒宋纤是敦煌效谷县人，他一生勤奋好学，年逾八十仍手不释卷，著有《论语注》及诗颂数万言。宋纤淡泊名利，不愿出仕，隐居乡下，讲学授徒，共教授弟子三千余人。敦煌人阚骃博通经传，撰有《十三州志》，还曾为王郎的《易传》作注疏，成为当时学习经典的范本，影响很大。北凉主沮渠蒙逊非常赏识阚骃的学识,让他担任秘书考课郎中的官职,每遇国家大事,常常向他请教。沮渠蒙逊还选派了三十名文吏,让他们在阚骃的领导下典校经籍,共刊定诸子三千多卷。其他如张湛、宋繇、阴兴等也都是河西很有名气的敦煌学者。《晋书》和敦煌遗书中的《沙州都督府图经》记载西凉李暠在敦煌建立学校,增高门学生五百人,这是敦煌设立官学的最早记载。①

晋末动乱,不少中原士人流寓河西,定居在敦煌,他们的学术研究活动也主要在敦煌开展。这些人受到十六国时期敦煌、河西统治者的尊重和保护,中原因战乱而失传的经籍学说在这里得以保存。如西晋冯翊太守江琼,擅长篆字与训诂学。晋末因避乱,弃官逃到河西,受到前凉统治者张轨的礼遇,以后子孙就留在了河西,世代传授其家学。北魏占领河西后,江琼的后代江式被迁到北魏都城,向北魏统治者献家传书法著作与其他书籍一千多卷。与此同时,道教也继续在敦煌流传。《老子化胡经》等道教著作在这一时期已传至敦煌。在敦煌三危山下的十六国墓葬中出土的五谷罐铭文中,有"地上生人□青鸟子诏令"等字样。《西凉建初十二年(416)户籍》中,有一户户主的子孙名叫道、德、仙、宫,这显然是受道教影响所致。其他人户的名字中也有魄、金、嵩、寿等字,这些字也有修炼长生的意思。

以上事实说明,在中原战乱频繁的十六国时期,许多优秀学者或死或逃,大量珍贵文化典籍焚于战火的同时,敦煌、河西的中原文化不仅延续下来,还因为大量士人的流入而有所发展,出现了一个文化教育事业蓬勃发展的兴盛局面,成为后代史家心目中"衣冠不坠"的"多士"之邦。②凉州诸郡中,敦煌地区的文化最为发达,是河西地区学者文人活动的中

---

① 《晋书》卷八七《凉武昭王李玄盛传》,中华书局,1974年,第2259页。
② 《资治通鉴》卷一二三,胡三省注,中华书局,1956年,第3877页。

心，称得上人才济济，名家辈出。敦煌、河西学者的一些著作流传到了南朝，一些人如索敞、江式等由北凉入北魏，为中原文化的发展作出了贡献。

这一时期，由于社会动乱和入主中原的少数民族统治者的提倡，中原地区佛教兴盛起来，其信众已不限于社会上层，在普通民众中也开始流行。在这样的背景下，敦煌的佛教也得到了快速发展。在北魏平定北凉之前，这里已经是"村坞相属，多有塔寺"了。同时，中原地区流行的禅定也很快传到敦煌。禅定是佛教徒通过集中精神、观想特定对象而获得佛教悟解或功德的一种修习活动。受内地的影响，前凉时期，敦煌也出现了修习禅定的高僧，如敦煌人单道开就常在自己设计的禅室内坐禅修行；竺昙猷年少时修习苦行，后来修行禅定之法，他常在山头孤峭的岩石上打坐习禅。禅定的流行表明前凉时期敦煌的佛教已和晋代竺法护师徒的以译经、讲经为主的佛教有所不同。修习禅定需要安静的环境，因此禅僧经常离开城市，选择人迹罕至的地方，开窟建寺作为修习场所。敦煌莫高窟的开凿正是在这种背景下进行的。

第六节　北朝时期的敦煌

一、北魏时期的敦煌

就在北凉沮渠无讳撤离敦煌的442年，西凉李暠的孙子李宝趁机占据敦煌，并派他的弟弟李怀达向北魏表示归降。北魏便任命李怀达为敦煌太守，封李宝为镇西大将军、领护戎校尉、沙州牧、敦煌公，统辖玉门关以西的广大地区。444年，北魏将李宝召往都城平城（今山西大同），直接控制了敦煌。

北魏控制敦煌之初，仍把这里作为经营西域的基地。魏太武帝还在这里设置了军镇，统领酒泉军、张掖军、晋昌戍、乐涫戍等，其管辖范围扩大至河西走廊的中西部，敦煌成为河西重要的政治、军事中心之一。445年，北魏太武帝派成国公万度归征发凉州以西的兵士，出敦煌，西击鄯善。448年，万度归继续西进，攻破了焉耆和龟兹，于是西域的大部分地区都为北魏所控制，丝绸之路再次被打通，西域的商人纷纷前来贸易。

与此同时，以蒙古高原为根据地的柔然日益强大，逐渐控制了西至焉耆、东至朝鲜的广大地区，并不断与北魏争夺对西域、河西的控制权。经过几年的战争，到魏献文帝时，敦煌以西，葱岭以东的广大地区都已臣属柔然。敦煌再次成为中原王朝防御少数民族政权的前沿阵地。当时，柔然把敦煌和张掖之北作为主要活动基地，多次发兵向南骚扰。472年，柔然部帅无卢真率领三万骑兵，对敦煌发起进攻。敦煌镇将尉多侯率镇兵英勇奋战，击退敌军。不久，柔然军队趁尉多侯出城打猎时，又围困敦煌，并断绝了尉多侯的归路。尉多侯杀出重围，回到城中，率众出城再战，大败柔然。

473年至474年，柔然又两次骚扰敦煌，分别被镇将尉多侯和乐洛生杀得大败而退。敦煌军民在前线的有效抗击，起到了保卫河西、拱卫中原的作用。但北魏朝廷中不少缺乏远见的官员在474年动议放弃敦煌，把边界后撤到凉州，这实际上等于把整个河西拱手让给柔然。给事中韩秀力排众议，他认为，敦煌一镇关乎北魏的边境安全，如果放弃敦煌，不仅凉州不能保，恐怕关中也不得安宁。魏孝文帝坚决支持韩秀的意见，为加强敦煌镇的守备，升敦煌镇将为都大将。在485年以前任敦煌镇都大将的是穆亮。穆亮为政宽简，注意赈济抚恤贫苦百姓，使饱经战乱的敦煌有所恢复。

在魏孝文帝加强敦煌防御力量的同时，居住在阴山南北的游牧民族高车强盛了起来。487年,柔然败于高车。488年,柔然伊吾戍主高羔子率全城军民投降了北魏。492年,北魏出十万大军,击败柔然,敦煌由此得以安宁。但长年的征战不利于河西、敦煌经济的恢复。神龟年间(518—520),凉州刺史袁翻在向朝廷报告时说,"凉州土广民稀,粮仗素阙,敦煌、酒泉空虚尤甚",其景象和汉代已不可同日而语了。

523年,北魏的北方边镇爆发了"六镇起义"。在缘边军镇普遍不稳的形势下,魏孝明帝一方面于该年八月下令改镇为州,另一方面派宗室到新改制的州去加强控制。敦煌镇因盛产美瓜而取名为"瓜州",领敦煌、酒泉、玉门、常乐、会稽五郡,治所在敦煌。六镇起义在河西也有反响。瓜州一带有小规模起义,刺史、太守被杀,州城被占领。525年,北魏派明元帝的四世孙元荣出任瓜州刺史。529年,又封元荣为东阳王。

北魏末年,关陇起义爆发,以后进一步发展为河北、山东大动乱,北魏政局动荡不安,瓜州因地处西陲,虽未受到太大的影响,但与中原失去了联系。531年,关陇起义被镇压,但北魏也于534年分裂为东魏、西魏。

二、西魏时期的敦煌

东魏、西魏分立后,河西属西魏,瓜州作为其西北边境要地,仍然受到统治者的重视。元荣又成为西魏的瓜州刺史,一直到542年去世,他坐镇瓜州近二十年。在此期间,他团结瓜州豪右,重用当地大族令狐整等,使境内保持了安定,瓜州的经济文化得到恢复和发展。

元荣死后,瓜州政局出现动荡。瓜州大族原本推举元荣的儿子元康继任刺史,但元荣的女婿邓彦起兵作乱,杀死元康,自立为刺史。对瓜州局势的变动,正忙于对付东魏的西魏政权根本无暇顾及,只能采用安抚政策，一方面正式任命邓彦为瓜州刺史，另一方面频频征召邓彦入朝，想以此解除邓彦对瓜州的统治。但拥兵自立的邓彦不仅不奉诏命，拒绝入朝，还勾结南边的吐谷浑，图谋作乱。危难之际，给事黄门侍郎申徽被任命为河西大使，出使瓜州。申徽只带了 50 名随从前往，使邓彦放松了戒备，在令狐整等人的协助下，智擒邓彦，将之送往京师治罪。同时，抚慰瓜州军民，使瓜州避免了一次流血事件。申徽因立下大功，回朝后升任都官尚书一职。

546 年，当地人张保又起兵作乱，杀死刺史成庆，并与凉州刺史宇文仲和勾结，试图占据河西，形成割据势力。在张保的带动下，晋昌人吕兴也杀害了本郡太守郭肆，起兵响应乱军。形势一触即发，西魏政府却无力派兵平叛。瓜州都督令狐整与当地豪杰合力，先平定晋昌，斩吕兴，接着逐走张保，瓜州再度稳定下来。

为了巩固对瓜州的统治，西魏朝廷派河西民众信赖的申徽为瓜州刺史。申徽为政勤俭，受到瓜州民众的爱戴。但由于此时突厥、吐谷浑分别在河西北部和东南部兴起，控制了西域，申徽也只能做到保境安民而已。西魏恭帝三年（556），韦瑱出任瓜州刺史，他清廉节俭，又有军事谋略，胡人畏惧他的威严，不敢进犯瓜州，官府百姓都得以安宁。

三、北周时期的敦煌

550 年，高洋灭东魏，建立北齐。557 年，宇文觉灭西魏，建立北周。在北周与北齐对立的形势下，北周继续在敦煌设置瓜州。北周初，郡县大省并，瓜州仅存敦煌、常乐、永兴三郡，州治鸣沙。建平公于义在 565 年至 576 年出任瓜州刺史。于氏家族贵盛于周隋间，堪称西魏、北周政权的支柱之一，其后裔仍显赫于唐世。于义出镇瓜州，亦表明瓜州地位的重要。瓜州下属的敦煌郡太守由令狐休担任。令狐休是先前曾为平定瓜州之乱而备受朝廷宠任的令狐整之弟，在他治理敦煌的十多年中，政绩很突出。但因为此时北周的主要精力集中在统一中原，所以在经营开发敦煌方面没有采取什么有力的措施，更谈不上改变敦煌的防守局面。

总的来看，自北魏至北周统治敦煌的一百年间，敦煌在政治上并不太平，对外征战、消极防守、内乱等事件接连不断，经济上没有明显的进步。

四、北朝时期敦煌的文化

北魏王朝统一中国北方地区之后，出现了较大规模的河西走廊和敦煌地区文化东移的现象，对当时的文化发展有很重要的意义。

北魏灭北凉后，除了把三万多户吏民掠夺到国都平城一带，罚作隶户之外，也有意接纳有成就的河西和敦煌学者，把他们迁徙到平城。其中包括著名的敦煌学者索敞。这些学者到达平城后，或教授生徒，或著书修史，给北魏的文化事业带来新的活力。江琼的后代江祖被迁后，向北魏统治者进献家传书法著作与其他书籍一千多卷，由此被任命为中书博士。江祖死后，朝廷赠以敦煌太守之号。江祖的儿子江绍兴，在北魏出任秘书郎，掌国史二十多年。而江祖的孙子江式更是在篆刻、书法方面成绩卓著，洛阳宫殿各个殿门的题款，都由他题写。他还撰集字书，著成《古今文字》四十卷。

北凉被平时，河西不少僧人和佛教设施被一并迁到平城，对内地佛教的发展起了促进作用，却影响了凉州以及敦煌佛教的发展。

446年，魏太武帝拓跋焘在道教徒崔浩的策划下，开始大规模废佛。他命令各地官吏捣毁塔庙佛像，烧毁佛经，坑杀僧人，北魏境内的塔庙几乎被扫荡一尽，佛教僧团受到沉重的打击。直至452年，魏文成帝即位后，才下令恢复佛法。所以，在北魏统治敦煌的前十年，佛教在敦煌的传布受到了影响。但自恢复佛法以后，内地的佛教发展迅速，至魏孝文帝时再度兴盛，敦煌也不例外。再加上几位来自中原的地方长官崇奉佛教，更是大大推动了敦煌佛教的发展。魏孝文帝时受到敦煌百姓爱戴的都大将穆亮，就十分崇信佛教，他的夫人曾在洛阳参加龙门石窟的造像活动。在北魏末、西魏初担任瓜州刺史的东阳王元荣，也是位佞佛之徒。在他赴任之初，敦煌内乱刚刚平息，不久与中原的通路又被阻断。在这种情况下，元荣想利用佛教稳固政权，于是大兴佛事。531年，他以银钱一千文、赎钱三千文施入寺院造经；532年，他出资造《无量寿经》一百部、《维摩疏》一百部、《内律》《贤愚》《摩诃衍》《观佛三昧》《大云》等经各一部；533年，他又出资造《贤愚》《法华》等经一百部。除出资大量写经外，元荣还在莫高窟修窟造像。北周时期，建平公于义出任瓜州刺史，他也崇信佛教，在莫高窟开凿了一个大窟。正是在东阳王、建平公等敦煌地方长官的带动下，当地各阶层的百姓纷纷仿效，使敦煌的佛教信仰迅速复兴。

574年，北周武帝下令废佛灭法，诏令也推行到了敦煌，城东的阿育王寺与城内的大乘寺均遭毁坏，敦煌佛教的发展再度受挫。

第二章　敦煌的兴盛与陷落

隋与唐前期，是我国古代的鼎盛时期，也是敦煌的兴盛时期。公元786年①，敦煌陷落于吐蕃，进入吐蕃管辖时期，这一时期至公元848年结束，又被称为敦煌史的中唐时期。

第一节　隋代的敦煌

581年，隋朝建立。589年，隋灭掉陈朝，统一全国，结束了长达280多年的南北分裂。隋朝寿命虽短，却是一个非常重要的历史时期，其国力之强盛达到了两汉以来的一个新高峰；隋文帝创建的典章制度，不少为唐及以后的各朝所因循。隋的统一及经济的发展，是唐代统一及我国古代社会走向鼎盛的先声。在这样的背景下，敦煌也进入了一个新的历史时期。

---

① 关于敦煌陷落的时间，尚有777年、781年、785年、787年、788年诸说。

一、隋代的敦煌和中西交通的发展

开皇初年，隋文帝鉴于前朝州县林立的状况，对全国的行政区划进行了改革，"罢天下诸郡"，改州郡县三级制为州县二级制。开皇二年（582），敦煌郡改为敦煌县，仍隶属于瓜州，并为瓜州治所。到大业三年（607），隋炀帝又罢州为郡，敦煌郡也随之复立，下领敦煌、常乐、玉门三县，管辖的范围较之前大大增加，人口也相应增多，据《隋书》记载有7 779户，比北朝时期增加了许多。

但是，在隋朝初年，西北地区边患严重，有两股势力同时威胁着隋王朝的统治：其一是突厥，其二是吐谷浑。突厥十分强大，盘踞漠北，控制着西域的中部和北部，且不断派出骑兵骚扰隋的边境。吐谷浑也是游牧民族，占据着青海和西域南部，隋初也不断向北、向东进攻。开皇元年（581），吐谷浑大举进攻河西。隋朝派上柱国元谐为行军元帅，率步骑数万反击，打败吐谷浑，斩杀、俘虏敌军一万多人，可汗下属的部分王、侯率部降隋。为了加强河西的防御力量，隋文帝命元谐的行军总管贺娄子干留镇凉州。582年，突厥侵扰金城等地，致使"六畜咸尽"①，后被贺娄子干等击退。军事上的失败，引起了突厥内部不和，并分裂为东突厥和西突厥，以后逐渐衰落，但西域仍控制在西突厥手中。所以，在隋初，作为隋王朝前沿阵地的敦煌与河西不断受到突厥与吐谷浑的夹击。在中原王朝处于守势时，敦煌始终担负着重要的防守任务。《隋书》记载，隋初名将史万岁因事被发配到敦煌为戍卒，就常与戍主进入突厥占领的地区掠取羊、马等，说明当时敦煌与突厥占据的地区相接。在隋王朝反击时，敦煌也不时派兵出击。如584年，吐谷浑骚扰隋境，隋文帝派大将贺娄子干发凉、

---

① 《隋书》卷八四《北狄传》，中华书局，2019年，第2100页。

甘、瓜、鄯、廓等五州兵反击，其中就包括敦煌（瓜州）的兵员。吐谷浑经过584年的重创，不久发生了内乱，在相当一段时间内无力再进攻隋地，但仍占据着西域南部。

隋炀帝即位以后，国势日益强盛，具备了经营西域的政治条件和经济基础。大业三年（607），隋炀帝派军攻打吐谷浑，斩、虏数千人，迫使伏允可汗南奔雪山。但隋军返回后，吐谷浑又多次出兵骚扰张掖。大业四年（608）宇文述再征吐谷浑。大业五年（609）三月，隋炀帝率大队人马亲征吐谷浑。隋炀帝一路陈兵讲武，演习军事，做了很多准备工作。五月发动覆袁川（今青海俄博河）战役，杨雄、宇文述等率几十万兵力从四面合围吐谷浑，很快打垮吐谷浑，迫使吐谷浑十万余部众投降。伏允可汗狼狈地逃往党项，一直到大业末年都无力再为边患，隋朝一举获得了对吐谷浑的彻底胜利。为了巩固这一战果，隋朝在吐谷浑旧地设置了西海、河源、鄯善、且末四郡，并"发天下轻罪徙居之"①，将今青海的大部分地区置于中央的直接管辖之下。至此，西域的南道被打通了。在多次征战过程中，敦煌人多有参与，如近年出土的《隋鄯善郡司马张毅墓志》就记载敦煌人张毅曾随宇文述出征，且可能出任了隋代第一任鄯善郡司马。

击灭吐谷浑之后，隋王朝又集中全力对付西突厥。大业七年（611），隋炀帝采用了裴矩的计策，利用西突厥内部的矛盾使其部领射匮内附隋朝，转而攻打处罗可汗，迫使处罗可汗也投降隋朝。至此，西突厥完全内附，隋朝夺回了对西域的控制，使敦煌地区得以安定下来，丝绸之路也重新被打通。

敦煌的繁荣兴盛，是与中西交通的发展密切相关的。隋代以前，中西交通的路线只有南北两道，隋代又增加了一道，即北道（又叫新北道）、

---

① 《隋书》卷八三《吐谷浑传》，中华书局，2019年，第2075页。

中道（汉代的北道）和南道共三条①：

北道：出敦煌至伊吾（今哈密），沿天山北麓西行，经过铁勒、突厥等游牧民族地区，进入中亚，一直到东罗马；

中道：出敦煌至高昌（今吐鲁番），经焉耆、龟兹（今库车）、疏勒（今喀什），沿天山南路西行，越过葱岭（今帕米尔高原），经瓦罕山谷，再到波斯，最后到达地中海沿岸；

南道：出敦煌至鄯善（今若羌），经于阗、朱俱波（今叶城）、渴槃陀（今塔什库尔干），沿昆仑山北麓西行，越过葱岭，经瓦罕山谷，过吐火罗地区（今阿富汗），进入印度。

这三条通往西域的道路都"发自敦煌"，所以敦煌是丝绸之路的"咽喉之地"②，这就清楚地说明了敦煌在中西交通中的重要地位和枢纽作用。隋王朝打通丝绸之路以后，西域和内地的联系更加密切，促进了中国与西亚乃至欧洲各国的经济文化交流和友好关系。不少西域的音乐如龟兹乐、康国乐等经由敦煌传入中原，而内地的工艺品如丝绸、瓷器以及大量的文化典籍也经由敦煌传入西域乃至更远的地方。

二、敦煌佛教的复兴

隋代敦煌地区佛教的复兴，原因是多方面的。

首先，隋文帝、隋炀帝父子对佛教的大力提倡，为敦煌佛教的恢复和发展提供了大的社会背景。隋文帝自幼在尼寺中长大，深受佛教思想熏陶。篡位后他认为得天下全赖佛教之力。所以，虽然他是一个比较节俭的皇帝，但在供养佛教方面却不吝惜钱财。他多次下令在各地建立佛寺，剃

---

① 《隋书》卷六七《裴矩传》，中华书局，2019年，第1772页。
② 《隋书》卷六七《裴矩传》，中华书局，2019年，第1772页。

度僧人,并命官府出资为京师和并州、相州、洛州等大邑写一切经。他还专门制定了保护佛教的法律条文,规定凡破坏佛像者,以"不道"或"恶逆"定罪。仁寿元年(601)、二年(602)和四年(604),隋文帝先后三次下令在天下各州建舍利塔供养佛舍利,并专门派人往这些起塔的州分送舍利。隋炀帝虽然在很多方面都要显示出与其父的不同,但在大力推崇佛教方面却完全效仿隋文帝,即位后就在全国大建佛寺,并开展译经活动。上行下效,在最高统治者的提倡下,隋朝的佛教很快就恢复到北周武帝毁法以前的盛况。在这样的背景下,在北周武帝毁法时并没有遭到严重破坏的敦煌佛教,很快就得以恢复并得到了迅速的发展。

其次,政治上的不太平为佛教的传播提供了合适的土壤。终隋一代,敦煌地区几乎没有得到安宁,开始是防御突厥、吐谷浑的进攻,后来又参与反击。这些屯守的戍卒、出征的士兵、转运的民夫,为了祈求平安返回内地,往往求之于佛。如敦煌遗书 S.2605①所记隋大业十二年(616)刘圆净写经题记中有"愿早离边荒,速还京辇"。在莫高窟藏经洞保留下来的佛教经典中,有不少是有明确纪年的隋代写经。这些写经多数是普通民众为祈求佛的保佑而出资捐造的,这和北朝时期敦煌写经多出自官方所设机构的情况有明显的不同。从现存隋代写经题记来看,相当大一部分是为已故的父母或其他亡者追福而施舍写经。这既反映了敦煌百姓对已故祖先的祝愿,同时他们对亡者投奔极乐世界的祈求,也告诉我们这些亡者生前并不快乐,反映出了人们对现世的悲观情绪。当地百姓由于战乱和繁重的兵役、徭役觉得今生无望,故求佛保佑他们来世脱离苦海。这就充分地说明,隋代敦煌地区的动乱与战争是造成佛教兴盛的社会原因。此外,莫高窟藏经洞中还保存了一些隋朝皇室成员的写经,如 S.4020《思益经卷第

---

① "S",或作"斯",表示斯坦因从敦煌掠走的敦煌遗书,后面的数字是收藏机构的编号。"S"是"Stein"的字头,"斯"则是"斯坦因"中文译名的第一个字。

四》的题记是"大隋开皇八年（588）岁次戊申四月八日，秦王妃崔为法界众生敬造《杂阿含》等经五百卷，流通供养"。S.2514《佛说甚深大回向经》的题记是"大隋开皇九年（589）四月八日，皇后为法界众生敬造一切经，流通供养"。前一卷是隋文帝第五子秦王俊任山南道行台尚书令时，其妃崔氏在其任所修造的。后一卷无疑是在都城长安写的。这些写经，很可能都是专门送至敦煌"流通供养"的。

最后，来往于敦煌的商人，对敦煌佛教的发展也起到了重要作用。隋朝时期敦煌作为河西走廊最西端的重镇，正当丝绸之路的咽喉要冲，是丝绸之路通向西域的总出发点。商人行旅由此西去，越过阳关、玉门关就是无尽的戈壁大漠，等待他们的是不测的风暴、迷路、饥渴、抢劫等难以尽数的困难。在离别敦煌前向佛寺布施，祈求佛的保佑，不仅在心理上是个安慰，也会增加他们克服困难的勇气。

正是由于统治者的提倡和大力支持，又有上自皇室贵族，下至士兵、戍卒、平民百姓以及过往商旅等广泛阶层的信仰，佛教在敦煌与当时全国一样得到了迅速发展。隋文帝令天下各州建舍利塔时，敦煌也在崇教寺修建了舍利塔，安放从京城送来的佛舍利。藏经洞还发现隋皇室成员专门送到敦煌"流通供养"的写经，如独孤皇后所造经即多达7件，皇太子杨广所造经1件，秦王、秦王妃所造经2件，晋王杨广王府学士所造经1件等，都说明隋统治者对佛教的提倡已远及敦煌，同时也反映出敦煌在隋代佛教中已占有重要的地位，已成为全国著名的佛教城市。

第二节　唐前期的敦煌

唐史学界一般以公元755年安史之乱为界，把唐代划分为前后两个阶段。但这个分界点与敦煌历史的发展阶段不尽相合。因为安史之乱虽对河西、敦煌也产生了影响,但因战乱没有直接波及,敦煌没有发生重大变化。因此,根据敦煌地区特殊的政治历史情况,敦煌学界一般把公元786年吐蕃王国占领敦煌,作为唐代敦煌历史上唐前期与中唐时期的分界线。

一、唐前期敦煌的政治概况

唐初从唐高祖李渊建国,经过唐太宗李世民二十几年的励精图治,使隋末战乱后残破的社会经济得到恢复并开始发展。再经武则天几十年的努力,到唐玄宗李隆基时期进入盛世。其时,社会经济得到了空前发展,财富大增,社会也比较安定。在此基础上,出现了文化的空前繁荣。唐代的文化艺术,不论是诗歌、散文、音乐、舞蹈、绘画、书法等,都取得了极其伟大的成就。唐前期还是我国国内民族关系和中外关系的大发展时期,它是一个世界性的帝国。由于它在当时的国际上处于领先地位,所以有容纳外来事物的雄大气魄。敦煌历史上的唐前期,大体相当于唐代的这一上升发展时期,这是敦煌发展、繁荣的社会背景。

在隋末战乱中,敦煌因地处边远,幸无大规模的战火殃及,但也曾发生割据和叛乱。大业十三年(617),隋武威鹰扬府司马李轨在武威起兵,自称河西大凉王,在部下曹珍、安修仁等的策谋下,很快攻占了张掖、敦煌等整个河西走廊。次年,李轨称帝,改元安乐。唐朝建立以后,唐高祖李渊最初想通过招抚的方式收复河西,便遣使赴凉州宣诏,封李轨为凉王、凉州总督,并称他为"从弟轨",以示恩宠,但遭到李轨的拒绝。唐高祖再命当时住在长安的一个凉州商人安修仁的哥哥安修贵前去招抚,并准他相机行事。在劝降未果的情况下,安修贵于武德二年(619)设计引胡人起兵,包围了姑臧城,李轨战败投降,被押往长安斩首。

唐朝取得河西与敦煌之后,仍在敦煌设立瓜州,任命贺拔行威为瓜州刺史，统辖原敦煌郡地。随后，高祖李渊任命李世民为左武侯大将军使持节凉甘等九州诸军事、凉州总管，并派遣熟悉河西及西域情况的黄门侍郎杨恭仁安抚河西。但是，当时唐朝建立不久，敦煌的政治局势并不稳定。武德三年（620），瓜州刺史贺拔行威举兵反唐。次年，瓜州土豪王干斩贺拔行威归唐，瓜州再次平定。唐政府改瓜州为西沙州，治所设在敦煌，领敦煌、寿昌两县。另在原来瓜州属下的常乐县置瓜州，仍然设置总管府，管辖瓜、西沙、肃等三州。武德六年（623），瓜州总管贺若怀廓巡视西沙州，正值瓜州人张护、李通谋反，怀廓率数百人退保西沙州子城。凉州总管杨恭仁派兵前往救援，被叛军击败。不久，张护、李通攻克子城，杀贺若怀廓，拥立西沙州别驾窦伏明为主，并进逼瓜州，被瓜州长史赵孝伦击退。同年九月，窦伏明率众降唐。至此，敦煌才最后稳定下来。贞观七年（633），唐朝又改西沙州为沙州。

但是，敦煌与河西的外部威胁仍未解除。在隋王朝强盛时一度衰弱的突厥，在隋末战乱时又强大起来。唐初敦煌以西、以北地区，都是突厥汗国的势力范围。与此同时，在隋炀帝时被击败远逃的吐谷浑也趁隋末战乱收复了故地，不断从南面侵扰敦煌与河西。武德七年（624），唐王朝完成了中原的统一，开始部署反击突厥和吐谷浑。贞观时，唐太宗以李大亮为凉州都督，加强河西战备。贞观三年（629），唐太宗以突厥骚扰河西为契机，派李勣、李靖、柴绍、薛万彻等大将率十万大军分道出击突厥，在第二年取得了决定性胜利，擒获了东突厥的颉利可汗；九月，伊吾城主降，以其地置伊州。东突厥汗国在唐朝的沉重打击下灭亡了。六年（632），重修开通大碛路，即出玉门关沿蒲昌海北岸，过白龙堆、古楼兰到达焉耆、龟兹的道路。此后，敦煌与河西地区才和唐朝北部地区一样，免除了东突厥的侵扰。贞观九年（635），唐太宗任命李靖为西海道行军大总管，率领侯君集、李道宗等大将讨伐吐谷浑，伏允可汗兵败自杀，其子慕容顺率部归降了唐朝,从而彻底解除了敦煌与河西地区来自南面的威胁。但此时西突厥势力仍很强大,"控弦数十万,霸有西域"①。

自隋末以来,从西域到内地来的商人、使者主要通过经由高昌的丝绸之路中路到来。高昌王国是由汉人麹氏建立的政权,在政治、文化方面都模仿和学习中原的中央王朝。唐初,高昌在西突厥控制下,任意阻拦西域各地到唐朝的使者和商人,并把他们扣押起来。西域各地跟内地加强联系的友好要求,遭到了西突厥的阻挠。在这样的情况下,唐朝被迫关闭西北关津,"禁约百姓,不许出蕃",玄奘在贞观元年(627)西行求法,是从瓜州、敦煌间偷渡出去的。② 所以,要打通中原与西域的联系,首先要扫除高昌这个丝路上的障碍。于是,唐朝开始和西突厥展开了争夺西域的斗争。

贞观二年(628),西突厥可汗统叶护在内乱中被杀,汗国分裂为两部分,双方攻伐不休,力量迅速削弱。贞观四年(630),伊吾(今新疆哈密)等七城胡人归附唐朝,唐以其地为西伊州(后改为伊州),作为进军西域的据点。贞观十四年(640),唐太宗以高昌王国阻隔丝路北道经焉耆、高昌到敦煌的道路为由,派大将侯君集率大军出征高昌。高昌王麹文泰在唐军临近之际病死,其子麹智盛继位,唐军攻破其城,麹智盛投降。唐王朝遂在高昌设西州,不久又于交河城(今新疆雅尔和卓)置安西都护府,以镇守其地,从而奠定了唐朝经营西域的基础。

此后,唐王朝又于贞观十八年(644)征服了焉耆,贞观二十二年(648),攻克龟兹。龟兹被攻克后,西域大震,当地各族首领纷纷摆脱西突厥的控制,结好并归附唐王朝,贡使通商,往来不绝,西突厥也派使者来唐。为了控扼西域,保护商路,贞观二十二年,唐王朝在安西都护府下

---

① (唐)杜佑:《通典》卷一九九,中华书局,1988年,第5455页。
② (唐)慧立、彦悰:《大慈恩寺三藏法师传》卷一,中华书局,1983年,第12-17页。

设龟兹、于阗、焉耆、疏勒四镇，史称"安西四镇"。至此，丝路的中道与南道完全打通。

安西四镇的设立，不仅对于维护丝绸之路的畅通具有积极意义，而且在维护敦煌和整个河西安全方面也具有非常重要的作用。此前，西域一旦为少数民族政权所控制，敦煌就会成为中原王朝的边防前线，安西四镇设立以后，敦煌就成了后方。每次唐军进军西域，都以敦煌为军事物资供应基地。除供应物资外，敦煌的士兵和百姓还经常随大军出征。如贞观十四年（640）征讨高昌时，沙州刺史刘德敏就曾率沙州民众参加。贞观二十二年（648）讨伐龟兹时，沙州刺史苏海政所率的精骑也曾一道出征。此外，驻守安西四镇的戍卒也主要是来自敦煌与河西的府兵。

咸亨元年（670），活动在青藏高原的吐蕃侵入西域。此后，唐朝与吐蕃在西域展开了反复的争夺，双方互有胜负，唐朝所属州县包括河西也不时遭到吐蕃的骚扰。唐开元年间，为了防御吐蕃，仅河西、陇右两节度使就拥有精兵十四万八千人。而且每年秋季还经常抽调内地部队前往加强防卫，形成了猛将精兵皆聚于西北的局面。天宝十四载（755），安史之乱爆发后，唐王朝被迫将驻守河西、陇右及安西四镇的精兵调往中原平叛，使西北边防骤然削弱。吐蕃乘机向唐朝州县发起了大规模进攻。自唐肃宗至德元载（756）至唐代宗广德元年（763），吐蕃迅速占领了陇右地区，切断了河西与中原的联系。随后，又以陇右为根据地，从东向西对河西发起进攻。广德二年（764）攻占凉州，河西节度使杨志烈被迫西奔甘州。永泰二年（766），吐蕃进而攻陷甘州、肃州，继任的河西节度使杨休明退守沙州，积极进行抗击吐蕃的斗争。大历十一年（776），吐蕃攻陷瓜州，进逼沙州。此后沙州刺史周鼎、行军司马宗横共同担负起保卫沙州的重任。吐蕃赞普亲自移镇南山，派尚绮心儿围攻沙州。周鼎打算弃城逃跑，但部下不从。时任沙州都知兵马使的阎朝，趁周鼎前来辞行之际，将其逮捕缢杀。阎朝自代沙州刺史，敦煌军民在阎朝的率领下，又坚守敦煌达十年之久。到贞元二年（786），敦煌城内"粮械皆竭"，敦煌军民在得到吐蕃"勿徙他境"的承诺后，与吐蕃结盟而降。

二、唐前期对敦煌的治理和经营

出于经营西域的需要，在唐前期的一百多年中，唐王朝一直对敦煌的治理和经营十分重视，采取了一系列重要措施。

首先，设置了与其战略地位相称的军事防卫力量。早在唐初杨恭仁任凉州都督时，就在玉门设立了玉门军，后来又在沙州城内设立了豆卢军。唐朝统一全国以后，推行府兵制度。府兵的大部分都在关中，但从传世文献及敦煌文书的相关记载可知，为了加强对敦煌与河西的控制，当时在瓜州设有大黄府，在沙州设龙勒府、效谷府、悬泉府等。此外，在河西的其他地方还设有赤水军、建康军、墨离军、大斗军、白亭军等，以及悬泉、常乐、张掖、交城等守捉。高宗上元二年（675）、三年（676），唐朝又把丝路南道上的两个重镇——典合城和且末城，改称石城镇和播仙镇，划归沙州直接管辖，以增强敦煌的实力。唐睿宗景云二年（711），从陇右道分出黄河以西的地区设立河西道，敦煌改由河西道管辖，并设置支度、营田等使，负责河西的财政、营田等方面的事务。后来由于军事形势的变化，又设立了全国第一个节度使——河西节度使，治凉州，统辖凉、甘、肃、伊、瓜、沙、西七州防务，"统有赤水、大斗、建康、玉门、墨离、豆卢六军，新泉守捉、甘州守捉、肃州镇守三使属焉"[①]。天宝元年（742），河西节度使有兵7.3万人，居全国第三位；战马1.94万匹，占全国正在服役的军马总数的1/4。永泰二年（766），随着凉州被吐蕃攻陷，统领整

---

① 《唐六典》卷五《尚书兵部》，中华书局，1992年，第158页。

个河西军政的河西节度使迁至沙州，沙州随即升为中都督府，成为河西地区抵抗吐蕃的中心。军事防卫力量的加强，为敦煌与河西经济的恢复发展和中西交通的兴盛提供了有力的保障。

其次，加强对敦煌与河西的行政管理。健全了县、乡、里各级行政机构。沙州下设敦煌与寿昌两县。两县下设十三个乡。寿昌县下设一乡，寿昌乡。圣历（698—700）以前，敦煌县设有敦煌、莫高、洪池、玉关、效谷、洪润、悬泉、慈惠、龙勒、神沙、平康等十一乡[①]，圣历以后敦煌县增设了从化乡。每个乡下又设有若干个里，里有里正，掌管里中的各种行政事务，如查核户口、收授土地、监督农业生产，以及征敛赋役等。

唐朝所规定的"每岁一造计帐，三年一造户籍"的籍帐制度，在敦煌也得到了严格实行。敦煌遗书中就保存了不少敦煌的户籍，这些户籍分别记载着各户户主的姓名、年龄，及该户的户等、是否课户、纳税与否等，还记有该户成员与户主的关系、年龄、身份、姓氏或名（母、妻列姓氏，子女列名）等，最后是该户的应受田数目、已受田数目、已受田的方位和四至（图2-1）。这些户籍记载的情况表明，唐前期敦煌地区也和内地一样推行了均田制和丁中制，但各户实际占有土地一般未达到法令规定的应受田数。这些材料不仅对了解敦煌地区的情况具有重要意义，也对我们认识整个唐代的社会经济状况具有重要价值。

唐朝统治者正是通过上述县、乡、里各级行政机构和完备的户籍制度，对敦煌地区实行有效的管理和严密的控制。对于镇抚河西、敦煌的官吏人选，唐政府也一直比较慎重，其中不少人在任职期间很有作为，为敦煌地区的恢复和发展作出了贡献。

---

① 陈国灿、刘珠还：《唐五代敦煌县乡里制的演变》，《敦煌研究》1989年第3期。

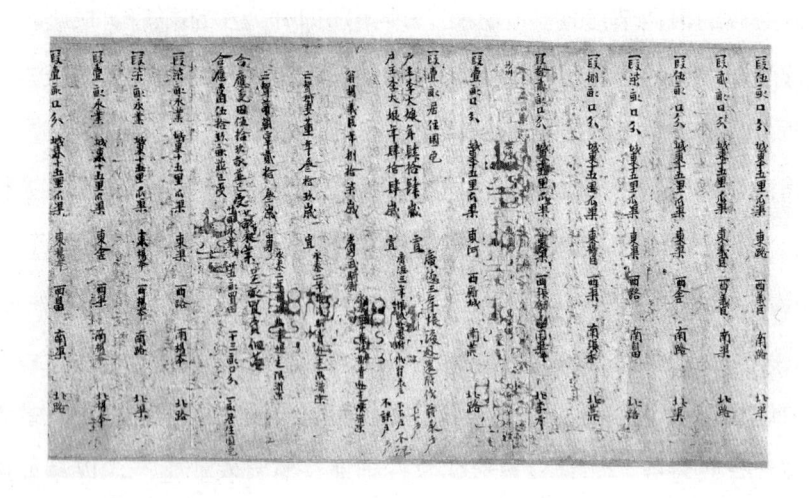

图 2-1 英国国家图书馆藏《唐大历四年（769）手实》局部，编号：S.514v

图片来源：《英藏敦煌文献》，四川人民出版社，1990 年，第 1 卷第 220 页。

最后，重视农业生产。唐政府根据敦煌地区的农业全赖水利灌溉的特点，在前代兴建的水利工程基础上，进行了大规模的水利建设，形成了较为完备的绿洲灌溉体系。据 P.2005①《沙州都督府图经》等记载，当时甘泉水（今党河）进入敦煌县境后，通过马圈口堰、都乡口堰、五石堰、中河堰四道拦水堰和宜秋斗门、都乡斗门、五石斗门、东河斗门、北府斗门五个分水斗门，分入宜秋、都乡、神农、东河、阳开、北府六大干渠和百余条支渠、子渠，形成密集的灌溉网络，覆盖敦煌最大的绿洲——城周绿洲。上列六大干渠中，有三条即宜秋、都乡和东河是唐前期所修，都乡口堰亦修于唐前期。马圈口堰虽为前代所造，唐前期也进行了重修和扩建。甘泉水之外，还有苦水和独利河（疏勒河），以及宕泉、沙井（月牙泉）、悬泉、玉女泉等泉泽，为敦煌农业的发展提供了丰富的水资源，这些水资源在唐前期形成了较为完备的绿洲灌溉体系。

---

① "P"，或作"伯"，表示伯希和从敦煌掠走的敦煌遗书，后面的数字是收藏机构的编号。"P"是"Pelliot"的字头，"伯"则是"伯希和"中文译名的第一个字。

对于渠水的分配和管理使用，唐廷制定了一套比较完备的水利管理体制和管水用水法规。敦煌遗书中保存的唐玄宗时期有关水利的法律文书《水部式》和《沙州敦煌县地方用水灌田施行细则》，都是有关这方面规定的文献。这些文书对水利设施的使用、修缮，用水的次第，以及斗门节水的分量、开闭时间、程度及相应各级官员的职责等，都有详细的规定。为了有效地施行这些法规，唐政府特别规定沙州用水浇田，必须由县官亲自负责。州县以下还设有专门负责水利的官吏，州有都渠泊使，县设平水，各乡设有"渠头"一名或数名，负责各乡水利事宜。各主要渠道、分水斗门，还设有渠长、斗门长，专管在浇田时调节水量。而一般的分水斗门，也"皆须州县官司，检行安置，不得私造"。由此可见，敦煌自上而下有州官、县官、平水、渠头、渠长和斗门长等多级管水人员，具体负责浇水灌田。对各级管水人员，政府还备有奖惩办法，而且赏罚分明。每年年终要进行检查，作为升降的参考。

大规模水利工程的建设和水渠灌溉体系的完善，使敦煌地区的耕地面积大规模扩大，为农业的发展提供了良好条件。为保证民众和军队的粮食供应，敦煌地方政府还把督促农民耕种作为乡社官和里正的职责之一，规定乡社官和里正每年均需将本乡种植各类作物的亩数上报。大谷文书2838号[①]是武则天时期敦煌县处分各乡负责人的文件，其中某乡因不关心农业生产，致使耕耘最少，社官、里正受到决杖二十下的处分。敦煌、平康、龙勒、慈惠、神沙等乡，因投入农业的力量较少，负责人受到决杖十下的处分。

以上几项措施的实行，使唐王朝在敦煌与河西地区的统治得到了巩固，经济也走向了繁荣，到开元、天宝年间达到了其鼎盛时期。"自（长

---

① "大谷"表示日本大谷"探险"队从敦煌掠走的敦煌遗书，后面的数字是收藏机构的编号。

安）安远门西尽唐境万二千里，闾阎相望，桑麻翳野，天下称富庶者无如陇右"①，这里的陇右，包括敦煌。天宝时沙州有户 6 395，口 32 234，每户平均人口从此前的 4 人增加至 5 人，成为敦煌有史以来户口最多的时期。而唐代沙州所辖仅敦煌、寿昌两县，其面积大略相当于现在的敦煌市，比汉代、前凉、前秦、隋朝时的敦煌郡面积小得多，但人口却有超出，这也反映出唐前期敦煌人口密度已超越前代。

三、唐前期中西交流和敦煌的文化

敦煌政局的稳定，经济的繁荣，为中西友好往来和经济文化交流的进一步发展提供了条件。丝绸之路的畅通，使得西域与内地的政治联系及经济文化交流更加密切。唐前期，西域诸国的使者，西行求法和东来弘道的僧侣，内地和西域、中亚的商人等，不断通过敦煌往来于中原与西域，中国与印度、西亚之间。中原的丝绸、瓷器、茶叶、汉文典籍等，随着一队队骆驼商队通过敦煌源源不断地输往西方，西域、中亚等地的珍禽异兽、珠宝香料、玻璃器皿、金银货币以及宗教、文化艺术等，也经由敦煌纷纷传入内地。张籍《凉州词三首（其一）》："边城暮雨雁飞低，芦苇初生渐欲齐。无数铃声遥过碛，应驮白练到安西。"这首诗生动地反映了当年运载丝绸等货物的骆驼商队不畏艰险，日夜兼程，在驼铃声中经过敦煌向西域前进的情景。

在当时敦煌的集市上，有内地来的汉族客商，如吐鲁番地区出土的唐代过所（百姓出外旅行的路证）中记载了由福州到安西四镇进行贸易，准备取道玉门、金城返乡的商人唐益谦；也有西域的商人，如一个过所中记

---

① 《资治通鉴》卷二一六，玄宗天宝十二载，中华书局，1956 年，第 6919 页。

载了带着雇工、家奴以及牲口，从安西至瓜州、伊州贸易的商人石染典；还有从中亚各国来的胡商。敦煌城东沙州十三乡之一的从化乡，就是专门为安置定居下来的粟特商人而设的，同时接纳慕道归来的康、安、石、曹、罗、何、史诸姓胡商，史书上记载当时"兴胡之旅，岁月相继"[①]。《沙州都督府图经》记述沙州西北110里处有兴胡泊，就是因为胡商在经过玉门关时常在这里停驻而得名。各地来的行商坐贾在敦煌交易的物品既有当地出产的五谷，也有来自内地的丝绸、瓷器，还有来自西域的玉石、珍宝，北方的驼马、毛织品等，使敦煌这个自曹魏以来形成的商业城市更加繁华。

除民间商业活动外，当时中亚的许多国家与唐朝都有所谓"朝贡""通使"的商业贸易关系，它们进行贸易的中转站就是敦煌。唐代胡人入贡贸易的路线，大致上是发轫于中亚两河流域，经碎叶川、热海道、大碛路，从敦煌入河西走廊，最后到达长安。据统计，从武德七年（624）到天宝十四载（755）的130多年间，胡人共入贡89次。[②]"汉家海内承平久，万国戎王皆稽首，天马常衔苜蓿花，胡人岁献葡萄酒"，这首诗就是对西域胡商入贡贸易盛况的描写。敦煌唐代壁画《维摩诘经变文殊问疾品》中的"各国王子图"，也反映了当时中亚各国通使、朝贡的热闹情景。

中西友好往来和经济交流的扩大，给敦煌带来不同特色的文化，使敦煌的文化更加绚丽多彩。在唐前期的敦煌文化中，占主导地位的是汉文化。唐前期的沙州有许多传授汉文化的官私学校。当时，沙州和唐朝的其他地区一样，在敦煌城内州衙西300步设有州学。内有经学博士1人，助教1人，学生40人。州学院内的东厢是先圣先师庙堂，堂内有先圣孔子和先师颜子的塑像，每年春秋要举行释奠之礼。州学院内还设有医学，有

[①] 《旧唐书》卷九四《崔融传》，中华书局，1975年，第2998页。
[②] 蔡鸿生：《唐代九姓胡贡品分析》，载《文史》第三十一辑，中华书局，1988年。

医学博士1人，学生10人。州学之下，敦煌县设有县学，设博士1人，助教1人。私学则包括私人学塾和寺院办的寺学。官私学校均以孝敬父师和忠君报国为主旨，所用教材则以儒家经典为主。敦煌文献中保存下来的《尚书》《易经》《左传》《穀梁传》《礼记》《文选》《论语》《毛诗》《孝经》写本，其中有不少是当时州县学、私学或寺学学生们的遗留物。藏经洞中发现的《本草》《脉经》《食疗本草》等医学著作，或者就是州办医学校使用的书籍。此外，敦煌文献中还保存了不少如《千字文》《太公家教》《开蒙要训》《新集严父教》等敦煌官私学校使用的启蒙教材。

作为汉族传统文化一部分的道教，在唐前期的敦煌也十分盛行。因为李唐政权奉老子为先祖，在全国范围内大力提倡道教，受此影响，敦煌在开元、天宝年间也设立了道学，由道学博士主持。道经写本也大量涌现，敦煌文献中保存的道家经典如《老子》《庄子》《文子》《列子》等，大部分是唐前期写本，很可能与此时道学的兴盛有关。与此相关，敦煌的道教也有很大发展，并建立了一批供奉老子的紫极宫和神泉观等著名道观，教授弟子，传写经书，招引了大量信徒。见于记载的就有灵图观、神泉观、开元观、龙兴观、冲虚观、玉女娘子观等，其中以神泉观最为引人注目，藏经洞中所存道经，有不少是神泉观写本。

唐前期的佛教文化仍然闪耀着奇异的光彩。唐前期的历代帝王都注意利用佛教为自己的统治服务，武则天则将崇佛活动推向了高潮。在这个大背景下，在佞佛的敦煌世家大族的倡导下，敦煌佛教盛极一时。佛教信仰在隋代发展的基础上更加广泛地深入民间。从莫高窟供养人题记和藏经洞写经题记可以看出，唐前期出资开窟、写经的既有僧官、僧尼、男女居士，也有当地的达官贵人、文武官僚、工匠、行客、侍从、奴婢和一些善男信女等。可见佛教已深入敦煌的各阶级、阶层之中。与此同时，敦煌佛寺的兴建也十分活跃，见于记载的佛寺有大云寺、灵图寺、灵修寺、开元寺、龙兴寺、报恩寺等许多名寺。敦煌僧人经常向居家信徒宣传佛教知识，化俗讲经活动非常盛行，敦煌文书中保存的大量讲经文、变文即是明证。佛寺中还设立学堂，招收世俗子弟，传播文化知识。此外，佛寺还参与不少其他社会活动，并受到人们越来越多的重视和资助，逐渐拥有了大量田园房产，寺院经济也逐渐膨胀。

唐前期敦煌的佛教进一步受到了内地佛教文化的影响。这表现为：首先，大量的宫廷写经从长安、洛阳流传到了敦煌的寺院。敦煌作为唐代著名的佛教城市，有奉皇帝命令敕建的大云、灵图、龙兴、开元等官寺。所以，长安、洛阳新译的佛经，都能很快传到敦煌。如高僧玄奘在唐初新译的佛典，藏经洞中就发现了很多，其中仅《大般若波罗蜜多经》的写本就保存了近五千件。其他唐朝流行较广的经典，在藏经洞中也保存了很多。其次，当时不少有名的高僧从内地前来敦煌，弘扬佛法。如开元二十九年（741）长安大安国寺授戒师道建，在敦煌居住14天，其间不仅仅为当地僧人授菩萨戒，更为大云寺僧众宣讲了《御注金刚经》《法华经》《梵网经》。这次活动带给敦煌的不仅仅是戒律，可能长安新的佛典、画样、艺文等都传入了敦煌，为长安佛教和敦煌佛教的交流搭建了一座桥梁。高僧昙旷在敦煌居住19年，撰写了不少解释大乘佛教的著作。这样，倡言无论贵贱贤愚，只要专心念佛，凡夫皆得脱离秽土、往生净土的净土宗等在中原流行的廉价成佛、快速成佛的佛教思想，也流传到了敦煌。

随着唐前期中外友好往来和文化交流的日益扩大，东来弘道和西行求法返回路经敦煌的僧人增多，敦煌的佛教继续受到印度和西域佛教的影响。贞观年间，玄奘从印度带回大量经像。王玄策四次出使印度，携回图本。著名画家尉迟乙僧等来自西域，"画外国及菩萨"[1]，声誉很高。他们都曾到过长安，也都有可能直接把长安或西域的新式元素传入敦煌。从一

---

[1] （唐）张彦远：《历代名画记》卷九，浙江人民美术出版社，2019年，第141页。

些菩萨像的装束、姿态来看，唐前期的敦煌艺术直接或间接地受到了中印度笈多王朝艺术的影响。

敦煌佛教正是在唐前期社会经济空前发展，政治力量空前强大，又不断受到内地和印度、西域影响的条件下，达到了其鼎盛时期。

汉文化和佛教以外，当时在敦煌城东一里处有中亚粟特人信奉的祆教（拜火教）神祠。这座祆庙周回五百步，院内立舍，舍内画有神主，共二十余龛。在敦煌遗书中保留的晚些时候的敦煌白画中，也有祆教尊奉的神的形象。唐前期敦煌还建有景教寺院，名为大秦寺。藏经洞中保存了七种景教经典，并且有景教经目一卷，记录景教经典三十六种，分别为初唐和中唐译本。此外，藏经洞中还发现了开元年间写的摩尼教经典。这些都反映了西亚、中亚宗教在敦煌流传的情况。

可见，唐前期的敦煌汇聚了各种不同的宗教、文化、艺术，招徕了不同血统的民众在此定居。敦煌十三乡之一的从化乡，就是在粟特人聚落的基础上建立的，也是粟特民众的精神信仰中心。粟特商人除从事国际贸易外，还是传播文化的友好使者。他们大多信奉祆教，也有的皈依了曾遭禁止的摩尼教。有的粟特人或许因为长时期生活在敦煌，深受汉传佛教的影响，渐渐接受了汉化佛教。粟特人的商业活动确定了他们的迁移性品格，他们的宗教信仰必然也随着他们的四处迁移而传播到四面八方。

在这个交汇着中国、希腊、印度、中亚、西亚等不同系统的文化都会中，汉文化始终在敦煌占据着主导和支配地位。正因为如此，才使这里虽然是各种文化交汇的文化都会，但却没有成为各种文化的杂烩。因为有雄厚的汉文化基础，才使敦煌与河西不仅是一条文化交流的河道，还是一座文化交流的枢纽站。各种不同系统的文化在这里停驻的过程中，一方面互相融汇，一方面又从当地的文化中吸取营养，然后以改变或发展了的、多少带有敦煌与河西地方特色的形式，再从这里传向中土、西方、蒙古和西藏地区。如唐代深受中原人民喜爱的名为《凉州词》《甘州》的软舞曲，实际上就是在河西地区经过融汇而改变了的西域乐舞。

第三节 吐蕃管辖敦煌时期

贞元二年（786），敦煌人以"番和"形式与吐蕃结盟而降。[①] 由于吐蕃的社会形态与唐朝不同，所以，在吐蕃管辖时期，敦煌的社会也呈现出与以往不同的面貌。

一、吐蕃对敦煌的管理及相关制度

吐蕃控制敦煌以后，暗杀了领导抗蕃斗争的阎朝，废除了唐代沙州地区的县乡里等行政组织，仿照自己军政合一的组织机构，建立了一套新的统治机构和相关制度。

吐蕃管理敦煌的行政体制是"吐蕃王室—东道节度—瓜州节度—敦煌地方官"这样一个自上而下的管理体系。吐蕃在河西统治的军政中心是凉州和瓜州，沙州隶属于瓜州节度使。据藏经洞出土的藏文文书P.T.1089[②]《吐蕃官吏申请状》记载，沙州最高军政长官全称是"节儿论唐人乞利本"，简称"节儿论"（节度使），与乞利本（万户长）为同一官职。统领节儿观察使（万人悉编）、副节儿、都督、部落使（千户长）等蕃汉官员。吐蕃统治敦煌时期的历任节儿论（乞利本）有戎波·喻贡（汉文签名为润或闰）、莽热（莽没热）、野绮立等人。节儿相当于汉文的"总

[①] 参见 P.3774《丑年（821）十二月沙州僧龙藏牒》。

[②] "P.T"，表示伯希和从敦煌掠走的敦煌藏文文书，后面的数字是收藏机构的编号。"P"是"Pelliot"的字头，"T"则是"Tibet"的字头。

管""上官",吐蕃沙州节儿有节儿论、节儿观察使、中等节儿、小节儿四个等级,节儿论为其最高一级。节儿多由吐蕃人担任,拥有本地区的军政、司法、财政大权,并参与本地区的宗教活动。

节儿的下属机构叫部落。据 P.2259v《龙勒乡部落管见在及向东人户田亩历》中乡名后加"部落"的记载可知,吐蕃统治初期敦煌仍保留原有乡的建制,并在乡名后缀以"部落"以示区别唐朝旧制。最终在 790 年完成真正意义上的部落设置。其规模大于唐制的乡而小于县,是吐蕃的军事部落建制和民事部落建制与唐代敦煌乡里制相结合的产物。这些部落有的是按职业组成,如僧尼部落的成员全部是僧尼,行人部落是由担负巡逻任务的人组成,丝绵部落则主要是从事农业的人口。① 有的则显示出方位特征,如下部落、上部落等。从 790 年到吐蕃管辖敦煌中期,敦煌的部落设置有很大变化,先后设置了僧尼、道门亲表、行人、丝绵、下、上、中元、撩笼、阿骨萨、悉董萨、悉宁宗、通颊十二个部落。其中通颊是由少数民族组成的部落。此外,来自吐蕃本土的"擘三部落"也在瓜沙地区站稳脚跟,管辖部分敦煌民众。从 P.T.1077《都督为女奴事诉状》中关于丝绵部落人口争夺的记载可知,吐蕃统治时期敦煌的部落属民身份高于奴隶,不能随便带走抵债。不同部落百姓之间亦可相互通婚。部落的长官为部落使,部落使分正、副二职,正职一般由吐蕃人担任,副职可由汉人担任。部落使是吐蕃沙州军政机构的重要长官,位在沙州节儿、都督之下,负责部落一级政务,部落使之诸僚属负责部落内部事务。部落之内,吐蕃又将其本部的将、十户制与唐代的乡、里、邻、保制相结合,实行了将、团头下制。如左一将、左二将、左三将、右一将、右二将、右三将等,将

---

① 也有学者认为行人、丝绵二部落的百姓均以农业生产为主,并未见到有行人百姓参军作战或者丝绵百姓专事绢布生产的明确记载,二者实质上都是以敦煌本土百姓为主体编成的民户部落。参见陈继宏:《敦煌通史·吐蕃卷》,甘肃教育出版社,2023 年,第 169 页。

设将头。敦煌文书 S.3287v《左二将各户手实》反映出敦煌百姓是以将为单位向吐蕃政府申报户口，交纳赋税，承担杂役的，将头负责督办。吐蕃各级政府依据各将申报的户口编户籍，这种手实、户籍制度大体沿袭唐制。将头在吐蕃文文书中被称为 Lnga-bchu-rkang，系管辖耕种五十岗 (rkang)[①] 土地民户的官吏，又被称为百户长、里正、乡官，具有组织所辖民户交纳赋税、应征服官府劳役和兵役的职责。在将头之下又有五岗 (lnga rkang) 一职，即十户组织，是最低一级的行政单位，负责管辖耕种五岗耕地的民户，协助将头处理本将行政军事等方面的事务。部落、将制是集军事、行政和经济为一体的军政建制，这种体制带有浓厚的兵民合一的色彩。

吐蕃管辖敦煌时期，司法制度相当程度上吸收和模仿了唐朝的司法制度，在牒状的格式、证人和保人的画押、牒文连接处的押缝、审案人员的配置以及上诉制度等方面都可以看到唐制的影响。节度使负责审理一些重大案件，如 S.1438v《吐蕃时期书仪》记载，吐蕃沙州都督在给瓜州节度使的信中称，对于捉拿到的叛乱驿户，经大德摩诃衍初步审问后又送到瓜州节度使处受审。由于吐蕃管辖时期佛教势力极度膨胀，吐蕃僧官也拥有一定的司法权，他们主要负责审理与寺院僧尼有关的民事纠纷案件，P.T.1079《比丘邦静根诉状》中瓜州节度使衙署中的僧统大师对比丘尼芒训、沙门玄诤兄弟关于奴仆归属的诉讼请求进行了判决，这位僧统大师很可能就是瓜州节度使辖境内的最高僧官瓜沙二州都僧统。在州一级则由乞利本、节儿监军、都督、僧统等僧俗官员主持本州民事、刑事案件的审理。S.5816《寅年八月十九日李条顺打伤杨谦让为杨养伤契》记载沙州节儿对杨谦让与李条顺斗殴一案下达的完整判词。P.3613《申年正月营田

[①] "岗"即一定面积的耕地，用可播种青稞、小麦的数量（克数）来计算，系吐蕃王朝征发赋税差役的单位。

副使阚海牒并判》中记载了沙州乞利本"润"指示水官与营田官调查令狐子余申请判还自己被唐朝政府替换给石英顺的口分地的诉讼请求，该件之最后是"润"亲自作出的判决。

吐蕃统治者依靠军事征服成为敦煌的统治者，吐蕃军队总称为"军"（dmag），或称"队"（dpung），或合称军队（dmag dpung），军事首领称将军（dmag dpon/dmag pon）。敦煌设有与军事相关的基层职官，如"沙州料敌防御都使由吐蕃人担任者"和"料敌防御使由唐人担任者"，系负责征战、防御的武职。除吐蕃军以外，主要依靠通颊部落作为镇抚敦煌百姓的军事力量。通颊部落最初是由被吐蕃征服的居住在黄河河源附近的羌、氐、汉、藏、粟特等民族混合组成，由吐蕃贵族统领。"通颊"一名则是吐蕃给予这些新征服的部众的吐蕃名称。"安史之乱"以后，随着吐蕃向陇右、河西、西域的扩张，原在河源地区以对唐作战为基本职能的通颊部落也随着吐蕃来到了河西、西域，其中包括镇守沙州的通颊色通巴部落。同时，吐蕃为巩固占领区，还不断新建通颊部落。如842年，吐蕃就在沙州新建立了一个通颊千户军部落，以加强对敦煌的控制。

在经济方面，吐蕃在控制敦煌初期推行计口授田制。据 S.9156《吐蕃时期沙州户口地亩计簿》记载，大体上是按每户人口计算，每人授田一突（dor）。突为吐蕃土地计量单位，吐蕃当局注籍的土地，以突为计量单位，故称突地，吐蕃在敦煌实行计口授田，一人十亩，称为一突。在计口授田的同时，改行新的赋税制度，即按地亩征收地子和按户征收突税。"突税"也被称为"突田""纳突"。地子、突税均征收实物，有麦、粟、油料、布等。地子的征收数额大致是每人每年征收粮食一石上下；突税的征收单位是蕃制的驮（大约相当于0.67硕至0.80硕，"硕"同"石"），交纳数量大约是每户每年交纳九驮左右。吐蕃统治下的敦煌，部落民户既要承担地税——"地子"，又要交纳户税——"突税"，这两项负担大大超过了以前唐政府对百姓的征收数额，敦煌百姓常因不堪重负而借贷甚至出卖田地。当然，这种计口授田制（突田制）只针对敦煌的普通百姓，与吐蕃合作的敦煌上层豪族并不在此列。由于世家豪族、寺院以及蕃汉官吏对土地的占有和兼并，使得计口授田制施行的范围、延续的时间都非常有限。大约到吐蕃统治后期，这种制度就已经被废弃了。

吐蕃时期，敦煌的各种赋役总称为"突税差科"或"突课差科"。劳役制度与赋税制度紧密相关，都是一个政权的重要制度。吐蕃统治敦煌时期也建立了一系列差役制度。敦煌民户承担的差役包括运输、驿传、修造、畜牧、守囚、抄经、营田、厅子、手力、看碾、知更、远使等，还有一种名为"王差"的官府的差科。另外，吐蕃统治下的敦煌百姓和僧人还要服兵役。

在交换领域，唐王朝的货币也被废除，铜钱不再流通，改用实物交易。交易的支付方式复杂多样，有麦、粟、布、绢等，但计价折算时基本都用麦充当市场交换中的一般等价物。

吐蕃时期，敦煌出现了沙州仓曹一职，敦煌汉文文书中的吐蕃沙州仓曹即吐蕃文文书中的"仓岸"（stsang mngan），"stsang"正是汉文"仓"的吐蕃文音译。吐蕃沙州仓曹是吐蕃管辖敦煌后在当地专设的负责征收粮食、管理仓库的官员，源于吐蕃官职"岸本"（mngan-dpon），与唐朝的敦煌郡（沙州）司仓参军、沙州都督府仓曹参军等官员有很多相似之处。仓曹主管着当地的粮食征收和储存、发放，据敦煌文书记载，沙州仓曹所辖官仓中有麦、粟、豆、油、马蹄等。P.2763《午年（790）三月沙州仓曹杨恒谦等牒》记载沙州仓曹将官仓中一定数量的粮食和酒曲交付宴设厨造酒，供应官方宴饮。P.3446《吐蕃巳年（789）沙州仓曹会计历》记载了吐蕃统治下的敦煌百姓向沙州官仓交纳草子、青麦的情况，这与唐代敦煌郡正仓的职能相同。P.2654《巳年（789）沙州仓曹会计牒》则记载了沙州仓曹所辖官仓给吐蕃监使、监部落使等人贷借粮食，借贷的对象相当一部分是吐蕃官员。P. 2763v《吐蕃巳年（789）七月沙州仓曹典赵琼璋上勾覆所牒》记载了沙州仓曹及其僚属还需将官仓支用钱粮情况具牒上报勾覆所勾检，勾覆所即吐蕃在沙州设立的勾检机构。除官仓外，吐蕃还在敦煌设有突田仓、寺家仓。有的学者认为突田仓为吐蕃官府存放户税（即突税）的仓库，官仓则是存放田亩税（即地子等）的仓库，而寺家仓则是寺院存放谷物的仓库。

吐蕃统治者不仅依靠行政组织和军事力量严密地控制、镇压敦煌民众，还强制推行吐蕃化政策，企图从生活习惯和文化传统着手，尽可能消弭汉唐影响，从而化解民族间的隔阂，消除河西人民的反蕃情绪，以达到长治久安的目的。他们要求汉族人民改变原有的习俗，禁止穿汉族服装，实行"胡服辫发"，"州人皆胡服臣虏"。白居易《缚戎人》中"一落蕃中四十载，身著皮裘系毛带"一句就是陷蕃百姓装束的写照。敦煌文书S. 6161A＋S. 3329＋S. 11564＋S. 6161B＋S. 6973＋P. 2762《张淮深功德记》中"形遵辫发，体美织皮，左衽束身"，表明吐蕃统治时期强迫河西地区的汉人接受吐蕃习俗。而且吐蕃统治者广泛推行吐蕃语，敦煌藏文文书中的"汉姓蕃名"是其重要体现。吐蕃还禁用唐朝年号，改用地支和十二生肖纪年。敦煌文书S. 3287中的《六十甲子纳音性行法》即反映了它的部分内容。这种纪年方法相当粗略，循环周期很短，既不符合汉人行之已久的干支纪年、纪月、纪日的习惯，也无法满足敦煌汉人日常生活的需要。于是敦煌地区开始出现当地自编的历书。敦煌文献中保存了《唐元和三年（808）戊子岁具注历日》，仅存四月十二日至六月一日，这是现知最早的敦煌自编历日。

吐蕃管辖敦煌之初，为了防范民众的反抗，尽收民间铁器，在一定程度上影响了农业生产。政局稳定以后，为了缓和民族矛盾，巩固自己的统治,吐蕃统治者也对汉族民众采取了一些怀柔政策。先是发还一部分铁器给农民以便农耕,同时,注意拉拢当地的世家大族和归顺的汉族官吏,任用一些投靠的汉族上层为各级官吏。据 P.3481v《大蕃部落阎公设斋文》可知,在敦煌降蕃的最初几年中,阎朝就被吐蕃统治者任命为"大蕃部落使河西节度"。这个藏汉混合的称谓恰恰反映了当时的汉蕃关系。又如修造了莫高窟第 231 窟的阴嘉政一家,父祖历任唐朝官吏,其家族在敦煌声望素著。吐蕃控制敦煌以后,便任命阴嘉政为部落大使。他的二弟阴嘉义任"大蕃瓜州节度使行军先锋",四弟阴嘉珍任"大蕃节度行军并沙州三部落仓曹及支计"等使,其三弟离缠和妹智惠则均担任僧官。再如敦煌文书 S.1438v《吐蕃时期书仪》的作者也是一位投降吐蕃的唐朝官吏,被吐蕃任命为沙州守使。在经济上,这类世家大族也受到吐蕃统治者的优待。如前所说,他们所占土地可以不受上述计口授田制的限制,如阴嘉政一家既有吐蕃管辖前旧有的大片田地,又有吐蕃统治后新增的"园池",自称"瓜田十亩","李树长条",还有"山庄四所,桑杏万株"。总之,这种借助敦煌大族辅助蕃官的蕃汉并行、蕃主汉辅的双轨职官制度,在某种程度上维系了敦煌社会的稳定,敦煌地区的农、牧、手工业生产得到了恢复和发展。农作物的产量明显有所上升;畜牧业的经营模式主要包括官方经营、寺庙经营、民间经营三种,牧群数量较为可观;金属铸造、纺织印染、粮食加工等手工业生产亦逐渐恢复。这是吐蕃实现对敦煌长达六十余年统治的根本原因。

二、吐蕃时期敦煌佛教势力的膨胀

如上所述,敦煌地区的佛教在唐前期已经十分兴盛,在僧侣组织、寺院体制、译经写经、讲经传道、开窟造像、布施供养、礼佛发愿等方面,均已奠定了牢固的基础。加之敦煌是最后陷蕃的地区，与吐蕃有城下之盟，人员未迁，旧有的世家大族的宗族体系未被打乱，原有的石窟寺全部保存下来，由此决定了吐蕃控制之后的敦煌佛教在总体上一直保持着汉地佛教的明显特征。为了巩固统治，稳定敦煌的局势，吐蕃统治者也十分注意利用佛教为其统治服务（图2-2）。在吐蕃统治敦煌的六十多年中，始终采取大力扶植佛教的政策。僧侣的身份大为提高，一些高级僧侣甚至可以直接参与政事。如S.1438v《吐蕃时期书仪》所记吐蕃沙州都督在给瓜州节度使的信中称，对于捉拿到的叛乱驿户，"并对大德摩诃衍推问，具申衙帐，并报瓜州。昨索贼、钉枷差官锢送讫"[①]。摩诃衍为敦煌著名僧人，他直接参与管理敦煌政务。又如撰写P.3726《释门都法律杜和尚写真赞》的僧人智照担任"大蕃瓜沙境大行军衙知两国密遣判官"，似乎是在瓜州节度使衙府中担任负责外交事务的官员。

图2-2 吐蕃赞普礼佛图（中唐），莫高窟第159窟

图片来源：敦煌文物研究所编：《中国石窟·敦煌莫高窟》，文物出版社，1987年，第4卷彩色图版第91。

---

① 史苇湘：《吐蕃王朝管辖沙州前后——敦煌遗书S.1438v〈书仪〉残卷的研究》，《敦煌研究》1983年创刊号，第133页。

在经济上，吐蕃统治者将在征服西州时俘获的人口配给沙州寺院作为寺户。同时又在敦煌推行三户养僧制和寺院属民制，后来又实行七户养僧制，敦煌僧团拥有大量附属人口——寺户，为僧团纳租服役。据P.T.1111《沙州寺庙粮食入破历》记载，马年（826年或838年）沙州唐人三部落有唐人六百八十四户，每户向寺庙交供养粮二克，这实际反映了吐蕃王朝所实行的七户养僧制度在敦煌地区实施的具体情况。除对部落民户按户征收粮食供养寺院以外，吐蕃贵族还不断向寺院布施，这些布施包括资金、田产、水碨、依属人口、织物等。如敦煌的圣光尼寺，就是吐蕃尚书令、都元帅、赐大瑟瑟告身尚绮心儿（或写作"尚绮律心儿"）所建。同时，敦煌汉族地主也不断向寺院布施财产和人口。经受长期战乱和在少数民族统治下的普通百姓也更容易转向佛教以寻求心灵上的解脱，于是当地民众信仰佛教者日益增多。在这样的背景下，沙州佛教势力迅速膨胀起来，寺院、僧尼数量大为增加。敦煌遗书 P.T.993 是一幅风景画：在山谷中的小河边，有一处好像佛寺的建筑院落，周围环绕着佛塔与树木。经考证，此为吐蕃时期寺庙（图2-3）。

图2-3 吐蕃寺庙图，编号：P.T.993

图片来源：德吉卓玛：《敦煌文本 P.T.993 吐蕃寺院稽考》，《西藏研究》2017年第1期，第25页。

在吐蕃统治敦煌之初，沙州共有龙兴、大云、莲台、灵图、金光明、永安、乾元、开元、报恩九所僧寺和灵修、普光、大乘三所尼寺，僧尼三百一十人。而到吐蕃统治敦煌后期，在只有两万五千人左右的沙州，寺院已发展到十八所，僧尼人数已近千人。增加了永康、永寿、三界、净土、安国、圣光六所寺院和数百僧尼，这种发展速度是空前的。对于这些为数众多的僧尼，吐蕃统治初期特地设立了僧尼部落进行管理。

吐蕃管辖初期，敦煌僧官系统沿用唐制，即都僧统（僧统）—都判官—判官—寺院三纲。9世纪初年，都僧统（僧统）、副僧统改称都教授、教授、副教授。① 另外，此时沙州寺院中还出现了僧官都法律、法律等职。都司是沙州僧官的首脑机构，都僧统或都教授是沙州的最高僧官，由吐蕃赞普任命，如沙州都教授洪辩，他在担任沙州副教授十余年后，由于道行高深，政绩出众，"又承诏命，迁知释门都教授。以四摄摄僧，六和和众"。都司中设有僳司、行像司、修造司等众多分支机构，都法律、法律、判官充当各机构的负责人。都僧统、都教授与僧统、教授掌管沙州教团中的一切事务，他们有权任免寺院三纲和下层职事僧，约束僧徒和寺户，根据内律进行赏罚，支配僧团所属产业和财物。为了更好地指导寺院的经济活动，又设置了寺卿一职，由俗人担任，协助寺院三纲，参与寺院中寺户、僧籍、财务等寺务的具体管理和监察。

这一时期还出现了部分僧尼不在寺中居住的现象。这种现象的起因是："安史之乱"以后，唐王朝曾在全国范围内几次出售僧尼度牒，以解决军费不足的问题。买度牒者旨在享受僧尼的特权，并不履行僧尼的义务。在此过程中，敦煌也有不少人通过买度牒成为挂名的僧尼。在唐王朝控制的地区，这些买度牒出家的僧尼后来都被勒令还俗了，但在吐蕃控制

---

① 也有学者认为，除僧团最高首领都教授以外，还有各寺所设教授；僧团副教授当是都教授下属的某寺教授。参见陆离：《敦煌的吐蕃时代》，甘肃教育出版社，2013年，第290页。

的敦煌却没有这样做。从吐蕃时期的户口状和僧尼籍来看，吐蕃统治者仍将这些名不副实的僧尼分别编入其原来家庭的户籍，给他们一份土地，让他们与世俗百姓一样纳地子、突税；同时，又将他们编入僧尼部落，免除他们基于人身的徭役和兵役，并允许寺院役使他们，对他们进行管理，包括组织他们进行必要的宗教活动。从吐蕃时期的寺院账目来看，各寺并未要求这些买度牒出家的人到寺院中去居住，对原来住在寺中的僧尼，也逐渐不再供应日常饭食。久而久之，原来住在寺中的僧尼也有一部分回家去住了。在寺院中居住的主要是寺院的首领、有专门职责的职务事僧和一些生活无着的僧尼。不"出家"僧尼的大量存在是吐蕃时期僧尼人数急剧膨胀以及以后长期居高不下的主要原因。

沙州佛教势力的膨胀更表现在其经济势力的日益强大。当时，敦煌的寺院除拥有田地、果园、粮仓、碾硙、油坊、牲畜、车辆等财产外，还拥有自己的依附人口——寺户。敦煌寺户的来源有前面提到的由吐蕃配给的俘因，敦煌世家大族施舍给寺院的"家客"，还包括投附寺院的百姓和被放免的奴婢。这些寺户的身份低于普通百姓，大约相当于唐代的部曲，他们同寺院有着强烈的人身依附关系。寺院在占有地产的同时，还不完全地占有寺户的人身。寺户一般拥有少量家资和农具，身份世袭。他们在各寺三纲及寺卿的管理下，成为寺院地产的劳动力，其最基层的编制是"团"。"团"由"团头"及"头下人户"组成。"头下人户"，即每一团头之下的"当寺人户"。一团的总数在十人左右。寺户须承担"突课差科"，"突课"是寺户在分种田亩时向寺院上交的地租，"差科"则是寺户向寺院提供的力役。寺户从事的劳役有耕种、放牧、看硙、榨油、运输、守囚及其他杂役。他们定期上役，提供劳役地租和代役租（图 2-4）。

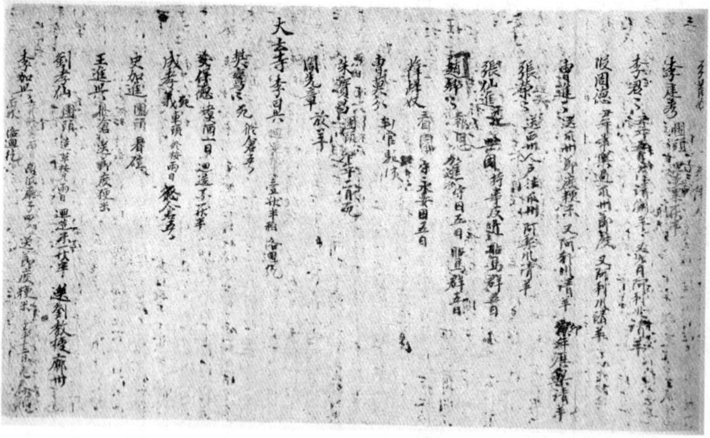

图 2-4　英国国家图书馆藏《吐蕃时期寺户文书》局部，编号：S.542v

图片来源：《英藏敦煌文献》，四川人民出版社，1990年，第 2 卷第 29 页。

此外，寺院还通过放高利贷盘剥普通百姓。在敦煌遗书中，保存了许多敦煌百姓向寺院借贷的契约，契约中一般都规定，到期不能偿还本利者，任凭寺院掠夺家资。在敦煌寺院的收入当中，高利贷利息占重要比重。同时，吐蕃时期寺院中还有一种限期内无息的谷物借贷，旨在帮助寺户和穷苦僧人、百姓渡过"粮食罄尽，种子俱无，阙乏难为，交不存计"的难关。

寺院经济力量的壮大，为敦煌佛教势力的进一步发展奠定了物质基础。佛事兴盛，译经、抄经、讲经活动频繁，涌现出昙旷、摩诃衍、法成等一批汉藏高僧。在吐蕃委派的蕃都统主持下，敦煌设立了专门负责译经的"译场"，不断向唐朝求取佛经，进行翻译。如敦煌名僧摩诃衍曾将许多汉文、吐蕃文经互译流行。在吐蕃统治河西后期，担任都统和大德的吐蕃僧人法成，也是一位著名的译经大师，被称为"国大德三藏法师"[①]。法成系出身于达那管氏家族的吐蕃僧人，精通汉、梵、蕃三种文字，在吐

[①] S.3927《瑜伽师地论卷第卅题记》。

蕃统治河陇西域晚期来到沙州，驻锡永康寺，从事译经撰述。敦煌遗书中保存着他从梵文译成汉文的《般若波罗蜜多心经》《诸星母陀罗尼经》《大乘无量寿宗要经》和从汉文译成吐蕃文的《入楞伽经》等。译经之外，抄经亦颇具规模。每所寺院都设有抄写经书的"经坊"。各寺经坊人数不等，有的仅数人，有的十几人，多者达数十人。依 S.5824《应经坊请供菜牒》记载，抄写经文的任务由吐蕃沙州蕃汉判官负责。抄经人有僧有俗，有蕃有汉。敦煌吐蕃文佛经校勘记录表明，大校阅师、翻译家法成也是吐蕃敦煌抄经坊负责人之一。① 译场和经坊的设立，进一步推动了佛教文化在敦煌的传播。沙州佛教僧团，对宣讲佛经也十分注意。十几所寺院都定期开展讲经活动。此外，还特意从唐朝延请俗讲僧中的善讲者到河西讲经。所谓俗讲是寺院僧尼以通俗易晓的方式向世俗百姓宣讲佛教典籍的方法，这种方法在吐蕃时期由中原僧人带到了河西与敦煌。② 敦煌遗书保存了一部分俗讲的底稿。对民众而言，以讲故事为主又附以唱词的俗讲当然比枯燥无味的讲经更有吸引力。

这一时期，汉地禅宗等宗教派别通过敦煌等地向吐蕃本部传播，一些汉文儒学典籍和历史、文学、宗教等方面的著作也被译成吐蕃文，被吐蕃文化吸收。因而敦煌还成为吐蕃佛教文化的重要来源之一。摩诃衍在沙州陷落后，曾奉吐蕃赞普使命，从敦煌到逻娑（今拉萨）传授汉地顿悟禅法。另一位敦煌高僧昙旷，曾回答赞普有关佛教顿渐之争的疑难问题。

随着佛教势力的隆盛，寺院学校也有了迅速发展。唐代大寺院往往自设教授佛教《经》《律》《论》的"三学院"，"三学院"除教授佛教经典外，也教世俗文章，敦煌的寺院也是如此。吐蕃管辖敦煌以后，不少读书

---

① 张延清：《吐蕃敦煌抄经研究》，民族出版社，2016年，第84页。
② 也有学者认为俗讲的俗指的是听众是俗人，并非通俗的讲经说法，而是唐、五代时期在三长月举行的劝俗人施财输物的佛教法会。参见侯冲：《俗讲新考》，《敦煌研究》2010年第4期。

人遁入空门当了和尚，把他们的世俗学问带进了寺院，这就加强了寺学内世俗学问的教学，从而吸引了不少世俗子弟到寺院求学，使原来的寺院三学成为兼收僧俗弟子、兼授佛学和经史典籍的新型寺院学校。一些大族子弟也到寺院学校读书。如 P.3620《无名歌》抄卷末尾一则题记为："未年三月廿五日，学生张议潮写。"可知后来发起率众逐蕃起义的敦煌大族张议潮，曾是在寺学就读的世俗子弟之一。寺学的教师大部分是僧侣，但有时也聘俗人入寺任教。教授对象称作学生、学郎、学士、学士（仕）郎、学侍郎、学使郎等，属于俗人，系敦煌地区各阶层的子弟。这些寺学的教师在教学生们认字读书时，经常选择一些有关民族英雄的事迹或文章以及中原文化的代表作作为教材。如敦煌文书 S.173 就保存了沙州三界寺学生张英俊抄写的《李陵与苏武书》。与寺学相比，唐前期在敦煌占主导地位的官学却很少记载，有的学者甚至认为，唐前期敦煌的官学校在这一时期已被取缔。虽然也有学者认为吐蕃时期官学仍然存在，但缺乏有力的证据。从现有材料来看，在吐蕃统治敦煌时期，寺学的发展更加引人注目，往往承担起基础的儒家教育任务，也就是说，主要靠寺院学校才使中原文化得以延续。这些寺院学校在教学过程中，还向沙州的汉人子弟灌输了浓厚的民族意识。

吐蕃管辖敦煌以后，正常的学校文化制度遭到破坏，学术文化从官府转向寺院，医学也随着文化的转移进入寺院。这时，除民间医家依旧收授徒弟外，寺院医学就显得格外重要。敦煌的部分医学文书蕴藏在佛教文献当中，如 P.2115《穷诈辩惑论》卷下的背面有《平脉略例》一卷和张仲景《五藏经》一卷；P.2665v 为佛家医书，又有愿文一通，藏文一行半；S.2615v《大部禁方》起自龙树菩萨九天玄女咒至牙痛方，其后有各式符印；S.4679《佛教类书》中有医品、医名等。此外还有 P.3201《残药方》、S.4329v《医方》等。这些医药文献都是僧侣使用过的，有些可能是寺院生徒抄写的教材。郑炳林据此推断,敦煌寺院"承担了医学教育的任务"[①],可备一说。敦煌寺院中也相继涌现出一批精通医术的僧人,如敦煌药王索崇恩、敦煌医王翟法荣、金光明寺索法律、医僧索智岳等。

上述事实说明,吐蕃时期沙州佛教势力深入了政治、经济、文化、艺术等社会生活的各个领域。在吐蕃统治敦煌后期,唐王朝统治的中原地区于会昌四年(844)至五年(845)发生了被称为"会昌法难"的唐武宗毁佛事件,中原佛教受到了沉重打击,并从此衰落下去。敦煌因在吐蕃治下躲过了这场法难。而在吐蕃境内兴起的朗达玛毁佛行为对远离其辖区中心的敦煌而言,又是鞭长莫及。佛教在敦煌继续保持着独尊的地位,出现了吐蕃权臣、汉族高官、世家大族与平民百姓竞相信教布施的热潮,形成了一个地区性的特殊状态。这种状态对敦煌以后的历史发展产生了深远的影响。

值得一提的是,吐蕃扶植佛教势力的一个重要手段就是打击道教。从敦煌文书的记载来看,在吐蕃时期,敦煌原有的十座道观不见于记载;原有的道经大量流入佛教寺院,充当了抄写佛经的纸张;新的道观与新的道经在这一时期也未出现。可见道教遭受排挤,汉文化遭到压制。敦煌本是各种文化繁荣之地,但在吐蕃管辖时期,只有佛教文化一枝独秀,其他文化则一片消沉。

吐蕃对敦煌的统治严重阻碍了沙州农业和商业的发展,文化、教育遭到严重破坏,敦煌失去了往日的殷富与繁华。身受阶级、民族压迫和沉重经济剥削的敦煌人民与吐蕃统治者之间的矛盾十分尖锐。人民生活在水深火热之中,苦不堪言,时刻期盼摆脱其统治。当地汉族人民始终不忘故

---

① 郑炳林、高伟:《从敦煌文书看唐五代敦煌地区的医事状况》,《西北民族学院学报(哲学社会科学版)》1997年第1期,第70页。关于敦煌文献中写在佛书正面、背面的医书以及佛书本身所包含的医学内容,还可参看李应存、史正刚:《敦煌佛儒道相关医书释要》,民族出版社,2006年。

国，在每年元旦祭祀父祖时都要穿上被吐蕃禁止的唐朝服装，痛哭流涕，期望唐王朝收复故土，而后再将这些被他们视作本民族标志的服装珍藏起来。武装反抗吐蕃贵族残暴统治的斗争此起彼伏，持续不断，其中最著名的就是吐蕃管辖敦煌初期发生的玉关驿户张清、氾国忠等人的抗蕃起义。这次起义带有浓重的反民族压迫的色彩。据 S.1438v《吐蕃时期书仪》记载，驿户氾国忠等因图谋逃跑而被发配酒泉，在途中他们夺取了马匹和武器，千里奔驰，于深夜杀入沙州城，杀吐蕃监使等数人，其余蕃军将士也被杀散，吐蕃节儿被迫纵火自焚。这些反抗斗争虽都被镇压了下去，却给吐蕃统治者以沉重打击。在吐蕃统治的半个多世纪中，敦煌人民始终坚持各种形式的反抗斗争，直至最后将吐蕃统治者赶出敦煌。

第三章　敦煌的回归

　　848年，沙州大族张议潮率众起义，赶走了吐蕃节儿，结束了吐蕃在敦煌的统治。851年，唐王朝在沙州设归义军，授张议潮节度使、十一州观察使。敦煌重新回到了中原的怀抱，进入归义军统治时期。至914年，张氏的执政地位为沙州的另一大族曹氏所取代。从此，直至归义军政权从史籍中消失，曹氏家族一直掌握着归义军政权。学术界一般把前一阶段称为张氏归义军时期，后一阶段称为曹氏归义军时期。因张氏归义军政权统治敦煌的六十多年正值唐王朝的晚期至五代初年，所以，张氏归义军时期又被称为敦煌史上的晚唐时期。而曹氏归义军时期正值中原的五代至宋初。这里所说的敦煌回归，不仅仅是指敦煌重新回到了中原的怀抱，更是指敦煌回到了以汉文化为主导的汉人政权手中。

第一节　张氏归义军时期

一、张氏归义军政权的建立

张议潮起义的成功，和吐蕃王朝自身的衰落有很大关系。

842年，吐蕃发生内乱，此后逐渐衰落，其在河西的统治开始动摇。唐王朝趁此机会，决心收复河湟地区。大中元年（847）五月，河东节度使王宰率领代北诸军，于盐州大败论恐热。次年十二月，凤翔节度使崔珙一举收复了原州、石门等六关和威州、扶州。唐军的胜利给河西人民带来了希望和鼓舞。

张议潮早在少年时便产生了忧国爱民的思想。他有感于吐蕃治下的民不聊生，对人民的疾苦深表同情。写于815年的P.3620《无名歌》就表达了17岁的张议潮对当时河西人民的深深同情，和对吐蕃统治者的深深厌恶。据《张淮深功德记》记载，张议潮富有军事才能，注重韬略，"论兵讲剑，蕴习武经，得孙、吴、白起之精，见韬钤之骨髓"。他还到过拉萨等地，深入了解吐蕃内情，结识豪杰，正可谓"盘桓卧龙，候时即起"。唐宣宗大中二年（848），张议潮认为时机成熟，毅然"募兵"，率领汉族、粟特、退浑、通颊等各族民众和占沙州人口很大比例的僧尼起义，他明确提出了"归国"的口号，广泛组织、团结各方面的力量，收复了沙、瓜二州，从而结束了吐蕃在敦煌的统治。

收复沙、瓜二州以后，张议潮决心归顺唐朝，派使节携带表文向朝廷报捷。为确保表文安全送达长安，他派遣了十批使者，携带十份同样的表文，分十路奔赴长安。其中僧人悟真带领的一支绕道天德军（今内蒙古乌拉特前旗），于大中五年（851）抵京。① 大唐政府以隆重的仪式迎接了这支信使队伍的到来。送信有功的悟真也被封为"京城临坛大德"。在此期间，张议潮以沙州、瓜州为根据地，一方面抓紧恢复农业生产，修治兵甲，整饬军队，所谓"缮甲兵，耕且战"；另一方面组织蕃汉兵迅速向东西发展势力，在不到一年的时间内，先后攻克了肃州和甘州。北庭、西州、安西等地先后被西迁回鹘占领，而秦、原、渭、河等州则由唐朝收复。大中五年（851），张议潮再派其兄张议潭入朝，将沙、瓜、甘、肃、伊、西、鄯、河、兰、岷、廓等河西、陇右十一州唐朝旧图进献天子，以表归降之心。唐宣宗接到沙、瓜等十一州图籍的捷报后，特下诏表彰张议潮等人的忠勇和功勋，称赞道："关西出将，岂虚也哉！"同年，唐朝在敦煌设归义军，以张议潮为节度使、十一州观察使，建立了一个以敦煌为中心、控辖河西及西域东部地区的地方藩镇政权。从此，敦煌进入了张氏归义军统治时期。②

二、张氏归义军巩固政权的主要措施

在唐王朝授张议潮归义军节度使、十一州观察使之时，归义军实际控制的仅有沙、瓜、甘、肃、伊五州，并没有完全控制这十一州。此时原河西节度使的治所凉州以及陇右的大部分地区仍处于吐蕃的控制之下，这种局面严重地威胁着新生的归义军政权。且当时正值西北地区发生民族大变

---

① 在收复部分河西失地后，张议潮派遣了由高进达、悟真、张议潭、吴安正、惠苑等人参与的多批使团入朝。对于大中五年沙州首批入朝使团首领问题的讨论，参见杨宝玉：《大中二年张议潮首次遣使入奏活动再议》，《兰州学刊》2010年第6期；李军：《敦煌通史·晚唐归义军卷》，甘肃教育出版社，2023年，第147－153页。

② 848年张议潮起义，推翻吐蕃在敦煌的统治，收复沙、瓜二州，自摄沙州刺史，并遣使向唐廷报捷；851年正月，唐朝承认张议潮摄沙州刺史，并任命他为沙州防御使；直到同年十一月，唐朝才正式敕建归义军，任命张议潮为节度使。因此，归义军的统治时间应从851年算起。

动之际。在以沙、瓜二州为中心的张氏汉人政权周围，活跃着刚从吐蕃统治下解脱出来的退浑、通颊、萨毗等部族和吐蕃的奴部嗢末，归义军的正南和东南则仍为吐蕃所占据，伺机卷土重来。与此同时，位于蒙古高原的回鹘汗国在9世纪30年代末接连发生天灾和内部纷争，势力大衰，终于在840年被黠戛斯（今吉尔吉斯人）击溃，其部众散奔西北各地。其中一部在西迁途中南下甘州、伊州等地，投奔了原来就住在那里的回鹘先民，而西迁回鹘的主流在首领庞特勤的率领下，大约在9世纪中叶，于焉耆、龟兹和西州一带创建了天山回鹘汗国。但也有一些部落活动在伊州、西州、北庭一带，觊觎河西这块富庶之地。另外，原出焉耆的龙家散布在沙、瓜、甘、肃、伊等州；小月氏的遗民仲云部，游牧于南山、楼兰一带。上述势力从西、东、南三面对归义军构成威胁，而回鹘、龙家和仲云又都是比吐蕃系诸族更勇猛好战的民族。

在唐王朝方面，此时政治已十分黑暗腐败。朝廷中宦官专权，地方上藩镇跋扈，不可能给归义军以实际的支持。张议潮收复河西及其战果的不断扩大，对唐王朝而言，既喜又忧。喜的是陷于吐蕃数十年之久的河陇地区重新回归唐王朝；忧的是在唐末藩镇割据、内弱外强的形势下，张议潮及其张氏家族势力壮大，恐其尾大不掉，成为与唐廷抗衡的强藩。因此，备受吐蕃和内地强藩侵逼的唐朝君臣，也不希望归义军的势力过分强大，以防其形成与唐廷对抗的力量。

在归义军已控制的地区，由于吐蕃半个多世纪的落后统治，也遗留下一系列社会问题亟待解决。面对上述复杂而又严峻的形势，为使归义军政权在河西站稳脚跟，张议潮及其后继者张淮深主要采取了以下四项措施。

其一是尽力求得唐王朝的承认和信任。归义军政权是以沙、瓜二州为中心，归义军的治所沙州又是以汉族为主体。这里的汉族世代延续的是以忠孝为本的教育。正是这种文化传统，使沙州在吐蕃入侵时，抵御了长达

11 年之久。在吐蕃衰落时,又最先结束了吐蕃的统治。即使在吐蕃时期,这里的汉人也始终不忘大唐故国。所以,取代吐蕃的归义军政权,必须取得唐王朝的承认与支持,才有可能把当地的汉人紧密地团结在自己周围。得到了当地汉人的支持,新兴的归义军汉人政权也就有了最基本的社会基础。所以,张议潮在起义成功后陆续派使者向唐廷表示归降,而其兄张议潭入朝以后就留在了长安"先身入质",以取得朝廷的信任。咸通八年(867),在河西重镇凉州被攻克,河西已经统一,归义军势力臻于极盛的情况下,张议潮为了再次表明自己对唐王朝的忠诚,乃留其侄张淮深主持河西事务,自己则"束身归阙"。[①] 他被唐廷授予右神武统军,晋官司徒,并赐庄宅,实际上也被当作人质留在了长安。

争取唐王朝信任的另一办法是不断贡献物品。咸通四年(863),僧人法信代张议潮向唐廷进献原长安西明寺道场学僧乘恩在避乱甘肃时撰述的《百法论疏》等经;咸通七年(866),张议潮又向唐朝进献甘峻山(在今甘肃省山丹县西北)的青骹鹰四联、延庆节骏马二匹、吐蕃女子二人。张议潮以后的归义军执政者也继续保持着对中原王朝"朝贡不断"。

与此同时,归义军主要首脑的官职也须千方百计求得唐廷的正式任命,方能挟天威以治军民。张议潮是以其兄张议潭为人质,才换取了节度使的正式任命。张议潮入朝后,继任者张淮深执政期间,曾多次派使节到长安请求朝廷正式任命自己为节度使,虽然沙州专使用尽了上状、对问、送礼、请托等种种手段,但唐廷方面却态度冷淡,一直拖延不决。自 867 年至 887 年长达二十年的时间,张淮深没有被朝廷正式任命为节度使。正

[①] 有学者认为张议潮入朝与张议潭之死有关,如荣新江:《归义军史研究——唐宋时代敦煌历史考索》,上海古籍出版社,1996 年,第 82 页;杨宝玉、吴丽娱:《P.3804 咸通七年愿文与张议潮入京前夕的庆寺法会》,《南京师大学报(社会科学版)》2007 年第 4 期。李军则认为张议潮入朝并非因为兄长张议潭病逝于长安,而应是唐政府在咸通年间经营河陇的策略得到持续实施的结果,以至于归义军节度使张议潮被唐政府强制征召到了长安。见李军:《敦煌通史·晚唐归义军卷》,甘肃教育出版社,2023 年,第 161-170 页。

是由于唐廷的态度长期不明，致使归义军的内部人心浮动，开始出现裂痕，埋下了内乱的隐患。因沙州归义军援助凉州有功，直到唐僖宗文德元年（888）十月十五日，唐廷才派遣押节大夫宋光庭、副使朔方押牙康元诚等人远赴敦煌，给张淮深送来节度使旌节。但唐政府授予张淮深的并非归义军节度使，而是沙州节度使，其法定辖区已非之前的十一州或五州辖区，而仅为沙州一州之地。①

从表面上看，在唐王朝已无力控制藩镇的情况下，归义军作为唐王朝鞭长莫及的藩镇，尽可自行其是，似乎没有必要付出那样大的代价来获取朝廷的信任，也没有必要花费那么多的口舌和那么长的时间来求得唐王朝的正式任命。但如果考虑到上述沙州的文化传统和归义军治下的特殊民情，就不难理解归义军执政者请求册命的苦衷了。

其二是在辖区内恢复旧制，并模仿唐后期的藩镇体制建立新的制度。这也是要取得汉人支持所必须采取的措施。

首先是取消了大部分吐蕃编制的部落，重建唐前期在这里实行的州县乡里制度。敦煌此时不仅是沙州治所，还是归义军政权所在地。在敦煌城内，归义军恢复了唐前期实行的城坊制度和坊巷的称谓。

与州县乡里坊巷制的恢复相适应，归义军的军政机构，也仿唐藩镇体制，设立了与内地藩镇一样的文武官吏及与其相应的一套文书、行政制度。在归义军政权中，节度使是最高军政长官，兼观察、支度、营田、防御、团练、押蕃落等使职，集军、政、财权于一身。在藩镇幕府体制之下，归义军节度使与其他诸使开府置属，下面各设文、武僚佐，构成归义军藩镇的幕府官员。文职僚佐包括节度副使、行军司马、判官、掌书记、参谋、推官、巡官等七职为正员幕职。武职军将包括押衙、兵马使、虞

---

① 森安孝夫：《河西歸義軍節度使の朱印とその編年》，《內陸アジア言語の研究》第15号，2000年，第59頁。

候、教练使、十将、将头、队头、牢城使、部署使、排阵使、游奕使、翻头等官职。同时，在地方上建置军、镇、防戍都等军事机构（图3-1）。此外，还有一些事务性机关如诸院、诸司机构的设置，诸院机构有节院、进奏院、都盐院、伎术院、画院、官马院等，诸司机构有孔目司、军资库司、内宅司、客司、宴设司、酒司、肉司、柴场司、草场司、山场司、水司、作坊司、修造司、仓司、羊司等。

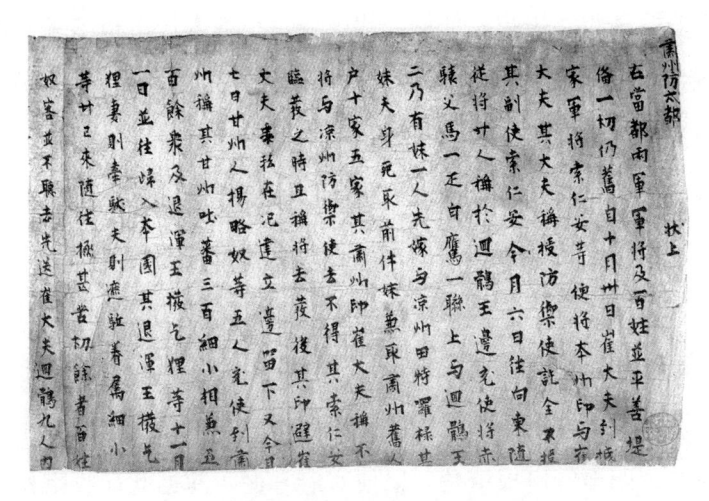

图3-1 英国国家图书馆藏《张氏归义军时期肃州防戍都状》局部，编号：S.389

图片来源：《英藏敦煌文献》，四川人民出版社，1990年，第1卷第179页。

节度使以下，州的长官为刺史，县的长官为县令。与唐前期不同的是，归义军在乡一级设置了知乡官，负责全乡的政务。张氏归义军建立后，恢复了唐朝的乡里旧制，寿昌从敦煌县中独立出来，自成一县；悬泉乡升格为镇；从化乡原为粟特人聚落，此时已分散融入其余诸乡，乡名遂亦消失。除恢复敦煌、莫高、龙勒、神沙、平康、洪池、玉关、效谷、洪润、慈惠十乡之外，归义军又新增设了一个赤心乡，很可能是由原来的悬泉乡改名而来，取其"赤胆忠心、赤心为国"之意。因此，归义军初期沙州辖领敦煌、寿昌二县，其中敦煌县下辖十一乡，寿昌县下辖一乡。乡下仍置里，按照唐代五里一乡的制度，沙州所辖敦煌、寿昌二县就应有六十个左右的里。里为归义军最基层的组织，直接负责征收赋役的任务。但因里正的许多职权被收到知乡官手里，使里正在基层政权中的作用比以前有所下降。这种将基层政权集中于乡的变化，是对唐代乡里制的一种发展。

其次是废止吐蕃时期的户籍、土地、赋税制度。重新登记人口、土地，按照唐制编制新的户籍，制定新的赋役制度。850年初，下令调查人口，调查的范围包括民户、僧尼、奴婢等。在各人户申报的基础上，乡里首先对各人户的申报进行了调查核对，然后进行登记。同年底，人口调查、登记工作基本完成。归义军时期的户籍除注明各户人口外，还注明了各户土地亩数与分布情况，这都与唐前期的户籍相同。所不同的是，由于均田制已经废除，所以在户籍上登记各户土地时，不再出现与均田制相关的"应受田""已受田"等名目。

852年，归义军政权开始进行土地的调查、登记、分配。土地的调整以不触动旧有的土地占有关系为前提，只不过将人口、姓名、年龄及土地方位、亩数、四至等申报清楚，以便官府掌握，并据此征收赋税。针对当时沙州荒田闲地较多的特点，归义军政权在对这类田地进行调查、登记以后，允许官民向官府申请耕种。可申请耕种的土地除官荒田、绝户地外，还包括无力承担土地税的民户的田地。申请土地者在向官府提交呈状前，须自行寻找所请土地。在申请土地的呈状中要陈明请地因由、所请土地的位置与面积。官府核准请地人的呈状后，发给"公凭"，到制户状时记入户状，这些经民户"请射"耕种的土地，就永远成了自己的产业。请射一般是在宽乡指定地点地段请授田地，犹如射箭中的一样。官府在审批请地人的呈状时，优先照顾有劳力而又无地或少地的民户。此外，对百姓之间自愿对换土地，调整土地位置，官府一般也予批准。土地买卖也比较频繁。买卖双方完全可以根据个人的意愿自由买卖土地，只需签订私契，不再需要官府审核和裁决。

归义军政权设立了支度营田使、管内营田使、都营田使、营田使和都渠泊使、水官等职官，对土地和水利进行管理。支度营田使或管内营田使由归义军节度使兼任。由敦煌文书 P.2222B《咸通六年（865）正月沙州敦煌乡百姓张祇三请地状》等资料可知，归义军政权土地的调整、请射、分配、对换都是由兼有"支度营田使"职衔的归义军节度使主管，而归义军都营田使或营田使则负责管理土地的调查、登记与分配等工作[①]，他们的这些职能与吐蕃时期的营田官相同。

在重新登记人口和土地，并解决了无地或少地民户土地问题的基础上，归义军政权制定了新的赋税制度。新赋税的名目主要有官布、地子、草、柴等四项。从现存材料来看，官布、地子、草、柴是分别进行登记的，官府指派布头、枝头、刺头或堰头分别负责征收。官布的税率较低，即由 250 亩或 300 亩耕地交纳一匹布；地子大约是每亩地纳粮 3—5 升；税草每亩征收 0.3—0.7 束；由于直接文献资料的缺失，目前还无法明确得知税柴准确的税率，只知道是依一定税率计亩征收。在敦煌文献中经常把枝柴、草并称为柴草，但在实际征收时，柴、草又是分开的。为管理柴、草征收事务，归义军专门设立了柴场司、草场司等机构，长官称为某草场，属官还有草场判官、草泽使等职。以上四项税额加在一起，虽比唐前期的租、调略重，但与吐蕃时期相比，却大大减轻了。

官布这一税目的出现，应与当时敦煌没有实行货币经济有关。在吐蕃管辖敦煌时期，唐王朝的货币被废除，交换的媒介是实物。归义军政权建立以后，由于货币极缺，人们在买卖、雇工、典当、借贷时仍以麦粟、绢帛、布匹等实物计价。就目前所见资料来看，在交换领域以麦粟计价居

[①] 参见刘进宝：《归义军时期敦煌的营田及其管理系统》，《西北师大学报（社会科学版）》2004 年第 2 期。

多，但以布匹计价者也不少。正是由于这一时期货币不是普遍的交换媒介，归义军政权才将唐朝赋税制度中交现钱的那一部分税，改为征布。

还应该指出，与唐前期征税以人丁为本不同，新税制贯彻的是按田亩征税的原则，即主要据地而税。因此，归义军政权对民户土地的变动，不再多加干预，而更加关注土地所有权的转移。也就是谁耕种土地，谁就向政府缴纳赋税，这与780年以来唐王朝在中原地区推行的两税法所规定的精神是一致的，也与后来北宋初年"不抑兼并"的政策基本一致。

归义军政权恢复唐制的另一项内容，是恢复被吐蕃禁止的唐朝服装，并针对长期吐蕃统治造成的吐蕃化现象，大力推行汉化运动，"训以华风"。包括推广汉语，把汉语作为官方语言，改造少数民族的落后习俗等，使敦煌的社会风俗在很短的时间内发生了巨大变化，"人物风华，一同内地"。

其三是对境内少数民族采取两种不同的管理办法。归义军政权通过上述两方面的措施，既迎合了沙州汉人怀恋大唐故国的心理，又减轻了他们的经济负担，故得到了他们的拥护和支持。但是，由于河西自汉魏以来就是多民族聚居之地，吐蕃时期又曾有意识地迁徙退浑、通颊、龙家等少数民族进入这一地区，沙州归唐以后，辖境内仍有许多少数民族百姓，如吐蕃、退浑、通颊、粟特、龙家、南山等，其中一些少数民族还参加了抗蕃起义。所以，要想巩固归义军政权，光有治下汉人的支持还不够，还必须得到境内少数民族的拥戴。为达到这一目的，归义军政权对境内少数民族采取两种不同的管理办法。对于吐蕃统治以前就已在境内并已开始汉化的少数民族，如粟特、龙家等，大多编入乡里，与汉人百姓杂居。而对那些汉化未深或吐蕃化较深的民族如吐谷浑、通颊及南山等，则部分继承吐蕃制度，仍用部落的形式统治，部落的首领仍称部落使。敦煌文献中的材料表明，归义军时期共保留了十个由退浑、通颊少数民族组成的部落。管理这十个部落的虽是汉官，但下达的文书仍用藏文书写。同时，归义军统治者还尽量吸收少数民族的头面人物参与政权。所以，归义军政权实际是由汉、蕃上层联合组成。事实证明，张议潮及其后继者实行的民族政策是成功的，取得了预期的成效。这一措施不仅消除了内部的不稳定因素，在归义军同周边少数民族的斗争中，由少数民族成员组成的蕃军也发挥了重要作用。

其四是对佛教既加以适当限制，又给予保护和支持。吐蕃统治敦煌时期遗留下来的另一重大社会问题，是佛教社会势力的膨胀。归义军初期，在仅有两万人的沙州，官寺就有十六所。其中僧寺十一所，即龙兴寺、永安寺、大云寺、灵图寺、开元寺、乾元寺、报恩寺、金光明寺、莲台寺、净土寺、三界寺；尼寺五所，即灵修寺、普光寺、大乘寺、圣光寺、安国寺。寺院中有僧尼一千人左右。这些寺院不仅拥有大量田地、财产，还占有大量劳动人手——寺户，寺户及其家眷合计也在一千至两千人之间。僧尼和寺户加在一起，已超过总人口的10%。而且，由于吐蕃时期佛教的影响已深入社会生活的许多领域，所以在沙州各阶级、阶层中，都有为数众多的世俗佛教信徒。完全可以说，佛教势力的态度，对当时沙州的社会有举足轻重的影响。对于如此强大的社会势力，新兴的归义军政权自然要尽力争取它的支持。显而易见，如果得不到佛教势力的支持，归义军政权就很难在充满佛教气氛的沙州站稳脚跟。更何况沙州僧侣曾在释门都教授洪辩及其弟子悟真等领导下参加了抗蕃起义。洪辩因参与归唐策划有功，成为归义军政权第一位河西都僧统；其弟子唐悟真也曾"累在军营"，"蒙前河西节度太保随军驱使，长为耳目"，长期奔波于长安和敦煌之间，效力于张议潮军幕之中。

但是，归义军政权也不能任凭佛教势力继续发展。因为寺院经济日益强大必然加剧世俗政权和僧团之间的矛盾。大量寺户的存在，使世俗政权治下的编户百姓和纳税人口的数量相对减少。而且生产力的发展，冲击着寺户制这种落后的奴役制度，使其失去了活力，广大寺户对这种制度已经表现出强烈的不满情绪。更严重的是，如果不对已经具有强大的经济实力、社会实力和政治影响的佛教加以适当限制，任其发展，它完全有可能脱离世俗政权的控制，甚至会凌驾于世俗政权之上，这对归义军政权的巩固当然也是十分不利的。针对这种情况，张议潮及其后继者采取了小心谨慎的对策，既加以适当限制，又给予保护和支持。

所谓适当限制，主要表现在以下两个方面。首先是削减佛教僧团掌握的依附人口。大中六年（852）前后，张议潮实行了将一批寺户"给状放出"的改革，即将一批寺户放免为平民，使之成为乡管编户。这不仅削弱了佛教僧团的经济实力，增加了世俗政权的纳税人口，而且那些从落后的奴役制度下解脱出来的寺户，必然成为归义军政权的坚决拥护者。其次是废除了吐蕃时期的以都教授为核心的僧官制度，恢复唐前期的都僧统制。设立了河西都僧统，统管归义军节度使所辖各州佛教事务，还设有河西副僧统，但一般只有一人。[①] 节度使驻地敦煌的佛教事务则由河西都僧统兼管，担任此职的首任都僧统洪辩，职衔全称为"释门河西都僧统京城内外临坛供奉大德摄沙州僧政法律三学教主"。归义军政权以此为契机，和洪辩一起重新调查了管内十六所寺院和三所禅窟的僧尼、财产、寺户等，编制成籍册。在此基础上，张议潮于大中十一年（857）又进行了"分都司"的僧务机构改革。"都司"是都僧统衙门都僧统司的简称。所谓"分都司"就是分割都僧统的权力。在经济上将过于庞大和集中的都司财产，分散一部分给各寺掌管；在政治上则缩小了都僧统的职权范围。在分都司之前，河西都僧统掌管整个归义军辖区的僧务，分都司以后，都僧统实际上成了沙州的主管僧官，沙州以外各州僧务，改由各地僧政处理。所以，分都司

---

① 竺沙雅章：《敦煌の僧官制度》，《东方学报》（京都）第 31 册，1961 年，第 359 页。

的改革大大削弱了都僧统的权力，有效地防止了教权脱离世俗政权的隐患。

归义军政权进行的放免寺户和分都司两次改革，都是很不彻底的。它在放免一批寺户的同时，仍给佛教僧团和寺院保留了一部分依附人口；在分割都僧统权力的同时，也给都僧统保留相当大的政治经济权力。造成改革不彻底的原因，是归义军政权需要佛教势力的支持，所以既不能也不敢彻底摧毁佛教势力。为了避免上述改革引起佛教势力的不满，以至失去它的支持，归义军政权公开宣布了自己对佛教的保护、支持政策。它宣布，寺院的田庄、水硙等一切资产和依附人口，均受政府保护，任何人都不许侵夺。P.2187《保护寺院常住物常住户不受侵犯帖》就是敦煌僧团根据节度使衙门的政策下达的公文，其主旨是要保证寺院常住财产"一依旧例，如山更不改移"。同时，张议潮及其后继者积极从事各种佛教活动，借以表明他们对佛教的态度。据 S.5835《大乘稻芉经随听手记》末题"清信佛弟子张义朝书"可知，张议潮本人就是个虔诚的佛教徒。他们不仅积极参加礼佛活动，施舍大量钱财，主办大规模的斋会，还带头在莫高窟兴建功德窟。如第 156 窟就是张议潮的功德窟，第 94 窟是张淮深的功德窟，以后几乎每位归义军节度使都兴建了自己的功德窟。其中张淮深兴建的洞窟历时两年多，在落成时还举行了数千人参加的盛大斋会。而且在他们兴建的洞窟中，供养人像往往不是一人一家，而是祖宗三代、姻亲眷属都依次排列在一起，这些洞窟简直成了他们列序家谱、光耀门庭的家庙了。如咸通六年（865）前后张议潮兴建的大型功德窟第 156 窟，窟中的供养人像有张议潮一家、其兄张议谭一家和他们的父母以及僧尼。

对于占沙州人口比重很大的僧尼，归义军政权也没有采取限制或打击的措施，反而在每年的春秋官斋大会上，都要公开剃度僧尼。甚至对那些出现于安史之乱以后，在吐蕃时期日益增多的不住寺、不"出家"的僧尼，也仍然将其视作合法僧尼，允许他们从事各种世俗活动。由于归义军政权的支持和放任，敦煌的僧尼人数在原来的基础上进一步增多。张氏归义军中后期，僧尼人数已发展到一千一百人以上。官寺的数目一直保持在十六所，但又新出现了不少小寺（兰若）和私家的佛堂。

寺院经济也仍然保持着相当的规模。原有的田园、碾磑、油坊等资产和大量财物因受归义军政权保护，得以继续存在、发展。未被放免的寺院依附人口寺户，也被更名为"常住百姓"保留了下来。这些常住百姓对寺院仍有强烈的人身依附关系。他们不是作为编户注籍于乡里，而是附籍于寺院；他们也不能与平民通婚，只能在常住百姓等级内通婚，这就决定了他们的身份是世袭的。佛教僧团以授田的方式把常住百姓束缚在土地上，仍编制为团进行管理。他们既需向僧团交纳"草"等实物，又要提供力役。这说明常住百姓与吐蕃时期的寺户一样，其经济地位相当于农奴。但是，由于相当一部分寺户已被放免为平民，此时寺院依附人口的数量，已比吐蕃时期大为减少。这使得寺院的经济体制发生了重大变化。许多原由寺户上役从事的工作，现在因为劳动人手不够，都逐渐被寺院以各种租户和雇工代替。如"厨田"逐渐改由农民佃耕，碾磑、油坊、制酒等业则交由承租户"磑户""梁户""酒户"来承租经营。另一些原由寺户应役的手工业、修造业、掌车、牧羊等工作也都分别由寺院雇人担任。这反映出劳役制这种落后的剥削方式正逐渐走向衰落。

寺院依附人口的减少，还使以沙弥为代表的下层僧徒承担的劳务大为增加。吐蕃时期因僧团拥有大量寺户，故很少有僧徒参加劳动的记载。归义军时期，记载僧徒参加劳动的材料日渐增多。每个僧人每年大约要花二十天的时间，和唐前期的正役相当。从这些材料看，包括沙弥在内的下层僧徒承担的劳务有：耕地、除青麦、收菜、应畔、锄渠等田务，修园、推园、垒园、持园、园中栽树、园内易壑等园务，修寺院、造钟楼、盖房、修井等修造工作，易沙、修堰、西窟上水、东窟造作等窟上工作，烧炭、淘麦、修河、起毡等加工工作，西仓易麦等清仓工作，此外还有造盘、造佛盆、造破盆、煮佛盆等劳务，几乎参加了原来由寺户承担的所有劳务。

　　沙州寺院经济体制的变化对寺院经济的构成产生了重大影响。其主要表现是高利贷收入在寺院收入构成中所占的比重日益增大。早在吐蕃时期，寺院就已把经营高利贷作为谋利的重要法门，但当时高利贷的利息收入与地产收入相比尚不重要，同时，寺院发放给寺户的种子年粮，往往不取利息。这种情形在归义军时期有了很大改变，这时寺院的借契一般都注明了利息，其年利率高达50％，这对劳动人手已大为减少、地产也已难于大规模扩大的寺院来说，确是谋求财产增值的最好办法。因此，寺院高利贷在归义军时期得到了迅速发展，其利息收入在寺院各项收入中逐渐占据了首位，而地产收入在收入构成中的比重却不断下降。

　　从归义军时期的寺院收入账目中我们还看到，官私布施仍是寺院的一项重要收入。官府以外，私人参与布施的情况，几乎各阶级、各阶层都有。这说明沙州佛教势力在归义军时期仍然具有广泛的群众基础。为了进一步扩大影响，争取更多的信徒，敦煌佛教僧团和寺院每年都要举行多种佛教活动。如正月、五月、九月所谓三长月，有规模宏大的斋会。正月、十月、十二月要举行燃灯供佛活动。二月八日纪念悉达太子逾城出家，则用宝车载着佛像巡行城郊街衢，称为行像。四月八日佛诞日，敦煌官府和都司组织所有出家五众举行转经大会。七月十五日又有超度历代宗亲的佛教仪式，称为盂兰盆会。等等。上述活动常常吸引众多世俗百姓前去参与或观看，如行像活动，观者如潮。寺院僧尼经常借机向参与、观看者宣传佛法。吐蕃时期始流入敦煌的俗讲活动，此期开始兴盛。敦煌文献中保存了不少敦煌俗讲僧尼所用的"押座文""解座文"和讲经底本。随着俗讲的发展，此时又出现了一种更为自由的宣传佛教的方法，时人称为说因缘。说因缘只由一个人讲唱，不读佛经，主要选择一段故事，加以编制敷衍，或径取一段经文、传记，照本宣科。说因缘的底本称为"因缘""缘起""缘"，这类底本在敦煌遗书中保存了不少，如《丑女缘起》等。与正规的俗讲相比，"说因缘"不仅取消了乏味的读经，其讲唱的内容也更为浅近、生动，因而也就更容易吸引和迷惑民众。

敦煌的寺院僧尼有时还借用民间流行的一种讲唱表演方式，讲唱一些非佛教题材的故事来吸引群众。这种讲唱表演方式在表演时有说有唱，有时还配合展示图画。这种讲唱文学的文字底本称为变文。这类变文在敦煌遗书中也保存了不少。如《伍子胥变文》《李陵变文》《王昭君变文》《张议潮变文》《张淮深变文》等。这些变文因充分体现民众的意愿，所以深受敦煌百姓的欢迎。这些深为百姓喜爱的变文大量保存在佛教寺院的藏经洞中，说明当时的沙州僧尼，为了取悦施主、招徕听众，也不时讲唱变文。

当然，沙州佛教僧团并不满足于一般的吸引和宣传，僧团也十分注意把自己周围的信徒组织起来，结成宗教团体。这种佛教团体大多由出家的僧尼与在家的佛教信徒混合组成，其名称或称为社，或沿袭前代称为邑义等。这种佛教团体虽名称不同，但实际上都是佛教结社，可以统称为佛社。佛社的规模一般在十几人至数十人之间，其首领一般是一到三人，比较多见的名称是社长、社官、录事，当时人习称以上三个名目为"三官"。佛社多以从事一种佛教活动为主，也兼行一些其他佛教活动。不少佛社即以其所从事的主要活动为名，如以帮助僧团举行燃灯供佛活动为主的佛社称燃灯社，以帮助僧团举行行像活动为主的佛社称行像社，等等。敦煌的佛社作为佛教僧团的外围组织，是佛教僧团经济与劳力的重要来源之一。它们分别担负着寺院的斋会、行像、燃灯等佛教活动的物资与劳役，还帮助寺院造窟、修窟、造像、修佛堂等。这就大大增强了寺院的经济实力，部分弥补了寺院劳动人手的不足，从而为佛教的传播和发展提供了物质基础。不仅如此，佛社的成员都是佛教信徒，所以，大量佛社的存在，扩大了佛教的社会基础。就一所寺院来说，它控制的佛社越多，它的群众基础也就越广泛，其影响也就越大。因此，佛社对佛教社会势力的增长也起着重要作用。正是因为看到了这一点，沙州都司及其下属寺院、僧人才把组织、控制这种佛社作为扩大自己势力和影响的重要手段之一。

与此同时，寺院和僧人还采用各种方式对以生活互助为主的私社施加影响。这类私社在敦煌广为流行，它们大多还保持着在每年春二月和秋八月举行祈年报获的祭社活动的风俗。经过寺院、僧人的不懈努力，大部分以经济和互助活动为主的私社，都不同程度地受到寺院的影响。这些私社在保持其传统的同时，也兼行一些佛教活动。它们和佛社一样是寺院经济与劳动力的重要来源，为寺院提供各种所需物品和劳动力。由于传统私社数量很大，组织相对比较严密，纪律严明，存在时间也比较长，所以私社对寺院所起的作用远远超过了佛社。

在归义军时期，指导、影响、控制佛社和传统私社，是敦煌寺院联系居民的主要手段。每所寺院都控制着一定数量的私社，如与敦煌净土寺有联系的私社就不少于四个。寺院通过与之有联系的私社几乎可以影响敦煌的大部分居民。

这一时期，寺院学校在敦煌教育中仍然占有重要地位。龙兴、净土、莲台、金光明、乾明、永安、三界、灵图、大云、显德等敦煌僧寺均有寺学。虽然归义军治下的沙州有州学，敦煌县有县学，甚至一些乡里和巷坊也建立了学校，私人学塾也较吐蕃时期兴盛，但寺院学校因在吐蕃统治时期已经积累了数十年的办学经验，师资素质好，教学水平高，更有如张议潮一样出身于寺学的归义军长官的鼎力支持，所以，寺学仍得到很大的发展，仍然受到人们的重视。甚至完全有条件进入州县学的归义军各级官吏的子弟，也愿意到寺院学校去读书。这种情况当然有助于提高寺院在人们心目中的地位，有利于扩大寺院在社会上的影响。

对于沙州佛教势力利用上述各种方式向社会各阶层扩大影响，并通过指导、改造民间团体以影响敦煌居民的现象，归义军政权也未加干预。这和归义军政权宣布保护佛教的政策以及不时地参与或举行一些佛教活动的做法是完全一致的。归义军政权既然已通过解放寺户和分都司权力等措施，从根本上避免了教权凌驾于世俗政权之上的可能，就没有必要再限制佛教发展社会势力。因为沙州佛教势力只要在经济上不过分膨胀，在政治上拥戴归义军政权，其社会势力的发展、强大，就对归义军统治有利无害。

事实上，由于归义军政权的限制，敦煌的佛教势力已逐渐依附于世俗政权，神权也逐步为归义军所控制。首先，敦煌僧官的任免、升迁由归义军政权决定。普通僧官一直是由归义军政权直接任命。虽然在名义上敦煌的最高僧官应由唐廷敕授，但实际上是由归义军政权内定，只是在形式上履行一下上报朝廷的手续。如悟真为河西都僧统，就是由主持归义军政事的张淮深提名，并很快得到朝廷批准。金山国时期，最高僧官也由敦煌统治者直接任命。而且，张议潮在起义胜利之初，就将僧尼的僧位升迁权牢牢控制在自己的手中，这也为张议潮的继任者所继承。其次，这些由归义军政权任免并对归义军政权负责的敦煌僧官，最后实际已成为归义军的下属官吏。如悟真曾长时间地在节度使军营中充当"耳目"。悟真的后任贤照在任时，因地方上时起祸患，节度使归罪于僧徒未能恪尽职守，贤照赶忙发文斥责下属僧尼寺首领与僧徒，命他们认真做好燃灯、念经、修行等各种功课以博得节度使的欢心（图3-2）。以至于后来的僧官对归义军节度使自称"释吏"或"释品"，俨然与世俗官吏没有什么区别。

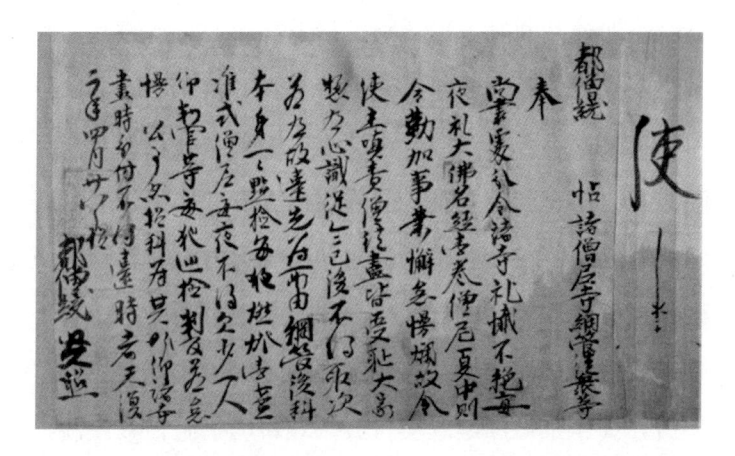

图 3-2　英国国家图书馆藏《天复二年（902）河西都僧统贤照帖诸僧尼寺纲管徒众等》，编号：S.1604（2）

图片来源：《英藏敦煌文献》，四川人民出版社，1990年，第3卷第102页。

在政治上已完全依附于归义军政权的沙州佛教势力，深知没有世俗政权的支持自己就难以生存、发展，所以也就必然要尽力为世俗政权服务。这种服务当然包括像悟真那样去充当使臣或随军出谋划策，对政府官员迎来送往热情接待，以及对敦煌地区公共事业的支持，但主要还是通过举行宗教仪式、宗教活动来为归义军政权、归义军首领及其下属祈福或歌功颂德。从都司到其下属的寺院，以及由寺院指导、控制的民间团体，在举行各种佛教仪式、佛教活动时，在斋文中，一般都是先为皇帝、大臣祈福，再为归义军首领及其下属祈福，再为僧徒祈福，最后才为自己祈福。具体说来，有的祝愿归义军政权长治久安，敦煌地区风调雨顺、五谷丰登；有的祝愿边界安宁，常打胜仗；有的祝愿归义军节度使及其下属身体健康，有病早愈；等等。五花八门，不一而足。

三、经济的恢复和发展与张氏归义军的极盛

张议潮及其后继者通过上述四项措施，不仅妥善解决了吐蕃统治时期

遗留下来的一系列社会问题，也得到了治下汉人、少数民族和佛教徒的支持，使归义军政权有了广泛而深厚的群众基础，敦煌的经济也得到恢复和发展。

张议潮对农业生产十分重视。据敦煌出土的一块张议潮时期的残碑记载，张议潮在逐走吐蕃统治者以后，立即组织人力对敦煌的灌溉设施进行整修，所谓"兴屯田，疏水利"。水利设施的正常运转，促进了敦煌农业生产的恢复和发展，从而带来了经济上的繁荣，出现了五谷丰登的景象。张议潮归朝后，其侄张淮深继续实行鼓励农耕的措施，致使沙、瓜地区出现了"万户歌谣满路，千门谷麦盈仓"的局面。在农业发展的基础上，畜牧业和手工业也繁荣起来。敦煌地区畜牧业种类较为齐全，包括牧马业、牧驼业、牧牛业、养驴业、牧羊业等。归义军时期，无论官府、私人，还是佛教寺院，都牧养了各种牲畜，畜牧业在敦煌经济结构中占有重要的比例。尤其是牧羊业，更为兴盛，不论官府、寺院，还是私人，所属羊群数量之多，经营范围之广，都是相当可观的，充分反映了归义军时期畜牧业兴旺发达的状况。归义军时期敦煌手工业的分工很细，行业间区分严格。从敦煌文书的记载看，敦煌的工匠有博士、匠、师、先生、都料等称谓，虽然称谓有所差别，但所指的内容大同小异。手工业者的种类繁多，从工匠名称来看，有酿酒业中的官酒户，粮食加工业中的碾户，油料加工业中的梁户，纺织业之棉纺加工业中的洗绁博士、染匠、褐袋匠等，丝织业中的桑匠，毛纺业中的毡匠，皮革制造业中的皮匠、皮条匠、缝皮匠、靴匠等，冶铁业中的铁匠、洿匠、锅子匠等，建筑业中的泥匠、木匠，造纸业中的纸匠，兵器制造业中的箭匠、弩匠等。此外，由于归义军时期敦煌佛教兴盛，修寺造窟成风，由此还兴起了以画匠、塑匠为主的伎术院、塑行等特殊手工业行业。

与吐蕃时期相比，张氏归义军时期敦煌的商业和中西交通，也得到了恢复和发展。归义军政权积极开展对外商业贸易，开展中转贸易，通过以敦煌为中心的商业贸易市场，与周边地区达到商品互通有无。将西州地区的棉布、于阗的玉石，经过敦煌贩运到甘州和中原，再将中原的丝绸经过敦煌，贩运到西域中亚地区。可以说，自汉代以来在敦煌及整个丝绸之路一带形成的良好的商贸环境，是归义军对外贸易的先决条件。归义军对外贸易是当时丝绸之路经济贸易的重要组成部分，是丝绸之路历经盛衰起伏的证明，尤其反映出陷蕃以来，丝路贸易的再度复兴。为了繁荣地方经济，开展手工业生产，进行原料加工，使敦煌地区在棉布、丝绸、麻布、玉石、铁器、金银器皿等加工生产方面，都有很大提高。这些产品不仅满足本地需要，同时大量出口到敦煌以外的其他地区。这些形制各异、品类众多的商品，是归义军得以开展对外贸易的现实经济基础。对于归义军政权本身而言，它在对外贸易与中转贸易中得到很丰厚的利润，不但壮大了自身的经济力量，补充了本地经济的单一不足，流通了物资，而且也成为周边民族不可或缺的贸易伙伴，加强了彼此间牢不可破的经济联系。

  归义军时期敦煌商业市场的国际化程度是很高的，主要表现在三个方面，即商人的国际化、商品的国际化和使用货币的国际化。商人的国际化，是说敦煌市场上从事商业贸易的主体，除商业民族粟特人之外，还有波斯、印度、吐蕃、于阗、回鹘、达怛等民族的商人。商品的国际化，主要表现在中原和周边国家地区，以及中亚、印度的特产，都汇集于敦煌市场上。使用货币的国际化，主要是指使用金银器皿和丝绸作为等价物，其中不乏来自中亚和东罗马之物。这些都说明，敦煌仍然是晚唐五代中国对外贸易的一个重要都会城市。

  随着归义军政权的巩固和经济的发展，前来或过往沙州的使团、僧人和商人又多了起来。在吐蕃统治敦煌时期，由于河西阻隔，中原通西域的交通路线或经由青海至于阗，或经由蒙古草原至高昌。河西收复以后，中西交往的主干线，又改为经由灵州、凉州、甘州、肃州，通过敦煌的古阳关至播仙镇（今且末）。为了保证过往行旅的安全，归义军政权设置了知西道游弈使和知北道游弈使，以后又增加了知东道游弈使和知南道游弈使，负责侦察周边少数民族的动静，保护使者、僧人、客商平安地通过各条大道，安全地进入或经过敦煌。

经由敦煌的交通干线的恢复和发展，也为敦煌继续从中原和西域的文化中汲取营养提供了有利条件。以佛教而言，张议潮执政期间（848—867），正当唐朝会昌法难之后，唐宣宗、唐懿宗大力振兴佛教的时期，张议潮顺应形势，派高僧出使中原，与长安的佛教界建立了联系，敦煌僧团也继续向中原王朝求取欠损的佛经。如敦煌遗书 P.4962v《陷蕃多年经本缺落请经状》，就保存了归义军建立后不久，敦煌僧团向中原王朝申请补赐欠损佛经的文稿。文中提到，此前已经派出"请经僧正"，并要求让"当道在朝"的人物，设法尽快补齐缺落的经本。实际上，敦煌佛教界从中原取回的经典，除补缺外，还有佛经注释和偈赞之类的典籍。与长安佛教界的往来，无疑会促进敦煌佛教的发展，中原佛教经典的再传入，必然增加敦煌佛教的活力。与此同时，敦煌的一些佛教典籍也被送往中原。前述张议潮向唐廷进献物品时，就曾把在敦煌流行的《唯识论疏钞》作为贡品献上。唐懿宗咸通七年（866）七月，沙州僧人昙延也曾向唐朝进献《大乘百法明门论》。可见，张氏归义军对中原佛教的复兴也作出了贡献。此外，丝路的开通也有利于敦煌与中原僧人的互相往来。这些都使敦煌与中原之间佛教文化的联系，比吐蕃时期更为密切。

政治的稳定和经济的繁荣，为张氏归义军政权对外用兵提供了良好的政治条件和坚实的物质基础。唐廷设归义军节度以后，张议潮曾多次击退周边少数民族的侵扰，并不失时机地率兵东征西讨，先后收复了离开中原怀抱近百年的西北广大地区。大中十年（856），张议潮亲率大军打败占据纳职城的回鹘，收夺驼马之类一万匹（头）。在此前后，张议潮还击退退浑王对沙州的进犯。咸通二年（861），张议潮又亲率蕃汉大军七千人收复了吐蕃在河西走廊的最后一个据点——凉州，从而统一了整个河西。唐懿宗为表彰张议潮收复凉州之功，为其"画影麟台"。敦煌写本《敕河西节度兵部尚书张公德政之碑》称归义军此时的疆域"西尽伊吾，东接灵武"，控制瓜、沙、甘、肃、伊、凉六州，有"地四千余里，户口百万之家"，归义军的势力达到极盛。

四、张氏归义军的衰亡

但是，张氏归义军的兴盛只保持了不到30年。大顺元年（890），张氏归义军发生内乱，张淮深被反对派杀害。由于事关张氏家族的隐秘，故当时人记载这一血案时，无法或不敢直书其事，而是采用曲笔和暗喻，致使淮深一家究竟死于何人之手，长期以来晦而不明。从张景球撰写的《张淮深墓志铭》中使用的隐喻，可窥知张淮深系死于自家兄弟之手。因为继张淮深执掌归义军大权的是张议潮之子、张淮深的叔伯兄弟张淮鼎。所以，张淮鼎可能就是杀害张淮深夫妇及六子的凶手。[①]

张淮鼎执掌归义军大权的时间并不长，且未获得唐廷的节度使册封。892年，张淮鼎病重，其子张承奉年幼不能自立。于是张淮鼎在死前托孤于张议潮的女婿索勋。但索勋并未尽心辅佐张承奉，却乘机自立为节度使，掌握实权，并很快得到了朝廷的正式任命，沙州百姓为他立碑（《大唐河西道归义军节度索公纪德之碑》）称颂。索勋的篡权行为引起了已出

[①] 也有学者认为杀害张淮深全家的是索勋或张延兴与张延嗣兄弟。各种观点详见杨秀清：《张议潮出走与张淮深之死——张氏归义军内部矛盾新探》，《敦煌研究》1996年第4期，第79页注①；杨宝玉：《〈张淮深墓志铭〉与张淮深被害事件再探》，《敦煌研究》2017年第2期，第64-69页。

嫁给李明振的张议潮第十四女张氏的不满。此时李明振已死，张氏就和她的儿子密谋除掉索勋。894年前后，张氏与诸子合力，再次发动政变，诛杀索勋。为了吸取索勋篡权掠位，授人以口实的教训，张氏尊张承奉为归义军节度使，给人以权归张议潮遗孙的印象，但实际上是李氏诸子"分茅裂土"，掌握着归义军的实权。时张氏长子李弘愿为沙州刺史，兼节度副使，次子李弘定任瓜州刺史、墨离军押蕃落等使，三子李弘谏充甘州刺史，三人分别掌握沙、瓜、甘三州军政大权，归义军的日常军政事务也由李弘愿代为处理。身为节度使的张承奉，不过是李氏家族的傀儡，虽有虚名，但无实权。李氏家族的专权跋扈，又引起忠于张氏家族的沙、瓜大族的不满，于是在乾宁三年（896）初，正当李氏家族力图抛开张承奉，独揽大权的时候，沙、瓜大族又发动了倒李扶张的政变。结果李氏家族的统治被彻底推翻，张承奉从李氏手中夺回大权，开始亲政，归义军政局重新趋于稳定。从纪年在893—900年的敦煌文献可知，张承奉在境内自称归义军节度使，但实际上直到光化三年（900）年八月，他才被唐朝正式授予归义军节度使的官告与旌节。唐朝使臣于翌年到达沙州，西面独立的于阗国的使臣也在同年首次来访沙州。

归义军的内乱给活动在其周边和辖区内的少数民族提供了可乘之机。西边的西州和伊州早已为西州回鹘控制，不再听从归义军节制。到张氏统治中期，回鹘、嗢末、龙家等势力不断强大，蚕食归义军领地。894年以后，甘州为回鹘占据，并在此建立政权，大约在898年得到唐王朝的承认。而884年至887年，肃州自从龙家迁入以后，也逐渐不复为归义军所有，而是沦为甘州回鹘的附庸。河西东部的凉州，由于有中间新兴的甘州回鹘政权和肃州阻隔，无法与归义军联系，也逐渐脱离了归义军的实际控制。到9世纪末10世纪初，归义军实际控制的已仅有瓜、沙二州了。但张承奉并不满足于消极防守瓜州、沙州地区。他不仅不想与周围的少数民族政权改善关系，以求共存，反而想用武力恢复归义军兴盛时期的旧疆。

907年，朱全忠篡唐称帝，唐朝灭亡。代之而起的是五代十国，各地藩镇纷纷独立，建立了许多国家政权。五代初年，远在敦煌的归义军节度使张承奉，也效法内地的割据势力，于909年在沙、瓜二州建立了"西汉金山国"，自称"圣文神武白帝""金山白衣天子"，以敦煌为都城，成为五代十国之外的又一国。①"西汉"是说其国为西部汉人之国，"金山"指护卫敦煌的神山——金鞍山。依据五行之说，西方属金，色尚白，故金山国以白色为尊。按照王国体制，金山国设立后宫制度，并册立了太子；在中央官制上，设置了不甚健全的三省、六部、九寺及其他官职；在军事建制上，模仿唐中央禁军而设立神策军；在地方上，设置州、县、军、镇等机构，与归义军时代是相一致的（图3-3）。

图3-3 法国巴黎国立图书馆藏《西汉金山国圣文神武白帝敕》局部，编号：P.4632

图片来源：《法藏敦煌西域文献》，上海古籍出版社，2005年，第32册第208页。

在张承奉建国的当年，回鹘就多次派兵前来侵扰，其中最大的一次侵

---

① 关于金山国的建国年代，众说纷纭。参见冯培红：《敦煌的归义军时代》，甘肃教育出版社，2013年，第193-200页。今取909年之说。

扰是在初秋。甘州回鹘经过激战后突破了金山国的东部防线，一直打到了敦煌城东，经金山国君民奋力抗击，才将回鹘击退。对金山国西边的少数民族政权，张承奉采取了攻势。他派兵攻打鄯善的璨微部落，收复了楼兰城，重新恢复了唐石城镇的建制；以后又两度派兵收复被西州回鹘占据的伊州，虽在伊州城郊取得了一些胜利，但终于未能攻破伊州城，无功而还。归义军的辖区重新回到实际控制沙、瓜二州，间接控制肃州的局面。

张承奉推行的与周边少数民族交恶的错误政策，给瓜、沙地区的百姓带来了深重的灾难。连年的战争严重破坏了瓜、沙地区的社会生产，致使经济凋零，不少百姓家破人亡，境内"号哭之声不止，怨恨之气冲天"。开平五年（911），甘州回鹘再度大举进攻金山国，失去百姓支持的张承奉政权已不堪一击，兵败求和。张承奉被迫取消帝号和"金山国"国号，由大宰相及大德、耆寿等出面，与回鹘可汗之子狄银签订城下之盟，约定"可汗是父、天子是子"，与甘州回鹘可汗国结为父子之国。回鹘不再杀戮沙州百姓，沙、瓜二州政权得以保存。此后，成为甘州回鹘附庸的张承奉又曾自称天王，其政权以"敦煌国"的名号在屈辱受制的情况下苟延了数年（图 3-4）。

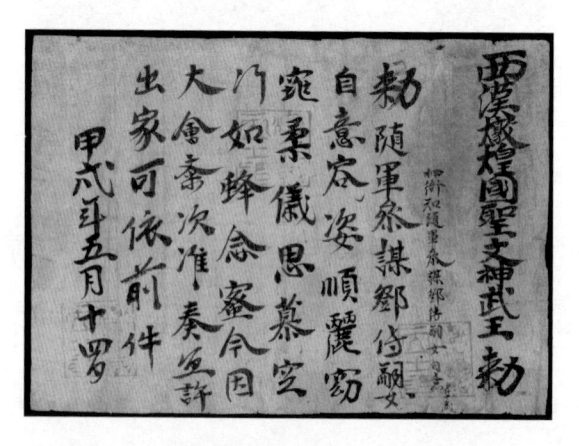

图 3-4　英国国家图书馆藏《甲戌年（914）西汉敦煌国圣文神武王敕》，编号：S.1563

图片来源：《英藏敦煌文献》，四川人民出版社，1990 年，第 3 卷第 94 页。

张氏归义军历三代五主，即张议潮、张淮深、张淮鼎、索勋、张承奉。其中，索勋以张议潮女婿的身份曾一度夺得节度使权位，张承奉虽曾建立独立的西汉金山国和敦煌国，但仅存在数年，故亦将这两个时期附于张氏归义军时期。

第二节 曹氏归义军时期

一、曹氏归义军的建立

914年，沙州的另一个大族曹氏家族中的曹仁贵（后更名"议金"）取代了张承奉，废弃"敦煌国"国号，并恢复了归义军称号。敦煌从此进入曹氏归义军时期。[①]

曹氏归义军疆域亦仅有瓜、沙二州，并置子（紫）亭、雍归等诸镇，形成"二州六镇"或"二州八镇"的格局。[②] 州下仍设县、乡、里及部落等组织。曹氏前期增置通颊、退浑二乡，成十三乡建制。[③] 但其后敦煌文书中又出现有"十乡里正""十乡借色人"等词，因材料所限，不能确定"十乡"是否裁并十三乡的结果。[④] 镇之上也有被称为军的机构，分主民政、军事。所有这些，构成了曹氏归义军时期的地方军政系统。

[①] 有学者认为，曹氏归义军统治者为粟特后裔或粟特族，详见荣新江：《敦煌归义军曹氏统治者为粟特后裔说》，《历史研究》2001年第1期；冯培红：《敦煌曹氏族属与曹氏归义军政权》，《历史研究》2001年第1期。其实，即使能证明曹氏归义军统治者具有粟特血缘，他们在文化上也早已汉化。

[②] 曹氏归义军前期的军镇建制包括新城、紫亭、雍归、悬泉、寿昌、常乐六镇，曹元忠时期新增会稽、新乡二镇。

[③] 参见刘进宝：《试谈归义军时期敦煌县乡的建置》，《敦煌研究》1994年第3期，第82页。

[④] 陈菊霞认为"十乡"并非实指，它可能只是一种习惯上的统称。十三乡制一直存续至归义军政权灭亡。参见陈菊霞：《归义军中后期敦煌县非十乡制》，《敦煌研究》2008年第3期，第97页。冯培红认为敦煌十三乡到十乡的演变过程中，到底裁撤了哪三个乡，还需进一步探讨。参见冯培红：《敦煌的归义军时代》，甘肃教育出版社，2013年，第412-414页。

二、曹氏归义军的内外政策

曹氏归义军政权吸取了张承奉失败的教训，一方面努力改善与周边少数民族政权的关系，使饱受战乱的瓜、沙百姓赢得喘息的时间，一方面积极恢复与中原王朝的统属关系，接受中原王朝的封号，使用中原王朝的正朔，利用旧日唐朝在各族人民中的声威，以求在西北各族人民心目中树立自己的正统地位。"若不远仗天威力，河湟必恐陷戎狄"，这句曲子词，道出了曹氏归义军政权立国的基本国策。

对于甘州回鹘，起初，曹仁贵仍维持"父子之国"的依附关系，娶甘州回鹘天睦可汗女为妻，同时嫁女给新立的甘州回鹘可汗阿咄欲，通过联姻等办法来结好甘州回鹘。经过努力，曹仁贵终于得到甘州回鹘的"旨教"，同意归义军派使团向后梁朝贡。后梁贞明四年（918）七月，后梁朝廷派使团来沙州，正式承认了曹氏归义军政权，敦煌地区开始使用后梁的年号。[①] 大约在922年，曹仁贵更名曹议金。同光二年（924）四月，在朔方节度使韩洙的协助下，归义军与甘州回鹘一同入贡洛阳，是年五月，后唐朝廷正式授予曹议金归义军节度使的官衔。中原王朝的承认和支持对于曹氏维系内部人心和在西北少数民族政权中确立地位，起着十分重要的作用。曹氏政权初步得到巩固。经过十年的休养生息，深受沙、瓜百姓拥戴的曹议金，乘甘州回鹘内乱之际，在924年秋冬和925年初，亲率大军征讨，归义军大获全胜，迫使甘州回鹘投降，双方确认新的关系：归义军节度使为父，回鹘可汗为子。同时，敦煌前往中原的河西旧道完全打通。

[①] 据杨宝玉和吴丽娱研究，曹议金虽然在后梁时期多次派出朝贡使团，但均未能成功朝梁，更未能获得节度使册封。参见杨宝玉、吴丽娱：《归义军政权与中央关系研究：以入奏活动为中心》，中国社会科学出版社，2015年，第85-89页。

928年，仁裕（亦写作"仁喻"）继承甘州可汗位，与曹议金以兄弟相称。此后，归义军与甘州回鹘虽不时发生摩擦，但双方关系的主流进入了一个在平等、共存基础上友好往来的新时期。

对于归义军西边的少数民族政权，曹议金也尽力改善与它们的关系。他嫁女给于阗国王李圣天，文献中称这位李圣天的夫人为"天皇后"，双方使者往来不断（图3-5）。归义军和占据着东起伊州、西至龟兹的西州回鹘王国也保持着友好往来。曹议金通过改善与周边民族的关系，扩大了敦煌政权的影响力，客观上也巩固了曹氏家族在敦煌的统治。

图3-5 于阗国王李圣天和夫人的供养人画像（五代），莫高窟第98窟东壁南侧

图片来源：敦煌文物研究所编：《中国石窟·敦煌莫高窟》，文物出版社，1987年，第5卷彩色图版第13。

对于归义军内部的治理，曹议金继续吸收沙、瓜望族和少数民族头面人物参与归义军政权，一方面曹氏家族积极与敦煌索氏、宋氏、张氏等大族联姻，提升家族地位。曹氏家族的联姻策略为敦煌统治权的和平过渡奠定了政治基础。① 另一方面为此不惜增设官职。在曹议金的功德窟第98窟的供养人题记中，仅"节度押衙"就达96人，所见官衔达18种。这些文臣武将增强了基层的控制力量，构成了曹氏归义军的统治基础。同时，曹氏归义军统治者还重视发展农业和手工业生产，振兴文化事业。

曹议金的对内对外政策取得了巨大的成功。归义军政权不仅得到了中原王朝和周边少数民族政权的承认，也得到了境内兵民的拥戴。S.5556中的《望江南》曲子词云："曹公德，为国拓西边。六戎尽来作百姓，押弹河陇定羌浑，雄名远近闻。"② 此曲道出了曹议金在极端困难的历史条件下，重建并巩固沙、瓜汉人政权的巨大历史功绩。

在曹氏兄弟及他们的后继者执掌归义军政权的数十年间，基本上遵循了曹议金制定的内外政策，一直维持着和中原王朝的统属关系。每位归义军节度使去世都要向中原王朝告哀，新继任的节度使也照例要争取得到中原王朝的承认和任命。这种关系并未因中原王朝的更迭而发生变化。此外，他们还经常向中原王朝派遣使团，进贡物品，以加强联系。在对外方面，他们继续努力改善和发展与周边少数民族政权的关系。

曹议金及其后继者推行的内外政策，不仅为归义军政权营造了良好的内外环境，使归义军在五代宋初复杂的民族关系中得以生存和发展，而且，河西西部与西域各绿洲王国间的友好往来，及由此带来的相对安定的政治环境，还为密切中原王朝与这些地区的联系及中西交流，提供了良好的条件。

五代宋初，有很多僧人经由河西、敦煌前往天竺（印度）求法，他们在往返途中常在敦煌暂居。比如定州开元寺参学僧归文、德全西行求法

---

① 杜海：《敦煌通史·五代宋初归义军卷》，甘肃教育出版社，2023年，第46页。
② P.3128v《望江南·曹公德》曲子词云："曹公德，为国托西关。六戎尽来作百姓，压坛河陇定羌浑，雄名远近闻。"

时，就曾途经灵州、敦煌，敦煌文书 S.529《同光二年（924）定州开元寺僧归文状、牒、启稿六通》即是归文等在西行途中寄给所经之地的和尚、令公、评事、尚书等僧俗官人的状、牒、启稿。经过敦煌地区到西域巡礼求法的还有鄘州开元寺观音院主、临坛持律大德智严，他于后唐同光二年三月经过敦煌。敦煌文书中不仅保留有《鄘州开元寺大德智严巡礼圣迹后留记》，而且抄写有《大唐西域记》卷一作为巡礼指南。一些敦煌僧人，或者随同这些返回的内地僧人，或者随同东行的西域僧人，甚至杂于西域各国商队和使团中频繁出入中原。敦煌与中原、西域联系的加强，各地僧人的频繁往来，促进了各地间佛教文化的交流。一方面，敦煌不断向中原王朝乞求本地已欠损的佛经，敦煌文书中保存下来的多件《乞经状》就是明证；另一方面，那些往来于敦煌的僧人，也不断把中原僧人的佛教著述和从印度、西域带来的佛典留在敦煌，同时将一些敦煌独有的佛教典籍带到中原与西域。

　　敦煌与中原、西域间的佛教文化交流，为曹氏归义军时期佛教的继续兴盛，提供了良好的外部条件。而曹氏历任节度使对佛教的支持和尊崇，则为其保持繁荣创造了良好的内部环境。曹议金本人就是一位热心的奉佛者，在他统治年间（914—935），曾命人修建莫高窟第 98 窟（又称"大王窟"），重修三界寺，并抄写了大量的《佛名经》。其后继者们也热衷佛教，开窟造像，抄经施舍。史称曹氏一门"舍珍财于万像之间，炳金灯于千龛之内"。如 Ch.00207v（BM.SP77v）《乾德四年（966）五月九日归义军节度使曹元忠夫妇修北大像功德记》记载，966 年，曹元忠与夫人翟氏组织重修了莫高窟北大像第 96 窟前五层阁楼的下两层，并请僧俗 24 人抄写《大佛名经》18 部。凉国夫人翟氏更是"自手造食，供备工人"。此外，曹元忠还命雕版押衙雷延美刻印《金刚般若波罗蜜经》以及《观世音像》《毗沙门天王像》等佛像流通供养，以为功德。他们不仅把发展佛教、争取佛教势力的支持作为稳定社会、巩固政权的重要措施，还试图凭借高度发达的佛教文化来提高归义军政权在西北少数民族政权中的地位。

在这样的背景下，敦煌的佛教继续保持着强大的实力。在沙州十七所大寺名籍上，有一千多名僧尼。沙州僧数和尼数都有了大幅度的增长，后者的增长趋势更加明显。僧尼仍受到人们的尊崇，其中一些人享有较高的社会地位。单就敦煌地区张、曹、索、李、翟、阴氏几大家族而言，投身寺院的女眷就为数不少，并担任僧团要职，男僧就更不用说了。佛教在社会各阶层中仍有巨大的影响。当然，曹氏归义军也不是听任佛教势力自由发展的，它不仅继续将沙州僧官牢牢控制在手中，特别是高级僧官的任命，基本上不再向中央政府奏请，而由归义军直接任命，并且还控制着佛教发展的导向。这一方面表现在几乎一切佛教活动，仍要为节度使及其亲属的文治武功大唱赞歌，并为他们祈福；另一方面表现在它着重支持发展敦煌的佛教文化和佛教艺术，力图把敦煌建设成为西北地区汉化佛教的中心。在它的支持下，敦煌的佛教在当时，无论在藏经方面，还是在佛学研究方面，都代表了西北地区汉化佛教的最高水平，对西州回鹘和于阗佛教的发展，都产生了直接影响。

这一时期，敦煌寺学依然兴旺。寺学教育的内容仍然是儒佛并重，佛寺的长老法师不仅以佛经的义理喻示俗民，还以普及儒学教育的活动，教化着当地各阶层人士，既为社会服务，又借此吸引更多有文化修养的信徒和感情上的皈依者。一些豪门子弟曾就读于寺学。如曹氏归义军第三任节度使曹元深，就上过寺学。索勋之孙，即张淮深外孙索富通，也曾就读于金光明寺。当然，在敦煌寺学中接受教育的，更多的还是普通平民的孩子。

与佛教文化和佛教艺术继续保持兴盛颇不相称的是，曹氏归义军时期的沙州寺院经济继续走向衰落。这与归义军政权控制佛教发展的导向有关。这一时期，常住百姓对寺院的依附关系日趋松弛，并开始发生贫富分化现象，许多人不得不靠借贷度日；而少数人则富裕起来，或者成为承租经营油坊的梁户，或者成为拥有一定生产资料，甚至包括婢女在内的自由居民。这表明以劳役制为特征的常住百姓制度将退出历史舞台。为了维持寺院的庞大支出，敦煌寺院不得不寻求新的财源。于是，租佃制和出租加工业得到了进一步的发展，下层僧徒承担的劳务也进一步增多，高利贷收入在寺院收入中的比重进一步上升。依据敦煌遗书中保存的敦煌净土寺的收支账目，在939年净土寺麦粟豆三项主要粮食收入中，高利贷利息分别占 56.41%、64.68%、72.23%，而地产收入在麦收入中仅占 21.56%，在粟收入中仅占 9.58%，可见高利贷收入已成为寺院经济的主要支柱。这说明吐蕃时期以劳役制为支柱的寺院经济结构，到了曹氏归义军时期逐渐为高利贷、租佃制和加工业相结合的寺院经济体制所代替。

寺院依附人口的减少和寺院经济的衰退使沙州佛教势力在政治、经济上更加依赖世俗政权，而这正是归义军政权所期望的。

三、曹氏归义军的兴衰

清泰二年（935）年二月十日，曹议金卒，其子曹元德即位。由于沙州入朝中原的使臣在甘州被劫，归义军与甘州回鹘的关系破裂。敦煌与中原的通道受阻，转而通使辽朝。直到天福五年（940）初，后晋朝廷才正式册封曹元德为归义军节度使，但939年底，曹元德已经病故。[①] 其弟曹元深即位，曹议金妻、回鹘夫人掌握实权，号称"国母天公主"或"国母

----
① 学界关于曹元德的卒年，尚有938年、940年等不同看法，各种观点详见袁德领：《曹元德卒年新说》，《敦煌研究》1997年第4期。

圣天公主"。^① 后归义军帮助于阗使者顺利通使中原，并利用后晋册封于阗王李圣天的使臣回朝的机会，遣使后晋，并与甘州修好。此时朝贡中原的道路较为畅通，天福八年（943）正月，后晋册封曹元深为沙州归义军节度使。

天福九年（944）三月九日，曹元深卒，弟曹元忠即位，其生母为宋氏夫人。曹元忠统治时期，归义军社会经济得到发展，文化繁荣。一方面，曹元忠积极发展与周边民族政权的友好关系。962年前后，曹元忠与甘州回鹘可汗景琼结为兄弟[②]，以致"道途开泰，共保一家"，促进了甘、沙之间的交往。963年至967年，曹元忠娶于阗国王之女为妻。于阗太子从德是于阗国王李圣天和曹议金之女的长子，长期留居在敦煌。从德后来返回于阗即位为王，即尉迟输罗（又译"尉迟苏罗"）。970年，于阗与信奉伊斯兰教的黑韩王朝相攻战，于阗王尉迟输罗曾写信向其舅曹元忠求援。另一方面，曹元忠又与中原后晋、后汉、后周和北宋政权保持联系，给瓜、沙地区的稳定和发展带来时机。后周显德二年（955）五月，曹元忠被册封为归义军节度使、检校太尉、同平章事。北宋建隆二年（961）十一月，归义军使团抵达开封。第二年正月，宋太祖命曹元忠充归义军节度使、瓜沙等州观察处置管内营田押蕃落等使。此外，曹元忠时期还组织编纂历法，翟奉达是敦煌地区著名的历法家，他编纂了六部历法，其中三部完成于曹元忠时期。毫无疑问，曹元忠执政的三十多年，正是曹氏归义军政权的鼎盛时期。开宝七年（974），曹元忠卒，侄曹延恭即位。

---

① 学界依据曹元德、曹元深兄弟称天公主为"国母圣天公主"或"国母天公主"，认为他们是曹议金与甘州回鹘天公主李氏所生。参见冯培红：《敦煌的归义军时代》，甘肃教育出版社，2013年，第312-314页。但也有学者认为"国太夫人"索氏是曹元德生母。参见杜海：《敦煌通史·五代宋初归义军卷》，甘肃教育出版社，2023年，第81-86页。

② 参见荣新江：《归义军史研究——唐宋时代敦煌历史考索》，上海古籍出版社，1996年，第340页。

开宝九年（976），曹延恭卒，曹延禄即位。曹延禄延续了其父曹元忠的各项政策。980年前后，曹延禄迎娶了于阗金玉国皇帝尉迟达磨的第三女天公主李氏为妻。北宋太平兴国七年（982）七月，于阗王尉迟达磨也派出使团向曹延禄请求下嫁公主为皇后。咸平四年（1001），宋真宗册封曹延禄为"谯郡王"，这是中原王朝首次册封归义军节度使为王，曹延禄的势力达到顶峰。但在曹延禄执政晚期，归义军政权与甘州回鹘的关系再度恶化，据敦煌遗书P.3412《太平兴国六年十月都头安再胜都衙赵再成等牒》记载，双方又发生了战事。战争给瓜、沙地区的民众带来了深重的灾难，再加上沙州、瓜州之间军政势力的矛盾愈发严重，曹延禄在处理归义军内部事务时也不够公平，使不少人含冤受屈，终于在1002年激起了兵变。当时，曹延禄与其弟瓜州防御使曹延瑞均在瓜州，愤怒的士兵与百姓包围了瓜州军府，延禄兄弟被迫自杀，延禄的族子曹宗寿在众人推举下掌握了归义军政权，宋廷任命曹宗寿为归义军节度使。

由于北宋王朝日趋衰弱，无暇西顾，所以一直把瓜、沙二州视为"羁縻"地区，即所谓的外藩。再加上甘州回鹘阻碍归义军与中原通使道路，使得宋朝对归义军政权并不重视。而此时北方的辽朝日益强盛，故曹宗寿在保持和宋朝关系的同时，又进一步密切和辽的关系。1006年，曹宗寿派使者向辽贡大食马、美玉等，辽则赏赐给曹宗寿对衣、银器等物品。曹宗寿的敦亲睦邻、兼事辽宋的外交政策，收到了良好的效果，瓜、沙地区又一度出现了"道路清谧，行旅如流"的短暂繁荣。1014年，曹宗寿卒，其子曹贤顺继任。曹贤顺继续在保持与宋朝的统属关系的同时加强与辽的联系，并在1019年被辽封为敦煌郡王。辽朝把敦煌的归义军政权视作一个独立的国家，因此将之列入《辽史·属国表》中，并给予王爵的封赐。由此可见，归义军与辽朝之间曾多次互派使者，或进贡，或封赏，来往相当频繁，关系不同寻常。在1020年和1023年，曹贤顺又曾两次向宋朝进贡乳香、玉等物品，但此时的归义军政权已十分衰弱。自1023年以后，曹氏归义军政权从史籍中消失。因材料所限，我们已无法确知曹氏政权灭亡的具体情况。值得注意的是，史籍在记述1020年曹贤顺向宋进贡时，明言"沙州回鹘敦煌郡王曹〔贤〕顺遣使来贡"。对这一记载可以作三种解释：一是可以理解为沙州回鹘与曹贤顺共同派使者来进贡；二是沙州回鹘与曹贤顺两个政权或势力的使者一起来进贡；三是敦煌郡王曹贤顺的政权在北宋王朝的眼中就是沙州回鹘。不管采用上述哪一种解释，都说明在1020年沙州已存在一支新兴的回鹘势力。而最终取代曹氏政权的正是这支沙州回鹘。沙州回鹘取代曹氏政权的具体时间，也因史籍缺载晦而不明。根据有关材料推测，似应在1028年党项族击败甘州回鹘以后至1030年之间。[1]

曹氏历五代八主，即曹议金、曹元德、曹元深、曹元忠、曹延恭、曹延禄、曹宗寿、曹贤顺。

从张议潮逐蕃到曹氏政权灭亡，归义军政权统治敦煌将近二百年，其间除金山国、敦煌国较短时期以外，大部分时间都自觉地维持着与中原王朝的统属关系。归义军政权的行为影响和带动了西北地区各少数民族政权和中原王朝保持着朝贡关系，从而为我国统一的多民族国家的发展作出了重要贡献。

---

[1] 刘人铭：《敦煌沙州回鹘洞窟研究》，甘肃文化出版社，2023年，第26页。

第四章 敦煌的衰落与复兴

敦煌的衰落，始自张氏归义军的张淮深晚期。归义军以后，敦煌历经沙州回鹘、西夏、蒙元各期，持续衰落，明代跌至谷底，清代才有所复兴。本章叙述这一历程，并对敦煌兴衰的原因略作分析。

第一节 西夏时期的敦煌

一、关于曹氏归义军政权的灭亡和沙州回鹘时期的推测

长期以来，学界一直认为，取代曹氏归义军政权统治敦煌的是由党项族建立的西夏。最近十多年来的研究表明，在西夏和曹氏政权之间很可能还存在一个沙州回鹘统治敦煌时期，至少沙州回鹘是和曹氏归义军、西夏都在敦煌并存过的政权。

关于沙州回鹘的来源，根据宋人的记载，应该是在公元840年以后，回鹘大举西迁过程中，曾有一部分流散到了沙州，成为张氏归义军治下的

民众，但还保存着他们的部落组织。由于这些回鹘在沙州势力较小，故长时间未能引起人们的注意。大约在甘州回鹘建立政权以后，沙州地区的回鹘势力才在甘州回鹘的支持下得到了迅速发展。977年，宋廷曾派使者张璨携带诏书慰问甘州回鹘可汗景琼。《宋史》在记载此事时称景琼为"甘、沙州回鹘可汗"。这是沙州回鹘在史籍中第一次露面。这条材料既反映出沙州地区的回鹘与甘州有着密切的联系，同时也表明沙州回鹘已发展成为一支引起人们注意的势力。上一章曾经提到，到1020年时，沙州回鹘的势力似乎已与曹氏政权势均力敌。故史籍在记述这一年的史事时，将沙州回鹘与敦煌郡王曹贤顺并列。但沙州回鹘取代曹氏政权似乎应在1028年党项族消灭了甘州回鹘政权以后。

党项族是羌族的一支，汉朝以来，就在今青海、甘肃和四川三省边境的山谷间过着游牧生活。唐后期，党项族受到吐蕃的威胁，逐步迁移到今陕、甘、宁边境。北宋建立时，已据有夏（今陕西横山西）、银（今陕西米脂西北）、绥（今陕西绥德）、宥（今陕西靖边西）、静（今陕西米脂西）等五州之地的党项族逐渐强盛，在酋长李继迁率领下对宋朝时叛时降，并和辽朝结成掎角之势，共同对付宋朝。1002年，李继迁攻下北宋的灵州（今宁夏灵武），改称西平府，并于次年迁都于此。1004年，李继迁卒，子李德明继位。李德明于1006年与北宋议和，对辽朝也维持着臣属关系，而将进攻的目标转向了河西走廊，并于1028年攻克了甘州，消灭了甘州回鹘政权。

甘州回鹘政权灭亡以后，其残部纷纷西奔，其中大部分逃到了沙州，使沙州回鹘的势力陡然大增，而此时的曹氏政权已是日薄西山。1030年，沙州两次派使者向北宋入贡。可惜的是，史书只云"沙州遣使"，使我们无法从中知晓曹氏政权的存亡。但因此前有关沙州入贡的记载都要提到曹氏归义军，此次却一反前例，颇使人怀疑曹氏政权已不存在。1037年，沙州再次遣使向北宋入贡，这次朝贡团的首领被称为"大使"和"副使"，这是曹氏政权从来没有使用过的称号。上述称号在1041年及以后沙州入贡时又曾数度出现，而在同年控制沙州的已是沙州镇国王子执掌的沙州回鹘政权，这说明，至迟在1037年曹氏政权已被沙州回鹘政权取代。

曹氏政权也有可能是为党项所灭。党项首领李德明在1028年攻克了甘州以后，在1032年去世，其子李元昊继位。李元昊在继位的同一年攻克了河西重镇凉州。随后又于1036年攻克了肃、瓜、沙等州，并在瓜州设西平监军司管辖瓜、沙二州。所以，如果曹氏政权在1036年尚未被沙州回鹘取代，就有可能是在党项族的进攻下灭亡的。但史籍中并未留下曹氏政权抵御党项李氏的记载，倒是沙州回鹘在抗击失利后率部退出敦煌。所以，曹氏政权被党项所灭的可能性并不大。

1038年，李元昊正式即皇帝位，建立大夏国，史称西夏。西夏建立以后，在相当一段时间内把力量放在东边，不断与宋、辽交战，沙州回鹘乘此时机又重新占领了沙州。1041年，沙州镇国王子曾派使向北宋上书，云自从党项族占据了甘、凉二州后，才与中原王朝失去联系，并表示愿意率部下攻击西夏。当年，沙州回鹘开始率众进攻沙州，虽初战不利，但终于在1042年攻克了沙州。需要说明的是，1037年，李元昊"置十二监军司，委豪右分统其众"①，其中在瓜州设有西平监军司，并且终西夏之世未曾改置，这说明瓜州此后一直处在西夏的控制和管理之下。而从1037年至1052年的十多年间沙州先后十一次入贡宋朝来看，这一时期可能形成了沙州回鹘与西夏短暂分治沙州（敦煌）、瓜州的局面。1068年，西夏再次出兵进攻瓜州、沙州，同年，沙州回鹘政权灭亡。从此，西夏才把瓜、沙二州真正控制在自己手中。

由于材料缺乏，目前关于沙州回鹘的历史尚带有推测性质。如关于沙

---

① 《宋史》卷四八五《夏国传上》，中华书局，1977年，第13994页。

州回鹘取代曹氏归义军的时间，史籍未留下明确的记载。但有些史实是可以确定的。如关于沙州回鹘的来源；如公元 1020 年时沙州回鹘与归义军并列，其后归义军消失，而沙州回鹘仍很活跃，1030 年以后沙州朝贡使团的首领名称与曹氏归义军明显不同；再如西夏进攻敦煌时未见归义军抵抗，反而是沙州回鹘战败退出；等等。所以，有关沙州回鹘的推测，是具有重要史实根据的判断。不过，由于沙州回鹘控制敦煌的时间主要在西夏疏于经营西部边境的时期，所以，本书仍将沙州回鹘时期放在西夏时期。

在沙州回鹘统治敦煌的二十多年间，敦煌在许多方面依然承袭着归义军时期的传统。由于西夏的阻隔，这里与中原联系已十分不便，但沙州回鹘始终不向西夏屈服，它在敦煌地区仍然使用宋朝的年号，以示奉北宋为正统。如莫高窟第 444 窟题记中至今仍保存着"庆历六年"（1046）的北宋年号。它还克服困难和阻力与北宋保持联系，仅 1037 年至 1052 年的十多年间就向宋廷入贡十一次。

在沙州回鹘统治时期，回鹘虽为统治民族，但汉人仍占很大比重，再加上回鹘人长期受汉族的影响，故其政治制度、佛教艺术都是汉族和回鹘文化交融的结晶。

从 1037 年至 1052 年史料中出现的沙州北亭可汗、于越、沙州镇国王子以及沙州朝贡使团中出现的正使、副使、密禄（大臣）、娑温（将军）来看，沙州回鹘建立了较为完备的政治制度。在沙州回鹘政权中，可汗是最高统治者，其下则有王子（特勒）、将军、都督、刺史、柱国、达于、谋士、内侍、大使、啜、伊纳尔、伊难夺、伯克等称号。其中的将军、都督、刺史、柱国、谋士、内侍、大使等称号显然是受汉官影响而来。

沙州回鹘和甘州回鹘、西州回鹘、于阗回鹘一样，也信奉佛教。所以，敦煌的佛教在沙州回鹘统治时期仍在流行，但已明显带有少数民族特色，莫高窟也留下了沙州回鹘活动的痕迹（图 4-1）。

图 4-1　回鹘王供养像，莫高窟第 409 窟

图片来源：敦煌文物研究所编：《中国石窟·敦煌莫高窟》，文物出版社，1987 年，第 5 卷第 121 页图 135。

二、西夏管辖时期的敦煌

从 1068 年至西夏失国，西夏管辖敦煌长达一百五十多年，是敦煌建郡以来控制敦煌最久的一个少数民族政权。

西夏地方的最高行政建制是经略司。西夏占领河西后，对这一地区实施了有效的管理，在凉州设西北经略司，或称西经略司，掌管沙州、瓜州、黑水城等地。地方行政组织参照唐宋旧制，实行州（府、军）、县（城、堡）二级制，在河西继续设置凉、甘、肃、瓜、沙五州。敦煌为沙州的治所。根据《天盛律令》的记载，西夏还设有沙州、瓜州刺史，负责民事、刑事、军事等事务的监察；又仿效宋制，设有经治边防财用的机构——沙州经治司；同时还在沙州、瓜州、肃州等地置有边中转运司，以转输河西边防财赋。①按照西夏官制，州通常设有州主、城主、通判，县设县令，县下有乡，乡下有社。莫高窟第363窟南壁两身西夏供养人题记中，有"社户王定进""社户安存遂"等题名②，表明西夏统治者在瓜、沙地区也设有乡、社等农村基层组织。

西夏对河西地区的军事控制，主要是通过甘州甘肃（驻甘州）、瓜州西平（驻瓜州）、黑水镇燕（驻兀剌海城，今山丹北）、黑山威福（驻居延故城）等4个监军司来进行的。瓜州由于介于沙州与肃州之间，正当北通伊吾、北庭之要冲，因此，西夏设置了瓜州西平监军司，统辖瓜、沙二州的军队和边防，瓜州由此成为瓜、沙二州的政治中心。1097年，喀喇汗王朝发兵攻破沙、瓜、肃三州，战后西夏在敦煌增设了沙州监军司，加强了对西陲边疆的镇抚与防卫，由于沙州监军司的级别高于瓜州西平监军司，所以，瓜沙地区的军政中心又移到了沙州。据榆林窟第25、29窟西夏文题记，监军司下设都统军、副统军、监军使、指挥使、教练使、左右侍禁和各种通判，这些武职军将成为西夏对河西地区加强政治、军事控制的中坚力量。

西夏时期，敦煌仍是中央王朝的西部门户和重要的农牧业生产基地。所以，西夏统治者十分重视这一地区农牧业生产的恢复和发展。首先是大力整修和疏通旧有河渠，积极发展农田水利，为绿洲农业的人工灌溉提供保障。唐宋时期在敦煌修建的水渠，西夏时期仍在发挥作用。据西夏文《圣立义海》记载，河西地区以祁连山雪水融化形成的河水为水源发展农业，是西夏重要的农业生产区，"灌水宜农"，生产大麦、燕麦等作物。西夏在沙州、瓜州、肃州设立的转运司，负责土地、水渠、地租等事务，均

---

① 史金波等译注：《天盛改旧新定律令》，法律出版社，2000年，第363页。
② 敦煌研究院编：《敦煌莫高窟供养人题记》，文物出版社，1986年，第141页。

与农业生产紧密相关。在转运司的有效监管下，当地的农业生产得到了新的发展。农业生产中普遍使用牛耕和犁、耧、耙等农具。榆林窟第3窟《千手观音画》中绘有多幅生产场景的画面，生产画面有犁耕图、踏碓图、锻铁图、酿酒图等，是了解西夏农业、手工业发展状况的图像资料。如犁耕图，反映了西夏时期瓜、沙地区的农耕情况。图中描绘二牛驾一横杆，犁辕置于杆上，耕者一手扶犁，一手持鞭驱牛，形象生动逼真，是"二牛挽一犁"的典型耕作方式。在同一壁画下部，还散见一些农具，有镰、锹、钁（镐）、锄、犁耙等。这些农具的刃皆为铁制，形状则类似于近代农具。总之，敦煌地区的农耕技术、生产工具与内地基本相同。

畜牧业是党项人传统的生产类型。西夏境内的畜牧业，以河西地区最为发达。在河西各州中，瓜、沙二州是仅次于凉州的畜牧区域。史载："瓜、沙诸州，素鲜耕稼，专以畜牧为生。"① 说明此时瓜、沙地区的畜牧业远较农业发达，其中最主要的牲畜有马、骡、牛、羊、骆驼等。据《天盛律令》记载，西夏对牲畜实行严格的保护和监管制度，比如对官牧牲畜要登记造册，定期核检，死亡要注销畜册等，体现出对畜牧业管理的严密细致。西夏文《瓜州监军司审判案》是一起审理多人团伙盗窃马匹的案卷，反映出瓜州监军司依法对牲畜实行严格的保护和监管，以及对盗窃牲畜行为的严肃惩处，可以说是西夏畜牧业发展的直接见证。

在畜牧业长足发展的基础上，敦煌地区传统的棉麻纺织和皮毛加工都得到了进一步发展。冶铁业和酿酒业是西夏时期敦煌最有特色的两个手工业生产部门。榆林窟第3窟中有一幅锻铁图，描绘两人手举铁锤，共同对着一个铁砧锻打铁器，另一人正在拉动一座形体高大的双木扇风箱，风箱之后有炉火。这种木制的"门扇型"竖式风箱能够推拉互用，将风连续吹入锻炉，使炉膛内始终保持所需高温。由于风箱的容量可以做得很大，因

---

① （清）吴广成撰，龚世俊等校证：《西夏书事校证》，甘肃文化出版社，1995年，第370页。

而鼓风量大,并且结构简单,坚固耐用,所用材料价廉易取。这种鼓风技术在当时比较先进,直到清朝末年,冶金业里仍使用这种风箱。这说明当时瓜、沙地区的冶铁业也比较发达,这为农业生产提供了更多的铁制犁铧等农具。此外,同窟中还有踏碓图、酿酒图,都为后人了解西夏时期的粮食加工和酿酒工艺提供了形象的材料。

西夏时期,敦煌作为丝绸之路的枢纽,仍然发挥着重要作用。但是,西夏对于经由河西走廊的中西交通,没有采取有效的保护措施,而是经常设置种种障碍,对过往的行商、使节肆意盘剥和掠夺,特别是对前往宋、辽进行贸易,"入贡路由沙州"的大食、回鹘商人,课以重税,"率十中取一,择其上品,贾人苦之"[①]。于是,使团和商旅多避开西夏控制的河西地区而另辟新路,这不仅使西夏统治者在经济、财政上蒙受损失,在文化输入及提高方面也产生了不利影响。

总之,西夏时期,敦煌及瓜、沙地区的农牧业开发取得了诸多成效,生产结构上大体农牧并重,手工业和丝路贸易也有一定程度的发展。但要看到,西夏时期敦煌地区社会经济的发展程度又是较为有限的。首先,西夏统治者奉行穷兵黩武的政策,为了同辽、宋、金作战及镇压国内各族人民的反抗,西夏施行"全民皆兵"的军制,作战的一切装备、供给皆由士卒自备,人民负担因而加重。敦煌自不能例外。凡民间身体强壮者,皆被征调从军,这就使得敦煌境内劳动力严重不足,从而影响了社会生产的正常进行。其次,敦煌作为西夏的西大门和与西域联系的关口,还担负着沉重的边防任务。如西夏天祐民安四年(1093),于阗曾向北宋上书,请求征讨西夏,西夏统治者忙令沙、瓜二州整兵以待。宋绍圣四年(1097),于阗黑汗王率大军进攻瓜、沙、肃三州,企图打通被西夏阻断的中西通道。此后,敦煌地区又遭到辽的残部在中亚建立的西辽的侵扰。到13世

---

① (清)吴广成撰,龚世俊等校证:《西夏书事校证》,甘肃文化出版社,1995年,第175页。

纪初，敦煌又不断受到蒙古骑兵的侵袭。西夏天庆十二年（1205），蒙古大军侵扰瓜、沙二州达半年之久，城中军民困乏，牛、羊、马、骆驼等被食尽。西夏乾定元年（1223），蒙古军围困敦煌半年，造成当地"军民困乏，食牛羊马驼殆尽"[①]。西夏宝义二年（1227），蒙古帝国终于攻占了敦煌，西夏也在同一年灭亡。此外，在西夏时期，敦煌还经历了几次比较严重的自然灾害。如西夏贞观十年（1110）三月至九月间，瓜、沙、肃三州发生严重的旱灾，"水草乏绝，赤地数百里，牛羊无所食，蕃民流亡者甚众"[②]。西夏乾祐七年（1176），河西地区发生旱灾，蝗虫灾害亦接踵而来，"食稼殆尽"。西夏宝义元年（1226），河西诸州"草木旱黄，民无所食"。长时期的动乱和严重的自然灾害使敦煌地区的经济逐渐衰落。

西夏时期，敦煌地区活跃着汉、党项、回鹘、吐蕃、鞑靼等族，不少民族都在敦煌留下了自己的文化。西夏控制敦煌后，党项人创制的西夏文很快在河西地区推行使用。现在看到的瓜州审判案卷、瓜州监军司文书及莫高窟北区出土的世俗书籍、契约文书、刻本佛经及石窟题记，均是用西夏文写成的。在敦煌所见的诸种文字中，西夏文和汉文在当时并行使用，最为流行。此外，吐蕃文、回鹘文及梵文在西夏时期也并行共存，这说明党项、汉、藏、回鹘、印度等多种文化在敦煌地区均有交汇与融合。在各种文化中，以汉文为载体的儒学逐渐成为西夏政治制度和思想文化的基础。在封建化的过程中，儒家的道德规范及忠孝仁义等思想，因适合西夏统治者的需要而被党项贵族接受。他们用西夏文翻译了《孝经》《论语》《孟子》《左传》《四书杂字》等儒家典籍，并编写了《新集碎金置掌文》《三才杂字》等书籍，把儒学作为治国安邦的重要思想武器之一。

西夏统治者虽信奉巫术和多神教，但也笃信佛教。他们曾多次向北宋

[①] （清）吴广成撰，龚世俊等校证：《西夏书事校证》，甘肃文化出版社，1995年，第493页。
[②] （清）吴广成撰，龚世俊等校证：《西夏书事校证》，甘肃文化出版社，1995年，第370页。

进马赎取大藏经,并组织人力大量译经,广延吐蕃、回鹘僧侣演释经文,在境内不断兴建和重修寺院和佛教洞窟。在惠宗与崇宗及两母后时代,西夏的佛教达于极盛,以致"浮图梵刹遍满天下"。在西夏的统治机构中,专门设有"僧人功德司""出家功德司""护法功德司"等专门管理佛教事务的机构。① 西夏佛教的盛况在敦煌地区得到了充分的反映。榆林窟第29窟西壁绘有西夏国的八位高僧之一——真义国师像,其后绘有沙州监军司和瓜州监军司官员,凸显出真义国师在西夏佛教中的崇高地位。榆林窟第25窟内还留存有沙州监军司、瓜州监军司高级官员赵姓家族崇信佛教、营建石窟的西夏文题记,反映出沙州、瓜州当地官员对佛教的虔诚态度。在西夏崇佛政策的引导下,莫高窟、榆林窟、西千佛洞等石窟都招致了很多官吏、少数民族国王、王子和善男信女前来顶礼膜拜。莫高窟北区石窟出土的西夏文文献中,有《金光明最胜王经》《大方广佛华严经》《龙树菩萨为禅陀迦王说法要偈》等木刻本佛经残片,有《地藏菩萨本愿经》《诸迷咒要语》等活字版佛经残页,还有泥金字西夏文佛经及僧人职事名单,这充分说明西夏时期敦煌佛教的兴盛。

第二节　蒙元时期的敦煌

敦煌归入蒙古帝国版图以后,隶属于拔都和察合台系诸王。忽必烈继承汗位后,为了加强中央集权,实行行中书省制度,地方行政组织有省、路、府、州、县各级。沙州也于至元十四年(1277)收归中央王朝直接管辖。至元十七年(1280)又升格为沙州路总管府,置有达鲁花赤、总管、同治、判官、推官、经历、知事等职,统管瓜、沙二州。至元二十三年(1286),元政府设立甘肃行省,治所在甘州,沙州路总管府隶属甘肃行

---

① 史金波等译注:《天盛改旧新律令》,法律出版社,2000年,第363页。

省，瓜、沙二州的政治中心再度移到敦煌。

元朝在构建地方行政组织的同时，还实行诸王出镇制度。豳王出伯、南忽里以及喃答失太子先后出镇河西西部的肃州、瓜州、沙州、伊州（哈密）地区，其间嗣越王阿剌忒失里也曾短暂出镇沙州。此后，出伯家族的西宁王则一直镇守瓜、沙二州。因此，元代敦煌地区形成了沙州路总管府和宗室诸王共同管辖的行政体制。

一、蒙元对敦煌的经营和敦煌的进一步衰落

在蒙古帝国和元朝统治时期，敦煌在中西交通中仍占有重要地位。如上节所述，西夏时期，西域各国的朝贡使者和商人为避开西夏，从塔里木盆地的南沿经青海进入中原。而从事东西通商最活跃的回鹘人则较多使用从中亚到蒙古的北方草原之路。但这两条路线均不如河西通道方便易行。西夏时，于阗进攻瓜、沙，成吉思汗在西征前几次进攻西夏，都有打通河西通道的意图。蒙古帝国灭掉西夏以后，经由敦煌、河西的交通路线再度成为联结西域与中原的主要通路。元朝建立后，统治中心由和林迁至大都，敦煌仍然是旅行者（如马可·波罗）和使节、僧侣、商人等东西往来时经常选择的经由之地。蒙古帝国和元朝的版图比汉、唐都大，和西域在政治、经济、文化方面的联系也比以往更加密切。为了保证过往使节的需要，蒙古帝国的统治者窝阔台在河西走廊的沙州、瓜州、肃州等地设立了驿站，当时沙州北部即设有陆驿两处。为保证驿站的粮资供应，驿站还配有站户，站户家属归沙州当地管理，站户及家属由政府提供"牛种田具"，组织屯田，以此来承担驿递运输的相关费用。以后的历代蒙古统治者也都十分注意对河西走廊的控制和管理，十分重视河西驿站的建设。如延祐元年（1314），元朝在沙州、瓜州设立屯储总管万户府，"给铺马圣旨六道"。

按照元朝驿传制度,"铺马圣旨"是由驿站快马急递的皇帝玺书,说明瓜、沙二州的驿站比较完备,运行良好。为充分发挥屯储总管万户府的作用,元朝还专门设立仓库以存储瓜、沙产粮,既确保了瓜、沙及邻近驿站的稳定运转,也为河西驻军的粮食供给提供了方便。天历二年(1329),文宗赈甘肃行省沙州驿钞1 500锭,可见元朝对沙州驿站的重视。敦煌作为河西通道的一个重要补给站,元统治者自然要给它一定程度的重视,使其经济维持在一定水平。因此,元统治者曾采取一些必要的措施来恢复和发展敦煌地区的经济。

元世祖时,通过兴修水利开垦出一些已荒废的水田以招抚流民。至元二年(1265),忽必烈任命董文用经略西夏中兴等路行省,并招徕百姓在中兴、西凉、甘、肃、瓜、沙等州开垦水田,此举使流散百姓纷纷返乡,元政府分给百姓田地,并提供种子和农具,农业生产和社会秩序逐渐得到恢复。至元十三年(1276),元政府任命戴罪遣返的王孝忠等人,"令于瓜、沙等处屯田"①。至元十七年(1280),元政府设立沙州路总管府,检括沙州户丁和田地数量,制定田赋,并将富户多余的田地交由戍守边防的汉军耕种。第二年,元世祖又命"肃州、沙州、瓜州置立屯田"②。在组织屯田的同时,元政府还注意灾荒救济,抚恤贫民,赈济瓜、沙州饥民。当时屯田的管理机构是管军万户府,主要统辖河西瓜、沙、肃等州的屯田事务。屯田有军屯和民屯之分,其中在瓜、沙地区以军屯最有成效。参与军屯的多为戍守关津要塞的汉军,但也有少量的蒙古军。大德元年(1297),元朝大将汪惟和统率所部士兵在沙州、瓜州进行屯田,元成宗诏令拨给中统钞23 200余锭,用来购置种子、耕牛和农具。在官方的大力引导下,瓜、沙二州的屯田取得了显著成效。如至元二十六年(1289),

---

① 《元史》卷九《世祖纪六》,中华书局,1976年,第177页。
② 《元史》卷一〇〇《兵志三·马政》,中华书局,1976年,第2569页。

军屯的收获不仅能够供给军粮，还有余力救济饥民。至大二年（1309），沙州、瓜州驻军屯田每年收获的粮食可达 25 000 石，而甘肃行省每年税粮仅为 60 586 石。此后，随着屯储总管万户府的建立，进一步推动了河西地区的屯田事宜。瓜、沙地区军屯的大力推行，对于维持敦煌这个交通供给站起到了重要作用。

军屯以戍兵为直接生产者，在促进敦煌及河西经济开发的同时，也加强了河西地区沙、瓜、肃、甘等州的军事防卫。至元二十四年（1287），元政府以河西爱牙赤所部屯田军和沙州居民共同修筑了沙州和瓜州等处的城池。两年后，元政府再次命屯田士兵与当地百姓整修已损坏的瓜、沙二州州城，并于大德五年（1301）增加了在沙州的戍军。

但此时敦煌的地位已远不能与汉、唐时期相比。首先，汉唐时，敦煌是中西交通的必经之地，而此时河西虽为重要通道，自甘州、肃州、瓜州、沙州通达西域的驿站体系较为完备，但中亚至蒙古的草原之路仍频繁使用，东西连接陆路交通的主要线路是天山南路或北路，沿着天山南北的路线东行直接可达和林，而没有必要经由沙州，这就使敦煌失去了中西交通咽喉的地位。其次，蒙古帝国定都和林（今蒙古国额尔德尼昭附近），元朝以大都（今北京）为都，与唐宋时期相比，都城距敦煌、河西要远，因而这一地区在全国的战略地位就必然下降。再加上蒙古帝国和元朝疆域广大，虽然河西仍可算西北重镇，但敦煌已失去经营西域的基地作用。这就决定了人们对敦煌的重视程度必定是有限的，它只能成为河西通道上的一个补给站，充其量是河西通达西域驿站体系中的重要节点，却不能像汉唐那样成为对整个西北地区甚至国都的安危都有重大影响的边防军事重镇。这表现为，在很长时间内沙州并不是专镇边防重地的蒙古军的驻防地，蒙古大军驻扎在敦煌以东一千多里的甘州，敦煌被弃置在防线之外，只有部分汉军且屯且戍。直到大德七年（1303），元统治者才在御史台的建议下派一万蒙古军分守沙、瓜等地的险要地方,而此时距敦煌纳入蒙古帝国版图已有七十多年了。由此可以看出,在蒙古帝国和元统治者眼中,整个河西尚可算边镇重地,但敦煌却已失去了这种资格。元统治者不重视敦煌的另一表现是从河西西部往肃州移民。至元二十八年(1291),元统治者首次将瓜州的居民移往肃州。此次移民颇为彻底,瓜州只剩下一个空名。第二年,再一次从沙州、瓜州往甘州移民。因瓜州百姓已在上一年被大规模移走,这次移民的重点应当是沙州。这些迁往甘州的瓜、沙百姓,元政府常贷以耕牛、种子、农具,予以大力扶持。如至元三十一年(1294),元统治者拿出牛价钞 2 600 锭,一次性拨付给"瓜沙之民徙甘州屯田者"[①]。河西内部自西向东的人口迁移,使得河西西部瓜、沙地区的人口减少,自然影响了敦煌农业开发的成效。就连在敦煌行之有效的军屯也曾在元贞元年(1295)和至大二年(1309)被两度废止,只是由于在百姓大量东迁的条件下不实行军屯,戍军和过往使节、行商的供给就无法解决,军屯才不得不屡止屡兴。沙州在至元十七年(1280)升格为沙州路总管府,也不是因为其地位重要,而是因为随着沙州人口的逐步增长,内附贫民缺粮严重,他们乞粮时须向一千五百里之外的肃州路总管府申报领取,朝廷以为往返不便,"故升沙州为路"。以上种种事实说明,在版图广大、强盛一时的蒙古帝国和元统治者眼中,敦煌的地位已大不如前,远不如有蒙古军驻守的甘肃行省首府甘州重要。所以敦煌在蒙古帝国和元朝统治时期虽然没有遭受战乱,但由于居民被大量内迁和军屯忽兴忽止,造成经济发展始终起伏不定,敦煌在经济上进一步衰落下去。

[①] 《元史》卷一八《成宗纪一》,中华书局,1976 年,第 385 页。

二、蒙元时期敦煌的文化

蒙元时期，敦煌地区活跃着汉、蒙古、党项、藏、回鹘等族，这些民族在敦煌留下了多元的文化。近年在莫高窟北区出土的纸质文献中，除汉文文书外，还有西夏文、回鹘文、藏文、梵文、蒙古文、八思巴文、叙利亚文和婆罗迷文等多种民族文字文献。这说明蒙元时期的敦煌仍是一个多民族交往、交流、交融和文化汇聚之地，汉族和蒙古、藏、回鹘等少数民族共同创造了灿烂的敦煌文化。

当时蒙古帝国和元统治者采取儒释道并重的政策，主张"以佛治心，以道治身，以儒治世"，即所谓"三教平心"。[①] 另对伊斯兰教、景教、犹太教也都加以提倡。各种宗教在敦煌都有其信仰群体并能和谐相处。以景教为例，莫高窟北区洞窟 B105 出土了一件青铜造十字架，据形制判断，该窟被瘞埋的死者中可能有基督徒。B53 洞窟中还发现了叙利亚文书写的景教文献《诗篇》，立于至正十一年（1351）的《重修皇庆寺记》施主题名中有"费教士"，都说明元朝时期景教在沙州地区得到了一定的传播。

在诸宗教中，蒙元统治者尤为推崇佛教。元代诸王特别是中后期镇戍敦煌的西宁王一系及沙州路总管府、瓜州官员都对佛教给予大力支持，并积极参与当地的石窟营建、重修寺庙和各种佛教功德活动，由此推动了敦煌石窟艺术的进一步发展。莫高窟、榆林窟也成为这一时期各地信众和游人巡礼、观瞻的重要场所。

在当时流传的佛教各教派中，又以藏传密教最受元统治者推崇。藏传密教的传入和兴盛与河西走廊有很大关系。南宋淳祐四年（1244），驻凉

---

① （元）刘谧：《三教平心论》卷上，《中华大藏经》第 79 册，中华书局，1994 年，第 556 页。

州的蒙古廓端王迎请西藏萨迦派法师萨迦班智达（后简称萨班）到河西传法，他的侄子八思巴随行。后来忽必烈慕萨班之名，邀他入朝，但此时萨班已故，廓端王只得将八思巴荐于朝廷。忽必烈奉八思巴为国师，赐玉印，命他掌管全国的佛教，遂使萨迦派密宗迅速流行全国。藏密在敦煌既已早有基础，在蒙古帝国和元统治者的提倡下终于发展成为敦煌寺院的主要教派。

　　蒙古帝国和元朝统治者十分注意利用佛教作为维护他们在敦煌统治的工具。现存巴黎的一件西夏文残刻本佛经的题记中记载，元僧禄广福大师管主八曾向沙州文殊舍利塔寺施舍一部大藏经，表明中央政府对敦煌的佛教事务十分关心。14世纪中叶，敦煌佛教一度出现兴盛局面。当时西宁王速来蛮坐镇敦煌，崇尚佛教。莫高窟现存的蒙、汉、藏、梵、西夏、回鹘六种文字的《六字真言碑》就是由镇守沙州的西宁王速来蛮及其妃子、太子、公主、驸马等出资于至正八年（1348）刻立的（图4-2）。碑石上方题"莫高窟"三字，中间阴刻四臂观音坐像，旁有六种语言书写"唵嘛呢叭咪吽"六字真言，碑石上题有功德主、立碑人共计八十二人，其中下方刻有沙州路河渠司官员及施主姓名，反映出西宁王速来蛮家族与沙州路官员对佛教的推崇和重视。至正十一年（1351），继速来蛮镇守沙州的牙罕沙则对莫高窟的皇庆寺（第61窟）进行了重修，《重修皇庆寺记》碑文附有沙州路总管府官员及功德主姓名，碑阴附有来自肃州路、晋宁路的施主姓名，可见重修皇庆寺是一次得到西宁王、沙州路官员、僧俗大众广泛参与的重大宗教活动。总之，在蒙古统治者的倡导和带领下，佛教在这一时期受到敦煌各族人民的广泛信奉。据马可·波罗记述，他当时行经沙州时，看到敦煌境内有很多寺庙，庙内供奉着各种各样的佛像，当地居民非常虔诚，顶礼供奉。从莫高窟北区出土的回鹘、蒙古文佛经《入菩萨行论》《般若心经》《因明入正理论》及《佛顶尊胜陀罗尼经》等印本残叶来看，莫高窟仍是敦煌佛教的中心，敦煌地区的开窟造像活动也仍在断断续续地进行。

图 4-2　莫高窟现存的《六字真言碑》

图片来源：李永宁：《敦煌莫高窟碑文录及有关问题（二）》，《敦煌研究》1982年第2期，第108页。

第三节　明朝的敦煌

一、明朝时期敦煌的地位

至正二十八年（1368），朱元璋建立明朝，并在同年攻克元朝的都城大都，元朝灭亡。但此时河西尚未光复，从黑水城出土文书所见北元"宣光二年"（1372），以及莫高窟、榆林窟游人题记"至正三十年"（1370）来看，包括沙州、瓜州在内的河西西部地区当时仍由元甘肃行省管辖。在中原局势初步稳定之后，洪武五年（1372），明廷派大将冯胜经略河西，很快攻下了元朝设在甘州的甘肃行省，并继续西进，在瓜州、沙州一带击败元河西守军残部。但明军并未向哈密及西域地区用兵，也没有在瓜、沙地区设立行政建制，而是很快就收兵东还了，元朝的残余势力重新占据了敦煌一带。为了防止元朝的残余势力继续东进，冯胜在肃州以西 70 里处的文殊山与黑山之间的峡谷地带修筑了嘉峪关，并派兵据守。关城"望之四达，足壮伟观，百里外了然在目"[①]，成为抵御元朝残余、断隔蒙藏各部联系的军事要塞。之后，嘉峪关被逐步修建成明王朝的西部边关，而将关西包括敦煌在内的广大地区弃置在防线之外，任由元朝的残余占据。因为有嘉峪关为屏障，敦煌进一步失去了屏蔽河西的地位，它的得失对河西也没有多大影响了。此外，在明代，自宋元以来日渐发达的海上丝绸之路又有了长足的进步。经由河西走廊的陆路通道虽仍为联结西域与中原的主要交通干线，但此时，这条交通干线已不再经过敦煌，而是改走嘉峪关直通哈密之路，嘉峪关由此也成为中原与西域贡贸往来的窗口，这又使在这条干线之南的敦煌失去了陆路中西交通中转站的地位。在这样的情况下，敦煌的进一步衰落就不可避免了。

在明朝，敦煌可分为"沙州卫"和"罕东左卫"两个时期。

二、沙州卫时期的敦煌

明朝虽然以嘉峪关为西部边界，但仍致力于在关外地区建设拱卫嘉峪关和甘肃镇的军事防御体系。洪武二十四年（1391），明廷派都督佥事刘真等进兵哈密，使西域与内地恢复了关系。同年，占据沙州的以蒙古王子阿鲁哥失里为首的元朝残余势力，遣使向明朝进献马匹和璞玉等贡品，表示愿意归顺，明廷未予理睬。永乐二年（1404），沙州蒙古部落后裔酋长

---

① 吴生贵、王世雄等校注：《肃州新志校注》，中华书局，2006 年，第 130-131 页。

困即来、买住再次"率众来归",明成祖下令在沙州设立沙州卫,并任命困即来和买住为指挥使,赐给他们印诰、冠带和袭衣。[①] 沙州卫成为明朝在敦煌设置的第一个军政合一的地方机构。买住死后,沙州卫由困即来独掌。在设立沙州卫的同年,明朝出于经营西域的考虑,还在嘉峪关以西至哈密的广大地区内逐次建立了赤斤蒙古、罕东、哈密、安定、阿端、曲先六卫,再加上沙州卫,合称"关西七卫"。关西七卫作为一个整体拱卫体系,对明朝嘉峪关和河西地区的安全起到藩篱和保卫作用。尽管在政治名义上仍隶属于明王朝,但实际上关西七卫具有羁縻性质,长官由当地蒙古首领或部族酋长担任,且为世袭,兼管军民,拥有较大的自治权。在这七卫之中,沙州、罕东、赤斤蒙古三卫置于瓜、沙二州,它们在保障瓜、沙地区安全稳定的同时,还承担着切断蒙古与西藏的联系、保障西域防线军马钱粮供应的作用。同时,在维护中西交通安全及防范少数民族侵扰上,瓜、沙三卫又与其他四卫遥相呼应,彼此牵制,从外围建构了一条从河西西部直通西域的关外防线。

作为沙州卫的长官,困即来一直和明朝保持着良好的关系。他不仅按时向朝廷进贡物品,还经常发兵助平叛乱,保护路经敦煌的关外少数民族政权的朝贡使者。永乐八年(1410),肃州发生哈喇马牙叛乱,困即来随即派兵前往肃州平叛。永乐二十二年(1424),瓦剌贤义王太平部下来贡,途中遭人阻隔,困即来及时派兵护送至京。由于在藩篱明朝边关、维护贡道安全方面多次立功,困即来被明廷授予沙州卫的最高首领,并一直执掌沙州卫实权。对沙州民众,困即来注意安抚,适时为民众提供水利、农耕设施,促进农业生产。他还重视赈济灾荒,帮助沙州百姓渡过难关。如宣德元年(1426),困即来以"岁荒人困,谷种亦乏"为由,遣使向明廷借贷谷种100石,约定秋收后归还。宣德七年(1432),沙州旱情严重,困

[①] 《明史》卷三三〇《西域传二·沙州卫》,中华书局,1974年,第8559页。

即来急奏朝廷,明宣宗"敕于肃州授粮五百石"。在困即来的悉心经营下,沙州一度出现了"户口滋息,畜牧富饶"的景象。①

但是,明王朝对"关西七卫"缺乏长远考虑,对沙州卫的管理也不够重视,既不派官员去督察其内部事务,也不派军队屯驻防守,甚至当沙州卫受到罕东、哈密等少数民族的侵扰时,明廷采取放任自流的政策,没有给予实质性的援助和支持。于是,位于七卫最东端的沙州,很快就成了边疆蒙古部族任意争夺的游牧驻地。以后,"关西七卫"也经常兵戎相见,互相攻伐,明王朝则采取"番人相攻,于我何预"② 的政策,不予理睬,这就使得当时的敦煌长期处于哈密和吐鲁番的争夺之中。宣德十年(1435),沙州被哈密侵犯,蒙古部族瓦剌也欲相逼,困即来担心力不能敌,无法自立,于是率部众200余人逃至嘉峪关下,被明王朝安置在关外苦峪城(在今甘肃瓜州县东南),但此时沙州卫的大量部众还在敦煌各地耕牧,这使得困即来对部属的统驭能力进一步减弱,"自是不复还沙州,但遥领其众而已"③。

沙州卫东迁后,困即来继续与明廷保持通好,多次派兵护送往来西域的贡使和明朝使臣。正统元年(1436),他奉命追回为"西番野人"剽掠的西域阿端国贡物,受到明王朝的嘉奖。他还不时派人刺探"迤北边事"以及关外瓦剌、哈密等少数民族政权的动向,向明王朝报告。此外,困即来还修缮城池,遣使朝贡,并对滋事扰边的罕东、哈密等少数民族,坚决予以打击,对维护河西政局的稳定以及促成中原与西域的交通起了积极的作用。然而,这一时期沙州卫的周边环境不断恶化,沙州卫部众多次出现逃散现象。与此相应,关西七卫间的袭扰和劫掠时有发生,加之瓦剌势力

---

① 《明史》卷三三〇《西域传二·沙州卫》,中华书局,1974年,第8560页。
② 《明史》卷三三〇《西域传二·罕东左卫》,中华书局,1974年,第8566页。
③ 《明史》卷三三〇《西域传二·沙州卫》,中华书局,1974年,第8561页。

迅速崛起，先是攻破哈密，随后侵扰关西诸卫，力图瓦解明朝嘉峪关外的拱卫体系。正统九年（1444），执掌沙州卫40余年的困即来病卒，长子喃哥携弟克罗俄领占来朝，明英宗授喃哥为都督佥事，掌沙州卫印；授克罗俄领占为都指挥使，协助其兄管理本卫事务。但是喃哥兄弟素有矛盾，彼此不和，在瓦剌加紧对沙州卫胁迫和控制下，喃哥密谋率部投奔瓦剌。正统十一年（1446），甘肃镇将任礼勒兵收其部众，将沙州卫属下200余户，1 230余人全部强行迁入关内，安置在甘州境内，沙州卫至此罢废。沙州卫自设立至废除，仅存40余年。

三、罕东左卫时期的敦煌

沙州卫全部被迁入关内后，早已留于沙州境内的罕东卫指挥使蒙古部的班麻思结占据了整个沙州。到明宪宗时，班麻思结卒，其孙只克承袭了职位。此时，吐鲁番已强盛起来，侵占了哈密，直接影响到沙州的安全。成化十五年（1479），只克请求在沙州故地"立卫赐印，捍御西陲"①，以便与吐鲁番相抗衡。同年，明廷令在沙州故地筑城，并建立罕东左卫，任命只克为都指挥使。此时西域地区吐鲁番势力迅速崛起，并很快成为继瓦剌之后与明廷争夺关西诸卫控制权的主要对手。作为罕东左卫的长官，只克遣使入贡马驼，积极寻求明廷支持。同时，率领部众不断抗击吐鲁番和蒙古族瓦剌部的进攻，并拒绝了吐鲁番的劝降。只克死后，其子乞台继任。正德十一年（1516），吐鲁番再次以兵胁迫乞台投降，乞台力不能拒，率领一部分部众逃入嘉峪关。未及逃离的部众在贴木哥、土巴二人率领下投降了吐鲁番，"岁输妇女、牛马"，并时常被吐鲁番裹挟犯边。嘉靖三年（1524），吐鲁番二万余骑攻打肃州、甘州，又胁迫贴木哥、土巴参战，面

---

① 《明史》卷三三〇《西域传二·罕东左卫》，中华书局，1974年，第8559-8560页。

对吐鲁番的攻势，明政府应付无力，只好于同年正式关闭了嘉峪关，弃关外土地于不顾，敦煌遂孤悬大漠。嘉靖七年（1528），罕东左卫余部不堪吐鲁番对人口和牛马的索求，在贴木哥和土巴的带领下，率部族 5 400 人逃离沙州，迁入肃州、嘉峪关内驻牧。从此，沙州完全被吐鲁番占据。嘉靖八年（1529），明王朝被迫放弃哈密。嘉靖十八年（1539），明王朝再次封闭嘉峪关，关外之地与明王朝失去了政治联系。此后直至清康熙年间再度开发关西地区以前，敦煌实际上一直属于吐鲁番的势力范围。

总之，在明朝，沙州卫、罕东左卫肩负着保境安民、维护西域贡贸道路畅通的职责，在拱卫嘉峪关和甘肃镇防御体系方面也切实做了一些积极的工作。但是，由于明代敦煌为关外孤悬之地，长期得不到安宁，又始终是少数民族活动的区域，自明初至1528年的一百余年间，这里居住的主要是以游牧为主的蒙古族，这就使这一地区早在汉代就已形成的以农耕为主、畜牧为辅的生产方式，又退回到汉以前的水平。由于在沙州卫和罕东左卫治下的军民终日忙于抵御来自各方面的侵扰，又地处交通不便的边荒，所以在这一百多年中，敦煌在文化上没有任何建树。但蒙古族是信奉佛教的民族，即使无力整修莫高窟，至少还不至于人为地进行破坏。现存的莫高窟游人题记中，就有部分官兵瞻仰莫高窟的痕迹。如成化十三年（1477），明指挥师英钦奉敕命，统领两千名官军到沙州镇抚蕃夷，借机瞻仰了第 98 窟。第 5 窟中残有成化十五年（1479）题记："感佛威力愿蕃夷安妥人民□□"[①]，表达了沙州蕃汉各族民众希望安居乐业的心声。据《肃镇华夷志》记载，罕东左卫时期，曾有乌斯藏和尚剌麻僧哈尔麻、结思冬等进入敦煌，后又迁往肃州，这些乌斯藏高僧在寄居沙州期间，也有布教弘法、念经禳灾的佛事活动，对敦煌地区藏传佛教的发展起到了推动作用。吐鲁番占据敦煌以后，情况发生了变化。当时包括吐鲁番在内的整

---

① 敦煌研究院编：《敦煌莫高窟供养人题记》，文物出版社，1986 年，第 5 页。

个新疆地区都皈依了伊斯兰教,所以在敦煌流行了一千多年的佛教,在吐鲁番占据以后,终于绝迹。被佛教徒视作圣地的莫高窟,也不断遭到人为破坏。就连莫高窟附近的雷音寺也被"回人蹂躏,佛像屡遭毁坏,龛亦为沙所掩"①。敦煌到处是"问禅无释侣,稽首冷香烟,字落残碑在,丛深蔓草缠"②的荒芜景象。昔日繁盛一时的敦煌和莫高窟,此时已是满目凄凉了。

第四节 清朝的敦煌

一、清朝敦煌的行政建制

崇祯十七年(1644)明朝灭亡,清朝建立,定都北京。顺治三年(1646),控制着敦煌地区的吐鲁番国派使者向清进贡,当时清统治者正忙于稳定内地,无暇顾及关外的敦煌。康熙三十五年(1696),清朝剿灭了噶尔丹势力,收复了哈密。在此基础上,清朝开始逐步经营包括敦煌在内的嘉峪关以西地区。直到康熙五十四年(1715),清朝出师西征,嘉峪关外的地域渐次得到恢复。康熙五十五年(1716),清朝在嘉峪关以西临近的西吉木、达里图、布隆吉尔等地组织屯田,这是自明嘉靖七年(1528)以来首次在关外地区开垦耕种,标志着清朝对关外地区的经营迈出了实质性一步。康熙五十七年(1718),清朝在今甘肃瓜州、玉门一带为投附的少数民族设立了靖逆、赤金二卫。两年后,清军进入沙州地区。从此,处于涣散状态的西北边陲又被重振,敦煌亦被清朝从吐鲁番手中收回。雍正

---

① (清)苏履吉、曾诚等:《敦煌县志》卷七《杂类志·古迹》"雷音寺"条,清道光十一年刻本。

② (清)升允、长庚、安维峻等:《甘肃新通志》卷三〇《祠祀志·寺观》,清宣统元年刻本。

元年（1723），清朝在敦煌设置了沙州所，属安西同知。雍正三年（1725），清政府采纳了川陕总督岳钟琪的建议，升沙州所为卫，又从甘肃、宁夏等地移民 2 400 余户到这里屯田。就在这一年，沙州卫城被暴涨的党河水侵蚀，东墙坍陷，清王朝派光禄少卿汪漋负责在党河东岸另筑卫城。这就是直到新中国成立前的敦煌县城。

沙州卫建立后，清朝实行了大规模的移民屯田。随着移民的大量到来，敦煌社会经济得到迅速恢复和发展，原来带有军事色彩的卫所建制显得不合时宜。同时，随着清廷对西域准噶尔部的平定，包括敦煌在内的关西地区已从边地变为内地，关西地区的卫所建制已无继续实行的必要。乾隆二十五年（1760），清王朝对关西地区的行政建制进行调整，改沙州卫为敦煌县，隶属于安西府。二十七年（1762），乾隆将安西府治移到敦煌县。乾隆三十七年（1772），安西府治又由敦煌县移到酒泉县。第二年，安西府降为直隶州，敦煌县受其管辖。此后直到清亡，敦煌地区的行政建制，未再发生变化。

二、清朝敦煌的社会经济

清初，敦煌为吐鲁番所管辖，嘉峪关外卫所"虽皆敦煌旧境，然自明代以来，鞠为茂草，无复田畴井里之遗"[①]。直到康熙晚年招民垦种，敦煌地区的农业才开始复兴。

康乾时期，清政府对河西农业的重视，表现在政策上是由原来的横征暴敛转为减免赋税和赈济灾荒。康熙五十七年（1718）、五十八年（1719），清廷先后两次宣布蠲免甘肃所属州县、卫所应征之钱、粮、米、豆、草等。雍正七年（1729）、八年（1730）又两次蠲免甘肃额征地丁银

---

① （清）黄文焕、沈青崖等：《重修肃州新志·柳沟卫》"户口田赋"条，清乾隆二年刻本。

两,以至嘉峪关外的靖逆、赤金、柳沟等卫所,亦享受到"加恩豁免"的恩惠。① 这类蠲免河西钱粮的诏书,乾隆时期颁发得更多。清政府还非常重视河渠水利的兴修整治。在各级地方官的引导下,当地人民在整修原有河渠水系的同时,还在党河两岸新修了一些水利工程,建成永丰、普利、通裕、庆余、大有5条主要干渠,从中又分出数百条支渠、农渠,形成纵横交织的灌溉水系,使得敦煌水渠拓展到了沙州垦区的边缘地带,大幅度地扩大了灌溉面积,促进了农业生产。同时,为加强水利的管理,还严明法纪,并配有专门的吏员负责行水事宜。如每渠设渠长2名,水利4名,负责水渠维护和用水管理;瓜州屯田中,设有水利把总1员,并派夫役,以供驱使。靖逆西渠,也设看守闸、坝夫4名,巡渠夫10名,负责水渠的巡查与维修,保证人工渠道分流和引水灌溉的合理利用。

同时,清政府先后在赤金、柳沟、安西、沙州、瓜州等处广开屯种。如雍正四年(1726),一次就将今甘肃、宁夏、青海56州县的移民2 400余户迁入敦煌,组织屯垦。对于这些移民,清廷不仅发放口粮、皮衣、盘费,还借给牛骡、农具和种子,并提供房舍和耕地。有了这些政策保障,敦煌的屯垦取得了很大成效。截至雍正七年(1729),敦煌已开垦耕田12万多亩。根据同年陕西督署查郎阿的一份奏文,安西、沙州等处"所种小麦、青稞、粟谷、糜子等项,计下种一斗,收到一石三四斗不等,共收获粮一十二万余石,确计分数,十有二分,其余各色种植,亦皆丰厚,家给人足,莫不欢欣乐业"②。敦煌已经恢复了往昔农耕为主的生产方式。

以上措施的大力推行,使敦煌的社会经济开始复苏,人口也迅速增多,至乾隆年间已增至8万人。畜牧业也有所发展。据乾隆年间《重修肃州新志》记载,敦煌县的南湖"周围草木畅茂,土脉肥沃,游牧屯田,兵

---

① (清)许容、李迪等:《甘肃通志》卷一七《蠲恤》,清乾隆元年刻本。
② (清)升允、长庚、安维峻等:《甘肃新通志》卷首之一,清宣统元年刻本。

马两便",是难得的宜耕宜牧之地。而玉门关"近据西湖,关前即临湖之草滩……沿湖草莱盛茂,可屯兵牧马",是天然的畜牧区域。

清王朝采取移民屯田的措施以后,敦煌的社会经济在一定程度上有所恢复和发展,以致雍正、乾隆年间敦煌出现了"流沙环叠千峰岫,党水遥通万顷田。妇子芸芸编户盛,秋成麦熟乐尧天"①的景况,这不能不说是清政府努力经营的结果。乾隆年间,任职安西兵备道的常钧结合他的见闻,描述了敦煌的富庶:"地土衍沃,物产饶多,商民辐辏云集,富庶情形甲于诸卫。"②与此同时,敦煌的商业、矿业、林业也得到一定程度的发展。但在清代,敦煌经常受到来自新疆、青海等地少数民族叛乱的影响,社会秩序并不稳定。清后期,陕、甘、新等地爆发的回民起义使敦煌一度成为回民与清军交战的战场。每次战乱波及,都会使敦煌人口减少,经济衰退。

康乾时期,清廷虽多次颁布蠲免甘肃钱粮的诏书,但这些蠲免行为多是暂时的过渡政策。真正对敦煌百姓的生活产生影响的是采买粮制度。雍正八年(1730),清政府在沙州动用官银采购农户多余之粮,规定每年每户(每50亩田地)除交纳屯粮2石3斗4合外,还要向官府出售粮食4石,官府确定的售价是官价银3 600文。随着时间的推移,户籍、土地等情况都发生了很大的变化,每年的收成情况和粮价也在不断波动,但是官府对于此后的粮食丰歉和物价浮动一概不予考虑,这样就形成了"利归于官,害归于民"的情况。乾隆以后,连采买粮官价也逐渐被扣。这样,农民的每份地,无形中增加了四石粮的额外负担。到了晚清,农民多次上书清朝各级政府,要求撤销这个不合理的陋规。但官府对于农民的免粮要

---

① (清)升允、长庚、安维峻等:《甘肃新通志》卷一四《建置志·城池·敦煌县》,清宣统元年刻本。
② 常钧:《敦煌随笔》卷上《沙州》,载黄永武主编:《敦煌丛刊初集》第9册,新文丰出版公司(台北),1985年,第76页。

求，不但不予受理，反而采取强力弹压的措施。① 光绪三十年至三十三年（1904—1907）敦煌发生了农民反对采买粮政策的抗粮斗争，这是一次农民自发的反抗官府肆意加税的正义斗争，最终迫使清政府废除了采买粮制度。

三、清朝敦煌的文化

随着社会经济的初步恢复和缓慢发展，敦煌的文化艺术也逐渐复兴。特别是自雍正三年（1725）沙州卫成立以来，一些官员和文人学者陆续来到敦煌，兴建学校，创办义学和书院，促进了敦煌教育事业的发展。在弘扬崇文重教风气的同时，还身体力行，从事有关敦煌地理和历史资料的整理与研究工作，留下了《沙州碑录》（汪德容）、《重修肃州新志》（黄文炜）、《敦煌杂钞》（图4-3）、《敦煌杂录》（常钧）、《敦煌县志》（苏履吉）等著述，这些著述从不同的角度记述了瓜、沙地区的历史、地理、军政、古迹、城堡、水利、民俗、人物、文艺及石窟、墓志、碑铭等。②

佛教在敦煌也得到复兴。清代敦煌佛教的发展主要表现在两方面。一是修建佛寺。如雍正三年（1725）在沙州卫城内西南隅建有大佛寺，雍正十年（1732）又在安西州属桥湾堡建有永宁寺。又据《重修肃州新志》记载，清代敦煌还修建了地藏寺。二是开窟造像和重修佛龛。清代对莫高窟的一些石窟进行了重修和营建，莫高窟第285窟、第152窟、第327窟、第342窟、第365窟、第450窟、第454窟等，都保存了工匠重修洞窟的题记。当时僧侣眼中的佛教圣地莫高窟，香火又繁盛起来。但从重修洞窟的情况来看，清代的绘画、雕塑技术和艺术水准已完全难与前代比拟。由

---

① 王冀青：《1907年斯坦因与王圆禄及敦煌官员之间的交往》，《敦煌学辑刊》2007年第3期。
② 李正宇：《敦煌学导论》，甘肃人民出版社，2008年，第109-111页。

于此时内地的佛教和佛教艺术已经衰落，与敦煌接邻的新疆地区的居民又多信奉伊斯兰教，这就使清代敦煌的佛教和佛教艺术成了无源之水。再加上清代的敦煌和明代一样，既非边防要塞，又远在甘肃通新疆的交通要道之南，不过是一个处在边远偏僻之地的小县城，其经济，尤其是文化远远落后于同时期的内地。

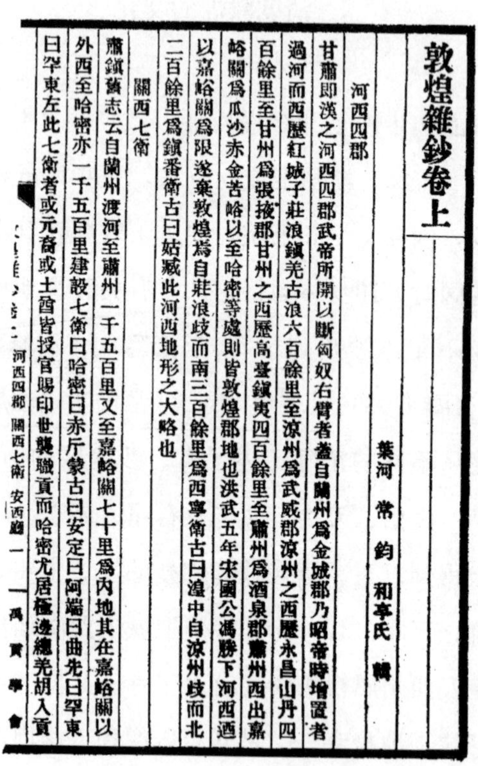
敦煌雜鈔卷上

葉河 常鈞 和亭氏 輯

河西四郡

甘肅即漢之河西四郡武帝所開以斷匈奴右臂者蓋自蘭州爲金城郡乃昭帝時增置者過河而西歷紅城子莊浪鎮羌古浪六百餘里至涼州爲武威郡涼州之西歷永昌山丹四百餘里至甘州爲張掖郡甘州之西歷高臺鎮夷四百餘里至肅州爲酒泉郡肅州西出嘉峪關爲瓜沙赤金苦峪以至哈密等處則皆敦煌郡地也洪武五年宋國公馮勝下河西迺以嘉峪關爲限遂棄敦煌爲自莊浪歧而南三百餘里爲西寧衛古曰湟中自涼州歧而北二百餘里爲鎮番衛古曰姑臧此河西地形之大略也

關西七衛

肅鎮舊志云自蘭州渡河至肅州一千五百里又至嘉峪關七十里爲內地其在嘉峪關以外西至哈密亦一千五百里建設七衛曰哈密曰赤斤蒙古曰安定曰阿端曰曲先曰罕東曰罕東左此七衛者或元裔或土酋皆授官賜印世襲職貢而哈密尤居極邊總羌胡入貢

河西四郡 關西七衛 安西廳 一 禹貢學會

图 4－3 《敦煌杂钞》书影

图片来源：黄永武主编：《敦煌丛刊初集》第 9 册，新文丰出版公司（台北），1985 年，第 15 页。

第五章　古代敦煌的历史特点及兴衰之因

以上各章对古代敦煌的历史作了概要的介绍，本章拟对其特点和兴衰原因略作说明。

第一节　古代敦煌的历史特点

一、古代敦煌是丝绸之路上的一个以中转贸易为特征的商业城市

古代的丝绸之路，是中西经济文化交流之路。早在汉代，这条道路就已经行旅不断，其中最著名的当属张骞两次通使西域。张骞以后，汉朝派到西域去的使臣，每年都有多则十几批，少则五六批。每批大的几百人，小的百余人。这些使团每次都携带内地的物品到西域去贸易，所以使者队伍实际上也是商队。同时，西域的使者和胡商也经常来往内地。正是通过敦煌这个中西交通的咽喉，中原地区的丝织品和金属工具被大量输送到西域。汉族的先进生产技术，如铸铁、凿井（包括井渠）、建筑技能等，也

经由敦煌传入了西域和中亚，促进了当地经济的发展和社会的进步。

与此同时，西域的葡萄、石榴、苜蓿、胡豆、胡麻、胡瓜、胡蒜、胡桃等植物，也陆续经由敦煌向东移植，中亚的毛布、毛毡及汗血马、骆驼等各种珍禽异兽，也源源东来，从而丰富了我国人民的经济生活。我们今天吃的东西有很多仍带有"胡"字，比如说胡萝卜、胡麻等。所以，如果没有丝绸之路的传播，我们现在的生活可能完全是另外一副样子。敦煌之所以能够成为商业城市，与三国时的地方官仓慈采取对商人的保护措施有关，这些措施吸引了西域各国胡商纷纷前来，使敦煌成为胡汉交往的商业城市。

到了唐代，政局稳定，经济繁荣，为中西友好往来和经济文化交流提供了良好条件。当时西域诸国的使者、西行求法和东来弘道的僧侣，不断通过敦煌往来于中原与西域以及中国与印度、西亚之间。经济交流也空前活跃，在当时敦煌的集市上，有内地来的汉族客商，更有从中亚各国来的胡商。各地来的行商坐贾在敦煌从事着交易，交易之物包括中原的丝绸和瓷器、西域的珍宝、当地的粮食等各种物品，使这个自曹魏以来形成的商业城市更加繁华。宋元以后，海上丝绸之路逐渐成为中西交通的主要通道，随着陆上丝绸之路的衰落，敦煌在中西交通中的地位也日趋下降。

二、古代敦煌是中西文化交流的文化都会

古代丝绸之路，还是中西文化交流之路。中西友好往来和文化交流的扩大，给敦煌带来了各种不同系统的文化，使其成为各种文化的汇聚之地。汉文化之外，发源于印度的佛教文化，在汉代经过敦煌传到中国内地。曹魏时期，已有僧人在敦煌传教的记载。西晋时期，高僧竺法护、竺法乘先后在敦煌从事译经和传教活动，竺法乘还建立了寺院，为敦煌在隋

唐成为全国佛教圣地奠定了基础。北朝时期，佛教石窟艺术传入敦煌，而早期敦煌石窟艺术间接受到了希腊文化的影响。

到了唐代，敦煌的文化更加绚丽多彩。佛教之外，当时还有袄教（拜火教）的神祠、寺庙。在晚些时候的敦煌白画中，也有袄教尊奉之神的形象。唐前期敦煌还建有景教寺院，名为大秦寺，藏经洞中就保存了七种景教经典。此外，藏经洞中还发现了开元年间写的摩尼教经典。这些都反映了中亚、西亚宗教在敦煌流传的情况。

在这个交汇着中国、希腊、印度、中亚、西亚等不同系统的文化都会中，汉文化自汉代以来就一直占据着主导地位。

敦煌地区的汉文化是汉武帝经营敦煌与河西时由移民和驻军带来的，并逐渐扎下根来，开花结果。东汉魏晋时，敦煌已出现张奂等一批全国知名的名儒。唐前期的沙州有许多传授汉文化的官私学校。当时沙州和唐王朝治下的其他地区一样，在敦煌城内州衙西三百步设有州学校，内有经学博士一人，助教一人，学生四十人。州学之下，敦煌县设有县学校，设博士一人，助教一人。私学则包括私人学塾和寺学。官私学校均以孝敬父师、忠君报国为主旨，所用教材则以儒家经典为主。敦煌文献中保存了《尚书》《易经》《礼记》《论语》《孝经》《毛诗》《左传》《穀梁传》《文选》等儒家典籍和《千字文》《太公家教》《开蒙要训》《新集严父教》等启蒙读物，其中一些就是当时学校的教材。

正是由于汉文化始终在敦煌占据着主导、支配地位，才使这里虽然是各种文化交汇的文化都会，却又没有成为各种文化的杂烩。因为有雄厚的汉文化基础，才使敦煌与河西不仅是一条文化交流的河道，还是一个文化交流的枢纽站。各种不同系统的文化在这里停驻的过程中，一方面互相融汇，一方面又从当地的文化中汲取营养，然后以多少带有敦煌与河西地方特色的、改变或发展了的形式，再从这里传向中土、青藏高原、蒙古草原乃至西方。如唐代深受中原人民喜爱的名为《凉州词》《甘州》的软舞曲，实际上就是在河西地区经过改编的西域乐舞。

三、古代敦煌是一个多民族聚居城市

据史书记载，汉代以前，曾有羌、乌孙、月氏和匈奴族群先后在敦煌地区活动。汉武帝将敦煌与河西纳入中原王朝的版图以后，通过移民和驻军等手段使汉族成为敦煌的主体民族。但因敦煌地处胡汉交接之地，所以，从汉至唐，汉族始终未能成为敦煌的单一民族。如在唐代，敦煌地区的居民有汉、退浑（吐谷浑）、吐蕃、回鹘等族群。甚至中亚来的胡商也在敦煌建立了聚落，如敦煌城东的沙州十三乡之一的从化乡，就是由以善于经商著称的中亚粟特人组成的。《沙州都督府图经》记述，沙州西北一百一十里处有兴胡泊，就是因为胡商在经过玉门关时常在这里停驻而得名。唐后期以降，回鹘在敦煌的影响越来越大。至宋代，史书在记载敦煌入使中原时，有时是将以汉族为主体的归义军政权与回鹘并列的，足见当时回鹘在敦煌的势力之大。归义军政权退出历史舞台之后，汉族虽仍为敦煌地区的主要民族，但敦煌地方政权却长期掌握在回鹘和西夏人手中。元明时期，敦煌则是在蒙古人控制之下。

可见，在敦煌的历史发展过程中，羌、乌孙、月氏、匈奴、汉、突厥、吐蕃、吐谷浑、回鹘、粟特、西夏、蒙古等诸多族群都曾在这里轮番演出或同时登台。也正是由于我国历代各族人民不间断的努力，共同经营开发这块土地，才有了作为文化宝库的敦煌。

同时，敦煌的文化和民俗也就不可避免地具有明显的多民族特色。学者研究表明，在吐蕃管辖敦煌时期，敦煌既使用汉语，也使用吐蕃语；既使用汉文，也使用吐蕃文。这样的民族文化景观，在中国的其他地方是很少见的。

四、汉唐时期的敦煌文化是具有国家级水平的地方文化

汉唐时期的敦煌，是对全国具有重要战略意义的边防重镇。由于军事上的重要性，中原王朝十分重视这一地区的经济和文化建设，使敦煌的经济和文化水平始终与内地相当。同时，由于敦煌是当时对外交往的窗口，是最早接触新事物和新文化的地区之一，在接受西方文化的影响方面有时还可以领先于内地。以佛教而论，在唐前期中外友好往来加强和文化交流扩大的背景下，唐前期的敦煌佛教，继续受到印度和西域佛教的影响，它能够从西方不断得到新的滋养。

由于敦煌能够及时从中原和西方两个方面吸收新鲜营养，所以，隋唐时期敦煌莫高窟的壁画和塑像，其艺术成就足以代表唐代，不仅在当时不知震撼了多少人的心弦，直到今天，也仍然具有极大的艺术魅力。

五代至宋，敦煌地区的文化水平逐步降低。以敦煌石窟艺术为例，中原宋塑、宋画的写实风格和多姿多彩的绘画技巧，未能对同时期敦煌石窟艺术产生明显的影响，说明这时候内地的文化已经影响不到敦煌了。

总之，古代敦煌文化是中国古代传统文化的重要组成部分。由于它是一个对外交往的窗口，所以它又具有多种文化相互交流、相互融汇的特征。

第二节 古代敦煌的兴衰之因

以上各章的叙述表明，自汉至清，敦煌经历了一个兴起、兴盛、衰落的历史过程。本节拟对导致这一过程的原因试作分析。

敦煌古代的历史，大致可以唐宋之际为界划分为两个阶段。前一阶段的敦煌，发展虽有曲折，但总的来说保持着上升的趋势；后一阶段的敦煌，虽经历了大一统的元、明、清三代，终于还是逐渐衰落下去。其上升的次序是：首先成为一个边防军事重镇（西汉时），尔后由于军事上的需要促进了对敦煌的开发，从而带来了经济上的繁荣。经济繁荣一段时期以后，才逐渐发展成为一个文化城市（十六国时），成为佛教城市就更晚一些（隋唐时）。其衰落的次序是：先在五代宋初时失去中原王朝边防重镇的地位，但其文化尤其是佛教还很兴盛。元代时经济有明显衰退，佛教虽仍在流行，但中原教派已趋衰微。到了明代，闭嘉峪关而治，敦煌孤悬关外，佛教也终于一蹶不振，昔日的边防重镇已沦落为一个不太起眼的塞外小城了。

一、敦煌的兴衰取决于其在全国的战略地位

敦煌之兴衰，与其在军事上能否成为中原王朝的边防重镇呈对应关系，而敦煌能否成为中原王朝的边防重镇，则取决于它在全国边防体系中的地位与作用，这又始终与中原王朝国都的设置及迁移密切相关。

自汉至唐，中原王朝的都城主要建在长安和洛阳两地，而以长安为主。对于建都在长安的王朝来说，河西特别是敦煌在整个边防体系中的战略地位是极为重要的。由于河西特殊的地理位置，它如果不在中原王朝的控制之下，占据河西的政权进可寇扰秦陇，退可静观大局；向北可通过额济纳河流域通道与蒙古高原连成一片；向南可以和青藏高原的少数民族结盟；向西可以攻击甚至控制西域。又由于河西具有宜农宜牧的优越自然条件，它还可以成为重要的经济基地。上述形势一旦形成，中原王朝的边防就会在战略上处于被动地位，甚至国都长安也会受到威胁。但是，如果河

西控制在中原王朝手中，形势就完全不同了。不仅蒙古高原与青藏高原的联系被隔断，而且进可控制西域，退可固守河西。这样，秦陇就无外患之虞了。位于河西最西端的敦煌，是河西的门户。当中原王朝对西域采取攻势时，它是前线的后方基地；当中原王朝处于守势时，它又担负着屏蔽河西的重任。所以，在河西地区，又以敦煌的战略地位最为重要。这一点从前述汉、唐中原王朝与少数民族政权及其他割据政权的斗争中，可以看得十分清楚。

汉初，河西为匈奴所占据，是其重要的经济和军事基地。匈奴势力在河西、蒙古高原和西域连成一片，十分强大。西汉王朝虽被迫采取和亲政策，匈奴仍是常常入侵。由于河西在匈奴手中，陇西不时受到侵扰。同时，西汉王朝北部的安定、北地、上郡等地也经常受到匈奴侵扰。这不仅使西汉王朝的边疆地区受到来自两个方向的钳形夹击，处于被动挨打的地位，国都长安也不时受到威胁。汉武帝把匈奴势力赶出河西以后，汉王朝在战略上就取得了对匈奴斗争的主动权。首先是隔断了匈奴与青藏高原羌人的联系，而且以河西为军事基地，不仅经常向北出兵攻击匈奴，还向西进一步控制了西域，即使在形势不利时，还可坚守敦煌以确保河西。这就保证了中原王朝腹地的安全。而匈奴失去了河西这个重要的经济、军事基地以后，势力大为削弱。对匈奴斗争的胜利使汉武帝更加重视敦煌与河西在边防上所起的作用，于是下决心对这一地区进行经营和开发，使它在不长的时间内由一个不知名的居民点发展成为具有与内地相当的经济和文化水平的边防军事重镇。

隋末唐初，李轨自立于河西，薛举占据陇右，他们称臣于突厥，与占据着蒙古高原并控制着西域的突厥连成一片，对新建立的唐王朝构成严重的威胁。不仅突厥频频寇扰，薛举父子也不断向东用兵。为了在战略上取得边防主动权，唐王朝很快消灭了薛氏父子和李轨政权。这既剪除了突厥的羽翼，又隔断了突厥与吐蕃的联系，使唐王朝以后在同突厥的斗争中以及开拓西域时始终占据着有利地位。由于敦煌及河西的得失关系到整个边防大局，所以唐王朝始终十分重视对河西特别是敦煌的经营，使敦煌在开元天宝之际发展到了它的鼎盛时期。在军事上，它是中原王朝的边防重镇，经济上也成为全国的富庶地区。由于政局稳定，经济繁荣，中西交通也空前发达起来，不仅商旅如流，而且西域的乐舞和西方的宗教与中原的文化在此交汇、融合，使敦煌成了中西文化交流的枢纽。特别是自西晋时起就开始在此传播的佛教，有了进一步的发展，并已深入民间。在北魏时已蔚然成风的开窟造像活动，此时更加兴盛，其艺术成就也达到了高峰。

以上事实说明，敦煌之所以能够在汉代兴起，在唐代兴盛、繁荣，主要是由于它在定都长安的中原王朝的边防体系中起着重要作用。这些中原王朝的统治者之所以十分注意对河西特别是敦煌的经营，是基于全局性的利害关系。"欲保秦陇，必固河西"[①]，如果秦陇不保，就会危及国都根本。故秦陇必保，因而河西也就必固。

在自汉至唐的1 100多年间，控制敦煌的中原王朝以长安为都城的有西汉（共231年）、西魏（共21年）、北周（共24年）、隋（共37年）、唐（共289年）。十六国时期，中原社会动荡，而此时的敦煌仍维持着政治相对安定、经济持续发展的局面，不仅早已扎根于此的中原文化未曾沦替，而且由于一些中原学者避乱于此而使中原文化大放异彩。先后管辖敦煌的前凉、前秦、后凉、西凉、北凉（共129年）等几个政权，除前秦定都长安外，其他都割据河西，作为河西门户和边防前线的敦煌对它们更加重要，非尽力经营不可。建都在洛阳或离敦煌更远一点的有东汉（共195年，包括晚期建都许昌的24年）、曹魏（共45年）、西晋（共47年）、北魏（共93年，包括以平城为都的52年）。总计都城在长安或长安以西的

---

① 《读史方舆纪要》卷六三《陕西十二·甘肃镇》，中华书局，2005年，第2972页。

朝代与政权有10个，管辖时间达730年多一点；都城在洛阳或更远一点的朝代与政权有4个，管辖时间为380年。洛阳在长安以东数百里，对于定都在这里或离敦煌更远一点的政权来说，敦煌与河西在全国边防体系中的战略地位有所下降，这必然会影响统治者对这一地区的重视程度。如北魏政府中就曾出现过放弃敦煌，把边防线后撤到凉州的动议。① 这当然不利于敦煌的发展。所以，汉唐间敦煌的发展并不是一帆风顺的。但由于自汉至唐敦煌处于这样的时期只有不到1/3的时间，其余2/3以上的时间统治敦煌的政权为了国都的安全一定会重视对它的经营。且东汉法统西汉，在其管辖敦煌的近200年中，对敦煌地区一直比较重视。这就从根本上决定了敦煌在汉唐之间保持上升的总趋势。

  唐代以后，由于种种原因，中原王朝的国都逐渐向东向北迁移。五代时游移于洛阳、开封之间，北宋定都开封。以后，元、明、清三代，基本上是以北京为都。

  中原王朝的都城距敦煌越来越远，敦煌在整个边防体系中的战略地位也就随之逐步下降。以前，敦煌与河西的得失，是一个危及根本、全局的战略问题，现在则变成了一个西北地区的局部问题。秦陇即使不保，国都也不至于受到威胁。

  与国都的迁移相关，宋以后中原王朝的边防重点也发生了变化。唐以前，危及全局的边患大多来自长安的西北边、北边；宋以后，主要威胁则来自开封、北京的北边和东北边。这就使中原王朝的战略防御重点随之大大地向东向北迁移。国家边防重点的远迁，也导致敦煌在整个边防体系中的地位不断下降。这样，敦煌也就逐渐不再受到统治者的重视。原本是靠中原王朝的军事部署和人力、物力的投入才兴起、兴盛的敦煌，一旦失去中原王朝的重视和支持，其衰落也就不可避免了。

---

① 《魏书》卷四二《韩秀传》，中华书局，1974年，第953页。

北宋的边防重点是北边的辽和后来的金，主要战场在河北的幽州与河南的澶州，北宋最为重视的战略防线是河北平原的保州至泥沽海口一线，即开封的北方、东北方。而两汉、隋唐时与少数民族政权斗争的主要战场和防范重点是在长安的西北部、北部。二者比较，主要战场和战略防线大大地东移了。北宋与西夏在李继迁和李元昊时虽也曾两度交战，但更长时间内是保持和平局面。而且，对以开封为都的北宋王朝来说，灵州一带已是西北边陲，得失不足以动摇全局，当然也就不能成为边防重点。敦煌在灵州以西，离开封更远，其地位也就更加微不足道了。所以，五代宋初时，曹氏归义军政权统治的敦煌虽然还保存着汉文化的根基，且在中原佛教开始走下坡路的历史条件下，敦煌的佛教文化仍保持着繁荣的景象，但在战略意义上已失去了作为中原王朝边防军事重镇的地位。以后这里又落到了西夏手中。在唐代，敦煌与河西属于内地，到北宋时，就被视为外藩了。当然，此时敦煌的地位还没有降到谷底，它仍是河西的门户，其得失仍关系到河西甚至整个西北地区的安危，故仍是西北地区的边塞要地。

元代的都城设在大都（北京），与北宋相比，都城离河西更远，敦煌在全国边防体系中的地位也就进一步下降。但由于它仍是西北地区的边塞要地，且处在河西与西域地区驿站体系的重要节点位置，敦煌的枢纽作用相比于汉唐时期固然有明显下降，但东西方旅行家和商人仍然经常选择经由敦煌的道路东来西去，故元统治者对这一地区的防守尚能注意，不仅配备了一定数量的戍军，还曾征调民夫修筑沙州城。尽管如此，地区性的边塞要地自不可与全国性的边防重镇同日而语，前者所需的人力、物力等物质基础比后者要小得多。于是元统治采取了从敦煌往甘州移民的措施，其结果是使敦煌在经济上也迅速衰落。

明朝的劲敌先是北部的蒙古人，后是东北的女真人。这迫使明统治者把边防重点先是放在国都北京的北部，后是放在东北部。尽管如此，北部蒙古族的瓦剌部还曾兵围北京，东北的女真族统治者皇太极也曾兵迫都城。在这样的历史条件下，明统治者根本无暇经营西北边荒的小镇敦煌。所以，号称古代盛世之一的明朝，也没能给敦煌带来复兴的希望。不仅复兴无望，明统治者在设防时还在肃州以西修筑了嘉峪关，并以此为河西的门户，派兵据守，从而使西北地区的边塞要地从敦煌后撤到了嘉峪关和酒泉。这一时期的东西陆路通道尽管仍然经过嘉峪关以西地区，但却往往绕过敦煌，随之而来的是嘉峪关通哈密之路成为中原与中亚往来的陆路干线。这就意味着在明王朝防线之外和中西交通陆路干线之南的敦煌进一步失去了屏蔽河西与中西交通中转站的地位，其得失不仅无碍整个边防大局，甚至对河西也没有多大影响了。地位如此，它的进一步衰落也就成为必然了。这是敦煌的悲哀，却不是明统治者比汉唐统治者缺乏远见，明统治者对北部、东北部边防的经营绝不亚于汉唐统治者对西北的经营，以致史家有"终明之世，边防甚重"[①]的评语。

到了清代，敦煌又回到了中原王朝的怀抱，并且由于招民屯种而使其经济有所复苏。但是，春风难度嘉峪关，由于使敦煌兴起、兴盛的历史条件一去不返，所以终清之世，它也不过是西北边陲的一个不为人注意的小县城。

需要说明的是，敦煌历史上人口的增减，起主要作用的不是自然因素，而是政治因素。首先是利用行政手段派兵和移民。西汉时不但在此派驻重兵，而且还从内地往这里大量移民。元代时则是把这里的大量居民内迁。明代时连占据这里的少数民族也被相继内迁。不同时期的统治者采取完全相反的措施并非偶然，而是由于敦煌的地位已发生变化使然。其次是中原的战乱。唐以前由于敦煌是中原王朝的边防重镇，又由于河西在地理上是一个相对独立的区域，故在中原离乱时握有重兵的大将往往据河西自

---

① 《明史》卷九一《兵志三·边防》，中华书局，1974年，第2235页。

立。如汉代的窦融、西晋的张轨、前秦的吕光等均属此类。在这种情况下，苦于战乱的人们往往去投奔相对安定的河西，从而使这个地区的人口有所增长。这些投奔河西的人有不少留在了敦煌，他们中不乏文化人，所以，敦煌文化的发展也往往是在这样的历史时期。唐以后，由于敦煌已非中原王朝的边防重镇，而是在长时期内成为少数民族的活动区域，故即使中原有战乱，如元末、明末，人们也不会到那里去避难了。

二、影响敦煌兴衰的其他因素

首先，古代的敦煌的历史还表明，中原王朝的盛衰对敦煌的兴衰也有重要影响。当中原王朝国力强盛、内部稳定、处于盛世时，敦煌就发展较快，如西汉前期、唐前期等。反之，它的发展就慢一些，甚至会停滞、倒退。如东汉末年的中原大乱和唐代的安史之乱也对敦煌产生了不利的影响。但上述影响只是局部的和短时期的，它不能改变唐以前敦煌兴起、上升和唐以后敦煌逐渐衰落的总趋势。唐以前，中原王朝即使力量不足，也要尽力守住敦煌这个边防重镇。唐以后，即使在元、明、清三代的全盛时期，也未采取复兴敦煌的措施。

其次，少数民族的活动也是影响敦煌兴衰的一个因素。在中国古代，一般来说，少数民族与汉族相比，在经济、文化、社会制度诸方面要落后一些。敦煌在西汉以前，是少数民族活动的区域，当然比较落后；从汉至唐，它基本上被控制在汉族手中，故赶上了内地的发展水平。从西夏占领到明代，它基本上又成了少数民族的活动区域，这也是它日益衰落的重要原因。但少数民族能否占据敦煌，除与少数民族政权和中原王朝力量对比有关外，也受到敦煌在全国边防体系中地位变化的制约。如西汉前期，敦煌本在匈奴控制之下，但由于其战略地位非常重要，所以西汉王朝一旦积蓄了足够的力量，就立即用武力把匈奴赶走，并将敦煌牢牢控制在自己手中。而在明初，把蒙古残余从敦煌赶走本是轻而易举之事，但由于其地位已无足轻重，故听任少数民族占据。

最后，丝绸之路的兴衰对敦煌的兴衰也有一定影响。自汉至唐，丝绸之路一直比较兴盛。元代以降，海上交通日益发达，中国和西方各国往来多半改走海路，从中亚到蒙古的草原丝绸之路也日益繁忙，使经由河西的丝绸之路逐渐失去了它的重要性。明代以后，甚至河西通中亚的干线也不再经过敦煌。这些也是致使敦煌日益衰落的重要因素。

但是，我们也不能过分强调丝绸之路兴衰对敦煌兴衰的影响，因为丝绸之路的兴衰在很大程度上也取决于中原王朝对敦煌与西域的控制。当中原王朝牢固地控制敦煌与西域时，丝绸之路就比较兴盛，如西汉前期、唐前期等。反之，丝绸之路就萧条，如在西夏占领敦煌及河西时，商人与使团就不得不去开辟敦煌及河西以外的新路。而且，唐以后，中原王朝国都的迁移，对经由敦煌的丝绸之路的衰落也有重要影响。

总之，古代敦煌兴起、兴盛的过程，就是以长安为都的中原王朝把它建设成为一个与内地经济、文化水平相当的边防军事重镇的过程。其衰落的过程，也就是由边防重镇逐步下降为塞外小城的过程。这中间，中原王朝与丝绸之路的兴衰以及少数民族的活动等因素也在不同时期、不同程度上发生过积极或消极的影响。从表面上看，敦煌的兴起、兴盛与衰落主要是由于人为的因素，但人们并不能随心所欲地创造历史，在历代统治者人为活动的背后，中原王朝国都的所在地和边防重点的位置起着决定的作用。

中篇 | 敦煌石窟艺术

敦煌石窟艺术是我国传统民族文化在外来佛教和佛教艺术刺激下产生出来的一种艺术形态。一般认为它应包括敦煌莫高窟、敦煌西千佛洞（有洞窟19个）、榆林窟（在甘肃瓜州县，有洞窟42个）、东千佛洞（在瓜州县，有洞窟23个）、水峡口下洞子石窟（在瓜州县，有洞窟8个）、五个庙石窟（在甘肃肃北蒙古族自治县，有洞窟22个）、一个庙石窟（在甘肃肃北蒙古族自治县，有洞窟2个）和玉门昌马石窟（在甘肃玉门市，有洞窟11个）。将上述石窟群纳入敦煌石窟艺术范围的理由有二：一是这些石窟群均在古敦煌郡（沙州）、晋昌郡（瓜州）的范围之内，而敦煌郡在很长时间内是两郡的政治、经济、文化中心；二是上述各石窟群的艺术风格同属一脉。限于篇幅，本书只重点介绍在数量和艺术水平方面都最具代表性的莫高窟，兼及榆林窟的一些有代表性的洞窟。

莫高窟始建于前秦建元二年（366）（或认为此"建元"年号应属东晋，即344年）[①]，经北凉、北魏、西魏、北周、隋、唐、五代、宋、西夏、元等朝代，历时千年，在武周时已有"窟龛千余"。这些历代开凿的洞窟密布岩体，大小不一，上下错落如蜂窝状，全长达1 600余米。莫高窟窟群被分为南北两区，现存大小洞窟735个，其中存有壁画、塑像的洞窟492个，多分布于南区；北区除5个洞窟有壁画外，其余250余个窟均无壁画、塑像，多为当时僧人居住的僧房和库房等。有编号的492个窟共有壁画约45 000平方米，彩塑3 000余身。这些石窟以彩塑为主体，四壁及窟顶均彩绘壁画，地面漫铺花砖，窟外有窟檐，是当时佛教信徒修行、观像和礼拜的处所。敦煌石窟是石窟建筑、彩塑和壁画三者合一的佛教文化遗存。以下按照时间顺序，简要介绍各个时期敦煌石窟艺术的特点和主要内容。

[①] 王素：《敦煌出土前凉文献所见"建元"年号的归属——兼谈敦煌莫高窟的创建时间》，载季羡林等主编：《敦煌吐鲁番研究》第二卷，北京大学出版社，1997年，第13-22页。

第六章　敦煌石窟艺术的起源及其发展

本章叙述敦煌石窟艺术的起源，概要介绍十六国、北魏、西魏、北周时期敦煌莫高窟的发展概况及其特点。

第一节　早期敦煌石窟艺术（十六国时期）

一、莫高窟的初建

据唐《武周圣历元年（698）李克让修莫高窟佛龛碑》记述，"（前）秦建元二年（366），有沙门乐僔"，"尝杖锡林野，行止此（鸣沙）山，忽见金光，状有千佛"。乐僔被这种奇异的景色感动了，他认为这里是圣地，于是就募人在莫高窟"造窟一龛"。其实，乐僔所见的金光与千佛，应和海市蜃楼一样，是大气中由于光线的折射作用而形成的自然现象。但因乐僔是严守戒律、离世脱俗的禅僧，所以，他所见的海市蜃楼也就充满了神圣的佛教色彩。乐僔之后，大约前秦建元十二年（376）到太安元年

(385),"次有法良禅师,从东届此,又于傅师龛侧,更即营建"[①]。从首先在敦煌开窟的两位僧人都是禅僧这一点来看,他们所开的石窟很可能是专为他们修习禅定的窟龛。

二、十六国时期敦煌石窟艺术

法良以后,随着敦煌佛教的隆盛,莫高窟也渐渐出了名,在这里开窟的人渐渐多起来了。但是,早期开凿的洞窟,由于时代久远,以后各代对前代建造的洞窟不断进行改造,再加上战争的破坏和风沙的侵蚀,最早开凿的"乐僔窟"和"法良窟"已无从查考,或者已经崩塌,或者已被后代改造。整个十六国时期莫高窟开窟的数量,现在也已不得而知了。一般认为,现存十六国时期的洞窟只有7个,其中第268窟为多室洞窟,内含267、269、270、271四个小窟,另外两个洞窟的编号为272、275,与268窟一起被称为"北凉三窟"。这7个洞窟开凿于公元5世纪初,即北凉统治敦煌时期。但这几个洞窟也都因为经过后代重修,不完全是原貌了。下面分别从洞窟形制、彩塑艺术、壁画艺术三个方面简要介绍此期的石窟艺术。

1. 洞窟形制

北凉洞窟的建筑形制风格不同,在洞窟形状、内部构造、洞窟功能上呈现出多样化面貌。如第268窟平面呈长方形,为多室组合洞窟。该洞窟无前室,中央长方形过厅后壁开一佛龛,内有交脚佛像;窟顶由两大两小共四方泥塑彩绘平棋构成,属于仿木结构;洞窟南北两壁各开两个一米见方的小禅窟,这四个小窟是供僧侣们坐禅用的,所以这一组石窟又被称为"禅窟"。第272窟平面呈正方形,为单室洞窟。该窟正壁开有较大圆券

[①] 李永宁:《敦煌莫高窟碑文录及有关问题(一)》,《敦煌研究》1982年第1期。

龛，龛内塑倚坐佛像；窟顶为覆斗状，又有叠涩式藻井，带有西域游牧民族居所痕迹；洞窟南北两壁无佛龛，窟内有较广阔的活动空间以供信徒礼拜。这种石窟形如殿堂，所以被称为"殿堂窟"。第275窟平面呈长方形，洞窟正面无佛龛，正壁塑一大型交脚菩萨像，坐于双狮宝座上；窟顶为盝形顶，南北两侧呈纵向人字披形，上面浮塑脊枋和椽子，与中国传统建筑的屋顶四披形式颇为相像；洞窟南北两侧墙壁上半部各开三个佛龛，其中阙形龛各两个，位于南北侧窟壁东西两端。双树圆券龛各一个，位于南北侧窟壁中央。

现存北凉时期三个洞窟各不相同的洞窟结构与佛像塑造，承载了坐禅、冥想、礼佛等功能，反映了在莫高窟建造初期，洞窟形制尚未形成统一的规范。

2. 彩塑艺术

敦煌彩塑制作方法多样，有浮塑、圆塑、悬塑、影塑等多种类型，北凉洞窟中的彩塑均以浮塑方式塑成。由于浮塑是依附在一面墙壁上，通过透视等方法来表现塑像立体感，故常常只供单面观看，往往是雕塑与壁画相互配合才能构成完整的展现主体。如第268窟正壁佛龛内一佛两菩萨的图景便是通过佛塑与壁画相互配合呈现出来的。以壁画表现佛光，并于佛龛南北壁内侧画胁侍菩萨，不仅与塑像主体配合构成完整展现对象，更在有限的空间内表现了丰富的内容。第275窟西壁佛龛内呈现出来的倚坐佛形象更是体现了浮塑与壁画配合的方式所具有的表现容量大的特点。佛龛内部正壁配合佛像绘以佛光，佛光间隙规则排列小佛图、飞天小画；佛龛内南北壁各绘一较大胁侍菩萨图，间插小佛图与飞天。壁画内容大小错落有致，与静坐于中央的佛像相映成趣。观者于洞窟中远远看去，佛龛内繁而不乱、静中带动，在这种静穆与活泼的巧妙组合下，整个洞窟所塑造的佛国世界仿佛活了起来。不过，北凉时期的浮塑与隋唐及以后一铺多身的离墙圆塑相比，确实略显简略，反映了莫高窟塑像制作的早期形态。

洞窟的主体是佛的塑像，位置显著。莫高窟的造像与内地的云冈、龙门等处的石窟造像不同。云冈、龙门的佛像都是依山雕凿而成，但鸣沙山属第四纪玉门系的砾岩层，系由积沙和河卵石沉淀粘结而成，不适于雕刻。所以，莫高窟的佛像都是敷彩的泥塑。这种塑像是根据形体的大小来确定塑造的方法。小型彩塑是用木条根据塑像姿势制成骨架，然后在木条上捆扎芦苇或芨芨草，然后在上面敷泥，塑制成形，最后上色完成。这种塑像方法也被称为木胎泥塑。塑造高（或长）十米以上的彩塑，多在开窟时预留塑像石胎，然后在石胎上凿孔插桩，再于表层敷泥上色，称为石胎泥塑。这种泥塑的表现力比石雕更为丰富、有力。北凉洞窟内的佛像均采用木胎泥塑方法制作而成。

北凉洞窟的塑像都是单身塑像，且多以弥勒像为主尊，这大约与禅修中弥勒能决疑有关。弥勒像一般都在中心柱和南北壁上层阙形龛中，表示弥勒高居"兜率天宫"。第268窟的交脚弥勒像是莫高窟最早的彩塑佛像。它的手臂已残损，头顶有重修痕迹；发髻为高肉髻，上有装饰性波浪纹；身披红色偏右袒袈裟，以阴刻线塑出袈裟衣纹；形体呈宽肩窄腰状；宽额高鼻，面部含笑慈祥，神情庄重；两脚相交，垂在座前，整体造型简洁洗练。第272窟正壁佛龛内塑倚坐佛像，双腿自然下垂，双脚置于平台上，端坐于方形佛坛上。其双臂也已残损，头部经过重修；身披红色偏右袒袈裟，内着浅色团花纹僧祇支，以贴泥条纹形式表现袈裟衣纹；其形体、神情与第268窟交脚弥勒像颇为相似，宽肩窄腰，眉目含笑。第275窟可称为弥勒窟，主像和壁龛中均为"莲花跏坐"弥勒菩萨。正面主尊为交脚弥勒菩萨，这是莫高窟现存最大的弥勒菩萨。其右手残损，左手置于膝上，掌心向上作与愿印。他面颊丰满秀雅，五官线条柔和，鼻梁高隆，直通前庭，眼珠外突，鼻翼单薄，嘴唇微抿，神情庄静，头戴宝冠，发披两肩，袒胸露臂，项饰璎珞，腰束羊肠裙，扬掌交脚，坐双狮座。整个塑像造型简括，稳定挺拔，给人以体魄雄健的感觉。其头上的阙楼象征着弥勒所居住的兜率天宫。按照佛教的说法，弥勒是未来佛。他先佛入灭，生于兜率天宫，当佛祖释迦牟尼的教法尽灭之后，经过很长时间，弥勒将下生人间，于华林园龙华树下成佛说法。到那时世界上就会出现一种七收、树上生衣、山喷香气、地涌甜泉、路不拾遗、夜不闭户的极乐世界。这一时期人们对弥勒的供奉，实际上反映了5世纪前半叶饱受动乱之苦的敦煌民众盼望弥勒早日出世，结束战乱的愿望。

3. 壁画艺术

壁画是画在窟顶、四披、四壁、佛座、中心塔柱四壁、窟室门外上侧及两侧的各种彩色画面。壁画是与塑像相配合的，二者结合成一个佛教世界。走进洞窟，就如同走进佛国，观者既能受到佛教的教化，也可欣赏佛教艺术之美。

莫高窟的壁画多数属于水粉壁画。它的制作程序是先把碎麦秸和麻刀和成的泥涂抹在壁面上，其厚度约半寸，然后再在泥壁上涂上一层薄如蛋壳的石灰面，打磨光滑作底。作画时先用赭红色打底，也有用淡墨线打底的。所用颜料大都是粉质的，不透明，层层涂绘，最后再用色或墨线描绘一层就完成了。壁画所用颜料有烟炱、高岭土、赭石、石青、石绿、朱砂、铅粉、铅丹、靛青、栀黄、红花（胭脂）等十几种。其中石青、石绿、朱砂、赭石等为矿石颜料，不易变色，唯赭石颜色会略为变深；但含铅的颜料却往往因氧化由白变黑。所以，莫高窟早期的壁画至今颜色多已变得暗淡、浓厚。这虽已非当年本色的壁画，却也另有一番魅力。

莫高窟的壁画内容十分丰富，且在每一个石窟中大体上都有一个整体布局。一般说来，四壁的中间部位，即人们平视的最佳部位，画佛像和主题故事画；这些画的下边是小身的供养人，即出资造窟者的画像；四壁上端，绕窟画天宫伎乐；壁画中部的空隙处，则布满千佛；窟顶画平棋、藻井等装饰性图案。

北凉时期洞窟内的壁画，是为禅僧们修习禅定和善男信女巡礼瞻仰用的。主要内容有佛说法图、佛传故事和佛本生故事。

此期以佛为主尊的说法图很多。如第272窟的弥勒佛说法图即为其中代表。画中的弥勒佛盘坐于中心莲台，右手上举，作说法印。两边有两位胁侍菩萨侍立。佛头上悬华盖，身后有项光背光，另还有供养菩萨在背光上方，在华盖两侧还有两身飞天环绕飞翔。此图中的佛、菩萨、飞天造型，都明显受到西域艺术风格的影响。

佛传故事，又称"本行故事"，主要讲述释迦牟尼的生平事迹。敦煌壁画的佛传图，大多是依据佛经的有关记载绘制的。第275窟南壁就有一幅佛传故事画，表现悉达多太子在出家前"出游四门"，分别遇见老人、病人、死人及僧人的情景。画中人物形象具有西域人物的特征，而城门的建筑样式则是明显的中国传统建筑形式，门楼的屋檐及斗拱等也历历可见。

这一时期的壁画，最引人注目的是佛本生故事画。所谓本生故事，主要是讲述释迦牟尼前生的故事。按照佛教的说法，凡是有生命的东西都永远像车轮一样在地狱、饿鬼、畜生、阿修罗（八部众护法诸神之一）、人间、天堂等六个范围内循环转化，这就是所谓"六道轮回"。释迦牟尼在成佛以前，当然也在轮回之中，但因他是圣者，所以早在成佛以前的若干世轮回中，就积累了很多教化众生、舍身救人的善果。这类事迹被佛教徒称为本生故事。实际上本生故事不过是印度佛教徒把许多民间寓言和传说，穿凿附会成为《佛本生经》，把其中好的主角说成是佛的前生，而坏人则说成是佛的仇敌"调达"和魔王"波旬"的前生。

这些来自民间的本生故事，通过艺术家的彩笔，成为莫高窟壁画中最富有人间气息的动人作品。如第275窟中的"尸毗王本生"，描绘的是佛的前生尸毗王舍身救鸽子的悲壮事迹。画家通过割肉和过秤这两个相连续的主要情节，概括了故事的整个过程。画面结构虽然简单，但主题却十分明确（图6-1）。在第275窟还画有"毗楞竭梨王本生"和"月光王本生"。这类宣扬忍辱牺牲、累世修炼的题材的出现，也是时代苦难的曲折反映。频繁的战乱使民众遭受巨大牺牲，就是统治阶级的安全，也常没有保障。面对这种血淋淋的现实，佛教宣扬的在现世忍辱牺牲，以求来世成正果的教义，自然较易于被人们接受，使他们在精神上得到一些慰藉。他们希望有舍己为人的救世主出现，拯救他们于水火。我们从这些作品的悲惨内容中，也仿佛真的接触到了那个苦难世代的善良人民，听到了他们的叹息和呻吟。

图6-1 "尸毗王本生"局部——割肉（北凉），
莫高窟第275窟，陈丽萍绘

三、十六国时期敦煌石窟艺术的渊源

十六国时期的敦煌石窟艺术，明显受到希腊文化和印度文化的影响。敦煌石窟艺术是一种宣传佛教思想的文化艺术。这种佛教艺术与佛教一样发祥于印度。所以，它受到印度文化的影响，是很自然的事情。而佛教艺术在形成过程中又受到希腊文化的影响。印度文化与希腊文化融汇于犍陀罗艺术中，经由丝绸之路传入中国，对敦煌石窟艺术产生重要影响。

佛教艺术在印度形成的时间，是在佛教创立二百年以后。其原因是佛教在创立初期，没有偶像崇拜，并且还禁止塑造释迦牟尼的形象。印度佛教徒开始大造佛像，是在孔雀王朝的阿育王时期（前273—前233）。阿育王在统一了印度以后，皈依了佛教，此后他终身致力于在印度传播佛教，在印度掀起了信仰佛教的热潮。这一时期，犍陀罗地区（在今巴基斯坦的白沙瓦和阿富汗东部一带）的工匠开始进行佛教艺术的创作。犍陀罗地区在孔雀王朝以前，曾被希腊人建立的亚历山大帝国占领，受希腊文化影响很深。而参与佛教艺术创作的工匠中，有一部分就是希腊人的后裔。这个地区的工匠在从事佛教艺术的创作时，糅合了希腊、印度以及波斯的艺术手法，从而形成了艺术史上著名的犍陀罗佛教艺术。印度著名的阿旃陀石窟就开凿于这一时期，这个石窟中有精美的雕塑。到公元2世纪初，贵霜帝国的国王迦腻色迦，明确废止了不许造佛像的戒条，许多地方在修建塔寺的同时，也开始修建佛像，从而推动了犍陀罗艺术的发展。

犍陀罗艺术形成以后，便经由三条路线向外传播，其中有一条就是从大月氏越过葱岭传入我国。在传入敦煌之前，先在西域传播。我国目前最早的石窟寺，就是位于丝绸之路北道的古龟兹地区的克孜尔石窟，其开凿年代大约在东汉晚期。也就是说，发源于印度的佛教艺术在传入敦煌以前，已在西域流传了一个多世纪。在这期间，犍陀罗艺术已与西域本土文化相结合，形成了一种新的西域风格的佛教艺术。所以，准确地说，十六国时期的敦煌石窟艺术，直接受西域佛教艺术的影响，间接受希腊文化和印度文化的影响。

其一是在内容结构上，借鉴西域石窟艺术。如上述第275窟的"尸毗王本生"壁画，与新疆吐鲁番吐峪沟第三洞的"尸毗王本生"如出一辙。其二是在人物造型上，与西域佛教艺术有许多共同之处。如克孜尔石窟的菩萨像，面相丰圆，鼻直眼小，五官聚集在面部中央，人体比例较短，身躯丰肥茁壮，这些特点及沉静恬淡的人物表情，都可在十六国时期敦煌的壁画中看到。其三是在壁画表现技法上，也受到西域的影响。壁画表现技法，特别是表现人物立体感的明暗法，即以朱色层层叠染，再用白粉画鼻梁、眼睛和眉棱，以示隆起。这种办法传自印度，被称为"凹凸法"或"天竺画法"。这种画法被西域各族吸收以后，创造了一面染两面染等具有西域特色的新方法。十六国时期的敦煌壁画直接接受了这种晕染法。如第272窟西壁的菩萨用的就是这种画法。这种画法是以往中国绘画中所未见的方法。其四是就连壁画中人物的衣冠服饰，也基本上袭用了西域石窟中那种混杂印度、波斯风习的装束。

当然，十六国时期的敦煌石窟艺术，也不可避免地受到了本土汉文化的影响。

十六国时期的敦煌石窟艺术绝不是原封不动地照搬西域的佛教艺术。作为外来的宗教艺术，要想在汉文化发达的敦煌扎根生长，获得当地民众的喜爱，就必须在题材内容、主题思想和艺术风格方面，都要和当地的思想文化协调一致，以适应当地的风土人情。如在西域相当流行的印度式"丰乳细腰大臀"的裸体舞女和菩萨，一到敦煌便销踪匿迹，代之以"非男非女"的菩萨、飞天和伎乐的形象。这显然是在不违背佛教思想的前提下，为适应儒家审美观而作出的改变，这应该说是佛教艺术中国化的一个表现。如第272窟内的菩萨，俯首沉思，诚挚而宁静。这种淳和庄静的人物风采，也是佛教和儒家的一致要求。十六国时期的石窟艺术，深深受到儒家"仁"和"静"思想的熏陶，在艺术内容和风格上，或多或少都印上了一层儒家的色彩。

十六国时期的敦煌石窟壁画，也受到了汉晋壁画的影响，特别是敦煌与河西魏晋墓室壁画的影响。如单幅画和稍后出现的组画、横卷式的故事画等，每画都有榜题，采取了传统的"左图右史"的形式。技法方面采用了墓室壁画中所使用的线描。运用这种方法，可以用简练的笔墨塑造出真实、生动、性格鲜明的人物形象。它一般用粗壮有力的土红线起稿，勾出人物头面肢体轮廓，然后敷彩，最后再描一次墨线完成。由于石窟壁画画在石窟里长期供人瞻仰，还要通过艺术形象去吸引人、感染人，以达到宣传佛教的目的，因此一般都比墓室壁画严整精致。所以，在上色完成后，还要普遍描一次定形线，把人物的形体和精神面貌显示出来，以加强形象的艺术魅力。十六国时期的线描如"春蚕吐丝"，秀劲而圆润，适合描写沉静温婉的人物。第272窟的线描，技法纯熟，是早期线描画的典型。用这种方法塑造形象，有利于体现"以形写神"的中国传统美学思想。

十六国时期的敦煌石窟建筑及窟内的装饰图案画，也深受汉民族传统建筑形式的影响。如第272窟的形制，明显受到我国古代殿堂建筑形式的影响。第275窟窟顶浮塑的脊枋、椽子，显然是将中原木构建筑的形式移植到了石窟中。第268窟顶部用泥塑平棋一排，第272窟顶部的藻井，都是模仿我国古代建筑顶部的装饰。

可见，敦煌石窟艺术虽是外来的种子，但它是在敦煌的土壤里生长起来的，接受了汉民族传统文化雨露阳光的抚育，开放出了绚丽多姿的花朵，所以在一开始就具有鲜明的中国特色和民族风格。当然，也应看到，十六国时期终究是敦煌石窟艺术的形成时期，总的来说，人们对这种新的艺术还了解得不够，因而还没有突破西域佛教艺术的体系，外来艺术与本土文化的结合还不够和谐，具有统一的民族风格的新艺术尚未形成。

第二节　北魏和西魏时期的敦煌石窟艺术

北魏和西魏时期的敦煌石窟艺术，以元荣出任瓜州刺史（525）为界，分为前后两个阶段。

一、北魏前期的敦煌石窟艺术（442—524）

这一时期共 80 多年，现存 10 个洞窟，分别为第 251、254、257、259、260、263、265、273、441、487 窟，其中第 265 和 487 两窟，经过后代重修。这一阶段的石窟艺术与北凉石窟一脉相承，但是西域佛教艺术的影响逐渐减少，而中原文化特色却日益浓厚。

从洞窟形制上看，十六国时期的三种不同窟形都不见了，而中心柱窟已成为这一时期的基本窟形。中心柱窟在形制上的特点是：窟室平面呈长方形，在主室后部中央，凿出通连窟顶与地面的中心塔柱。柱身四面凿龛造像，正面为一大龛，其余三面都是两层龛，除两侧面上层作阙形龛外，其他都是尖楣圆券形龛。在窟室后部，中心塔柱与窟室侧壁、后壁之间形成绕塔右旋的通道，通道上方为平顶。在塔柱前面约占全室纵深三分之一的部分，顶部凿成人字披形状，并塑出半圆形模仿木结构的椽子、檐枋和脊枋。人字披檐枋两端，有的还有木制斗拱承托，第 254 窟尚存原物。第 254、251、257 三窟的前壁门道上方，还凿有通光的方形明窗。这种居中凿建塔柱的洞窟，可供僧人和信徒绕塔观像和供养礼拜。这种洞窟的形式起源于印度的支提窟，但是与印度式的塔庙窟并不完全相同，而是变印度石窟中圆形佛塔的形式为方形塔柱，同时又结合中国本土的屋脊式房间建筑形式，形成了人字披顶的中心柱窟。此外，其阙形龛的形式显然是融合中国传统建筑"阙"的产物,"阙"多在宫殿中使用,象征着宫廷,而以"阙"的形式来建造供奉佛像的龛,体现了当时中国人是将佛当作世俗皇帝来崇拜的。中心塔柱窟虽然最早是在西域出现,但它能在此期间成为敦煌的基本窟形,并流行了130多年,恐怕也受到了当时寺院建筑以塔为中心、坞壁建筑以箭楼为中心的影响。至于模仿中原木构建筑的人字披顶和浮塑椽子等,虽在北凉时的窟中已经出现,但为数不多,而此时已成为主要形式了。

这一阶段洞窟中的塑像,已由北凉时的单身塑像,发展为成铺的组像,即一般在居中的主尊佛或菩萨的两侧,增加左右胁侍菩萨;但也有个别情况,如第251窟和第435窟,则是在主尊两侧塑天王像。这种组像的出现,当是受封建帝国"左辅右弼"的观念影响所致。

各窟的主尊,除第254窟为交脚弥勒、第259窟为释迦牟尼、多宝佛并坐像外,其余的都是倚坐释迦牟尼像。侧壁龛内,基本上是结跏坐佛、交脚菩萨、思惟菩萨共存。中心塔柱南侧面或后面的对树形龛内,多塑肋骨显露的结跏坐苦修像。中心柱四面龛内造像似乎与释迦"出家""苦修""成道""说法"各相有关,这符合禅观所要求的观佛传各相。塑思惟菩萨和交脚菩萨,则有静虑思维,请弥勒解决疑难,求生兜率的意义。在众多的佛像中,禅定像几乎遍布此期各窟。如第263窟的禅定形象,神态宁静冷漠,表现了禅定所要求的精神境界。第259窟北壁下层东侧龛的佛像,结跏趺坐,双目前视,但又似乎视而不见,听而不闻,嘴角上露出一丝发自内心的微笑,神情恬静和悦,这是北魏佛像塑造中较为流行的所谓"古典式的微笑"(图6-2)。这是禅定的另一种境界。

另外,这一阶段的塑像在人物造型、衣冠服饰和艺术风格上,都还保留着西域色彩,如第248窟中心柱东向龛彩塑一铺,一佛二菩萨。这铺彩塑在人物面部和装束的塑造上,受到了犍陀罗艺术的影响,但是又不像犍

第六章 敦煌石窟艺术的起源及其发展 | 213

图 6-2 禅定佛像（北魏），莫高窟第 259 窟

图片来源：敦煌研究院主编：《敦煌石窟全集·塑像卷》，商务印书馆（香港），2003 年，第 26 页。

陀罗艺术那样注重真实感，对人体肌肤和衣服纹饰的刻画采取象征的手法，更加注重装饰性。此铺彩塑为说法图，佛身着通肩袈裟，透过袈裟显现出准确的人体结构，透露出印度本土的秣菟罗艺术的特征，这种艺术不重写实，是一种理想主义的表现手法，以稠密的线条刻画衣服纹饰，有一种紧贴肌肤之感，好像刚从水中出来一样，这也和同时代中国绘画中的"曹衣出水"风格相合；二菩萨高髻宝冠，长发垂肩，斜挎天衣。除主体性圆塑以外，在中心塔柱的四面，还出现了单身跪状圆形头光影塑供养菩萨。其服装为通肩或斜披络腋，头梳髻，戴冠披。这种附属性影塑，应是侍从的形象，它一般是用泥制的模具制成。

这一阶段的壁画，内容更为丰富，从题材上看主要分为四类：佛教故事画、佛像画、供养人画像和装饰图案画。其中故事画出现较多。而在故事画中，尤以本生故事和因缘故事最为突出。

本生故事画仍然很流行，当然这与此一阶段敦煌动荡不定的历史背景有关。除北凉时已有的"尸毗王本生"外，又增加了悲剧性的"萨埵太子本生"和带有寓言色彩的"九色鹿本生"。"萨埵太子本生"描述的是宝典国的太子摩诃萨埵舍身饲虎的故事。这个故事在第254窟，采用异时同图的结构，将三王子出游、路遇饿虎、萨埵自刺出血、投身饲虎，到二王子发现弟弟尸骨、国王夫人抱尸痛哭、家人收拾遗物遗骨、起塔供养等曲折复杂的情节，巧妙地组合在同一画面上。这种构图，比北凉时期的本生故事画仅取故事中的一个情节的表现方式，有很大进步。它打破了时空的限制，人物反复出现，每一情节都围绕勇猛舍身的主题，并逐步深化，从而使这幅画的主题十分鲜明和突出。这幅画在色彩运用上，以深棕为主调，错综着青、绿、灰、黑、白等冷色，构成严肃沉重、阴森凄厉的气氛，也大大加强了艺术感染力。这个故事的基调与"尸毗王本生"等本生故事完全一致，宣扬的是"舍己救众生"的思想。佛教把人和虫鱼鸟兽同等看待，抹杀人的社会属性，要人们去忍受无止境的屈辱和牺牲。第254窟的"萨埵饲虎本生"非常成功地反映了这一主题，画面中正在被饿虎撕咬的萨埵面色如生，安详宁静，仿佛一切残忍痛苦，都已消失在崇高的自我牺牲之中了。

"九色鹿本生"宣扬的是因果报应。佛经里说：有一头名叫"修凡"的鹿王，毛具九色，美丽无比，它在河边游戏时，从水中救出一个溺水的人。溺人不思报答，反而见利忘义，带领国王和大军来捕捉九色鹿，最终得到了全身长满毒疮、口发恶臭的报应。第257窟中的"九色鹿本生"故事壁画在表现手法上与"萨埵饲虎本生"又有不同。它采用了横卷连续画形式，这种构图方式继承了汉晋时期壁画的传统，在汉晋的墓画中多有使用。汉代以来的画家经常使用这种表现手法，例如顾恺之的《洛神赋图》

和《女史箴图》。敦煌壁画以中国传统的构图手法来改造佛教石窟壁画，画师往往抓住几个关键的情节，按照故事的起因、发展、高潮和结局来安排画面，从而将经文中的故事清晰明了地展现在一个画面中。第257窟的"九色鹿本生"按照故事的情节画出了九色鹿泅水救溺人，溺人向国王、王后告发，国王与鹿王相对等多幅画面，前后衔接，首尾完整。八个画面都是选取关键情节，特别是溺人告密的场面，最能表现人物的神情。那个侧身依偎在国王身边的王后，回头看着跪在宫门外的溺人，右臂撒娇地搭在国王肩上，食指翘起，在国王肩上扣打，长裙下露出光脚，晃动着翘起的拇指。这些生动的细节刻画，生动地表露了她促使国王加害九色鹿的内心活动。而正义的九色鹿，却一反佛经中"长跪问王"的原形，昂然挺立在国王面前，控诉溺人的丑恶行径——这里倾注了画家强烈的感情。而且每一情节标以榜题，构成完整的汉式画像带。这种构图完全是中国自己的民族形式（图6-3）。此外，横卷连续画的构图中虽然没有整幅的山水出现，但是常有山、水、树等元素出现，这些元素的作用是分割和联系画面，这也反映了中国传统绘画艺术中的山水意识对敦煌壁画构图的影响。

图6-3　"九色鹿本生"局部——救溺人、溺人谢恩（北魏），莫高窟第257窟，陈丽萍绘

因缘故事主要有"须摩提女因缘""沙弥守戒自杀因缘""难陀出家因缘",这些故事均与禅僧修习禅定有关。"须摩提女因缘"描绘的是释迦牟尼以法力征服六千外道的故事。据佛经里说:舍卫城中的须摩提女虔诚信佛,可父亲却将她许配给信奉外道的满富国长者满财之子。过门之后,满财按本国风俗大张筵席,宴请六千外道。须摩提女见外道丑陋粗野,不信佛法,便闭门高卧,拒不接待外客。长者无可奈何,只好听从好友之计,令须摩提女请其师释迦牟尼赴斋。须摩提女便盛装登上高楼,焚香祈祷,请释迦牟尼降临。佛闻香已知其意,便命使者乾荼等背负大釜及诸般炊具先行飞来,随后诸弟子现各种化身依次飞来。般特乘五百青牛,罗云乘五百孔雀,迦匹那乘五百金翅鸟,优毗迦叶乘五百龙,须菩提乘五百琉璃山,大迦旃延乘五百天鹅,离越乘五百虎,阿那律乘五百狮子,大迦叶乘五百马,大目犍连乘五百象。释迦牟尼及诸侍者最后飞至长者家中,运用种种神通变化,征服了外道,使得须摩提女全家皈依了佛法,做了释迦牟尼的弟子。第257窟北壁和西壁的"须摩提女因缘"以连环画和组画相结合的形式,描绘了十七个场面,特别是对腾空飞来的乘骑的刻画,别具匠心。如牛的犷悍、龙的矫健、马的奔腾、象的笨拙、孔雀的翩翩翱翔、天鹅的悠然自得、琉璃山的凝重沉寂等,意趣各不相同。图中以五代表五百之数,众弟子结跏趺坐于所现化身之上。浩浩荡荡的赴会形象,虽然出于想象,但壁画对各种不同动物性格特点的描写,颇得其神。

"沙弥守戒自杀因缘"是表彰和尚守戒的故事。它主要根据《贤愚经》绘制而成。佛经里说:一个笃信佛教的长者,把儿子送到比丘那里出家为沙弥,师傅训之以清规戒律。一天,师傅命沙弥去一个有钱的施主家乞食,恰巧这个施主带着妻子家人去朋友家赴宴,只留容貌美丽、年方十六的少女看家。少女一见沙弥心生爱慕,在沙弥面前作诸娇媚,倾吐衷情。沙弥"坚摄威仪,颜色不改",为了保持清白,持刀自刎而死。莫高窟这一题材的故事画此期共有两幅，见于第 257 窟和第 285 窟。第 257 窟用连环画的形式，分别表现了长者送子出家为沙弥，比丘令沙弥前往乞食，少女开门迎沙弥，一见倾心，沙弥守戒自杀，少女哀恸等场面。第 285 窟的一幅虽不如 257 窟的画面完整，但在一些情节表现上，更富于艺术性。如沙弥乞食场面，少女见沙弥场面。画师没有用妖媚的形象，来表达少女内心的冲动，而是巧妙地运用了衬映的手法，在屋顶上画了一只猕猴，以比拟少女感情上的"心猿意马"，这就比 257 窟含蓄深刻。相信禅僧们"观"过这两幅因缘故事画后，定能坚定信守戒律的决心。

在这一阶段的故事画中，西域衣冠人物，出现了头戴胡帽，身着汉式深衣大袍的世俗人物，与汉族供养人画像的服饰相同，说明故事画已开始世俗化和本土化。

佛像画也是这一时期敦煌壁画的重要题材。佛是石窟供奉的主要对象，也是佛像画表现的主要形象，在敦煌壁画中，佛通常以说法图的形式出现。北魏壁画中开始出现大量的说法图，而且场面宏大，位置显著。这些沿袭北凉石窟壁画的佛说法图，和虽在北凉时期已经存在，但在此期更为突出的千佛画，皆与修习禅定有关。佛教编造大量千佛名号，是为了念佛的需要，而念佛见佛，本属修行禅业的内容。佛教认为禅僧如能修行禅业成功，可在定中见到一佛，进而逐渐增加，可见到十方一切诸佛。此期第 251、260、263 等窟的壁画布局，都是南北壁中间（或偏东）画佛说法图，左右上三面画千佛。这些千佛虽然千篇一律，但它们四五个一组，以红、绿、蓝等色有规律地交错配置，组合成霞光万道的效果，使窟内的宗教气氛异常浓烈。这种环境当然有助于禅僧长期高度集中注意力，沉迷于佛国的想象，以便在脑海中浮现出十方三世诸佛来迎的幻景。另外，北魏时期的千佛已经开始出现性别上的区分，男性佛白目无瞳，多以粗线勾画身体轮廓，强调男性躯体的肌肉结构，而女性佛则双目闭合或双目微睁并画有瞳仁，身形则都是纤细柔美的。由此可以看出此时佛教世俗化的趋势。

佛像画中除了佛，还有菩萨、力士、飞天等形象，他们在佛像画中各有自己的地位和作用。佛像画中的菩萨可以分为胁侍菩萨和供养菩萨两类，他们都很少单独出现，尤其是供养菩萨，往往以群体的形象出现在壁画中。力士通常位于洞窟四壁的下部和中心柱四边的下沿位置，他们肌肉丰满、孔武有力，是佛国世界的守护者。飞天的职能类似于供养菩萨，当佛说法时，他们便在一旁歌舞供奉。敦煌壁画中的飞天姿态各异，为庄严的说法图带来欢乐的气氛。

北魏时期是敦煌壁画的初期阶段，供养人画在表现手法和人物造型上仍带有明显的与北凉时期一脉相承的西域绘画艺术的特点。人物的轮廓与线条采用劲健的铁线勾勒，配以土红、石青、石绿等色彩，显得单纯、明朗。人物的肌肤仍旧采用凹凸晕染法，用明暗的变化凸显人体肌肉结构的立体感。但是北魏时期的人物画毕竟受到中原文化的影响，展现出不一样的风格。壁画人物的造型，人体比例修长，人物动态亦绰约多姿而富有情致，人物面相丰满，由椭圆变为条方，与魏晋墓画中的人物相近。为了适应民族审美的特性，佛教壁画的造型与汉晋传统绘画的造型进一步结合起来了。人物的晕染，逐步与面部肌肉的起伏相结合，由形式感较强、运笔粗犷豪放的圆圈晕染，变为合理而细腻柔和的晕染，超越了西域人体绘画追求的写实性，更多表现出中原本土绘画"以形写神"的精神。

此外，本阶段的装饰图案画相较于北凉时期更多，纹饰也更加丰富且富于变化。装饰图案通常分布在洞窟顶部人字披两披、后部的平顶部分、佛龛的龛楣以及佛像背光中。佛背光是装饰图案的一个重要部分，这一时期的佛背光图案的主要纹样是火焰纹，但却并不单一，而是种类繁多、千变万化。北魏时期的忍冬纹也非常丰富，除北凉时期出现的几种之外，又产生了双叶波状忍冬、双叶桃形忍冬、散花状忍冬以及忍冬纹与莲花纹的结合形式。①

二、北魏后期和西魏时期的敦煌石窟艺术（525—557）

自元荣出任瓜州刺史（525）至西魏灭亡（557），是北朝敦煌石窟艺术发展的第二阶段。这一阶段的洞窟共有 10 个，分别为第 246、247、248、249、285、286、288、431、435、437 窟。其基本特点是，由于中原文化艺术的传入，敦煌佛教艺术突破了西域佛教艺术的规范，开始形成具有敦煌特色的中国式佛教艺术体系。

在元荣出任瓜州刺史之前，北魏孝文帝为适应社会经济的发展，缓和阶级矛盾和民族矛盾，在 5 世纪末叶推行了一系列的汉化措施。其中主要有：任用南方儒士制定礼乐制度；禁止鲜卑语和其他少数民族语言，以汉语为北魏的唯一通行语言；禁止胡服，采用汉族服装。总之，大力吸收南朝文化，包括吸收南朝艺术。孝文帝改革以后，北方的一些石窟寺与画像石刻上，都出现了南方所崇尚的"秀骨清像""褒衣博带"的人物形象。北魏宗室成员元荣在赴瓜州就任之际，就把孝文帝改革后的中原文化艺术带到了敦煌。

本阶段的洞窟形制仍以中心塔柱窟居多，其形式大体沿袭北魏以来的形式，只是手法更加立体和细腻，并逐步发展成为多层楼阁式塔建筑。值得注意的是，上一阶段消失的覆斗顶形窟再度出现。此种窟形在敦煌最早见于北凉，但发展到西魏的第 249 窟时，已十分成熟，该窟主室平面呈方形，西壁中央开一圆券形佛龛，龛内塑一坐佛，顶为方形覆斗状，覆斗中

---

① 赵声良：《十六国北朝的敦煌石窟艺术（二）》，《艺术品》2015 年第 12 期，第 37 页。

央开一圆心莲花藻井。由于去掉了中心塔柱，窟内的光线充足，窟室宽敞，四壁完整，有利于画师绘制大型故事画和经变画。室内有了宽敞的空间，也有利于僧俗大众拜佛和观赏壁画，又为供养礼拜活动提供了场所。这种窟形后来发展成为敦煌石窟的基本形制。覆斗顶形窟反映出敦煌当地的佛教信仰的形式由原先的绕柱观佛转向供养礼拜。这种形式在中亚和印度地区很难见到，有的专家认为这一形式其实来源于中国古代的斗帐形式，是吸收中原本土建筑形式而产生的洞窟形制。汉代的墓室形式中就出现了覆斗顶，而从汉末到两晋期间，覆斗顶形墓室逐渐多了起来。覆斗顶形窟在敦煌的出现与繁荣也应受到了墓室建筑的影响。此外，这一阶段又出现了一座禅窟（第285窟）。

　　本阶段彩塑的最典型的特征，就是中原汉装或南朝名士形象的涌现，这是元荣所带来的中原文化的具体表现。这一时期塑像的基本内容和组合方式，和前一时期大致相同，一般都是一佛二菩萨。但人物比例却被大大地拉长，甚至超过了正常的人体比例。在造型上大多变成了面貌清瘦、眉目疏朗、身体扁平、脖项细长的形象，与以前的面相丰圆、鼻梁隆起直通额际、眉长眼鼓、肩宽胸平的形象形成鲜明的对照。塑像的服饰也发生了明显变化，佛像由穿右袒式或通肩式赤布僧伽黎（红色大衣）变为内穿交领襦，胸前束带作小结，外套对襟式袈裟；菩萨像也由一致的高髻，戴金冠，发披两肩，上身半裸或斜挎"天衣"，腰束羊肠裙，变为服饰不一，其中已有大冠高履、褒衣博带的形象。如第355窟的禅定佛像，造型属于秀骨清像风格。第432窟中心柱佛龛彩塑一铺，佛手施"说法印"，外套汉式对襟袈裟，内穿交领襦，胸前束小结。同窟的菩萨，头戴高冠，身穿对襟大袖长襦，腰束络带穿环垂于腹前，披巾交叉搭于袖上，脚登大头履，服饰明显地一反西域菩萨袒胸、露臂、赤足的惯例。这尊菩萨虽造型比例不合度，但面相清瘦，颈部细长，眉目疏朗，眼秀唇小，胸肌扁平，具有北魏孝文帝改制以后风靡于南朝的士大夫形象。其服装为中原汉式衣冠，具有褒衣博带的特点。第249窟"供养菩萨及鹿头梵志"，鹿头梵志瘦骨嶙峋，肋骨显现，手托骷髅，与北魏时期健壮有力的形象差别较大。靠近龛沿的菩萨身着双领下垂的中国式袈裟，宽袖大袍，明显受到"秀骨清像"的影响。佛像袈裟也表现出飘逸的特征。

本阶段的壁画中故事画依然流行，但是本生故事只有一例，出现更多的是因缘故事，这反映出在西魏时期佛教本生故事中所宣扬的牺牲和忍辱的精神被更为现实的题材取代。这一时期故事画的突出主题都是佛的教化以及僧人修禅，其目的是向修行的僧人加以教育和宣传。其中最突出的就是五百强盗成佛的故事。据佛经里讲，在摩揭陀国有五百个强盗，经常拦路抢劫行人，致使国内大路上行人断绝。为了维护社会的安定，国王派大军打败并俘虏了这五百强盗。将他们处以割鼻、割耳、挖眼睛的酷刑，然后放逐到山中。这五百强盗在山中悲号痛哭，惊动了释迦牟尼。佛祖见状大发慈心，用神力把种种香药吹入他们眼中，使他们的双目复明。这五百强盗为报答佛祖的鸿恩，当即决定一同出家，皈依佛门。第285窟的"五百强盗成佛图"以长卷式连环画的形式描绘这个故事，画面从左至右绘出了双方作战，强盗被俘、受审、受刑、被放逐，以及强盗双目复明，佛为其说法，五百强盗出家等情节。画面以五人代表五百，其中描绘的双方厮杀的残酷场面，以及被俘后遭受酷刑的悲惨状态，确实可使有叛乱之心者畏惧止步。而出家为僧的结局，又正好为叛逆者指出了一条生路。强盗成佛故事画在本阶段出现，和北魏后期以来风起云涌的农民起义有密切的关系。

尊像画也是本阶段壁画的主要内容。在说法图中，佛弟子与菩萨同时作为佛的胁侍，已成为固定格局。除佛、菩萨、力士、飞天等形象外，这一时期的尊像画中还出现了新题材——早期密教的形象，体现了印度佛教的新变化对中国佛教的影响。如第 285 窟中，西壁佛龛两侧绘制的湿婆、毗湿奴、因陀罗、鸠摩罗天和毗那夜迦天等都是早期密教的形象。龛南北两侧下部还画出了四天王，这是敦煌壁画中出现最早的四天王形象。同窟西壁南北两侧上部，又分别绘出日天、月天，日天、月天从形象上看与克孜尔壁画有着密切的关系，反映了中亚文化与古希腊文化等因素。

与塑像的变化相协调，本阶段的壁画也出现了中原汉装或南朝名士的形象。这些形象已经从早期的面相长圆、躯体雄健，变成了面相清癯、躯体略扁的"秀骨清像"式人物，他们穿着褒衣博带的中原衣冠，风格显得潇洒飘逸。而且整个画面突破了土红涂地所形成的浓重淳厚的色调和静的境界，出现了爽朗明快、生机勃勃的生动意趣。甚至窟顶的装饰图案也进一步民族化。原来模仿我国古代建筑顶部的装饰藻井，变成了华盖。华盖本是天子和王公大臣的伞。第 285 窟的藻井除中心垂莲外，四边桁条上装饰着忍冬（一种植物变形的纹样）、云气、火焰、彩铃、垂幔等纹样，四角悬挂着兽面、玉佩、流苏、羽葆，是一顶典型的汉式华盖。它是莫高窟首创的具有民族特色的装饰形式。西魏时期装饰图案中出现大量的动物纹饰，这也是之前石窟装饰艺术所不具有的特征。这些动物纹样通常出现在藻井、平棋和龛楣图案中，与敦煌装饰图案中的植物纹、山水纹以及几何纹相互配合，为洞窟增添了活泼的情调。

本阶段的壁画中还出现了大量的中国传统神话题材。这些内容主要画在西魏时期的第 249 窟和第 285 窟顶部。这两个洞窟的形制均为覆斗顶形，顶部中心是覆斗形藻井，四面斜披上部画神仙云气以示天，下部画山林野兽以表地，形成一个具有空间感的画面。第 249 窟南披画三凤驾车，车中坐一女神，高髻大袖长袍，旁边站立着手持丝缰的驾车人，这位女神是西王母。北披画四龙驾车，车中坐一男神，笼冠大袖长袍，旁边也有手持丝缰的驾车人，这位男神是东王公。这两驾车顶部都画有重盖，车前有乘龙骑凤、扬幡持节的方士引导。车旁有鲸鲵文鳐腾跃，车后旌旗飞扬。人头龙身的开明神兽尾随于后，形成浩浩荡荡的行进行列。第285窟东披画伏羲女娲，南北相对，人首蛇身，头束鬟髻，身穿交领大袖襦，胸前分别画日、月，肩上披上巾。伏羲一手持矩，一手持墨斗。女娲两手擎规，双袖飘举，奔腾活跃。此外，还有龟蛇相交的玄武、昂首奔驰的白虎、振翅欲飞的朱雀等守护四方之神；还有旋转连鼓的"雷公"、挥舞铁砧的"霹电"、头似鹿背有翼的"飞廉"、兽头鸟爪嘴喷云雾的"雨师"等古代神话传说中的自然神；还有人头鸟身的"禺强"、兽头人身的"乌获"、竖耳羽臂的"羽人"，等等。

第249窟窟顶下方一周画山峦树木和各种动物：奔驰的野牛、饮水的黄羊、攀缘的猕猴、惊悸的麋鹿、贪馋的虎、嗥叫的白熊、带仔的野猪、拴缚在树上的马，以及射虎、追羊、杀野猪、射野牛等人间的活动。这种象征宇宙的壁画，早在战国时代屈原的作品中就提到过。在汉晋墓葬出土的壁画中也多有发现。伏羲女娲的形象，在河西魏晋墓壁画中已出现过。至于东王公、西王母，早在酒泉丁家闸5号东晋墓中就已出现。值得注意的是，丁家闸5号壁画墓的顶部也是覆斗形，室顶中部为展瓣莲花藻井，东西顶画东王公、西王母，南北顶画神兽羽人，顶的下方一周画山林野兽。墓室建筑形制、壁画内容布局和表现手法，都和莫高窟第249、285窟顶部非常相似，二者之间显然有传承关系。

把这类在中国土生土长的题材画在佛教洞窟中，与佛教故事画在一起，就形成了"中西结合"的画面。第249窟西披画着赤身四目、手擎日月的阿修罗王，阿修罗背后，有高耸的须弥山，山上有"天城"。该画把佛经中的天堂拿来代替道家的仙山琼阁，把道家的"羽化升天"和佛教的"极乐世界"合为一体。第249、285窟顶部的壁画正是外来的佛教和敦煌本土的道家思想互相融合的结果。

第三节　北周时期的敦煌石窟艺术

北周时期，瓜州刺史建平公于义笃信佛教，并再次带来了中原的文化艺术。在他的带动、影响下，北周时期的敦煌石窟艺术，继续沿着元荣开辟的风格向前发展。莫高窟现存北周洞窟有 16 个，分别为第 250、290、291、294、296、297、298、299、301、428、430、438、439、440、442、461窟。

一、北周时期洞窟形制和彩塑艺术的特点

北魏孝文帝改革以后，北方的佛教也开始注重对佛教经义的研读和宣讲，和以前只重视修习禅定已不一样。与这种变化相关，北周时期的禅窟已经不见，中心柱窟、覆斗顶形窟、方形单龛窟是此一时期洞窟的主要形制。前面已经提到，这种窟形窟内有较广阔的活动空间，便于信徒在这里举行礼拜及其他活动。所以北周时期窟形发生的变化，透露出敦煌地区民众的佛教信仰方式已经发生了变化。

北周时期的塑像出现了新的组合形式。窟内的成铺塑像，比前一时期又增加了迦叶和阿难二弟子像，从而变成了一佛二菩萨二弟子这种一铺五身塑像的新组合。值得注意的是，阿难均塑为汉族形象，面相丰圆，少年聪俊。迦叶则为胡貌，高鼻深目，大眼宽腮；有的肌肉松弛，老态龙钟；有的满面笑容，但笑中带有苦涩的味道，真实地刻画了迦叶饱经风霜的经历。

在塑像造型上，此期的主要特征是面相丰圆，方颐，头大而下身短。

中原秀骨清像与西域式丰圆脸型相互融合，共同塑造出一种"面短而艳"的形象特征。就整体而言，造像虽然高大，但整体扁平，比例不协调，腰部以下较长，双腿短，突出显现了北周时期雕塑的整体特征。在塑像服饰上，佛的服装均为褒衣博带，菩萨的服装则以裙披式为主。弟子袒右式袈裟与双领下垂式袈裟共存，袒右式袈裟右肩上束带的形式，为新出现样式。这都表明外来的佛教艺术与本土文化的结合有了进一步的发展。

而且，此期的菩萨像大都上半身裸露，仅穿着一条长裙，从身体两侧垂下的飘带曲折飘逸，使上半身的肌肤完全裸露在外。与北魏晚期至西魏时期的菩萨像相比，这种表现方式显得更为开放和直接。在这些北周菩萨像上，装饰物相对较少，通常仅有一条项饰作为点缀。有些飘带甚至垂至腹部，但并没有用以遮盖身体，从而凸显出一种自然与率真的美感。

另外，在塑像姿态上，这一时期的结跏坐佛与倚坐佛并存，以倚坐佛为主。倚坐佛像大量出现是北朝莫高窟造像的一大特点，北周尤为明显。几乎每一个北周洞窟内都有倚坐佛像，形成了敦煌北周洞窟的一大特色。

龛楣的装饰较为繁复，大部分绘忍冬、莲花等纹样，其中第297窟的龛楣较为独特，出现一个浮塑交龙羽人像（图6-4）。羽人头生双角，臂有羽，鸟爪，一脚跨于龙背，似有乘龙之意。这与汉晋以来墓室中属于神仙方士系统的羽人乘龙，有着明显的渊源关系。这种寄寓了神仙思想的佛教塑像，是敦煌佛道交融的又一例证。

总之，北周时期的彩塑艺术内容更为丰富，造型健壮，结构严谨，线描豪放，色彩清新，生活气息浓厚，这是北周艺术的新成就。

图 6-4 浮塑交龙羽人像（北周），莫高窟第 297 窟

图片来源：段文杰主编：《中国美术全集（29）·雕塑编·敦煌彩塑》，上海美术出版社，1987年，彩色图版第 34。

二、北周时期壁画艺术的特点

北周洞窟中的壁画得到了全面发展，包括故事画、尊像画、民族传统题材画、供养人画像、装饰图案画等。其种类之多样，情节之丰富，形式之完美，都达到了前所未有的高度。第 290 窟的佛传图是一幅长达 25 米的连环画，这幅画的依据是《修行本起经》。北周以前的佛传图均为片段画面，仅画四相八相，或乘象入胎，夜半逾城。而第 290 窟的佛传图从乘象入胎，直到出家、成道和说法，一共画了 80 个左右佛传中的主要场面，在东披和西披共分 6 列，每披上下共分 3 段，情节发展呈 S 形。全图互相衔接紧密地连成一气，内容丰富、完整，是我国早期佛传画保存最完整的一幅。

与同期的塑像一样，第290窟的佛传图在风格上也进一步民族化。图中人物的衣冠多为汉晋遗制，印度的净饭王变成了中国皇帝，摩耶夫人穿上了汉晋后妃的服装。太子还宫时，所乘的交龙车，就是顾恺之《洛神赋图》中的云车，不仅车上有龙头华盖，车旁还有文鳐卫护。线描造型，人物晕染，也全属中原手法。在内容表现上采用了一些含蓄的手法，如路遇死人并不是开门见山摆出死人，而是画出殡葬车。这些均可看出中原画风的影响。

不仅在风格上，在题材上也出现符合儒家伦理的宣传忠孝、慈爱的故事画。如第296窟的"善事太子入海求珠"，描绘的是善事太子为了救济国内的穷人，率五百勇士到大海中去寻找如意宝珠，他在经历了千辛万苦之后，终于达到了目的。但在归途中却被贪得无厌的弟弟恶事刺瞎了双目，并夺走了宝珠。后来善事流浪到了梨师跋国，当了守园人，因他弹得一手好筝而博得国王女儿的爱慕，两人结为夫妻。最后，善事双目又重见光明，并回到了祖国，还请求父母宽恕了弟弟恶事的罪过。这个故事画以二段横卷式画面，由右至左的顺序表现，共描绘了42个情节。整个故事在善与恶这两个象征性的对立人物矛盾中发展。

第299窟的"睒子本生"讲述的是一个孝道的故事。佛经里说：迦夷国中有一盲父母，生一子名睒子，十分孝敬父母。成年后随父母入山修行，每日采摘野果以供养双亲。一天，睒子身披鹿皮衣，去溪边汲水，被国王用箭误伤。他在临死前请求国王代为照顾他的双亲。国王悔恨无比，随即入山至盲父母处，告知睒子被射经过，盲父母伏尸恸哭，痛不欲生。由于睒子孝敬父母，故而感动天地，天神以神力使睒子复活。这个故事在北周第461、438、301窟也有描绘，但尤以第299窟最具代表性。画在窟的顶部北侧、沿藻井边缘的一条长画卷形式的壁面上，故事由两头向中间叙述，左侧由左至右，描绘迦夷国王在宫中，乘马出行，射猎及睒子中箭等情节。右侧则由右至左,描绘睒子在山中侍奉父母,国王引盲父母到溪边,抚尸痛哭等场面。故事的结尾放在画面的中央,突出了睒子的形象。全画充满着儒家"忠君孝亲"的思想。此外,第296窟还有"须阇提割肉救父母",描绘的是须阇提舍身救父母的故事。上述题材故事画的出现,无疑是佛教逐渐中国化的反映。就石窟艺术而言,当然也是它进一步中国化的一个表现。

经变画是这一时期故事画的新题材。所谓"经变画",又称作"变"或"变相",就广义而言,凡是依据佛经绘制的画,皆可称其为"变"。就狭义而言,主要是指根据某一部佛经的主要内容或相关佛经,组织成首尾完整、主次分明的大画。本书所讲的"经变画"主要指后者。如第296窟的"福田经变"是根据《佛说诸德福田经》绘制而成。《福田经》的盛行是在中国历史上的北朝时期,当时由于僧尼泛滥及官僚贵族对寺院的侵蚀和利用,僧规戒律遭到严重的破坏,因此当时民间流行"末法住世思想",认为佛法将灭。在这种情况下,于是僧界有人倡导变革佛规戒律,要求僧人"广施七法",做有益于社会的事情。而《福田经》所反映的即是植果园、施清凉、立佛图、画堂阁、施医药、补路修井、架设桥梁、道旁立小精舍等诸种福德行为,与其要求相一致,因此福田思想广为流行。据《佛说诸德福田经》,诸种福田应为布施七事,而北周第296窟只画了五件事:兴立佛塔僧房堂阁;园果浴池树木清凉;常施医药,疗救众病;安置桥梁,过渡羸弱;近道作井,渴乏得饮。这幅画描写了一些独立的生活片段,画面上没有宗教气氛的感觉,是研究当时社会和人们日常生活的十分珍贵的形象资料。

此期的尊像画中出现了释迦多宝并坐说法和卢舍那佛。释迦多宝并坐说法图出现在第428、461窟,正壁不开龛塑像,而以绘画的形式表现释迦多宝并坐说法图。卢舍那佛是北周出现的新题材,代替释迦佛成为法身代表。在敦煌莫高窟第428窟南壁上，中间为一尊卢舍那佛立像，身上绘有三界六道众生，以反映《华严经》宣扬的世界形象。这一画像与上述故事画一起，体现了法华、涅槃、华严等佛教思想的相互融合。涅槃像始于北周，如莫高窟北周第428窟、西千佛洞北周第8窟涅槃图，涅槃像均以壁画的形式呈现。莫高窟的涅槃思想已不局限于涅槃图的表现，一些非佛传类的故事图像就是在涅槃思想影响下产生的，如莫高窟北周第296窟中五百强盗成佛图，就是《涅槃经》一切众生悉有佛性，只要常念佛法就能成佛思想的体现。北周第428窟西壁出现涅槃图与释迦多宝并坐的组合及西千佛洞第8窟同样内容的出现，均反映了《涅槃经》与《法华经》的关联性。再者，此期的说法图中，人物数量增多，地面空间也更为宽敞。图中，佛祖端坐于中央位置，而两侧则聚集了众多专注聆听的菩萨和弟子。天人在北周时期也发生了新的变化。到了北周，天宫的建筑形式消失了，仅存天宫下部凹凸形式的栏墙，栏墙上部飞动的天人一边飞翔一边演奏乐器，这种飞天伎乐成为流行的形式。此外，北周壁画中还出现了较多的裸体飞天，其中第428窟出现最多，达6身。至于千佛，北周洞窟除大多画在四壁中段外，有的洞窟还画到穹顶，体现出光光相接，色彩万千。

此期的民族传统神话题材画——东王公与西王母的内容仍然出现在一些洞窟中，例如第296窟西壁佛龛两侧上部，南侧画西王母乘凤车，前有乌获开道，车旁有众多天人护卫；龛北侧与西王母相对，东王公乘龙车，也有乌获开道，飞天护持。第294窟西壁佛龛两侧的东王公与西王母也与第296窟完全一致。第296窟的西壁佛龛下沿描绘青龙与白虎，第442窟中心柱西向面下部还有龟蛇相交的玄武形象。

此期的供养人画像是北朝各期石窟中最多的，仅第428窟就达到1 200多身，是敦煌石窟中供养人身像数量之最。每一身像都有榜题，书写本人姓名，有的还署名籍贯。这些供养人像中，既有僧侣，也有胡装供养人，其中僧侣占比较多，这是僧侣参与洞窟营建的图像例证。北周时代的供养人画像，内容更加丰富，如第297窟中出现了舞乐图，生动地再现了当时民间乐舞的场面。西域胡商不仅经商贸易，也参与洞窟的开凿，如北周第294窟供养人题名中大量的胡商榜题就是极好的例证。

此期的装饰图案画基本延续西魏的装饰特点，在中心柱窟中，人字披顶以舒展的忍冬纹、莲花纹配合禽鸟瑞兽，组合成丰富的图案。在覆斗顶窟中，图案主要集中在窟顶中心的藻井上。藻井图案基本以莲花纹、忍冬纹、火焰纹为主，岔角往往画出飞天。藻井的层次渐渐复杂，有的藻井把千佛也组合在其中。除人字披、藻井外，平棋、龛楣、背光、头光也都以忍冬纹、火焰纹等表现出丰富的图案。

从整体上来看，北周时期的壁画在画面构图上有了新发展，有的故事画多达80余幅画面，也有的呈现凹字形、波浪形、之字形和S形等。同时世俗画开始进入窟内的佛道世界，加重了人间生活气息。最为重要的是，早期作为人物故事画的风景山水，已开始摆脱"人大于山，水不容泛"的固有格局，出现了某种艺术新风。

在绘画技法上，尤其是北周后期，已经逐渐将西域式的晕染法同中国传统的线描法等结合起来，为此后隋朝的进一步融合铺平了道路。这种以线描造型的技法，在敦煌北周壁画中达到了一个高峰，北周时期壁画中出现了"五白式"晕染法，使得形象更加立体。第461窟正壁的佛、菩萨、弟子体形较长，衣带较多，色彩简单，面部的晕染由两颊中心向四周晕染，基本上采用了中原式的画法。北周后期，画家们将两种晕染法结合在一起，形成了一种混合式晕染法。如第299、301窟都采用了这种混合式晕染法。凡此种种，都表现出晕染法的细腻发展，为其后敦煌各代石窟奠定了良好的基础。

在颜色运用上，北周时期对中原的风格进一步采纳，人物以土红色线条勾勒，反映出人物的生命力与质感。如第 290 窟中心塔柱下的胡人驯马，以土红线条勾勒出胡人的强硬与马的畏惧，生动形象；四壁中的飞天形象则通过线条表现出柔软飘逸的飞舞形象。北周的壁画显得极为写实，更注重刻画人物的内在气质，改变了北魏晚期到西魏那种过分夸张以至矫揉造作的神态，给人以敦厚、稳重之感。

总之，从艺术风格上说，在北周时期的莫高窟中，自元荣时代出现的中原艺术风格，已与原有的西域艺术风格从并存发展到融合。在造型上，中原式"秀骨清像"与西域式丰圆脸形互相结合而产生了"面短而艳"的新形象；在晕染上，中原式染色法与西域明暗法互相结合而产生了既染色又体现明暗的新晕染法；在人物精神面貌上，淳朴庄静与潇洒飘逸相结合而产生了温婉娴雅、富于内在生命力的新形象。整个雕塑和壁画使人感到更浓厚的生活气息。这一切都表明，具有敦煌特色的中国式佛教艺术体系就要形成了。

第七章　敦煌石窟艺术的繁荣时期

　　隋与唐前期，是敦煌的兴盛时期，也是敦煌石窟艺术的繁荣时期。本章分别介绍隋代和唐前期敦煌石窟艺术的特点和具有代表性的洞窟。

第一节　隋代的敦煌石窟艺术

　　与隋代敦煌佛教的迅速发展相适应，这一时期莫高窟也进行了大量的修凿。现存隋代新建的洞窟约94个，北朝窟经隋代重修的有6个。隋代在短短的30年间保存下来的洞窟比现存莫高窟早期200年间所开洞窟的总和还多一倍，反映了隋代敦煌佛教的兴盛。隋代敦煌石窟艺术与隋代佛学的发展相关，具有上承北朝，下启盛唐，包前孕后的过渡性质。这一点在石窟形制、彩塑和壁画等多方面都有表现。

一、隋代敦煌石窟形制的特点

　　隋代石窟形制主要有三种。第一种是中心柱窟，这继承了前代遗制，但也略有变化。其表现是中心柱的正面一般不再开龛，仅置三尊大像，中心柱后面和两侧仍和以前一样开龛造像，如第292、427窟等窟即属此类。中心柱前为比较开阔的前厅，上方为人字披顶，但没有椽间装饰。前厅里，南北两壁及中心柱正面，共置身高三四米的大立佛像（一佛两菩萨）三铺。前室内两侧塑天王和力士，均身高三四米。这些新出现的巨型塑像已成为洞窟的主体，而中心柱已退居次要地位。

第二种是开皇年间（581—600）出现的另一种中心柱窟。石窟平面为方形，中心柱下部为方坛，中心柱上部呈倒塔形直通窟顶，塔刹四龙环绕，以象征须弥山。窟顶前部有人字披，后部有平棋。第302、303两窟就属于这种形制。在略晚于上述两窟的第305窟，中心柱上部的倒塔也消失了，只剩下了佛坛。后来到大业九年（613）前后的洞窟，如第280、282、287、293、295、312、419等窟，连中心佛坛也没有了，仅留下了窟顶前部的人字披；有时，人字披还移到了窟室的后部，与平顶对调了位置；有的则整个窟顶就是一个人字披。这种窟形实际上已由塔庙变成了殿堂。

第三种也是最主要的窟形是殿堂窟（即覆斗顶形窟）。这种形制北周时期有较大发展，到隋代已成为基本窟形。隋代的殿堂窟，有的沿袭北周以来的样式，仅在正面开龛造像；有的则三面开龛，即在正壁（西壁）及南北两侧各开一龛，龛内分别造佛像，该形制的代表为第420窟；有的作马蹄形佛床；有的依壁造像。布局多种多样。这种窟形为以后的唐代所沿袭。由于这种覆斗顶形殿堂窟与河西走廊魏晋时代覆斗顶形墓室建筑结构有传承关系，所以，隋代中心柱窟向殿堂窟演变和殿堂窟成为基本窟形，意味着敦煌石窟形制的进一步中国化。

二、隋代敦煌彩塑的特点

　　与洞窟形制一样，隋代的彩塑亦具有明显的继往开来的过渡性特征。

　　首先，在布局上，继承并发展了北周时期的群像形式。在一龛之内以佛为主尊，两侧侍立二弟子、二菩萨或四菩萨，形成三至七身一组的格局。一些石窟内出现了北朝时期所没有的天王像和很少见的力士像。这种有主有从、有坐有立、有文有武的群像，到唐代发展为定制。第 427 窟是隋代塑像最多的一窟。在主室前厅，有三铺共九身高达三四米的巨型立像，每铺都是一佛二菩萨；中心柱的两侧面与后面的龛中，各有一铺（一佛二弟子）等身说法像。前室南北壁各有两身足踏地鬼、全身盔甲的巨型天王像。西壁门两侧又有一对裸体束战裙的侍卫力士。这是隋代规模最大的彩塑群像，艺术水平也很高，可以说是隋代塑像的精华。

　　其次，在表现手法上，隋代彩塑也有所发展。在北朝时期那种以圆塑、高浮塑和影塑等多种形式相配合的老手法基础上，隋代进入了主体雕塑的发展阶段，塑绘技术也达到了新的水平，因而出现了许多光彩夺目的作品。以菩萨像为例。隋代的菩萨像形体健硕，面相丰腴，有的一手提瓶、一手拈花或持柳枝，有的微屈一膝，重心放在另一条腿上，姿态微微斜欹。这和胸平、肩宽、双腿直立的早期菩萨像相比，显得更有变化而优美。

　　再次，在造型上，隋代彩塑沿袭北周而有发展。典型的特征是面相方正、鼻梁略低、耳垂加长、头大体壮、上身长而腿短，进一步摆脱"秀骨清像"，追求的是雍容凝重，开始往唐代丰肌圆润的风格发展。隋塑的以上特征虽然给人一种比例不够协调、头重脚轻的不稳定感，但这方面的缺憾并不能掩盖其在艺术表现上所取得的成就。这不但表现在承袭西魏以来的表现手法，使佛像、菩萨像、天王像等不同类型的塑像的性格特征更加鲜明，还表现在同一类型塑像中出现了多样化的个性刻画。例如迦叶像，这是一位久经磨炼、坚毅沉着的僧侣的典型形象，在这一时期中就明显摆脱了千篇一律的模式化倾向。有的方脸，有的圆脸；有时塑出他的笑像，有时又塑成愁眉苦脸的样子；有的像老态龙钟的梵僧，有的如面貌丰腴的中原比丘。第419窟的迦叶最为生动，皱纹满面，牙齿残缺，鼻翼两侧肌肉松弛，两眼深陷，深刻表现出一个饱经风霜的胡僧形象。菩萨像有的脸形条长，神态庄严；有的眉棱显露，表情文静；有的额广颐秀，聪慧伶俐；有的眉目娟秀，绰约多姿。第416窟龛侧的菩萨，亭亭玉立，身姿微倾，目光下视，表现出女性温婉而矜持的神情（图7-1）。新出现的天王像，一般还是面貌相似，神情雷同，外表庄严威武，但缺乏内在的力量。天王足下的厉鬼（地鬼）却姿态各异。如第427窟的地鬼，外形丑陋，肌

图 7-1 胁侍菩萨（隋代），莫高窟第 416 窟

图片来源：敦煌文物研究所编：《中国石窟·敦煌莫高窟》，文物出版社，1984年，第2卷彩色图版第29。

肉壮实，在重压下有的咬紧牙关，用下巴抵住地面，有的则跪倒以头顶地，用力支撑，生动地体现了它们在重压下的挣扎。金刚力士的塑造，也取得了值得称道的成就。匠师用块面来表现骨骼和肌肉用力时的起伏转折，加上咬牙切齿、怒目而视的表情，鲁莽暴躁的性格就被表露无遗。

另外，在彩塑佛像的衣饰造型方面，隋代彩塑体现出细腻、精致的特点，更加写实地表现衣纹衣饰的真实面貌，体现出隋代彩塑造型艺术的成熟。隋代菩萨裙饰上有大量源于波斯的菱格纹、联珠纹，彩绘十分精致，如第420窟西壁龛南侧的菩萨像，肌肤莹润，动态优雅，双目下视，神情温婉，长裙上有波斯风格的圆环联珠纹饰，这种花纹的织锦在西北一带有唐代的出土实物，应为当时流行的一种纺织物。这种写实化的倾向，为唐代彩塑摆脱各种样式化影响而更具个性化时代的到来作了铺垫。

最后，隋代的彩塑在北周具有浓厚的生活气息的艺术风格基础上进一步接受了当时中原佛教艺术的影响，充分利用了在形象上的写实技巧和典雅富丽的色彩，给神的形象赋予了现实中人的面貌和精神，使塑像开始摆脱早期塑像的神秘感。麦积山牛儿堂的隋代菩萨和第60窟的北周菩萨，方脸、直鼻、眼珠突出、神情恬和，上身着僧祇支、腰束重裙等等，均与莫高窟第420、419等窟的菩萨形象非常相似。这表明敦煌彩塑不断地受到经麦积山石窟传来的中原风格的影响。

总的来看，隋代洞窟彩塑数量增加，体量增大，风格多样，早期塑像体现出的各种外来因素逐渐减少，本土化色彩日益加强。

三、隋代敦煌壁画的特点

隋代壁画的布局与早期略有不同。一般是在正壁龛内及龛外两侧画佛弟子及诸天，四壁上沿画伎乐飞天，中部主要壁面画千佛、说法图或经变，下部画供养人及药叉，窟顶则除藻井、平棋之外亦有千佛和经变。

隋代的壁画，无论从篇幅还是从内容来看，都大大超过了前代。其内容除前期已有的佛像画、本生故事画、因缘故事画、佛传故事画等以外，还增加了大量的经变画。而且随着时间的推移，故事画日渐减少，到隋晚期，本生画已经消失，经变画却日益增多。

如上所述，经变在隋以前已经出现，但在隋代内容开始丰富起来，结构也趋于宏伟。随着大乘佛教思想在敦煌的流行，大乘经变在莫高窟也不断出现。隋代经变除去图解抽象的教义，还包含一些故事情节的描绘，画面结构上也适应新的内容创造出了新的形式。这类经变画到了唐代，就发展衍变为中国式的大型经变。隋代的经变画有"西方净土变""法华经变""维摩诘经变""涅槃变""药师经变"等数种，表现形式各不相同。

"西方净土变"又称"阿弥陀经变"，主要根据《阿弥陀经》绘制而成。在佛教经典中，"净土"是指圣者居住的地方，是佛教徒们所追求的一种理想的极乐世界。佛经里说阿弥陀佛（又称无量寿佛）是西方极乐世界的教主。在那个世界中有七金池，八功德水，金沙布地，楼阁、阶道都饰以金银琉璃，池中的莲花大如车轮，宝树在微风吹拂下发出微妙的声音，另外还有种种杂色奇妙之鸟。这样的极乐世界图在隋代还不甚完备，一般都是在画面中央绘出作说法相的阿弥陀佛和观世音、大势至两菩萨，周围有众弟子和菩萨环绕，说法图中出现莲池和瑞鸟。只有第393窟突破了说法图的格局，表现了坐在出水莲台上的"西方三圣"，并用水池、鸳鸯、莲花、化生、宝盖、花树、飞天等，花团锦簇地烘托出西方极乐世界的神异景象。至此，与说法图大异其趣的西方净土变才初具规模，成为唐代绚烂辉煌的净土变的先导。

"法华经变"主要根据《妙法莲华经》绘制而成，属于大乘经变，它是伴随着大乘佛教思想在敦煌的流行而产生的。第420窟窟顶的"法华经变"是隋代规模最大、内容最丰富的一幅经变画。它分布在该窟覆斗形顶的四披上，每披一品，北披为序品，西披或为方便品，南披为譬喻品，东披为观音普门品。"序品"的画面表现了释迦牟尼在灵鹫山为大众说《妙法莲华经》的盛况以及说法后的涅槃。"方便品"表现了佛以种种成佛的方便说——乘大法，化度众生的情况。"譬喻品"中画一大富长者，身居大宅院中，宅院四面起火，又有各种猛兽、恶鸟、毒虫、魔鬼纷纷出现，而宅中诸子尚在嬉戏。这是比喻人生如居火宅，危在眉睫而不自知。长者于门外置牛车、鹿车、羊车等三乘大车，诱诸幼子脱离火宅。最后长者赐诸子以白牛大车，以此来比喻"三乘归于一乘"的佛教思想。这个火宅喻正是《妙法莲华经》开宗明义的说教。"观音普门品"是以观音菩萨救济诸难和三十三现身化度众生为主要内容，其中有不少生动的画面。例如上部画胡商赶着满载货物的骆驼和毛驴翻山越岭，人困畜疲，一头骆驼突然失足滚下山崖，摔死在山谷里，驼夫俯身看望，惊恐万状；又有一头骆驼在途中病倒，商人只得停步为它灌药；商队下山后，又碰上了拦路的强盗，双方一场激战，终以寡不敌众，商队战败，货物被劫。这些场面是为了图解佛经中所说的，如若商队中有一人念诵观音，就可从上述险境中解脱。但它却真实地反映了古代丝绸之路上行旅往来的艰难险阻。

"维摩诘经变"主要根据《维摩诘所说经》绘制而成。隋代的"维摩诘经变"很多，共有11幅，分别绘于第262、276等十几个窟中。这些维摩诘经变主要是"文殊师利问疾品"。此品是维摩诘经变的中心与高潮，其大概情节是：毗耶离城有一大居士，名叫维摩诘，精通大乘佛教哲理，能言善辩，热衷于弘法传道，连释迦牟尼手下的菩萨、弟子也怕他三分，甚至"十方诸佛"也要听他调遣。他可以随心所欲地利用大乘空宗的哲理为他的每一个行为辩护。他有无数的财富，又有众多的妻妾子女，甚至他去赌场、下酒肆、逛妓院也是为了"度人"。总之，他既享有人间一切荣华富贵，又在佛国世界中占有崇高的地位。维摩诘经常借称病吸引有智之士前来探望，借机辩论佛法。一次，他又在家装病，于是国王、王子、大臣、长者、居士、婆罗门等数千人都前往问疾，维摩诘以自己身体有病向这些前来探望的人说明人生就是病痛毫无意义，进而劝诱他们皈依佛门，出家修行。释迦牟尼得知维摩诘装病，先后派十大弟子、四大菩萨前往问疾，但都因不敢与他辩论而托辞不去，最后只得派文殊师利菩萨前往。按着佛教的说法，文殊本已成佛，后又现菩萨身，帮助释迦牟尼弘教。他是诸多菩萨中所谓"智慧最胜"者，所以只有他敢承佛之命，到维摩诘那里去问疾。诸菩萨、佛的大弟子、梵释四天王等知道文殊师利与维摩诘见面后一定会说妙法，于是都随从前往，恭敬地围绕文殊师利进入了毗耶离城。在两人辩论过程中，维摩诘又运用神力显示了许多不可思议的奇迹，甚至戏弄了佛弟子。正因为"问疾品"是维摩诘经变的中心与高潮，所以我国各地现存的维摩诘经变都以"问疾品"为中心。据张彦远《历代名画记》记载，早在东晋时期，著名画家顾恺之就曾在瓦官寺画过维摩诘像。现存最早的维摩诘经变是炳灵寺第169窟里的"文殊师利问疾品"，时间在西秦建弘元年（420）。这幅"问疾品"很简单，维摩诘身穿菩萨装，卧疾于床，以表示正在生病，是按照经文绘制的。云冈、龙门石窟里现在也保存着一些北朝的维摩诘经变，也都很简单。隋代敦煌莫高窟中的"维摩诘经变"画面均较小，构图亦较简单，"问疾品"均以维摩诘与文殊师利为主体人物，很自然地形成对坐论道的左右对称结构，因而多数都绘于正龛帐门的两侧。第420窟的"维摩诘经变"很有代表性，维摩诘与文殊师利对坐于两个殿堂中，文殊菩萨探身举手好像正在诘问，而维摩诘居士则从容不迫地挥动麈尾，凭几对坐。四众列坐聆听，气氛肃然。殿堂之后有苍翠的林木，前面有碧波荡漾的水池，池中红莲绽开，鸳鸯戏水，孔雀展翅，还有萱草和忍冬点缀在这一优美的环境中。这种构图形式与云冈石窟第 7 窟南壁下层的维摩诘经变、龙门宾阳洞前壁西侧的维摩诘经变十分相似。这说明维摩诘的形象是从江南流传到中原，再从中原西渐到敦煌的。

"涅槃变"主要根据《大般涅槃经》绘制而成。莫高窟北周第 428 窟就已出现了"涅槃变"，但到隋代颇有发展。隋代的"涅槃变"共有 3 幅，分别绘于第 280、295、427 窟中，画面上除表现释迦右胁而卧和众弟子哀悼这一传统模式而外，还表现了姨母默然支颐，舍利弗自坐火中先佛入灭，老迦叶远道赶来长跪礼足，密迹金刚哀厉悲嚎闷绝于地，等等，从整体结构上和人物精神面貌上进一步表现了佛经所要求的境界。

"药师经变"又称"东方药师净土变"，同属净土经变，主要根据《药师琉璃光如来本愿经》和《药师如来本愿功德经》绘制而成。佛教认为药师佛能治病救人，凡是"无救、无归、无医、无药、无亲、无家"之人，只要供养药师佛，就可以得救，这样药师佛就成为苦难的人民心目中的救星，药师崇拜也就盛行起来。药师经里说，药师佛曾发下"十二大愿"，主要内容就是药师佛未成佛之前发愿，如果成佛将如何拯救人民于水火之中等事。同时，它还渲染了人世间的很多种意想不到的灾难，称作"九横死"。横死指死于非命，如生病求医得到并不对症的药而误死、受冤枉被王法处死、酒色无度而死、火灾而死、水灾而死、被猛兽咬死、坠落山崖而死、饥饿而死、因毒药等致死。经变画中药师佛手托药钵，并有九横死和十二大愿，分别表示灾祸与因此而发的愿心，以表现经变主旨。因此人们在壁画中绘药师经变，其主要目的便是禳灾除难、转祸为福，通过发"十二大愿"而表达对美好的向往，除却"九横死"及其恐怖。莫高窟的"药师经变"最早出自隋代。它的主要内容反映的是东方药师佛国中各类佛神之间的地位关系，没有描绘极乐净土美妙景象。在隋第 394、417、433、436 窟中，都绘有"药师经变"。第 433 窟的药师佛盘坐在莲台上，作说法相，身后有背光，两侧有站立在莲花上的两身菩萨，即日光菩萨和月光菩萨，与药师佛合称为"东方三圣"。

除上述佛教题材外，隋代壁画中也有中国传统题材，即仍有中国传统神话、神仙故事中的人物形象出现，但已与佛教思想更加紧密地结合起来。如第305窟顶南北披，描绘的题材与前述西魏第249窟窟顶的东王公、西王母等形象一致，但图中出现了大量的飞天，而且引导者由原来的持节方士变成了飞行的和尚。由和尚取代方士，如果和东西披的飞天和摩尼宝珠联系起来，从整体上看，东王公、西王母的形象已完全变成了民族形式的帝释天和帝释天妃了。以上变化说明整个石窟艺术已进一步统一于佛教的教义，这也是佛教和佛教艺术进一步中国化的表现之一。

此外，隋代洞窟中还保存了较多的供养人画像，通常绘于四壁下部，男女分列，供养人身后常画有车马、随从等，以体现供养人的身份地位。该类壁画以第390窟为代表，窟中男供养人51身，女供养人32身，大部分供养人身后都有随从，女供养人身后还有一队乐伎分别演奏方响、琵琶、箜篌等乐器。这些供养人画像是研究服饰、乐器、礼仪制度等方面的重要史料。

隋代的图案装饰，内容之丰富、形式之多样、制作之精美，都远远超过了早期。其图案装饰主要有莲荷纹、忍冬纹、云气纹、火焰纹、水波纹、兽面纹、双龙纹、垂角纹、联珠纹、蹲狮翔凤纹、圆环联珠纹，又有三兔纹、翼狮纹、飞马纹、对马纹、狩猎纹，以及化生童子、飞天伎乐，等等。这些图案装饰既有继承性，又有创新性。如隋代的忍冬纹已从早期苗壮、朴质的形态，逐渐变得飘逸秀美。第407窟主尊背光上用线描组成的忍冬兽头纹，是隋代引进外来式样的创新之作，它以鼠、兔的头作为图案的中心，身躯却化为忍冬，大胆地把动物和植物的形象融合在一起。服饰图案也是隋代新开拓的装饰艺术领域。早期塑像和画像的衣饰花纹极为简略，隋代则日益丰富华丽。如第427等窟的佛、菩萨造像所着菱形联珠狮凤纹锦的僧祇支和菱格织金锦裙，皆描画精细。值得注意的还有第420窟菩萨所着的圆环联珠狩猎纹锦裙。这一类波斯绫锦装饰花纹的出现，与隋王朝经营河西，打通丝绸之路，开展中西文化交流当有密切关系。隋代图案还十分注重色彩效果，如第292、420等窟的佛背光图案，画师用青绿色染出具有光线变化特点的效果，配合白色及金色等颜色的勾线，以表现奇妙幻化的佛光，体现出色彩运用上的创意。

总之，隋代石窟艺术在继承、总结前代经验基础上加以创新，又进一步受到中原文化艺术的影响，继续沿着西魏以来的中国化、民族化的方向发展。它所取得的成就，为后来唐代佛教艺术的高峰奠定了基础。

第二节 唐前期的敦煌石窟艺术

唐代文学史家往往将唐代分为初、盛、中、晚唐四期。可能是受这种划分的影响，敦煌石窟艺术研究者也把唐代的敦煌石窟艺术划分为这样四个时期，但各期起止的具体时间不尽相同。敦煌石窟艺术的初唐时期起于高祖武德元年（618），止于武周长安四年（704）；盛唐时期起于中宗神龙元年（705），止于德宗贞元元年（785）；中唐时期起于德宗贞元二年（786），止于宣宗大中元年（847）；晚唐时期起于宣宗大中二年（848），止于10世纪初。这四个时期的划分符合敦煌石窟艺术发展的特殊性，从整体上看，初唐和盛唐时期是敦煌石窟艺术整体水平持续发展并达到顶峰的上升期；中唐和晚唐是其整体艺术水平逐渐衰落的时期。因此，唐代的敦煌石窟艺术又可以划分为唐前期和唐后期两个阶段。本节的唐前期包括初唐和盛唐两个时期。

一、唐前期敦煌石窟艺术概貌

唐前期的敦煌石窟艺术具有雍容华贵的盛世气象，集辉煌、庄严、明媚、鲜艳为一体，留下了无数令后人钦仰的石窟艺术杰作。唐前期是敦煌莫高窟开窟最多的时代，现存洞窟约143个，重修13个，这些洞窟集中展示了敦煌佛教和佛教艺术全盛时期的面貌。

此期石窟形制沿袭隋代以来的发展趋势，以殿堂式最为普遍，平面呈正方形的主室后壁即对窟门的西壁开一神龛，两侧一般不再开龛，室内宽敞的活动空间，供善男信女巡礼、瞻仰、参拜和斋会。主室前一般都有平面呈横长方形的前室。室外多有木构建筑以连接各窟。窟檐和廊道大部分为单层建筑，结构简单，但因上面盛饰彩画，便显得十分华丽壮观。各窟内的彩塑与壁画，大多有周密的整体设计，一般格局是：西壁龛内塑成铺塑像，龛内画菩萨和十大弟子、龙天诸神，帐门两侧画菩萨或小型维摩诘经变，或文殊、普贤变，或乘象入胎、逾城出家等佛传故事。南北两壁画大型经变，东壁门两侧画左右对称的画面，常见的是维摩诘经变。门洞上方画说法图、三佛、二佛、七佛并坐等尊像。覆斗形窟顶中央为华盖式藻井，四披画千佛或说法图，偶尔也画经变。地面铺莲花砖。整个洞窟形成一个华美、有序的净土世界。这应该说是唐代风靡全国的净土崇拜在艺术上的反映。

唐前期的彩塑在隋代基础上进一步发展，以整铺的群像为主，由一铺五身、七身而向九身、十一身发展，气势宏大，而且几乎已都是圆塑，浮塑已很少见。在艺术技巧上，克服了隋代人体比例不协调的缺憾，写实手法大大提高，更加注意人物性格心理的刻画。艺术家们在创作现实世界中并不存在的佛和菩萨时，赋予他们以人的思想感情，使观者精神与之相通，激起其虔诚与亲切之感，这种现实主义精神和世俗化倾向是此期彩塑最突出的特点。

作为主尊的佛像一般为结跏趺坐或善跏坐，手势作说法印或施无畏印。中国式宽袍大袖的袈裟代替了早期的天竺袈裟，并已完全摆脱"秀骨清像"的名士风度，代之以雍容华贵、健康丰满的形态。这些佛像的面相变得温和、慈祥、庄严、镇定，似乎已不是超然自得、高不可攀的思维神灵，而是关怀现世、极愿帮助人们的权威主宰。匠师们还用灿烂夺目的色彩加上妆金的效果和美丽的丝绸图案褶纹装饰佛的背光、项光和佛座，为佛像增辉。

这一时期的菩萨像更接近唐人理想中的女性形象，他们身段秀美、气度娴雅、面相丰腴、眉眼修长，表现了女性的美丽和温柔。有的菩萨好像在亲切地倾听着人们的祈求。艺术家们在菩萨塑像上歌颂了人类女性的善良、美丽、智慧和尊严，也迎合了世俗的欣赏要求。在隋代还显得缺乏内在力量的天王力士像，在唐前期也已成熟。如果说菩萨像表现了女性的优美，天王力士像则表现了男性的刚毅和力量。这些盔甲严整或裸露上身的塑像，都有力地体现了古代武士的威严、勇猛、正直、坚毅的性格，尤其裸露的部分作了合理的夸张，使肌肉的凸起、关节的突出、青筋的暴露，都有助于蕴藏在内部的、即将迸发的力量的显示。

在唐前期经济空前繁荣、国力空前强盛的背景下，雄伟、富丽、宏大也成为当时艺术家所追求的时代风貌。这种时代风貌在唐前期的敦煌石窟艺术中留下了明显的痕迹。其表现之一就是巨型造像的出现。敦煌石窟中现有唐前期的大型佛像两尊。一尊是武周证圣元年（695）的35.5米弥勒像（第96窟，俗称"北大像"），也是莫高窟最大的石胎泥塑像。另一尊是开元至天宝年间的26米弥勒像（第130窟，俗称"南大像"）。大像的开凿费时费工，非数年不得成，而莫高窟仅有的两个大像窟都出现在唐前期，没有十分雄厚的社会经济基础是不可能产生的。同一时期，在敦煌以外的地区，也出现了巨型佛像，如建造在开元年间的四川乐山大佛（高达71米）等，这当然不是偶然的巧合。从这些巨佛身上，我们仿佛看到了大唐帝国的雄伟风姿。

雄伟、富丽、宏大的艺术风貌的表现之二就是巨幅经变画的出现。经过一段时间的探索，到贞观中期敦煌经变画的格局趋于成熟。受当时净土信仰盛行的影响，唐前期的经变画以极力渲染西方极乐世界的阿弥陀经变为最多，此外还有法华经变、华严经变、观无量寿经变、弥勒经变、维摩诘经变、药师经变、涅槃经变、劳度叉斗圣经变等。其中弥勒经变、观无量寿经变和药师经变也极力渲染不同佛国的极乐世界。这类壁画线条流利圆润，构图清晰完整，气氛热烈和谐，呈现出一片欢乐、祥和、幸福的景象。总之，唐前期的经变画一改十六国北朝时期的悲壮、舍身、惨烈等风格，转为赞颂佛国世界的欢乐与美好，画面复杂，层次丰富，人物和场景众多，表现了画匠宏大的气魄和处理复杂构图的能力，也反映了他们对生活的积极态度。与内容的变化相适应，壁画的色彩也趋于热烈，形成了鲜艳明快、富丽绚烂的视觉效果，这与北朝时期的阴冷色调判然有别。

表现欢乐、祥和、幸福景象的各种壁画在唐前期之所以能够成为壁画的主流，与北朝壁画中的残酷、悲惨场面形成鲜明的对照，归根到底是由现实生活发生的变化决定的。在朝不保夕、人命如草的南北朝时期，面对悲惨的现实，人们感到现世无望，比较易于接受佛教关于忍辱牺牲，以求来世成正果的宣传，求得精神上的安慰。而在唐前期贞观以后，社会相对安定，下层生活稍有保障，上层也能安心地沉浸于歌舞升平的世间享乐中。在这样的背景下，人们对舍身饲虎、割肉贸鸽等悲惨场景已不感兴趣，而表面诱人的天堂幸福生活却有更大的吸引力。生前享受荣华的统治者死后也想登升极乐世界，而现实生活中有各种不如意的劳动者，也愿意把美好的生活愿望寄托在这个虚幻的天国里。净土之说就是因既得到封建统治阶级的欢迎又得到普通民众的信仰而大大兴盛了起来。其实，这些极乐天国不过是地上贵族生活的升华。画面中高耸台基上的重楼连阁，是按照唐代宫廷建筑塑造出来的；乐舞的场面，反映了当时豪贵之家伎乐之盛；居画面中心的阿弥陀佛，是人间最高统治者的化身；佛和菩萨及其部众在画面中躯体比例的大小和地位的不可逾越，表现了严格的古代等级制度。所以，佛国极乐世界是艺术家按照现实世界的形象加工创造的结果。在当时充裕的物质条件基础上，受在此基础上产生的时代精神和艺术风格的影响，艺术家们的创作才能充分地在净土世界的主题下发挥，他们把人间的荣华富贵绘进了天堂，又把对天国富丽堂皇的描绘留在了人间。

唐初期经变画中出现的各种世俗场景既来源于现实，也为后代数百年的相关创作提供了范本。如阿弥陀经变中的宫殿楼阁，其实是当时建筑业成就的间接描绘；观无量寿经变中的父子仇恨因缘，其实是现实宫廷权势斗争的缩影；弥勒经变中的弥勒下生世界诸事，一种七收、老人入墓、女子五百岁婚嫁、树上生衣、剃度、拆幢、罗刹扫城等情节，多是百姓生活场景的再现；药师经变中的"九横死"和"十二大愿"，则暗示了即使盛世中也会有种种危机存在；法华经变中的战争、商旅、折柳送别、诵经拜塔、聚沙成塔、雨中耕作等，则是鲜活的社会风俗写照；涅槃经变中的奔丧场面，也是展示各国和民族丧葬习俗的详细图解……这些画面的出现，是唐前期敦煌石窟艺术现实主义精神和世俗化倾向在壁画中的反映。同时，这一时期开创的众多解析佛经的经变画的细节场景基本为后世所沿袭，形成了相对固定的格式。

经变画之外，佛像画仍是唐前期壁画的重要题材，大大小小的说法图中画有佛弟子、菩萨、天王、龙王、阿修罗王等诸天圣众及金刚力士。其中单身的佛、菩萨像明显增多。受当时盛行的净土崇拜的影响，观世音、大势至二菩萨的地位渐崇。观世音菩萨已经成为人们在现实苦难中寻求解脱并寄托美好愿望的尊神，而且还新出现了文殊、普贤二菩萨左右对称的画像。

唐前期壁画题材的另一大突破是佛教史迹画的出现。在武则天大力弘扬佛教的时期，莫高窟第323窟出现了一批佛教史迹画。这些壁画有真实的历史人物和历史事件，也有佛教徒们虚构的场景。包括"释迦浣衣池与晒衣石""阿育王礼拜外道尼乾子塔""汉武帝获匈奴祭天金人与张骞出使西域""佛图澄神异事迹""康僧会感应事迹""西晋吴淞江石佛浮江""东晋杨都金像出渚""隋文帝迎昙延法师祈雨"等内容。此类壁画的出现是当时佛道之间斗争的反映。唐前期儒道两家极力排佛。唐高祖、太宗出于政治考虑，在排定佛道名次时都将道教置于佛教之前。佛教徒通过各种方式努力改变这种被排斥的地位，利用佛教史迹画把佛教传入中土的时间提前，并备述历代帝王的崇佛事迹，就是这种努力的一种表现。如张骞出使西域与佛教本无任何关系，而在第323窟中却被描绘成了汉武帝焚香礼拜金人、派张骞往西域大夏国问金人名号、张骞到达大夏国等三个情节。佛教徒虚构这样的情节，显然与佛教和道教的竞争有关。

唐前期的供养人画像也有突破，打破了前代千人一面的模式，注重刻画不同人物的特点和个性，供养人的形象也由小而大。画像中的王公大臣、地方官吏、贵族妇女、僧侣居士以及侍从奴婢等各类人物，都被尽力表现出身份和个性的差异。如莫高窟第431窟西壁下部的供养图中画着三匹骏马，而画面中的马夫似乎不堪疲乏，作抱膝埋头打盹状。这样世俗化的形象说明画匠在刻画宗教内容的同时仍在努力挖掘现实生活中的情趣。一些洞窟中还用供养人像来显示氏族门庭和宗族的谱系，如莫高窟第130窟中已出现与真人等身高的晋昌郡太守乐庭瓌夫妇及家人的供养像。受唐前期审美风尚的影响，这一时期壁画中的人物形象大都面相丰腴、躯体健硕。人物形象的精致化也影响到了佛教人物的造型，就连莫高窟第103窟维摩诘经变中的维摩诘也由南北朝时期的"清羸示病之容"变为丰满健硕、须眉奋张、目光如炬的老者。而佛、菩萨、天王、供养人等的衣纹裙饰都施以绚丽豪华的装饰，不论塑像还是壁画，罗汉的山水衲、百褶锦裙，菩萨的僧祇支、绣花罗裙，供养人衫裙帔帛上的织绣缬染花纹，华美的纹样如石榴卷草、团花、棋格、缠枝花卉和孔雀羽随处可见，特别是那些缕金锦纹，金光闪闪、富丽堂皇，既显示了画匠的高超技艺，也从侧面显示了唐代高超的纺织技术水平。

唐前期的装饰图案以卷草纹最为普遍，主要以流利宛转的线条描出正反相间的卷叶，再填充莲花、宝相花、海石榴等花卉图案，并巧妙地配以孔雀、灵鸟、飞天、化佛等。装饰图案出现最多的是覆斗顶上的藻井，其图案新意迭出。如莫高窟第209窟藻井交绘葡萄纹和石榴纹，用藤蔓交错的效果巧妙地构成了丰收的图案，打破了以莲花为藻井图案主体的单一格式。莫高窟第329窟藻井中心莲花的花心画成转轮形式，四周彩云飘荡，飞天翱翔，充满了夺目的光彩和运动的旋律。莫高窟第320窟的藻井井心为团花图案，边饰疏密有致，严整而有变化，色彩热烈艳丽，显示了辉煌灿烂的盛唐风格。这些创新都体现了画匠对艺术细节的极力关注。

总之，唐前期的敦煌石窟艺术在当时社会经济高度发展的基础上，承续周隋以来的发展趋势，进一步吸收内地和印度、西域艺术的营养，经过画匠的辛勤创造，最终形成了具有敦煌特色的中国佛教艺术体系。这一时期的石窟艺术是通过宗教题材来赞美人生，在出世的要求中流露着对现世享乐的向往，这就给这些作品赋予了强大的生命力，它们不仅在当时不知震撼了多少人的心弦，直到今天，也仍然具有极大的艺术魅力。

二、唐前期的代表窟

1. 初唐时期的代表窟

莫高窟现存的初唐洞窟有 40 多个，代表洞窟有第 220、203、123、335、321、332、96 等窟。

莫高窟第 220 窟，是莫高窟最重要的初唐洞窟之一，经中唐、晚唐、五代、宋、清重修。1944 年，敦煌艺术研究所在清理洞窟时将该窟表层五代、宋重绘壁画剥离后发现了完整的底层壁画，并在主室东壁门上和北壁药师经变下发现了两方贞观十六年（642）的墨书题记，为该窟的始创年代提供了确凿的断代依据。1975 年，敦煌文物研究所将甬道南北两壁表层壁画进行整体搬迁，露出五代壁画原作。结合主室西壁龛下"翟家窟"的题记以及甬道南北两壁的五代翟氏家族供养像及同光三年（925）题记，证明该窟是从初唐延续至五代宋初的敦煌大族翟氏的家族窟，这为研究莫高窟的家族洞窟营造史提供了一个个案。此窟为覆斗顶形窟，主室西开龛，龛内原有唐塑一佛二弟子，均经后代重妆。龛顶壁画已残，现存部分因多年在重绘画覆盖下而保持着明亮的色调，朱色的线描清晰可见，优美生动的供养菩萨像显示出初唐龛顶装饰华丽、细腻而宁静的艺术风格。该窟壁画中的人物风貌已呈唐人风采，壁画施色大胆而富于变化。主室南壁绘阿弥陀经变一铺，是莫高窟出现最早、场面最大的净土变。由地面、水池、天空三部分组成，西方三圣位于七宝池中央，背后梵宫高耸，周围共有 150 余身眷属环绕，严密而有层次。中部舞乐场面中的乐工和歌伎动静结合，一派歌舞升平景象跃然而出。北壁绘药师经变一铺，主尊为七身药师佛，日光、月光菩萨胁侍，还有八大菩萨和十二药叉神将护法。药师佛前中原式灯楼和西域式灯轮并出，在"灯山火木"照耀下展现出规模巨大的舞乐场面。两侧的乐队中可辨识的乐器有 15 种之多。两组舞伎所表演的大概就是传自中亚的胡旋舞和胡腾舞。东壁门两侧画维摩诘经变，以"问疾品"为主体，描绘了《维摩诘所说经》中最生动的情节。右侧的维摩诘手握麈尾在帐内抚膝而坐，身体前倾，略现病容，但目光炯炯，神思飞扬，与之相对的文殊菩萨从容大度，举止庄重，与慷慨激昂的维摩诘形成鲜明对比。该窟始成于贞观年间，在当时是莫高窟风格全新的一个洞窟，其艺术风格明显受到了中原的影响，画风不仅展现了初唐的胸襟，也揭开了盛唐的恢弘帷幕。

莫高窟第 332 窟，位于南区崖面北部下层，建于武周圣历元年（698），经五代、元、清重修。窟内原存李克让所立《重修莫高窟佛龛碑》，因此又名"圣历窟""李克让窟"。该窟前部为人字披顶，后部平顶，主室中心方柱，西壁开龛，这种窟形在莫高窟中为数不多，别有特色。该窟的塑像以三身佛为主体，主室中心方柱东向面塑一佛二菩萨立像，南向面画卢舍那佛一铺，西向面画药师佛一铺，北向面画灵鹫山说法图一铺。南北两壁前部分塑一佛二菩萨立像一铺，上画赴会佛二铺，组成了释迦法身、报身、化身的三身佛。该窟在西壁长圆券龛内塑有一尊长 5.6 米的涅槃像及弟子像，是莫高窟现存最早的一铺涅槃像。佛像头南脚北，表现了释迦牟尼已入涅槃境界，弟子正在哀痛之中的场景，弟子身后绘制的十棵娑罗树，完美地把佛祖涅槃时弟子举哀的气氛映衬、烘托得更加庄严肃穆、哀伤悲凉。为了进一步配合涅槃的主题，画匠还在南壁绘制了一幅莫高窟最早的涅槃经变。这幅经变画在前朝单幅画面、单一情节的基础上发展为大幅的多情节经变，画面从上而下共分三排，表现了从释迦临终前为众菩萨说法到起塔供养等十多个情节，人物造型、衣冠服饰都已唐朝化，并且构图灵活、布局自由、规模宏大，是具有划时代意义的一幅经典作品。而将三身佛和涅槃信仰融入一个洞窟，反映了初唐时期的敦煌佛界所推崇的教义。

　　莫高窟第 335 窟，位于南区崖面北段二层，经中唐、宋、元、清重修。该窟的特色在于保存有三处明晰的开窟题记：窟门上有垂拱二年（686）五月十七日优婆夷高氏的题记；主室北壁维摩诘经变下中央有圣历年间（698—700）张思艺题记；主室西壁龛北侧帐门观世音菩萨像下有长安二年（702）题记。这三方题记不仅证明了该窟成于武周时期，也从侧面反映了一个中型窟当时需历时十余年而成的现实，同时也为莫高窟的初唐洞窟断代划分提供了坐标。该窟为覆斗形窟，主室西壁开龛。主室窟顶为牡丹团花井心配卷草、垂幔图案，是同时期洞窟最常见藻井的搭配。西壁平顶敞口龛内塑坐佛和弟子、菩萨像，龛顶及龛壁绘法华经变。龛口内南北两侧出现了莫高窟最早的劳度叉斗圣变，而且出现在主壁龛内。主室南壁绘巨幅阿弥陀经变，北壁绘维摩诘经变。这种组合方式也是莫高窟中少见的，因为阿弥陀经变一般对应药师经变出现，而维摩诘经变一般出现在主室东壁门两侧。该窟维摩诘经变的规模是初唐现存同一题材 8 幅经变之冠，画面主要表现文殊师利率诸菩萨、弟子等前来毗耶离城问疾与维摩诘居士相对辩论，其上有乘云赴会听法的四众及辩法中的种种神通变化，下有帝王率诸国王子虔诚听法图。画中的人神与山林自然结合，意境交融，具有鲜明中国特色。可惜的是，该窟 20 世纪初期曾遭美国探险家华尔纳的盗窃，将南壁维摩诘经变中的数身菩萨像用化学胶水粘去，留下了一块块空白。

　　莫高窟第 321 窟，位于南区崖面北段下层，为覆斗形窟，主室西壁开龛，经五代、清重修。1965 年，敦煌文物研究所在前室西壁门南揭出了莫高窟最早的地狱经变，虽残缺不全，但弥足珍贵。地狱经变依据《正念处经·地狱品》绘制，残存画面中有刀山剑树、恶兽喷火、狱卒持械守卫、男女披发哀号等情节（图 7-2）。此外，该窟还有两项莫高窟石窟艺术

图 7-2　地狱变局部——审判（初唐），莫高窟第 321 窟，陈丽绘

之最。第一是西壁龛两侧绘双飞天四身，其特殊的组合与造型为莫高窟壁画飞天之最。飞天自碧空倒栽而下，昂首挺胸，双手伸展作飞翔状，衣裙飘带随风舒展，在云彩托扶下似自如舞蹈，巾带飘逸灵动，更衬出飞天的潇洒自然。历经千年岁月后，他们的肤体虽然变成绛黑色，但眉目轮廓及体形姿态线条依然十分清晰。第二是主室南壁所绘的十轮经变。20 世纪80 年代，史苇湘曾将这幅壁画比定为以《宝雨经》为主题的经变画，此说多为学界沿用。近年，王惠民经过重新考证，认为所绘当为十轮经变。①《十轮经》又名《地藏十轮经》，玄奘译于永徽二年（651），共八品。经文内容系赞叹地藏菩萨的各种功德，并叙述如来依地藏菩萨之问，而由本愿力成就十种佛轮，能破除末世之十恶轮，地藏菩萨会有各种化身救度众生。在敦煌遗书中已发现了 20 多件《十轮经》写本，但在敦煌壁画中

---

① 王惠民：《敦煌 321 窟、74 窟十轮经变考释》，载《2004 年石窟研究国际学术会议论文集》，上海古籍出版社，2006 年。

却很少发现相关的经变画。目前可以确定莫高窟第321窟和第74窟各存一铺十轮经变画。壁画中有地藏菩萨救诸苦难的44种变化身，并有六道轮回和地狱十王像的组合，这是十轮经变画的主要特征。第321窟南壁两侧的序品表现了地狱、农耕、修庙、建塔、燃灯、斋僧、狩猎、男女相欢、火焚、坠崖等，包含了现实中的生老病死和爱欲灾难等各种生活场景，对了解唐代社会生活史有极高的图像参考价值。

莫高窟第96窟，因窟外建有九层楼阁而俗称"九层楼"〔原为四层，晚唐乾符年间（874—879）又建成五层，宋初（966）重修，现在的九层楼建造于1935年〕。第96窟内塑有敦煌石窟第一大、我国第三大、世界第四大佛像，同时也是我国室内第一大佛像。武周证圣元年（695）由禅师灵隐和居士阴祖建造，像高35.5米，石胎泥塑。因为塑像位于开元时期开凿的大佛（第130窟）之北而俗称"北大像"。这尊善跏坐弥勒像屡经各代重修，其手势、衣纹、色彩等已均非原貌，只有头部还保存着初唐时期丰满、圆润的风采。北大像成于武周时期，自建成后一直是莫高窟的一个信仰基地和活动中心，得到当地各界的维护。据敦煌文书记载，晚唐归义军节度使张淮深，五代宋初归义军节度使曹议金、曹元忠和曹延禄等都出资维修保护过北大像，可见北大像在莫高窟造像中所居的重要地位。

2. 盛唐时期的代表窟

莫高窟现存的盛唐洞窟有80多个，代表洞窟有第23、25、45、217、103、323、130、79、445、148、185等窟。

莫高窟第23窟，位于南区崖面北段底层，经中唐、五代、清重修。覆斗形顶，西壁开龛。该窟前室已毁，壁画为中唐、五代重画，塑像经清代重修。该窟整幅壁画题材均以《法华经》为主，《法华经》全经28品，各品都分别由长行（散文）与重颂（偈语）组成。为方便解说深奥晦涩的佛教义理，《法华经》采用了大量神话和譬喻故事，其观点都是靠故事层层剖析，渐次演说清楚的。该窟窟顶南披及东、南、北三壁遍绘《法华经》序品、草药喻品、譬喻品、见宝塔品、观音普门品、化城喻品、常不轻菩萨品、方便品、从地踊品、嘱累品、药王本事品、信解品、提婆达多品、如来神力品、妙庄严王本事品等15品。画面布局灵活，画法轻盈自如，富于艺术创造力。画工采用了白底上绿色的技法，使整个画面显得清爽明快，充分体现了盛唐艺术的开放与活力。如药草喻品中的雨中耕作图，整个画面紧张而又充满生活气息：大雨滂沱中的农夫在扶犁耕作，农妇冒雨送饭菜于地头，几名孩童穿着肚兜在雨中嬉戏，在生存艰难的画面中又展示了可贵的人间亲情和童心，观之亲切感人。方便品中的聚沙成塔图，用几个胖娃娃津津有味地聚沙成塔游戏场景宣扬了"若使人作乐，击鼓吹角贝，乃至童子戏，聚沙为佛塔"的教义。化城喻品以庭院为中心，院内有两个男子正往外走，似要迎接客人；一个女子站在门口，似是女主人。庭院内众人在做饭，三组旅客正对坐矮桌前边吃边谈。庭院外三人骑马离去，一人跪别。画面上方有四人在崇山峻岭中骑马行进，将商旅的动态艰辛和真实的民居格局紧密结合在一起。该窟窟顶西披为弥勒经变，东披为佛顶尊胜陀罗尼经变，北披为一佛五十菩萨图。《佛顶尊胜陀罗尼经》是一部密教经典，主要讲说唯有此经能灭众生一切恶业，只要念诵此经即可免除一切苦难。以前认为莫高窟中直到宋初才有佛顶尊胜陀罗尼经变，近年考察发现，该经变画早在盛唐时期就已出现，构图类似净土变，主佛中央下方绘方形坛图，中为宝瓶，佛两侧有四天王和帝释天等围绕。虽然可以确定第23窟的主题是法华思想，但这三铺依托其他经典的壁画插入，对理解当时法华思想和其他佛教思想的结合当有助益。

莫高窟第130窟，位于南区崖面南段底层，俗称"南大像"，因位于第96窟"北大像"之南而得名。由敦煌人马思忠和僧人处谚于开元九年（721）创建，约在天宝年间完工，耗时30多年。大像高26米，为石胎泥塑弥勒佛倚坐像，也是莫高窟第二大佛。南大像除右手为北宋所补外，基本上保持着原貌，其基本姿态与北大像相同。南大像形体圆浑饱满，姿态庄静，气度雍容，充分显示了盛唐的艺术风格。盛唐时期更加成熟的石窟营建经验在南大像身上得到了充分体现。针对人们的膜拜需求和视觉效果，工匠有意加大了大佛头部的比例。全高 26 米的大像，头部就有 7 米之长，看似不符合人体正常比例，但工匠在大像的眼睑、鼻翼和嘴唇等处都塑出较深的斜面，配以上下明窗自然光投影，使大佛的五官轮廓分明，人们仰视时能够清晰看到大佛的面部，反而会感到比例适中。与佛像的造型相适应，方锥形的洞窟下大上小，增加了佛像的稳定感和宏伟的气势。南大像从落成之日起就备受敦煌僧俗两界的膜拜和维护。敦煌文书 Дx.6065a《乘恩帖》记述了 817 年左右即中唐时期，由僧人乘恩组织的对南大像的维修工程。第 130 窟前为现存莫高窟最大的殿堂建筑遗址，时代为曹氏归义军的曹延禄时期，即北宋初期。第 130 窟甬道南北两壁各有一龛，龛下底层壁画为盛唐晋昌郡太守乐庭瓌与夫人太原王氏及子女的供养像，现已模糊不清。

　　莫高窟第 103 窟，位于南区崖面南段中层。窟形为覆斗形顶，西壁开龛，清代重修。主室窟顶藻井为团花图案，四披绘千佛。西壁平顶敞口龛内存唐塑结跏趺坐佛一身，菩萨二身为清修，另有弟子和菩萨各二身为清塑。龛内西壁残存弟子、菩萨等画像。南壁画法华经变一铺，主要表现了妙庄严王本事品和化城喻品。这幅化城喻品中没有用穷山恶水来表现道路艰难，而是用青绿山水画来描绘山清水秀、碧波荡漾的情景，给人一种心旷神怡的视觉效果。这种青绿山水画是当时唐代流行的一种画风，唐代的李思训被称为青绿山水画的始祖，但李思训的真迹今已无存，然莫高窟壁画中的青绿山水画却保存得很好，色彩如新，因此具有极高的研究价值。北壁绘观无量寿经变一铺，两侧画未生怨和十六观。东壁画维摩诘经变，其中的维摩诘像为同类作品中的杰作。维摩诘手拿麈尾，身体微微前倾，双眉凝结，双目炯炯有神，须发奋张，毛根出肉，宛如一充满智慧的老者形象，而文殊菩萨则显得平静沉稳，胸有成竹，与维摩诘形成了鲜明的对比。

莫高窟第 45 窟，位于南区崖面中段底层，是一个中型窟，经中唐、五代重修。虽然该窟没有明确纪年题记，但从洞窟形制、壁画内部和艺术风格看，其营建时间应在盛唐时期。敞口前室和甬道残毁严重，壁画经五代重绘，窟前原建有五代殿堂建筑遗址。主室覆斗顶，西壁开敞口龛，内塑结跏趺坐佛（图 7-3）、迦叶、阿难、观世音、大势至及南北天王共七身，均为莫高窟彩塑的佳作。两身菩萨塑像，身姿婀娜，体态呈 S 形扭曲，完全突破了呆板挺立的旧模式。其中南侧的菩萨双肩倾斜，头部微微

图 7-3　坐佛（盛唐），莫高窟第 45 窟西壁龛内

图片来源：敦煌文物研究所编：《中国石窟·敦煌莫高窟》，文物出版社，1987 年，第 3 卷彩色图版第 126。

侧向身旁的阿难,而憨厚腼腆的阿难,也不由自主地稍稍侧身相就,彼此呼应,似在窃窃耳语,极为传神。与阿难相对的迦叶,是一派老成持重的高僧神态,双眉紧锁,富有洞察力的眼睛和微微内收的嘴角,表现出他深邃的思想。匠师在按照传统刻画他饱经风霜的外貌的同时,深入人物的内心来刻画他的个性,将一位自信、饱学哲人的内心世界表现得淋漓尽致。龛壁和龛顶内绘八弟子、诸菩萨、天龙八部和飞天,既表现了净土说法的内容和完整场面,又弥补了由于佛龛的局限而造成塑像空间深度不足的缺陷。这种塑绘结合的手法巧妙地运用了视觉透视规律,在龛前正中跪拜仰视时,龛内描绘的壁画与塑像交汇成一个有机整体,龛内佛尊像与龛顶壁画见宝塔品等表现了法华会中的一幕场景。窟顶藻井画团龙井心,四披绘千佛。南壁通壁绘观音经变,取材于法华经观音普门品,是莫高窟同类题材中最精彩的一铺。画面分三部分,正中为观音菩萨像,两侧上部为观音三十三身,即观音菩萨变成三十三种不同人物为不同的信士演说佛经;下部为有求必应、救苦救难场面,写实性极强,其中著名的监狱图、航海遇难图、砍头图、求男得男图、求女得女图、商人遇盗图等,画面描绘生动,惊心动魄,皆为现实社会之真实反映。北壁通壁绘观无量寿经变,其主体部分的西方极乐世界与阿弥陀经变的描绘并无二致,都是竭力刻画西方净土的繁荣和平景象,两侧绘有未生怨故事和十六观。第45窟既有法华经的主体内容,也有强烈的观音信仰思想,尤其是将观音经变从法华经变中独立出来独成体系的做法,体现了唐代观音信仰的盛行。

　　莫高窟第79窟,位于南区中段底层,经五代重修。前室严重损毁,窟顶尚残存盛唐绘立佛三铺,西、南、北三壁也残存盛唐观音或卢舍那佛像,其余多为五代重绘的经变画。主室窟顶为团花藻井,四披绘千佛。西壁盝顶帐龛内为盛唐原塑一铺九身,彩塑虽经后代补修和敷色,但大形未改。龛内西壁画有四扇屏风,南、北壁各画一菩萨与一屏风。六扇屏风画内皆绘枝叶繁茂的树木、飞鸟和人物，意境幽雅，笔功颇深，是屏风画中的上品。中国的屏风画最早可追溯到三国时代的东吴，莫高窟的屏风画始见于盛唐时期。将中国传统的屏风画与佛教艺术结合起来，体现了佛教艺术的逐渐本土化，也可以说是中唐时期以屏风画解析经变画的先导。南、北壁上层皆为千佛，底层绘千手千眼观音已漫漶不清。千手千眼观音属密宗之内容，在莫高窟出现以此幅为最早。更值得注意的是，在四披千佛的边沿穿插有数十身裸体童子，有的拿大顶，有的作舞蹈状，有的伏地跪拜，天真烂漫，活泼可爱，显然这是画工在完成了主题画之后插进的小品。

　　莫高窟第445窟，位于南区崖面中段四层，经五代、西夏重修。主室西壁敞口龛内塑为唐塑一铺九身，龛顶为西夏壁画。南壁画阿弥陀经变，北壁画弥勒经变。弥勒经变起于隋代，但隋和初唐的壁画中都没有下生情节，直到盛唐壁画中才出现。这铺弥勒经变也是莫高窟盛唐作品中的上乘之作，主要描绘了弥勒菩萨下生成佛时弥勒世界的美好景象。画面中和左、右两侧表现了弥勒三会的说法图，都是弥勒佛端坐于莲座上，周围簇拥着听法菩萨和天人。平台楼阁屹立其间，平台为莲花池水。下方剃度图中的比丘尼或立或跪，或交头接耳，或颔首凝思，或翘首张望，画家把那种紧张的神情和复杂的心态刻画得惟妙惟肖。画面中还穿插着弥勒世界中的各种美好场景，如一种七收图，农夫的播种、耕作和收获的画面，都极富生活气息，其中出现的曲辕犁形象为研究古代的农具提供了不可多得的图像资料。女子五百岁出嫁图中，帷幕包围的庭院中，三人乐队正在吹奏，院中一红衣人挥袖起舞，帐篷中的宴坐宾客皆倾心观赏，连厨房传菜的帮工也在幕后凑在一起偷看，而新郎正在行跪拜礼，新娘行稽首礼，呈现了"男跪女拜"之俗，非常真实传神地再现了唐代民间热闹的婚嫁场景（图7-4）。整幅画面构图严谨，用色适中，层次分明，充分体现了盛唐时期的富丽堂皇的色彩和精致细腻的线描技巧。

图 7-4　弥勒经变局部——婚礼图（盛唐），莫高窟第 445 窟，陈丽萍绘

莫高窟第 148 窟，位于南区崖面南段二层，是一个以涅槃为主题的大窟，经晚唐、西夏、清重修。据前室南厢所立《大唐陇西李府君修功德碑》及背面的《唐宗子陇西李氏再修功德记》，该窟建成于大历十一年（776），又由李家后人于乾宁元年（894）重修，窟主为李大宾。该窟是敦煌李氏重要的家族窟之一，又名"李家窟"或"涅槃窟"。该窟前室为人字披，以二石明柱分作三开间，西壁门南北像台上存唐塑天王、力士及随众狮子等护法神像。盝形顶甬道残存报恩经变部分。主室为券形顶，西壁设涅槃佛床，南北两壁各开一龛，窟顶绘千佛。佛床塑 14.4 米释迦涅槃像 1 身，佛弟子、天人、各国王子、摩诃波阇波提夫人、菩萨等 72 身塑像（清重修）。佛右胁而卧，面型丰满，双眼微闭，衣纹柔软，随身体起伏而变化，一副安然入睡之态。西壁为长卷巨幅涅槃经变画，南北壁盝形顶龛内原分塑如意轮观音、不空绢索观音，壁画也是密教题材。南北龛顶

上绘大型弥勒经变和天请问经变。东壁门上画千手千眼观音变一铺，门南北两壁分绘巨型条幅式观无量寿经变与药师经变。第 148 窟的主题思想是涅槃，但是两壁密教龛与东壁的密教观音经变又表明该窟同时具有一定的密教思想。文殊、普贤以及观无量寿经变与药师经变及千佛造像，共同体现主佛的常、乐、我、净的卢舍那性格，说明该窟是涅槃和净土思想并重的洞窟。该窟的经变画中还出现了莫高窟最早的报恩经变和天请问经变。报恩经变依据《大方便佛报恩经》绘制，主要讲释迦牟尼过去若干世报效佛恩、君亲恩、众生恩的故事，内容诸如序品、孝养品、恶友品、论议品、亲近品等，中心就是忠孝思想。报恩经变的构图特征是，通过善友和恶友以及鹿母夫人、金毛狮子诸故事构成主要情节，主体为说法会。天请问经变依据《天请问经》所绘，该经是玄奘所译的一部不足六百字的小经，主要讲佛在室罗筏国逝多林祇树给孤独园，为某位"天"神回答提问。经文以对偶句的形式九问九答，阐发了四谛、六度、持戒的义理。天请问经变的构图特征一般是，画面主体为佛说法图，四周为多幅小说法图环绕，表示"天请问"的场景。第 148 窟的天请问经变是莫高窟的第一铺也是盛唐洞窟内的唯一一铺。报恩经变和天请问经变出现在沙州军民与吐蕃交战时期，具有深刻的时代意义，传达了人们在战争的焦虑和紧张中表现忠君报国以及期望佛祖解答现世苦难的愿望。该窟还有两项莫高窟之最，一是该窟的药师经变是唐代 70 多铺同类题材中艺术水准最高的，二是该窟的观无量寿经变是莫高窟最大的一铺。

第八章　敦煌石窟艺术的衰落

自贞元二年（786）敦煌陷蕃起，敦煌石窟艺术的发展进入了中唐即吐蕃时期，同时也进入了敦煌石窟艺术的衰落时期。这种衰落的过程是渐进而缓慢的，虽然之后不同历史时期的敦煌石窟也会有精品窟和代表作，但就石窟艺术发展的总体趋势而言，中唐以后，曾经辉煌一时的敦煌石窟艺术整体水平呈下滑趋势。这一过程从中唐时期开始，中间经历了晚唐五代宋初的归义军时期，以及沙州回鹘、西夏、蒙元和明清时期。

第一节　吐蕃时期的敦煌石窟艺术

吐蕃时期沙州寺院经济的迅速发展与其政治、社会势力的不断壮大，推动了莫高窟的兴建。吐蕃占领敦煌以前，河西走廊战争频仍。所以开元、天宝时期有18个洞窟在成窟后，只塑成一龛，或画成一顶。这些洞窟的壁画和塑像完成于吐蕃管辖敦煌以后。再加上此期新开凿的55个窟和其他重修的洞窟，总计达91窟。在经济凋敝、动乱不已的60多年时间内，能完成如此数量可观的石窟营建工作，令人惊叹。

一、吐蕃时期敦煌石窟艺术的变化

敦煌吐蕃时期的石窟艺术与盛唐有不可分割的联系，如洞窟形制大多因袭盛唐遗制，以殿堂窟为主，但新出现了隧道窟。隧道窟大体呈横长方形，圆券形顶，正壁下有佛床，佛床后凿通与人等高的隧道，供信徒旋绕念经礼佛。作为主要窟形的殿堂窟，内部布局出现了程式化的趋向：一般是前室南、西、北三壁画四大天王，甬道顶画千手千眼观音变，甬道两侧画供养人。主室覆斗形顶中央，作华盖式藻井，周围为飞天，四披皆居中画说法图，周围遍布千佛。西壁方形深龛内，设马蹄形佛床，上塑佛及弟子、菩萨像。佛龛顶中央，绘棋格团花，四披画各式瑞相图，塑像身后的龛壁画萨埵饲虎、善事太子入海等本生、因缘故事。西壁龛外帐门两侧，分别绘文殊变和普贤变。南、北壁则绘各种经变画：观无量寿经变、法华经变、弥勒经变、天请问经变、药师经变、华严经变，东壁门侧画维摩诘经变或报恩经变。各经变下面是屏风画相联，绕窟一周。严整的布局显示出吐蕃时期的石窟艺术结构十分严谨，使整体洞窟显得格局严整、精巧，同时也使人感到有些刻板雷同，盛唐那种不拘一格式的活泼气氛，正逐渐消失。

吐蕃时期的彩塑有涅槃像、释迦佛、三世佛、七世佛等，以及以佛为中心并与两侧的弟子、菩萨、天王、力士等组成的群像。当时寺院权力与经济力量的增长，使佛教组织内部以及为佛教服务的行业社会，分工更加细密，有很多民族性的变化，在塑像中体现得更加明显。如这一时期的天王造型，除身披胄甲、足踏小鬼的传统形象外，有的还很具吐蕃特色地披上了虎皮外衣。虎皮在文献中又作"大虫皮"，是吐蕃武士的服装。龛像中的天王着大虫皮，成为反映和研究吐蕃历史文化的宝贵形象资料。社会分工的进一步发展，使这一时期的彩塑变得更加写实。菩萨塑像的造型继承了盛唐时面相丰腴、曲眉秀眼的传统，吐蕃时期的菩萨塑像大都肤色莹白，身形逐渐摆脱了"S"形扭曲的影响，在典雅含蓄的动态之中，表现了自然和谐的美。

除了窟形、洞窟布局和塑像的变化，吐蕃时期的石窟壁画内容和表现形式也发生了显著的变化。如佛教史迹故事画这一时期增加了很多新的情节，密宗尊像也有所增加。最主要的变化是新出现了瑞相图。敦煌遗书中有许多关于"瑞相"的条目，如 S.2113v"瑞相记"就是绘制瑞相图的文字设计，它记叙了从南天竺、中印度到于阗、张掖、凉州、濮州的各种瑞相，有"其像头上有冠""其像分云""其像手把袈裟""其像赤体立"等各种形象，宣扬了佛可以随时随地显灵通圣的观念。这些附会了灵异和圣迹传说的瑞相，出现在中唐时期的敦煌石窟中，说明了当时人们渴望神佛显灵拯救众生的心理。虽然唐前期的个别洞窟也有同一壁面上出现多铺经变画的现象，但那是经不同时期陆续增补而成的，不是当时的设计。吐蕃时期石窟壁画表达方式的改变则是：壁面一般被划分为上、下两个部分，上部绘 2—4 铺经变画，下部绘 12—14 扇屏风，内画各品譬喻故事细节，来解析、配合上部经变中的盛大法会场面，形成屏风画相联绕窟一周的紧凑效果。这种在同一壁面增多经变画铺数的新方式，失去了盛唐通壁一铺经变画所体现的整体感和雄浑气势，但尽可能地利用有限的壁面空间，也促进了画风向严谨、工整方向转化，收到了精致细腻的艺术效果，同时也显示了当时人们信仰意识的多元化转变。这一时期流行的经变画，主要有阿弥陀经变、观无量寿经变、弥勒经变、法华经变、药师经变、金光明经变、金刚经变、涅槃经变、维摩诘经变、报恩经变、楞伽经变、文殊普贤经变等。其排列形式也相当固定，如观无量寿经变下的屏风内必画未生怨、十六观；弥勒经变下，必是嫁娶、收获、入墓、降生、回城等弥勒下生情节；药师经变下方则为九横死、十二大愿；法华经变下是观音普门品；华严经变下画华严诸品；天请问经变下画梵天诸问。值得注意的是，楞伽经变、报恩经变、金光明经变、金刚经变等，都是中唐时期出现的壁画新题材。中唐时期的敦煌壁画总体特色是笔墨精湛，线描、造型准确生动，这都是深度探索艺术所显示出的成就，但画工过于注重画面的工整和线条有致，进一步将画风引向程式化的境地。

吐蕃时期的敦煌地区，由于战乱导致交通受阻，许多需要从内地运来的颜料出现了严重短缺，画匠只能就地取材，采用一些前代不多用的颜料，如石黄、云母等。这一时期的敦煌壁画敷彩，就多用青、绿、赭、黄以及云母粉等冷色，形成肌肤浅染、填色淡雅的风格，画面整体表现出一种恬淡清新的意境。

除了以上石窟艺术风格的整体转变，还有一些属于吐蕃统治特质的艺术细节变化很有趣味。如敦煌石窟壁画中常见的维摩诘经变，其中帝王礼佛图中的帝王，在吐蕃时期，由原来冕旒袍带的汉地帝王形象，转为左衽露肩的吐蕃赞普形象。如莫高窟第159窟北壁门南北绘维摩诘经变中的吐蕃赞普礼佛图，画面中的吐蕃赞普身形高大，气宇轩昂，头戴红毡高冠，身穿左衽长袍，腰佩长剑，侍者张曲柄伞盖，前有奴婢燃香，后有武士随从。各族王子退居次要位置，成为赞普的陪衬，这就是为了突出敦煌地区新主人的形象。供养人的形象也在这一时期有了不少微妙的变化，如供养人数量明显少于前代，且形象较小，服饰风格复杂，一般多是男子吐蕃装（图8-1），女子唐装，僧人形象明显多于世人，等等。这些都体现了当时当地民族高压政策的实施，和敦煌人民的相应对策。总之，无论是洞窟营造模式，还是艺术表现形式的变化，都折射出一个历史转折时期的诸多不稳定的社会因素，而这些对晚唐、五代宋初、西夏等后世的石窟艺术同样产生了深远的影响。

图 8-1　维摩诘经变中的吐蕃装（中唐），莫高窟第 159 窟，陈丽萍绘

二、吐蕃时期敦煌石窟艺术的概况

如前所述，吐蕃初期，完成了十几个开凿于盛唐、但塑像和绘画只进行了部分工作的洞窟。由于这些洞窟成于两个有明显差异的时代，窟内的作品也就呈现出两种截然不同的风格，真实反映了莫高窟部分洞窟在特殊历史阶段的复杂历史。如莫高窟第 32 窟，是开凿于盛唐的覆斗顶形窟。主室西壁龛内，盛唐塑菩萨一身；龛内南北两侧，盛唐画四项光、八弟子。东壁门北，盛唐画十一面六臂观音一身、菩萨一身、地藏一身、女供养人二身；门南画观音一身、药师佛一身、女供养人一身。该窟在盛唐时期主要完成了西壁和东壁门的营建，其他工程暂时中断。南壁中唐时又补绘了释迦说法图一铺，东侧绘观音一身，西侧绘地藏一身。北壁上部中唐增补结跏趺坐佛七身，下部绘说法图一铺，东侧观音一身，西侧菩萨一

身。这样杂乱无序的布局，显示了吐蕃初期的匠师与盛唐开凿此窟的设计者认识上的差异。所以，此窟的特征是不讲究壁面的对称和风格一致，以单独的尊像画为主要题材，相对简单绘制的千佛和说法图较多，但完整的经变画很少见。这些反映出久经动乱的敦煌民众心情未稳，信仰也比较零乱。

经过一段时期的探索和调整，在吐蕃重新开凿的洞窟中，涌现出了不少艺术精品。如莫高窟第154窟是一个覆斗顶形小型窟，是吐蕃统治敦煌初期新建的洞窟之一，特色鲜明。该窟主室南、北、东三壁壁画以"田"字形形式布局，主要绘有药师经变、金光明经变、弥勒经变、法华经变、报恩经变、观无量寿经变、天请问经变、金刚经变等，夹绘毗沙门天王和菩萨像等。该窟的经变画构图独特，画幅小而精致，绘制手法以线描为主，细腻生动，是一个小而全的精品窟。该窟还出现了中唐经变画的新题材——金光明经变。金光明经变始见于中唐，莫高窟现存9铺，第154窟的南壁和东壁却连绘两铺，这是很特殊的现象。《金光明经》除宣扬如何通过忏悔法去除业障外，还集中宣扬护法护世的思想。结合当时敦煌被吐蕃管辖和大唐整体国势的衰微，在同一洞窟内连绘两铺金光明经变，就显得非常特殊和意涵深远，说明该窟的主题思想，除追求来世、逃脱苦厄等一般要求外，还具有强烈的护世思想。可贵的是，敦煌遗书S.P.83、P.3998两幅白描稿，就是这两铺金光明经变的底稿。由画稿对应出具体壁画的位置，对研究中唐以来的壁画底稿样式及壁画程式化的发展方向，都具有重要的意义。

莫高窟第158窟涅槃窟，也是吐蕃时期的代表作。涅槃窟平面呈横长方形，盝形顶，正壁下为通壁宽的佛床，上塑巨型涅槃像一身。窟顶画独一无二的十方净土变及赴会菩萨等，南壁绘十大弟子举哀，西壁绘菩萨与天龙八部、罗汉等，北壁为各国王子举哀图。涅槃像长15.8米，肩宽3.5

米。佛像头南脚北，右胁而卧。右手平展托着丰润饱满的面颊，睡态舒展自如，表现出释迦已进入不生不灭的理想境界。卧佛整体造型洗练，比例适度，面相慈祥庄严，通肩袈裟的衣纹随身体的起伏而变化，圆润流畅。这尊涅槃像不仅是吐蕃时期塑像的精品，也是敦煌大型彩塑佛像中的卓越代表。第158窟的壁画对各种人物表情、神态的刻画，也十分细腻、生动。该窟西壁、南壁、北壁所绘人物众多，但多而不杂，每个人都被画成等身大小，其相貌、动态和神情，都各有特点，无论号啕恸哭、悲伤呜咽，还是呼天抢地、昏迷闷绝等，都无一雷同，描绘出许多具有个性和独特内心世界的人物形象。各族王子割耳劓鼻、刺胸剖腹的表现，也是研究中亚、南亚各族风俗极为重要的形象资料。工匠以绘塑结合的手法，完全服从于一个统一主题的需要，准确表现了涅槃思想以及十方三世净土思想。众人的悲痛与卧佛的沉静安详，形成鲜明对照，相反相成，更加突出地表现了"寂灭为乐"的中心思想，显示了敦煌涅槃变相的最高水平。

莫高窟第159窟与第158窟相邻。该窟西壁盝顶帐形龛内，塑迦叶、阿难各一身，菩萨、天王各两身，均为中唐彩塑精品。菩萨面相含蓄、端凝，造型上进一步体现出女性化的特征，塑像的服饰造型和描绘也十分出色，华丽精致的图案纹样、衣料的轻软质感、肢体的起伏变化、肌肤的白皙细腻都融合在一起，互为衬托，相得益彰。该窟壁画的内容同样丰富多彩，从画面结构到建筑、人物、花鸟、树石，无不精美，表达形式也多种多样。如西壁龛南北两侧分绘的普贤经变和文殊经变中，出现了众多眉目秀丽、神情怡悦的扈从。这些环绕在两大菩萨四周的人物，各个雍容雅隽，风姿潇洒，他们或奏乐，或舞蹈，或执幡、献花、进香，无不动静有致，顾盼多姿。大到狮、象、乘舆的动向，小至人物手脚的细节，处处引人注目，经久耐看。甚至连衣带的飘拂、流云的飘动、华盖的摇曳，都是经过潜心揣摩后所绘。西壁龛南下所绘五台山图，是构图完整的青绿山水。据史书记载，公元824年，吐蕃曾派使者向唐朝求五台山图。敦煌壁画中的五台山图，当系依据中原本的五台山图绘制。五台山图在吐蕃时期的壁画中多次出现，还反映出作画者对故国山河的无尽思念，并为以后五代第61窟大型五台山道场的出现提供了原型。

莫高窟第231窟又名"阴嘉政窟"，是吐蕃时期最为重要的汉人家族窟。这是一个表达强烈世俗意义的家庙窟。该窟有两大创新，一是西壁龛内顶四披绘瑞相图，共有37种之多，分为外国瑞相、西域瑞相和河西瑞相三类。在一个洞窟内出现如此多的瑞相图，是颇为重要的现象。瑞相是以单个尊像或画面的形式，表现天竺、西域、中原、河西等地有关佛教的"圣迹灵异"故事，集中出现于中唐并被后人沿袭，一般被绘制在龛顶、甬道顶等不太显眼的地方。第231、237窟是莫高窟集中出现瑞相图的洞窟，基本囊括了常见的瑞相故事，如"天竺国白银弥勒""阿育王建塔""尼波罗水火池""犍陀罗分身""于阗国舍利弗毗沙门天决海""张掖郡佛影像""番和县圣容像"等，用佛教诞生地和盛行地的瑞相故事来宣扬佛法，是中唐佛教信仰方式和理念的新动向。二是将主要供养人即阴嘉政的父母，画在了东壁门上的特殊位置。吐蕃管辖敦煌时期的民族压迫政策中，最让当地人难以忍受的就是易服辫发，穿上华人斥为丑蕃的左衽长袍，这在民族心理上对华夷有别的传统观念是一个沉重的打击，敦煌百姓不甘受此大辱，不断想出对策应付易服政策。吐蕃时期敦煌壁画中的供养人数量明显少于前代，或许就是在这种高压政策下，人们被迫身穿蕃装，却又心系大唐，不愿将自己的形象再现在壁画中。但功德主和石窟联系，又是长久以来形成的习惯，因此在各种可能的情况下，敦煌人都会变化表现方式，堂而皇之地为已经于大唐时期亡故的父母穿上唐装，并让他们出现在绘制佛像的地方，以表达他们复杂的情感。在东壁门上方绘男女唐装供养人，还曾在吐蕃时期的莫高窟第359窟出现。

榆林窟第 25 窟，亦属吐蕃时期的精品窟。第 25 窟坐落在东崖中部唐窟群中，主室呈方形，前室横长方形，甬道长而阔。从洞窟形制、壁画内容和布局、人物造型和衣冠服饰以及表现技法和艺术风格来看，该窟明显地继承了盛唐特点，壁画中的藏文题记和吐蕃人形象，说明该窟建造于吐蕃占领瓜州初期的中唐时期，这也为判断其他洞窟的营建年代提供了坐标参考。该窟壁画内容和风格，完全继承盛唐遗规，人物造型丰腴，构图严谨，色彩绚丽，线描圆润飘逸，兰叶描意趣颇浓，保留着吴道子的风格。该窟西壁南北两侧绘对称的文殊变与普贤变，文殊菩萨的庄重矜持与普贤菩萨的稳健沉着，都被表现得惟妙惟肖，就连菩萨顶端的华盖，也似在微风中轻轻摇曳，动感十足。两铺经变中的人物造型优美，神情活跃，施色鲜丽清雅，线描精细柔丽，质感十足，反映了当时画工炉火纯青的技艺水平。该窟南北两壁分别绘观无量寿经变和弥勒经变。整铺观无量寿经变不仅场面宏大，绘制技艺也堪称一流。无量寿佛端坐在方形台内六角形座上庄严说法，观世音、大势至二菩萨神情肃穆地分坐于两侧，四方众赴会，簇拥佛与菩萨周围恭坐聆听。佛座前两侧伎乐席地而坐，手中弹奏箜篌等各式乐器，正中一舞伎胸挂细腰鼓，躬身举足，张臂拍鼓，飞悬舞动的长巾，优美刚健的舞姿，给人以无限的遐想和美感。画面中的建筑巍峨玲珑，金碧辉煌，表现了充满活力、绚丽多姿的佛国净土。弥勒经变中的农耕、婚娶、剃度等场面也是当时社会风俗的真实再现，如婚嫁图中婚筵桌上的美食都清晰可见，而吐蕃装的新郎和汉装的新娘，反映了吐蕃时期敦煌地区汉族被强迫着吐蕃装的现实。第 25 窟的壁画以现实与想象结合的创作方法，以写实的形象表现虚幻的宗教境界，使人产生感情上的共鸣，从而达到"动人心志"的宣传效果，是敦煌中唐壁画的典范。

此外，还有一些吐蕃时期的洞窟，在某些方面或部分作品具有特殊意义。如莫高窟第 237 窟西壁龛顶四披，也集中出现了大量瑞相图，有相当一些画面的榜题仍可识读，如"酒泉郡释迦牟尼像""天竺摩伽国救苦观世音那菩萨"等，这些图像及榜题，是研究瑞相在敦煌信仰流传的重要资料。第112窟南壁内侧绘金刚经变，是莫高窟最早出现的金刚经变。画面上方绘起伏绵延、奇峰林立的山峦，其间浮云飞动，林泉幽深，描述了释迦牟尼说法的"祇树给孤独园"的优美胜景。众菩萨、弟子、天王等簇拥在佛旁洗耳恭听，不同的人物被赋予了不同的性格特征，线描水平极高，人物刻画得有声有色。南壁东侧绘观无量寿经变，其中的乐舞场面，可谓唐代经变画中最杰出的代表作之一。画面上众多的乐伎围坐在莲池的栏台上，手执各种乐器，尽情专神地演奏着悠扬悦耳的天乐，悠闲自得。簇拥于众乐伎中央的舞伎，高举起琵琶反背于身后，屈身举腿，轻松地旋转飞舞。无论是人物的造型、线描的运用，还是对人物性格的刻画，及一瞬间动作的捕捉，都描绘得十分准确而又熟练，极富韵律和节奏感。其优美的舞姿和动人的形象，为研究唐代乐舞提供了珍贵的资料。又如莫高窟第147窟西壁龛内背屏后的壁面绘有两身吐蕃女装执扇供养人，作为莫高窟中为数不多的吐蕃装女供养人形象，是研究吐蕃女装的重要图像资料。莫高窟第225窟东壁门南北两侧分别绘执香炉的唐装跪状女供养人郭氏，与吐蕃装的男供养人王沙奴，是敦煌中唐洞窟中较多的男吐蕃装、女唐装的供养人组合的代表。随着沙州佛教势力的膨胀和僧侣地位的提高，吐蕃时期的敦煌石窟中出现了巨大的高僧像，如莫高窟第158窟甬道北壁有4身近2米高的僧人像，其中第二身题名为"大蕃管内三学法师持钵僧宜"。高大的形象无疑暗示了僧人在敦煌的特殊地位。

第二节　归义军时期的敦煌石窟艺术

归义军时期可分为张氏归义军和曹氏归义军两个阶段。与此相应，这一时期的敦煌石窟艺术也分两个阶段进行介绍。

一、张氏归义军时期的敦煌石窟艺术

在张氏归义军时期，敦煌石窟的营建和修缮都很兴盛。首先是节度使带头开窟造像。如莫高窟第 156 窟为张议潮功德窟、第 94 窟为张淮深功德窟、第 9 窟为张承奉功德窟（实为李氏家族窟）。其次是高僧大德也不甘落后，如第 16 窟为吴僧统窟、第 85 窟为翟僧统窟、第 12 窟为索法律窟、第 196 窟为何法律窟等。在节度使和高僧大德的带动下，不少敦煌民众也热衷于开窟造像，形成了实力雄厚的大族以"报恩"等为名营造大型洞窟、力小微薄的百姓合资营造诸如社人窟等小型洞窟的局面。莫高窟现存属于晚唐张氏归义军时期开凿的洞窟有 71 个，重修 12 个。

张氏归义军初期形成的个人功德窟模式，深刻影响了之后敦煌石窟的营造，在莫高窟的壁画中也留下了许多引人注目的为节度使及其家族歌功颂德的内容。尤其是节度使出资的洞窟，简直成了他们列序家谱、光耀门庭的家庙。窟中的供养人像，往往不是一人一家，而是祖宗三代、姻亲眷属都依次排列。莫高窟第 156 窟是张议潮的功德窟，位于崖面南区南段四层。该窟的营建历时颇久，从张议潮时期开始开凿，最后由张淮深出面督造并于咸通六年（865）完工，张议潮依然被尊为窟主。该窟分前室和主室两部分。前室甬道南北两壁分绘张议潮、张淮深叔侄，以及张议潮夫人广平宋氏及侄女等画像。主室东壁门上绘有张议潮兄张议潭以及其父母与家族僧尼。西壁龛下再绘张氏家族的其他女眷和僧尼。张议潮和宋夫人的形象与真人等身，张议潮身穿赭色常服，气宇轩昂，宋夫人也身穿深色襦裙礼服，雍容华贵，展现了他们夫妻作为窟主的特殊身份。而位于该窟南北两壁下部并延展到东壁下部，所绘长卷式历史题材的"河西节度使张议潮统军出行图"与"宋国河内郡君夫人宋氏出行图"（图 8-2），各长达 8 米多，人马 100 余，正是为张议潮歌功颂德的场景再现。张议潮出行图位于该窟南壁和东壁的下部，从西边开始，前部是仪卫，以横吹队为前导，其后是将士，随后是伎乐舞队，再后是体现节度使威严的六纛及执信幡、门旌、旌节队伍和银刀官。画面中部的张议潮，乘坐白马，正欲扬鞭过桥。把主人公置于过桥这一特殊的环境中，突出了主题。其身后是子弟兵与侍从，以及运输驼马。张议潮夫人出行图对称画在北壁，以唐代散乐戴竿为前导，中有乐队吹奏，后有杂伎随行，接着是乐舞队和夫人行李车与肩舆、挽车。画面中部的宋夫人也骑白马，其身后是侍从奴婢，最后是护卫骑士和驮酒瓮的骆驼。张议潮夫妇出行图是反映现实生活的历史人物画，它虽然出现在佛教石窟之中，其内容与佛教却没有直接联系。这不仅是沙州佛教势力讨好节度使的产物，还为了解当时的社会生活提供了形象的资料。第 156 窟作为归义军首任节度使的功德窟，其主旨意义是非常明确的。敦煌遗书 P.2762《张淮深功德记》记载了与该窟营造相关的史事，该窟前室北壁所留咸通六年的《莫高窟记》，都是了解该窟营建背景的珍贵文献资料。第 156 窟四壁的经变画也题材众多，除弥勒经变、法华经变、华严经变、楞伽经变、药师经变、金刚经变、阿弥陀经变、金光明经变、维摩诘经变等外，还首次出现了思益梵天经变。思益梵天经变依据《思益梵天所问经》绘制，通过佛与思益梵天菩萨的一系列问答的场景，阐明大乘空宗理论。构图模式一般是中间为佛说法图，下部为胡跪的思益梵天菩萨，四周为几十铺小型说法图。佛或菩萨身放光明，光中显五佛。第 156 窟内多处还出现了千手千眼观音、八臂宝幢菩萨、不空绢索菩萨、如意轮观音等密教菩萨。这些新旧、显密佛教因素的结合，除彰显崇功报恩之外，还有当时流行的佛教义理的支撑。此外，张淮深功德窟（第 94 窟）和张承奉功德窟（第 9 窟），对研究张氏归义军家族窟的营建也有重要参考价值。

图 8-2 张议潮夫妇出行图局部——乐舞（晚唐），
莫高窟第 156 窟，陈丽萍绘

高僧的功德窟，也出现于张氏归义军时期。如莫高窟第 16 窟，位于南区崖面北段底层，窟主为晚唐河西都僧统洪辩。该窟的上层为第 365 窟（七佛堂），最顶层为第 366 窟，均为洪辩自中唐以来陆续独立开凿的系列洞窟。1906 年，王道士在三窟前倚崖主持修建三层木构窟檐，俗称"三层楼"。洪辩三窟屡经宋、西夏和清代重修，原作壁画多被覆盖，目前已很难判断洪辩当初立体连开三窟的深层用意。第 16 窟为莫高窟现存大型洞窟之一，也因其前室甬道北壁发现了藏经洞而闻名于世。该窟为覆斗形顶，前室留存西夏壁画，甬道南壁有王道士所立"重修千佛洞三层楼功德记碑"，北壁为今编号为第 17 窟的藏经洞。主室中心设马蹄形佛坛，坛上背屏连接窟顶。坛上存清改修宋塑一佛、二弟子等九身塑像。窟顶和四壁壁画也为西夏千佛等覆盖。第 17 窟本为洪辩的影堂，西壁嵌有大中五年（851）洪辩告身碑。北壁下长方形禅床上原有洪辩坐像，像后为晚唐原画双菩提树。西侧树下画双髻黄衫的近侍女一身（执杖、持巾），树间挂经包；东侧树下画披红袈裟的执扇比丘尼一身，树间挂水壶。洪辩的塑像高0.96米，身着田相袈裟，通肩裹体，结跏趺坐，作禅修状，造型写实，神态严肃庄重，是晚唐彩塑的杰作（图8-3）。敦煌的高僧塑像，既与当时僧侣仍有很高的社会地位有关，同时也是当时敦煌石窟艺术更加贴近现实生活的结果。

图8-3　高僧洪辩像（晚唐），莫高窟第17窟

图片来源：敦煌研究院编：《敦煌莫高窟》，广汇书业有限公司，1993年。

　　张氏归义军时期的石窟壁画的内容、题材、画风等，深受吐蕃时期艺术风格的影响，因为信众和画匠大都是从中唐时期承袭下来的。不过，随着河西道路的打通和人民创作热情的提高，从壁画内容和风格中，也能反映出河西地区与中原的联系比吐蕃时期有所加强。因为大族开窟的增多，这一时期明显的变化是大型洞窟较多，相应出现的大幅壁画，尽力挣脱中唐以来的拘谨和工整，力图恢复到盛唐的洒脱与恢弘。壁画色彩也突破了中唐形成的清淡局面，向更丰富的意境发展。塑像也有别于中唐的清俊，而又开始再现人物的丰润形象等。这些都证明了人们在恢复本土文化的时候，竭力表现盛唐气息的一面。但艺术创作所需的文化大背景和时代已经今非昔比，在这些努力的表象下，还是流露出绘画和塑像的程式化格局。敦煌石窟艺术无可避免的衰退，在张氏归义军时期的洞窟中处处得到了体现。如壁画布局进一步失去了唐前期那种雄浑健康、气势磅礴的精神。一方面，由于经变画种类的日益增多，而一窟之内又常常遍列各种经变，经常能达到数十种之多；每一种经变的内容也都比以前大大扩充；解析经变内容的榜题实际上割裂了壁画的完整性，造成画面拥塞、庞杂和零乱。所以晚唐张氏归义军时期的壁画内容虽然增多了，但意境却不很丰富，反而不如唐前期的经变主题鲜明、结构精练。另一方面，经变结构和宗教人物形象的程式化也日益明显。特别是宗教人物的形象，尽管人物造型比例适度，用笔精细，色彩也调和典雅，但却出现了千人一面的现象，失去了盛唐时期那种个性鲜明、生动活泼的特征。

　　晚唐时期的敦煌石窟绘画题材除继承前代的各类常见题材外，还出现了思益梵天经变、贤愚经变、密严经变等新的经变题材，已匿迹很长一段时间的劳度叉斗圣变也再度出现。而劳度叉斗圣变的再现是极富时代特色的。劳度叉斗圣变是以《贤愚经》卷十"须达起精舍品"为根据绘制的，最早见于西千佛洞隋第10窟中，但已十分残破。在莫高窟中首先出现于初唐第335窟龛口内两侧，但规模较小，结构也不完整，之后这一题材在敦煌石窟中就消失了，直到张氏归义军时期才又出现了具有完整结构的巨型劳度叉斗圣变，共计三铺，其中以第196窟和第9窟中的最完整。劳度叉斗圣变主要描绘了佛弟子舍利弗与外道六师弟子劳度叉斗法的故事，起因是为了给释迦牟尼选址建精舍，佛弟子舍利弗与干涉修舍的六道徒弟劳度叉相约到城外斗法，波斯匿王和侍臣及众多外道纷纷前往观看。无论劳度叉变成大树、七宝池、宝山、巨龙、大牛还是夜叉鬼，舍利弗都能一一化解击破，最后劳度叉五体投地，诚心服输，外道见状，也纷纷降服皈依了佛法。晚唐时期的劳度叉斗圣变在描绘这一故事时，将故事的发展经过，如舍利弗寻觅建园的地方等情节，布置在壁面的下部和两上角。中部主要表现波斯匿王及侍臣观看斗法的各个场景，以宏大的主要篇幅，展现舍利弗与劳度叉的种种神通变化。舍利弗一般居左侧，劳度叉居右侧。画面描绘出了屡遭失败的劳度叉惊慌失措的焦急心情，衬托出了舍利弗的泰然自若。画匠并不按顺序排列双方斗争的每个回合，而是抓住最适合形象表现的场面来刻画经变的主题，巧妙地利用舍利弗化作旋风为主要线索，中间穿插其他几个回合的内容，通过无形的风造成事物有形的变化，来渲染主题。通过两方强烈的对比，使正邪胜败一目了然，给人以鲜明、深刻的印象。值得注意的是，晚唐的劳度叉斗圣变中出现了一些"须达起精舍品"中所没有的情节，而这些情节在敦煌遗书所见《降魔变文》中都有记述，莫高窟第9窟的画面榜题也多与变文相合，说明这一时期的劳度叉斗圣变绘制受到了《降魔变文》的影响。在张氏归义军时期接连出现的巨幅劳度叉斗圣变，是正统思想在敦煌石窟艺术中的反映。敦煌佛教势力把儒家的华夷有别和佛教的独尊思想在石窟艺术中巧妙地结合起来，宣扬以正压邪的主题，实际是借佛教题材来歌颂张议潮战胜吐蕃、光复敦煌的历史功绩。又由于归义军政权周边环境的险恶，宣传这一主题除具有表达抗蕃胜利的喜悦心情之外，还起着鼓舞沙州人民在归义军政权领导下巩固胜利成果的作用。这就是劳度叉斗圣变这一题材在整个归义军时期被持续绘制的社会背景。

敦煌佛教势力积极响应归义军政权恢复唐制在很多题材的壁画中都有反映。这一时期的壁画虽然在内容上也继承了吐蕃时期的各种经变，但画面中身着吐蕃装的人物一时都消失了，尤其原来在维摩诘经变中占主导地位的吐蕃赞普形象被疏冕帝王形象重新替代，这当然是沙州僧界响应归义军政权恢复唐制号令的结果。当时盛行营造个人或家族的功德窟，功德窟中供养人占据了甬道以及东壁门南北两壁的主要地方，具体的模式为一般在甬道两侧绘男功德主，皆头戴幞头，身着赭袍，腰扣鱼袋，手持笏板，俨然朝廷达官贵人的形象。男像最后有身形矮小的抱箭囊、捧宝剑、持伞盖的随侍，对照之下显示出尊卑贵贱之别。主室东壁门两侧以及西壁龛下一般绘女像，她们头梳高髻，戴步摇花树，身穿翟服襦裙，肩搭帔帛，活脱脱当时上层社会的贵妇形象。与此形成鲜明对照，作为石窟壁画主要题材之一的菩萨形象却失去了盛唐时期的伟岸高大，在这一时期变得越来越小。这说明此时的供养人像已不仅是向佛表示虔诚供养，同时还借此向人们表示其社会地位的高低。

与壁画题材的变化相关联，晚唐时期的石窟形制也在进一步地民族化。虽然从数量上看这一时期仍以覆斗顶西壁开龛的殿堂窟为主，但却引人注目地出现了中心佛坛式窟形。这种石窟有较宽较长的甬道，主室亦为正方形覆斗顶，不同的是佛坛设在主室中央，环绕佛坛四周有通道，佛坛前有登道，后有背屏。坛上起马蹄形佛床塑佛像，佛床四周设有栏杆。背屏的位置恰在主尊的背后，如佛座的靠背直通窟顶，形如当时宫廷和寺院殿堂中的扇面墙。同时在主室四壁的下部又以连屏的形式画经变故事，而连屏也是当时宫殿内常见的装饰。这种窟形以莫高窟第16窟为代表。此外，当时还出现了一种与莫高窟早期中心塔柱窟相似的中心龛柱式窟。这种窟形的洞窟主室平面为长方形，前部覆斗形顶，后部平顶，中央置方柱。方柱正面开方形阙顶深龛，龛内三壁画屏风，下有马蹄形佛床，实际上是把通常在洞窟西壁的深龛移到了中心方柱的正面（东向面）。但这种形制的洞窟为数较少，仅有莫高窟第9、14窟。在张氏归义军时期出现进一步模仿中国宫殿、寺院殿堂等木构建筑形式的中心佛坛式窟形，无疑是敦煌佛教艺术进一步民族化的重要表现。而上述现象之所以在这一时期出现也似非偶然，如果考虑到敦煌佛教势力与归义军政权的关系，就不得不怀疑中心佛坛式窟形的出现是受到了归义军政权奉中原正朔、恢复唐制方针的影响。

与以往相比，张氏归义军时期的敦煌石窟艺术与当时政治和社会现实的联系更加密切，这就导致了石窟艺术的进一步世俗化，也使得艺术形象更趋写实。这一特点在同时期的彩塑上也有反映。晚唐时期塑造的佛、弟子、菩萨、天王、力士的形象变化不大，大体继承了吐蕃时期的题材和风格，一般是龛内多为小型佛像，为一铺七身或九身，而中心佛坛上的塑像规模则超过了吐蕃时期。

二、曹氏归义军时期的敦煌石窟艺术

曹氏归义军时期延续了张氏归义军时期节度使大修功德窟的传统，从曹议金出资兴建莫高窟第 98 窟开始，第 100 窟是曹元德（尊曹议金妻回鹘公主为窟主）的功德窟，第 256 窟是曹元深的功德窟；第 454 窟是曹延恭的功德窟。节度使在位时间最长的曹元忠则接连新建了莫高窟第 61 窟、第 55 窟、第 25 窟三个大窟，还扩建、重修了一些旧窟，如北宋乾德四年（966）重修北大像时，曹元忠与夫人翟氏亲临监督，翟氏还亲自为三百多工匠造饭，可谓盛况空前。由于节度使功德窟多为大型洞窟，而莫高窟的崖面空间在这一时期已日趋紧张，大窟的开凿往往是以打穿和拆毁前代的一些小型洞窟为代价的。这些被改造了的旧窟，有些旧壁画还存留在了新绘壁画之下。这是曹氏归义军时期敦煌石窟营建的一个重要特点。

莫高窟第 61 窟，是曹氏归义军时期节度使功德窟的代表。位于南区崖面中部底层，又名"文殊堂"。开凿于后汉天福十二年至后周广顺元年

(947—951)，窟主原为曹元忠。该窟是在破坏了今编号为第 62、63 窟的隋代两窟基础上营建的，甬道经元代重绘。主室背屏式中心佛坛上原塑文殊像已不存，只有坐骑的狮爪等尚有遗存。东壁门南北两侧及南北两壁的东部绘曹氏家族女眷供养像。其中东壁门北前七身供养像为北宋曹延禄时期重绘。西壁通幅绘一铺五台山图，是曹氏时期敦煌壁画中为数不多的精品之一。五台山因传说是文殊菩萨的道场而深受佛教徒的景仰，历来有许多信徒远来巡礼，许多寺院陆续建立起来，许多圣迹也随着时间的推移逐渐附会而生。如前所述，早在吐蕃时期的敦煌壁画中就出现了五台山图，但只是出现在屏风画上。敦煌遗书中也保存了不少歌咏五台山圣境的《五台山赞》和《五台山曲子》，其流行时代也是吐蕃统治敦煌以后。第 61 窟中的五台山图规模空前，总面积达 46 平方米，是莫高窟现存最大的整幅壁画。图上山峦起伏，五台并峙，正中一峰最高，榜题"中台之顶"，两侧有"南台之顶""东台之顶"等四座高峰。五台之间遍布大大小小的寺院和佛塔六七十处，其中包括大法华之寺、大佛光之寺、大福圣之寺、大建安之寺、大清凉之寺等 16 所大寺。中台则有雄伟的万菩萨楼和大圣文殊真身殿。画面下部还画了从山西太原经五台山到镇州千里江山的山川地理和风土人情。佛寺之外，图中还绘制了镇州城、太原城和五台县城等 8 座城镇，各式塔 28 座，草庐 33 间，桥梁 8 处，以及朝山、送贡、行脚、商旅、刈草、饮畜、推磨、舂米等形形色色的人物形象。这幅图用鸟瞰式透视法将重峦叠嶂、绵延千里的山川景色和风土人情汇集于一壁，远观有磅礴的气势，近看有真实生动的人物情节，不仅是现存最古的形象地图，也是别具风格的山水人物画（图 8-4）。五台山图出现在第 61 窟如此重要的位置，加上中心佛坛上塑有大型文殊像，说明了该窟的主题就是文殊道场，集中体现了当时敦煌地区的文殊信仰模式。

图 8-4　五台山图局部——灵口之店（五代），莫高窟第 61 窟，陈丽萍绘

在曹氏历任节度使的带动下，归义军的各级官吏与百姓都参与了莫高窟的新建或重修活动。莫高窟现存曹氏时期的洞窟达 55 个，还有一些是重修前代洞窟。历届都僧统在当地政权的支持下都对莫高窟进行了全面维修，群众结社造窟和维修洞窟也很普遍。当时的维修活动主要是加修洞窟前檐、缩小甬道门，这些措施都对保存壁画和塑像起到了良好作用。留存至今的窟檐题记，为判断一些敦煌石窟的绝对年代提供了依据。当时还在长达一公里的露天崖面绘制了壁画，并为多数洞窟修建了通道。至于小规模的整修，几乎遍存于现存的每个洞窟之中。如很多洞窟的甬道，都被曹氏家族的供养像重新占据了。因此，全面维修旧窟，是曹氏归义军时期营建敦煌石窟的另一个特点。

为了搜罗从事开窟造像和绘制壁画的专门人才，曹氏归义军政权还仿照中原王朝设立了画院。当时的画院里有石匠、塑匠、画师和画院学生。画院的负责人为"都勾当画院使"。由于有一批技术纯熟的画师统一规划、集体创作，曹氏归义军时期开凿的洞窟，具有独特而又统一的风格，特别是焦墨痕中略施微染的壁画画法，在莫高窟被广泛采用。第98、36窟就是这种画法的代表洞窟，特点为色彩鲜明、线条刚劲。不过，画院的成立还有一个重大的影响，就是敦煌石窟艺术的程式化趋向日趋严重。这也是曹氏归义军时期敦煌石窟艺术发展的第三个特点。

如上所说，因为莫高窟崖面的日趋紧张，当时人们在努力经营莫高窟的同时，也积极寻求其他的开窟地点，再加上曹氏归义军晚期将政治中心移到了瓜州，于是，榆林窟在曹氏归义军时期迎来了它的发展高峰。榆林窟现存的42个洞窟中，属于五代时期的洞窟有6个，宋代的洞窟有15个，占到了总洞窟数的一半左右。正是经过曹氏归义军时期的经营，榆林窟才有了这样的艺术成就，才使它成为和莫高窟比肩的姊妹石窟。

曹氏归义军时期所开的洞窟多在莫高窟的下层，容易被流沙侵袭、河水冲刷以及人为破坏，保存至今的已不多。这一时期彩塑的代表作，能见于莫高窟第261窟和第55窟。第55窟建于北宋建隆三年（962）前后，中央背屏式佛坛上塑弥勒三会，现存彩塑10身，皆身形高大。主尊结跏趺坐位居坛上正中；观世音、大势至菩萨半跏坐，身姿自然；天王威猛有力，脚踏地鬼。这些塑像虽在造型、布局上还保留着唐代的余风，但相貌、躯体却趋于呆板笨拙，缺乏内在的精神和活力。

曹氏归义军时期的洞窟形制，也有了一个较大的改变。当时新开的洞窟均为张氏时期出现的中心佛坛式，佛坛的内容和布局，与张氏时期大体相同，所不同的是，当时流行在窟顶四角凿凹入的浅窝，内画四大天王用以镇窟。因此，窟顶四角有无天王像，成为判断是否曹氏归义军时期洞窟的一个重要标志。

曹氏归义军时期的石窟壁画，仍然承袭着张氏时期的规范。经变画仍是主要题材，其种类达19种之多，均是前代流行的题材。经变画或佛传画中所描绘的各品内容和具体情节都有所增加，如莫高窟第61窟法华经变居中的序品，为释迦及圣众 80 余人的壮观说法场面，周围穿插各品情节，共约 70 个场面，计有榜题 68 条，几乎包括了《妙法莲华经》28 品中的各种内容。第 61 窟中屏风画的主题是佛传故事画，在主室南、西、北三壁下部，用 33 扇屏风展现了 131 个画面，描绘了从"云童子观花"到"均分舍利起塔供养"的全部佛传内容，其中有许多画面是过去佛传画中所不见的新内容，可称是莫高窟晚期佛传故事画的鸿篇巨制。而且每一内容均有墨书榜题，显示了中原画风的影响和中国民族艺术的深厚传统。在张氏归义军时期出现的连屏式贤愚经变，在这一时期也得到了发展，形成了空前的规模，一窟之内独立的故事画达 30 多种，形式上与早期的故事画不同，并出现了许多新的内容，如"象护与金象故事""檀腻羁奇遇故事"等都是与早期故事画不同的新形式因缘故事。

曹氏归义军时期的供养人画像，也沿着张氏时期的趋势向前发展。在大型洞窟中，窟主和宗族显贵的画像还是出现在甬道两厢。最为典型的是在莫高窟第 98 窟甬道南壁画曹议金父子，北壁画姻亲张氏家族；主室东壁门南画于阗国王、王后等，门北画回鹘公主及曹氏眷属。中心佛坛下以及南、西、北壁屏风画下，绘小身画像一排，为曹氏节度使衙门的大小官吏和当地高僧。该窟供养人像所包括的范围之广，为前代所未有。这些画像均按尊卑长幼排行列次和确定形象的大小。尊长的形象甚至超过真人身，如曹议金的画像高达 2.42 米，于阗国王李圣天的画像则达 2.92 米。曹氏家族与甘州回鹘、于阗王室的联姻关系，也贯穿体现在曹氏归义军时期的主要洞窟中。在莫高窟第 100 窟中还出现了模仿张议潮夫妇出行图形式的曹议金与回鹘公主的出行图，以及榆林窟第 12 窟出现的慕容归盈夫妇出行图。曹氏时期的供养人画像，特别是曹议金与回鹘公主出行图，于阗国王、王后及侍从像的多次出现，除彰显他们当时显赫的身份和地位以外，还反映出敦煌佛教信仰的更加世俗化。这些供养人画像，不仅具有艺术价值，还有很高的历史价值。

总的来说，曹氏归义军时期的石窟艺术，是张氏归义军时期石窟艺术的继续。首先，在石窟形制、塑像、壁画等方面基本都承袭着张氏时期的规范。其次，这一时期的艺术，沿着张氏时期的趋势继续走向衰落，程式化现象日趋严重。经变画和故事画也是如此，构图与人物形象都已明显格式化、图案化，榜题的增多使画面显得支离零乱，壁画的图解性质日益增强，艺术境界已被冲淡。由曹氏画院营建的洞窟，虽有统一而独特的风格，但匠气浓厚，数十个洞窟的壁画，如出于一个粉本和一人之手，形式和内容都很贫乏。值得注意的是，曹氏归义军时期的中原宋塑、宋画的写实风格和绘画技巧，似乎未能对敦煌石窟艺术产生明显的影响，这表明随着敦煌作为中原王朝边防重镇地位的丧失，其艺术水准也已达不到同时期中原的水平了。

第三节　晚期敦煌石窟艺术

晚期的敦煌石窟艺术，包括沙州回鹘时期、西夏时期、蒙元时期与明清时期四个历史阶段。但沙州回鹘时期是以重修前代洞窟为主，虽然题材上新出现了十六罗汉图（西千佛洞第16窟）、行僧图等，但未能成为流行的题材。清朝时期虽也曾对莫高窟进行过维修，但一般认为其维修在艺术上乏善可陈。所以，本节主要介绍西夏和蒙元时期的敦煌石窟艺术。

一、西夏时期的敦煌石窟艺术

西夏统治者笃信佛教，在统治者的倡导下，西夏时期官民在瓜、沙两州造窟颇多，莫高窟现存西夏时期新建和重修的洞窟有60余个，还新建或重修了一些洞窟前的木构殿堂。此外，西夏时期在榆林窟新建和重修了10个窟，在东千佛洞新建和重修了2个窟，在五个庙石窟新建和重修了3个窟。

从艺术上看，西夏时期的洞窟又可划分为早期、中期和晚期三个阶段。早期基本上沿袭前代，多利用北朝至宋的各代洞窟重修或重绘，几乎没有开凿新窟。不仅洞窟形制，就连壁画题材、布局构图、人物造型与衣冠服饰，以及线描、敷色等表现手法，大都仿照前代。不过总体而言，其内容和形式都已没有前代佛教艺术的宏伟富丽与气势磅礴，而是趋向单调与空洞，绘画题材更加注重装饰效果。这一时期的彩塑，也出现了供养天女等新题材，塑像服饰一如宋塑。中期的西夏洞窟，逐渐形成了以供养菩萨和千佛等构图简单浓缩的经变画为基本内容的壁画主题。除承袭宋代以石绿色敷底、红线勾图，以贴金或沥粉堆金，突出人物面部或宝络等装饰物的技法外，还新创出以铁朱色染壁为底的技法。这一时期的壁画，或通壁绘千佛，或绘与真人等身的供养菩萨，虽然整齐排列，但千相一面，缺乏生气和个性。经变画数量大减，多了以楼阁云气、流水荷花等象征性地表现净土世界的简单经变图，创造出一种冷清、肃静的佛国格调。为了缓和这种凝滞的气氛，画匠填充了不少装饰性很强的垂幔和团花图案于壁面，成为这一时期最具艺术特色的代表图像。

通过一个多世纪的探索，到西夏统治敦煌晚期，在莫高窟和榆林窟终于形成了成熟的、具有党项民族风格的石窟艺术体系。此期最明显的特点是人物形象的变化。壁画中的传统汉民族形象为鼻隆颐满、体格魁梧的西夏人所替代。如榆林窟第29窟南壁的男供养人，两腮外鼓，短目高鼻，身穿圆领窄袖紧身开裆长袍，脚穿钩鞋，身形颀长健壮；儿童秃顶蓄发，耳垂重环，短衫绑腿（图8-5）；妇女头戴圆顶冠，圆面高准，体态修长。文武职官和庶民百姓的形象与衣冠服饰，都与史书记载相合，是再现党项人外貌特征与服饰文化的珍贵图像资料。尤其是秃发儿童的形象，证明了李元昊"秃发令"在西夏境内的贯彻实行。东千佛洞第4窟的西夏高僧巨型像也保存完好，不仅是当时党项僧人形象的真实写照，也是当时西夏举国佞佛、推崇僧人的社会风气的真实体现。此外还有西夏时期的武官画像，如"大瓜州监军司（唐盘）皈依像"、"内宿御史正统军使赵……皈依像"（榆林窟第29窟）等。还有蒙古贵族画像，如"思贺答里太子"、"平牙答思达鲁花床"供养像（榆林窟第3窟）等。

图8-5 供养童子（西夏），榆林窟第29窟，陈丽萍绘

西夏晚期的壁画艺术，大体有两种风格：一种是敷色浓艳厚重、线描圆润秀劲的画法，具有浓厚的神秘主义艺术气氛，显然是受密宗艺术的影响，它的出现与西夏后期从西藏邀请高僧来授密宗教义和仪轨有关。西夏晚期的壁画以大乘显教艺术为主，密教次之，密教又以藏密为主，汉密次之，形成显、密并存的局面。创作题材在内容、风格上的丰富性和多样性，体现了当地独特的信仰和审美观。密教的流行，对西夏晚期新开窟的

形制也产生了影响，当时多在窟内修造表现密教思想的坛城，塑有多臂观音、不动金刚、八臂愤怒金刚等密教神像，塑像与四壁各式曼荼罗、明王画像互映，形成了紧密凑合的密教殿堂。另一种是以线描为主、色彩为辅的中原绘画传统技法发展而来的画风，表现为线描精致流畅、色彩清淡典雅的风格。如榆林窟第3窟南壁无量寿经变中的大规模建筑画，除建筑结构形象的精确和透视点的妥帖之外，精致流畅的线描功力，也是非常值得称道的。画匠继承中国绘画的传统，充分发挥线描艺术在建筑画上的表现力，取得了相当的成功，从而为以后元代线描艺术的进一步发展奠定了基础。

西夏晚期壁画中的山水画，也取得了相当的成就，这也是学习继承中原山水画传统的结果，代表作有榆林窟第2窟的"水月观音图"和第3窟的文殊变、普贤变中的山水画等。水月观音是西夏时期新出现的壁画题材，最早见于莫高窟第164窟西壁龛南北两侧，但到西夏晚期才真正流行起来，而且规模、内容、表现技巧都大有进步。西夏壁画中的水月观音菩萨大都倚山石而坐，神情飘逸洒脱。画工竭力表现一种空灵、深邃的意境，形成了水天一色、风清云动的效果，达到了人景合一、见之忘俗的境界。这时的山水画，青绿山水和水墨山水画法并存，其山峰层峦叠嶂、云烟辽阔缥缈、林木葱郁茂盛、楼阁掩映错落，无不被画匠灵活运用勾描、皴擦、点染等技法表现得清晰生动，从中可看出中原高度发展的青绿山水和水墨山水画法对西夏绘画的深刻影响。

值得一提的是，在榆林窟第2、3、29窟的"水月观音图"中出现了行脚僧、白马、"猴僧"的组合：行脚僧面对河水双手合十，猴相弟子牵一匹驮经马，远处有一片树林。过去一般认为这是玄奘取经故事的图像雏形，其中的猴僧即孙悟空的原型。近年，刘玉权先生提出新说，认为这里所描绘的并不是玄奘取经的故事，而是水月观音图的有机组成部分，表现的是有志去观音道场瞻仰而不惧艰险的朝圣者。[1]

总之，西夏晚期的敦煌石窟艺术，不仅已形成自己的民族风格，还在许多方面对元代的石窟艺术产生了影响。但是，由于西夏时期瓜、沙二州的政治中心和文化重心渐移至瓜州，所以晚期具有浓厚西夏风格、艺术性较高的代表性作品集中出现在榆林窟，而不是莫高窟。

二、蒙元时期的敦煌石窟艺术

莫高窟现存蒙元时期的洞窟有8个，重修19个，榆林窟也保存了这一时期的6个洞窟。由于密教萨迦派的金刚乘在元代最为流行，所以敦煌的元代洞窟除继承西夏传下来的密教画风之外，最引人注目的是新兴的、风格迥异的金刚乘藏密画风的出现。

元代新开洞窟的形制有三种：一是方形覆斗顶窟；二是主室长方形，后部有中心柱；三是主室方形，内设佛坛。第三种窟形是沿袭西夏榆林窟第29窟的形制，为藏密窟的典型形式，表现为中心圆坛上安置塑像，四壁则满绘密宗图像。

莫高窟第465窟位于北区北端二层，建于蒙元时期，是莫高窟仅存和最早的以藏密艺术为题材绘制壁画的洞窟，在北区石窟为数不多的壁画窟中，可谓一枝独秀，有"秘密堂""秘密寺"之称。此窟前室为覆斗顶正方形，各壁面仅绘藏式佛塔几座并简单纹样；主室也为覆斗顶，中心设多层圆形佛坛，坛上的原塑密宗曼荼罗双身像（已毁），确定了该窟的主题为修炼密法的专用场所。窟顶藻井及四披，分绘大日如来、阿閦佛、宝生佛、无量寿佛、不空成就佛等五方佛，四壁绘曼荼罗及各种怪兽。其中有表现男女相抱修炼的双身合抱像，即欢喜金刚，以及大黑天曼荼罗。大黑

---

[1] 刘玉权：《榆林窟第29窟水月观音图部分内容新考析》，《敦煌研究》2009年第1期。

天曼荼罗画得眉长眼大，张口露牙，形象狰狞。敦煌藏密艺术在用色上具有浓重鲜明的特点，人面多用绿色，青色或红绿阴阳面，且善于变色。以遒劲的铁线勾勒出人物躯体的轮廓，然后施以晕染，绘出肌肤，给人以凹凸、向背分明之感。在人物衣饰的处理上，采用中国固有的传统画法，生动多变、流畅活泼的折芦描，将复杂的衣褶、飘带等，画得飞扬飘举，层叠有序，人物形神也表现得惟妙惟肖，跃然于壁。因此此窟是蒙元石窟壁画中的新作和杰作。

但从汉地传来的密教宗派，在元代的敦煌也未绝迹，汉密系统的壁画在这一时期仍然占有十分重要的地位，且不乏佳作。如莫高窟第3窟，位于南区北端的沙坡交界处，是一座覆斗顶小型窟，也是莫高窟唯一的汉密观音窟。窟内主室西壁龛内原有观音塑像，毁后清代重塑。南北两壁各绘十一面千手千眼观音变一铺，其构图、布局、人物等完全一样。东壁门南绘执净瓶观音一铺，作施甘济恶鬼状；东壁门北绘散财观音一铺，正广撒七宝施舍穷人。西壁龛门北侧，观音像左下方有墨书"甘州史小玉笔"的题名，纪年为"至正十七年正月五日"。此窟主室的千手千眼观音是元代汉密系统壁画的代表作。画中的观音作十一面，叠头如塔，千臂千手，分布如蔓，每手掌中有一慈眼，画的上部有飞天等。这幅画布局严谨，造型真实，衣冠如道教神像，色彩清淡典雅，具有明显的中原风格。最令人叹为观止的是，画家总结了前代的线描技巧，使用了多种线描来塑造不同的质感。以铁线描表现人物的面部和肌肤，以折芦描描绘衣纹服饰，以游丝描表现蓬松的须发，以丁头鼠尾描表现力士隆起的肌肉，使肉体、须发、璎珞、锦、绢、绵等，都得到恰当的表现，不仅使形象更加丰富真实，且通体和谐统一，细部笔笔有力。特别是那飘扬翻飞的衣带，画得抑扬顿挫，神采俱足。在绘画技法方面，画师以少见的"湿壁画法"使色彩完全渗入壁面，形成墙画合一的神奇效果，展现了画师线描手法的精通和壁画绘制技法水平的高超。这是莫高窟晚期少有的佳作。

下篇 敦煌遗书

　　敦煌遗书是敦煌学的主要研究对象之一。敦煌学这个名词的出现，源自对敦煌遗书的研究；敦煌学作为一门学科的成立，也与敦煌遗书有密不可分的关系。本篇介绍敦煌遗书的概况及其流散、收藏情况，择要介绍敦煌遗书的内容及其价值。

第九章　敦煌遗书的概况与宗教文献的主要内容及其价值

本章概要介绍敦煌遗书的基本情况，包括其主要内容、时限、文本形态、装帧形态、文字形态，及其流散、数量和收藏情况等，择要介绍敦煌宗教文献及其价值。

第一节　敦煌遗书的概况

如绪论中所述，敦煌遗书主要是指 1900 年王道士从敦煌莫高窟第 17 窟中发现的经卷和文书。由于莫高窟开凿在鸣沙山的断崖上，所以保存敦煌遗书的洞窟又被称作敦煌石室或石室。因为敦煌遗书的主体是手写的佛经，所以人们又把敦煌遗书概称为石室写经，并把保存敦煌遗书的洞窟称为藏经洞。

此外，敦煌遗书还被称为敦煌卷子、敦煌文书、敦煌文献等。为什么会有这么多不同的称呼呢？这与敦煌遗书的内容和形态有关，所以，我们先来介绍一下敦煌遗书的概况。

一、敦煌遗书的内容、时限和文本形态

关于敦煌遗书的具体内容，本书其他部分将作详细介绍，这里只是概而言之。由于敦煌遗书是在佛教洞窟中发现的，所以其内容最多的是佛教典籍，占 90% 左右。佛教文献以外，还有道教典籍、景教（基督教）典籍和摩尼教典籍。宗教文献以外的文书，虽然总量不大，只占 10% 左右，但内容却很丰富，涉及古代政治、经济、军事、地理、社会、民族、语言、文学、美术、音乐、舞蹈、天文、历法、数学、医学、体育、古籍等诸多方面。

所谓敦煌遗书的时限，指的是它的书写或抄写年代。根据敦煌遗书上保存的题记，年代最早的敦煌遗书是后凉王相高所写之《维摩诘经》，在麟嘉五年（393）（图 9-1），这件文书现在收藏在上海博物馆。年代最晚的敦煌遗书写于宋咸平五年（1002），是《敦煌王曹宗寿编造帙子入报恩寺记》，这件文书现在保存在俄国。从公元 393 年到 1002 年，敦煌遗书的时间跨度达 600 多年，但多数敦煌遗书的书写或抄写年代在唐后期五代宋初。

敦煌遗书的文本形态包括写本、雕版印刷文本和拓本三类，以写本为主体。我国古代文字传播的方法和载体，可分为铭刻、手写、印刷三个阶段。大致从春秋战国至宋是手写文本为主体的时代，宋以后至今是印刷文本为主体的时代。春秋战国至汉的文字多写在竹简和木简上。人们把竹子和木头削成狭长的小片，在上面写字，每根简上通常只写一行字，多少不一，最多的有 40 多字，最少的只有一两字，一般写 20 多字。现在的书籍开本有大有小，古代的竹木简也有长有短，最长的 3 尺，最短的只有 5 寸。写一部书要用很多简，把这些简编联起来就成为书了。编联竹木简多

第九章　敦煌遗书的概况与宗教文献的主要内容及其价值 | 293

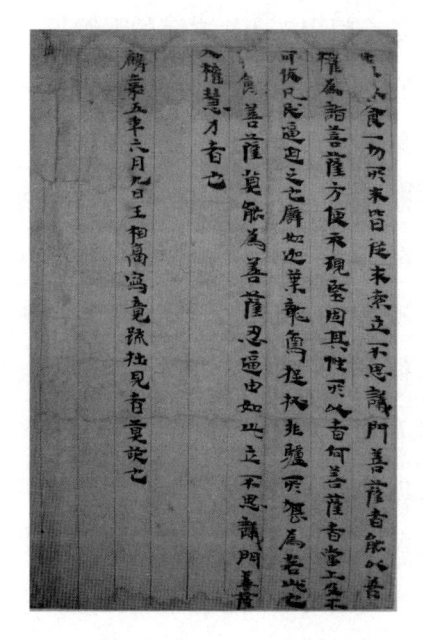

图9-1　麟嘉五年（393）《维摩诘经》题记

图片来源：上海古籍出版社、上海博物馆编：《上海博物馆藏敦煌吐鲁番文献》，上海古籍出版社，1993年，第1册卷首彩色图版。

用麻绳，也有的用丝绳（称"丝编"）或皮绳（称"韦编"）。春秋、战国和秦汉时，人们已经普遍用竹木简做书籍了。约春秋战国之际，还出现了写在丝织品上的书——帛书。帛书比竹木简轻便，而且易于书写。不过丝织品价格昂贵，所以帛书不及竹木简书普遍。东汉时出现了用纸抄写的书籍，纸既轻便又易于书写，价格也比较便宜，于是逐渐流传开来。到了晋代，纸书完全取代了竹木简书和帛书。敦煌遗书的时代，正是纸本手写文书典籍流行的时代，因而多数为手写文本。

与手写文本相比，印刷文本因为可以重复印行，自然更加便于文化的传播。印刷术是我国古代的一大发明，自古至今经历了雕版印刷、活字印刷和激光照排三个发展阶段。雕版印刷是在各种版材上雕刻图文制成印版进行印刷。早在汉代，就出现了封泥制印，盖印代表签字画押，而且可以反复使用，应该说它是专门用来印拓文字的泥版了，可算是雕版印刷的先驱。隋代已有雕版印刷的记载。雕版印刷的材料，一般是选用纹质细密坚实的木材，如枣木、梨木等。制版和印刷的程序是：先把字写在薄而透明的绵纸上，字面朝下贴在版上，用刻刀按字形把字刻出，然后在刻成的版上加墨。把纸张覆盖在版上，用刷子轻匀揩拭后揭下来，由于雕刻的是反字，转印到纸上就成了正字。我国虽然发明雕版印刷技术很早，但早期的雕版印刷品大多没有保存下来，因而，敦煌遗书中保存的数十件雕版印刷品，就成为世界上现存最早的印刷品的一部分。其中最著名的咸通九年（868）《金刚经》，是世界上现存最早的标有年代的印刷品。

拓本是指用薄纸贴在碑帖、刻石及其他器物的文字或图案上，用墨打出其文字或图案的墨本，是用纸墨在金石或其他质地刻物上捶拓出来的书法和图像，故又被称为打本和拓片。这种技术是影印技术发明之前，我国古代长期使用的复制方法。从相关记载来看，拓碑技术在南北朝的梁朝时已经发明。但由于种种原因，早期的拓本也未能保存下来。而敦煌遗书中保存的数件唐碑拓本，也就成了现知世界上最早的传世拓本。其中包括唐太宗的《温泉铭》、欧阳询的《化度寺邕禅师塔铭》和柳公权所书《金刚经》等碑的拓本。

二、敦煌遗书的装帧形态

敦煌遗书的装帧形态多样，几乎包括了古书的各种装帧形式，但绝大多数是卷轴装。卷轴装也称卷子装，是纸质书籍和文书出现后流行时间很长、普及地域很广的一种装帧形式。其做法是先将纸张按需要粘成长卷，再用圆形木棍粘结在纸的一端，阅时摊平，阅后将其卷成一卷轴，这就是卷轴装的书籍或文书（图9-2，图9-4）。由于敦煌遗书以卷轴装最多，

第九章　敦煌遗书的概况与宗教文献的主要内容及其价值 | 295

所以人们又将其概称为敦煌卷子。

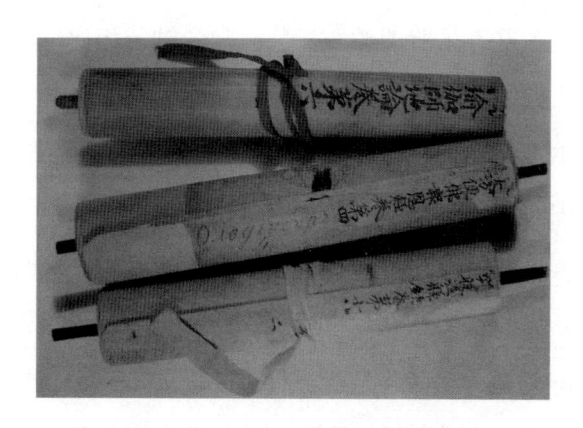

图 9-2　俄藏未展开的卷轴装佛经

图片来源：《俄藏敦煌文献》，上海古籍出版社，1992年，第1册卷首彩色图版第12。

第二种是梵夹装。梵夹装是从印度传来的。在印度，很长时间内佛经都被写在狭长的贝多罗树叶子上，故又称贝叶经。贝叶经是一片一片的，叶片上有两个孔，把一定数量的贝叶经摞在一起，上下夹两块硬板再用绳子穿起来。阅读的时候，绳子处于松弛状态，可翻动每一片贝叶经；读完佛经以后，把绳子勒紧捆牢，以便存放。因为经文是梵文，上下有两块夹板，所以被称为梵夹装。梵夹装是因其采用夹板式的装帧形式而得名。敦煌遗书中的梵夹装，是仿制的或者说有所改变的梵夹装。第一个改变是经文不再是写在贝叶上，而是写在纸上；第二个改变是经文多是用中文书写的。

第三种是经折装。经折装是折叠佛教经卷而成的一种装帧形式。卷轴装的书籍有便于收藏的优点，但也有不便阅览的缺陷，特别是长卷，展开和卷起都颇费时间。而且，经卷卷久了，会产生惯性，读过的部分，会自动由右向左卷起，未读的部分，又会自动由左向右卷起。如果不随时调整镇尺的位置，书籍或文书就会从左右两个方向向中间卷起，使人无法阅读。于是佛教徒将本是长卷的佛经，从头至尾依一定行数和宽度连续左右折叠,最后形成长方形的一叠,再在其前后各粘装一张与叠本大小一致的厚硬纸作为封皮,这就是所谓的经折装。与卷轴装相比,经折装的书籍和文书更加便于人们阅览。

经折装的出现还有可能受到了梵夹装的影响。现存早期的经折装书籍,在书叶的中间部位,在抄写文字时就预先留下了孔位,有的书叶上还画了两个圆圈。所以,早期的经折装也有可能就是做梵夹装书籍时尚未完成的半成品。

第四种是旋风装。旋风装是对经折装的进一步改进。经折装虽然改善了卷轴装不利阅读的因素,但如果长期反复翻阅经折装的书籍,书籍的折口处往往会断裂,使书籍难以长久保存和使用。所以人们想出把写好的纸页,按照先后顺序,依次相错地粘贴在整张纸上,类似房顶贴瓦片的样子。这样翻阅每一页都很方便,解决了卷轴装卷舒不便的弊端。但是它的外部形式跟卷轴装区别不大,收藏时从右向左卷起、捆紧,故从外表看仍似卷轴装。但里面的书叶却像旋风似的逐叶朝右旋转,故被称为旋风装。旋风装的书籍打开后,其书叶鳞次栉比,状似龙鳞,故又被称为龙鳞装。旋风装是卷轴装向册叶装转变的过渡形式,它既有册叶装的特点,又未摆脱卷轴装的外形。

第五种是早期蝴蝶装。一般认为,蝴蝶装是宋代雕版印刷盛行后流行的书籍装帧形式。其做法是将单面印有文字的纸面朝里对折,再以中缝为准,将折叶排好顺序、对齐,用糨糊将折边逐叶粘贴在一起,形成书脊背。蝴蝶装的特点是只用糨糊粘贴,不用线。这种装帧形式由于版心集于书脊,仿佛蝴蝶的身躯,打开书籍翻阅起来,就像蝴蝶飞舞的翅膀;收藏时,又好像蝴蝶合并双翼落于花丛之中,故被称为蝴蝶装。在敦煌遗书中,我们发现了类似蝴蝶装的晚唐五代书籍。如S.5448《敦煌录》(唐末五代),为粗厚麻纸双面书写,每纸对折后粘连成册,首叶背面有半叶不书字，为空白，对折之后便充当封面，上仅书"敦煌录一本"作为书名。末叶背面左半叶不书字，为空白，对折之后便充当封底。这种装帧和后来的蝴蝶装的折叶、用糨糊粘连的方法基本相同，唯一不同的是后世的蝴蝶装是单面印刷，而此件是双面抄写，可以说是蝴蝶装的雏形。类似装帧的敦煌遗书还有 S.5451《金刚般若波罗蜜经》（唐末）和俄藏 Дx.12012《上于阗男某甲父母等书信封题》等。

第六种是包背装。一般认为包背装始于南宋，流行于明清。如上文所述，蝴蝶装的书叶对折是有文字的一面朝内，折叶之中缝粘连在一起为书脊。包背装的折叶方向与之相反，是文字面朝外，折叶的中缝在书口一边。书叶折好后以书口为准戳齐，在书脊的一边打眼，用纸捻订起砸平，以固定书叶。最后用一张稍大于书叶的硬厚整纸对折，粘在书脊上，把封面、书脊和封底全部包起来。就外观来说，包背装和我们现在常见的精装书或平装书是一样的。这种装帧形式由于将书叶订在一起，外部又有硬厚纸包裹，可避免蝴蝶装因只用糨糊粘连，容易散落的局限。敦煌遗书 S.5589《大悲心真言卷下》的书叶折叠、装订和包背方式与上述包背装基本相同，可以说是早期的包背装。

第七种是线装。线装书是指用订线的方式将书叶穿连成册的装帧形式。我们现在看到并仍在使用的线装书样式出现于明代。但敦煌遗书中保存了一批唐末五代宋初用线或丝绳缝缋书叶而成册装的书籍。如 S.5534《金刚般若波罗蜜经》、S.5536《金刚般若波罗蜜》、S.5539《十空赞文》、S.5646《金刚般若波罗蜜经》、敦煌研究院藏96《金刚经》、S.5645《礼忏文》等。这些"线装书"虽然没有后代的线装书精美，但说它们是线装书的前身，应该是没有问题的。

除上述几种装帧形式以外，敦煌遗书中还保存了一些无须装帧的单片纸叶。有些文书如 Дx.2889《乾德二年（964）五月八日沙州三界寺授千佛戒牒》，作为授戒的证明文件，只需一纸。有些契约或社条等文书，往往也是以单片纸叶的形态存在的。

三、敦煌遗书的文字形态

敦煌遗书的文字以汉文为主，但也保存了不少古代胡人使用的胡语文献。在这类文献中，以吐蕃文文献为最多。吐蕃文又称古藏文，是唐五代时期吐蕃人使用的文字。由于吐蕃人曾在公元786—848年管辖敦煌，其间曾在敦煌推行吐蕃制度和吐蕃语言文字，所以敦煌藏经洞中也保存了一大批吐蕃文文献，约8 000件。仅英藏、法藏吐蕃文写卷就超过3 000件，我国国内藏吐蕃文箧页约万页。这些文书大多写于吐蕃时期。其内容除大量与佛教有关的经典、疏释、愿文祷词外，还有相当多的世俗文献，涉及吐蕃历史上一系列重大问题。同时敦煌还有一批用吐蕃文拼写的汉文文献，以及《汉蕃对译字书》(P.2762v)、《汉蕃对译佛学字书》(P.2046)等，真实反映了汉藏语的历史语音情况。这批文献对研究吐蕃史、敦煌史以及当时西北地区的民族变动都具有重要价值。

敦煌遗书中的第二种胡语文献是回鹘文文献。回鹘文是古代回鹘人使用的文字，又称回纥文。在唐宋时期，回鹘人曾在敦煌历史上起过重要作用。自唐晚期以后，敦煌东边的甘州和肃州，西边的西州，都曾有回鹘人建立政权，在敦煌地区也有回鹘居民。在公元1041—1068年，回鹘人还曾一度成为敦煌的主人。由于以上原因，在敦煌藏经洞中也保存了50多件回鹘文文书。这些文书的内容包括书信、账目和佛教文献，对研究回鹘的历史和文化具有重要价值。

第三种是于阗文文献。于阗文是古代居住在新疆和田地区的被称为"塞人"的民族使用的拼音文字，又称于阗塞文。因19世纪和20世纪之交发现于新疆和田（古属于阗）而得名。五代至宋，控制敦煌的曹氏归义军政权和于阗王家有姻亲关系，两地交往密切，因此敦煌地区积累了一批于阗文文献。其中有30多件被封存于藏经洞中，其内容包括佛教典籍、医药文献、文学作品、使臣报告、地理文书、公私账目等。

第四种是粟特文文献。粟特文是古代粟特人使用的文字。粟特人原居住在中亚泽拉夫尚河流域，以善于经商而著称。两汉以来，有大批粟特人往来于敦煌及其他丝绸之路上的城镇。唐宋时期，一些粟特人甚至在敦煌建立了移民聚落。所以敦煌遗书中也保存了20多件粟特文文献。其内容主要是译自汉文的佛教典籍。

第五种是梵文文献。梵文是古印度的古典语言，也是佛经的经典语言。唐代高僧玄奘赴印度求取的佛经，就是用梵文书写的。唐宋时期，西行求法和东来弘道的高僧在路经敦煌时，有时会把一些梵文佛教典籍留在敦煌，所以敦煌藏经洞中也保存了数件梵文佛教典籍。

第二节　敦煌遗书的流散、数量及收藏情况

敦煌遗书虽是全世界独一无二的稀世珍宝，但在1900年莫高窟藏经洞被发现时，我国正处在清王朝末期。当时中国人民反帝爱国的义和团运动发展到了高潮，西方列强公然派遣八国联军侵入我国，中华民族亡国灭种的民族危机日趋严重，正忙于奔跑逃命的清廷最高统治者，既不知也无暇顾及西北边陲发现藏经洞的事。而当时甘肃、敦煌地方官员大多昏聩无知，遂使这一宝藏没有得到应有的保护。

发现藏经洞的王道士并不知道这批文献和文物的真正价值，但也意识到这是一批非同寻常的古董。他想借这个发现来引起敦煌官府和地方名流对莫高窟的重视，以便从他们那里得到更多的施舍，实施自己重修和改造

莫高窟的计划。于是，王道士把敦煌城中的官绅请到莫高窟来参观自己的发现，可惜的是，这些人中竟然无一人认识到这批宝物的价值，都说这些经卷流传到外边是有罪的，嘱咐王道士仍将其放回窟内。县政府得知此事后，要求王道士封存藏经洞。于是，藏经洞安上了木门，加上了铁锁，但官府并没有实施更加有效的监管。王道士仍不时从藏经洞中挑选出一些精美的绢画和书法漂亮的写经，作为稀罕物送给当地的官员、士绅和喇嘛等。于是，敦煌发现藏经洞的消息和藏经洞中的一些经画，通过这个渠道逐渐在甘肃、新疆等西北地区流传开来。

就在清地方官员对价值连城的敦煌宝藏不屑一顾的时候，西方列强组织的所谓"探险"队却将他们的魔爪伸到了敦煌。于是，在敦煌莫高窟演出了近代文化史上一幕幕令人伤心的悲剧。

西方列强对我国西北地区文物的劫掠和破坏，是他们在政治上、军事上侵略与瓜分中国的副产品。

众所周知，自19世纪中叶起，西方各主要资本主义国家对我国的侵略扩张不断加剧，到19世纪末叶，已经发展到帝国主义阶段的西方各主要国家，纷纷在我国划分势力范围，掀起了瓜分中国的狂潮。我国的广大西北地区也成为与我国接壤的沙俄和控制着印度的英国的觊觎对象。早在19世纪70年代，英、俄等国就已分别派遣"探险"队进入中国新疆、甘肃、蒙古、西藏等地，秘密刺探军情和经济情报，并测绘地图，探查道路，为他们以后控制和占领这些地区作准备。这些政治间谍在我国西北地区活动的过程中，也顺便收集了不少古代文物，其中一些价值颇高的古文书引起了欧洲学术界的注意。特别是1889年，一个名叫鲍威尔（Hamilton Bower，1858—1940）的英国中尉在库车得到了一册当地觅宝人在一座废佛塔遗址中发现的梵文贝叶写本（51张），很快就被鉴定出是现存最古老的梵文写本，这就大大刺激了欧洲各国"探险"者到中国西北地区劫掠古文物的欲望。此后，一批又一批以搜寻古文物为目的的外国"探险"队便不断来到我国西北地区。起初，这些以枪炮为后盾的"探险"队主要在新疆地区活动。他们先后从于阗、若羌、库车、吐鲁番等地的古代遗址中掠走了大量的中国古代珍贵文物。1907年以后，敦煌莫高窟成为他们劫掠的主要目标。

一、斯坦因与英国收藏品

第一个来敦煌盗取敦煌遗书的是英籍匈牙利人斯坦因（Marc Aurel Stein，1862—1943）。斯坦因于1862年生在匈牙利布达佩斯的一个犹太人家庭里。1900—1901年，斯坦因在英印政府的支持下，进行了他在我国西北地区的首次"探险"活动。1904年，斯坦因加入了英国国籍。同年，他提出了第二次到中国的计划，准备将"探险"的范围从新疆扩大到甘肃。这个计划于1905年被批准，经费由英印政府和大英博物馆共同负担。

1906年4月，斯坦因开始了他的第二次中亚"探险"。此次他还是和上次一样，从喀什入境，沿着古丝绸之路的南路东行，沿途发掘了米兰和楼兰等多处古遗址。1907年3月中旬，斯坦因到达了敦煌。他原准备在敦煌只作短期停留，补充一些粮食和饮水，再简单考察一下莫高窟，然后就去罗布泊沙漠进行考古发掘。但当他在敦煌停留的时候，偶然从一位定居在敦煌的乌鲁木齐商人那里得知了莫高窟发现藏经洞的消息，于是他当即动身前往莫高窟。斯坦因到达莫高窟时，适值王道士外出。斯坦因向一个住在莫高窟的藏族小喇嘛打听藏经洞的情况，证实了所得到的消息不虚。小喇嘛还将一轴书法写得很美的长卷借给他看。斯坦因的汉语翻译蒋孝琬看后说是一卷中文佛教写经，并无年代。斯坦因虽然不懂汉文，但他凭借自己考古学的知识，判断这个写本一定很古老。于是他下决心等待王道士归来。一直到 1907 年 5 月 21 日，斯坦因才见到王道士。斯坦因首先向王道士提出愿意提供一笔捐款来帮助王道士修理洞观，王道士表示乐意接受斯坦因的捐款。但当蒋孝琬提到他的主人对购买藏经洞写本很感兴趣时，立即遭到王道士的拒绝。斯坦因当然不会甘心。他又委托蒋孝琬和王道士谈了好多次，都没有成功。后来，斯坦因发现王道士虽然对佛教所知不多，但对唐僧（玄奘）却十分崇拜。于是斯坦因赶忙把自己也装扮成玄奘的崇拜者。他用自己有限的汉语告诉王道士，他是如何沿着玄奘的足迹，从印度跋涉万里，翻越高山，穿过沙漠而来到敦煌的。他还说他在这次朝圣过程中，巡礼了各处经过艰难险阻才能到达的玄奘曾朝拜过的寺院。斯坦因编造的故事使王道士深受感动，答应在夜间从藏经洞中拿出几卷中文写本给蒋孝琬和斯坦因研究。没想到王道士拿给斯坦因的经卷上的题记表明，这几卷佛经正是玄奘从印度带回并亲自从梵文译为汉文的。斯坦因利用这个巧合欺骗王道士说，他之所以在这一天看到玄奘带回并翻译的佛经，完全是出于圣人玄奘的安排，目的是让他把这些在印度已不存在的佛经带回原来的地方。而迷信的王道士也认为上述巧合是"唐僧"显圣的结果。于是在当天清晨，王道士打开了藏经洞的门，带领斯坦因走进了藏经洞。在蒋孝琬的帮助下，斯坦因从藏经洞中挑选出 20 多箱他们认为价值最高的绢纸绘画和经卷。蒋孝琬是个忠实的洋奴，他不仅将那些被斯坦因挑选出来的经卷，一次次搬到斯坦因的帐篷中，而且还代表斯坦因与王道士谈价钱。斯坦因原本准备以 40 个马蹄银来购买这些文物，但经蒋孝琬与王道士讨价还价，只付了 4 个马蹄银（相当于 150 两银子）。对于这笔交易，斯坦因当然很满意，王道士似乎也很满意。4 个月后，斯坦因又回到敦煌附近，他委托蒋孝琬到莫高窟向王道士索取经卷文书，结果王道士又送给斯坦因很多中文和藏文写本。

16 个月后，所有装满写本的 24 口箱子和 5 个经过仔细包扎，装满绢画、绣等艺术品的箱子，经过长途运输，安全抵达伦敦，并被安置在大英博物馆。直到此时，做贼心虚的斯坦因才真正感到如释重负。

在1913—1915年，斯坦因又进行了第三次中亚"探险"。并于1914年3月再次来到敦煌。当时藏经洞所藏大宗经卷，已经分别被伯希和和中国官府取走。但王道士自己还私藏了很多经卷，斯坦因付给王道士500两银子，王道士又将570个卷子卖给斯坦因。此外，斯坦因还从敦煌当地其他人手中获得了一些经卷，总数在600件左右。

这样，斯坦因采用哄骗等手段，两次从王道士手中获得汉文敦煌遗书约14 000件（号），吐蕃文及其他非汉文文献约3 000件（号），此外还有绢、纸绘画等艺术品。斯坦因是依据近代以来西方列强和中国签订的不平等条约进入中国的，即使依据这些不平等条约，他也仅仅得到在中国内地"游历、通商"的许可，并未获得在中国境内发掘和购买文物的权利。从当时清政府外务部发给斯坦因的入境许可"护照"（相当于现在的签证）来看，英国驻北京公使伪造了斯坦因的身份，将当时无任何公职的斯坦因，伪造成了"总理教育大臣"。所以，斯坦因从敦煌掠走敦煌遗书的行为是非法的，甚至他进入中国的身份也是假的。

被斯坦因带走的经卷文书，起初分别收藏在大英博物馆和设在伦敦的印度事务部图书馆；绢、纸绘画则被当时的英印政府设在印度新德里的中亚古物博物馆和大英博物馆分割收藏。1973年，英国议会批准大英博物馆图书部与博物馆分离，与印度事务部图书馆等合并建立了大英图书馆，原大英博物馆和印度事务部图书馆收藏的敦煌遗书均被移交给大英图书馆收藏。

二、伯希和与法国收藏品

继斯坦因之后来敦煌盗宝的外国"探险"者是法国的保罗·伯希和

(Paul Pelliot，1878—1945)。

伯希和1878年出生于巴黎。他是一位天才的语言学家，除精通汉语之外，还熟悉包括几种中亚语言在内的十几种语言。他还是一位对中国学问有很深造诣的汉学家，对中国的史料学、目录学和历史地理都有比较深入的了解。1905年，法国的一些学者和官方机构也组建了一支中亚"考察"队，伯希和被选拔为队长。1906年6月，伯希和率考察队离开巴黎，经中亚进入我国。他们从喀什开始，对塔里木盆地北沿的遗址进行仔细地考察和发掘，收获不小。1907年10月，伯希和一行到达乌鲁木齐进行休整，并计划在新疆再活动一段时间以后，再进入甘肃。但伯希和在乌鲁木齐得知了敦煌发现藏经洞的消息，并且从一个被流放到乌鲁木齐的清公爵那里见到了一卷敦煌写经。伯希和刚一打开这个经卷，立刻就认出这是8世纪以前的经卷。于是他马上改变了原定计划，立即从乌鲁木齐直奔敦煌。

1908年2月，伯希和到了莫高窟。王道士对这个能讲一口流利汉语的洋人颇为敬佩，进而在交谈中发现，伯希和并不知道斯坦因已从莫高窟掠走一批经卷文书等文物。这表明斯坦因信守了为王道士保密的诺言。前一位洋人的守口如瓶，使王道士更增加了对面前这位洋人的信任感。所以，当伯希和提出看敦煌遗书的请求时，王道士当然不会放弃再得到一笔捐款的机会。伯希和很快就被引进了藏经洞。洞内所存的被斯坦因劫余的文献和绘画等，仍把伯希和惊得呆若木鸡。他估计当时洞内的经卷文书的数量仍有15 000—20 000件（实际此时应有50 000—60 000件）。如果把每个卷子都打开，并进行适当翻阅的话，至少也得花6个月时间。但伯希和知道，要了解每个卷子的内容和价值，又必须将它们都打开。因此他下定决心，"一定要把整个书库检查一遍，哪怕是粗略的检查也好"，"至少我必须打开每一件，认识一下它的性质，同时看一看，它是否能提供任何新的东西"。为此，伯希和在藏经洞中借助昏暗的烛光，以每天1 000卷的速度整整苦干了三个星期，不仅翻检了每一卷写本，甚至连一个纸片也没有放过。在翻检过程中，他凭借自己丰富的汉学知识，对藏品进行了认真的挑选，把有年代的文书、大藏经之外的各种逸经、汉文之外的各种民族文字资料等7 000多件（号）有价值的经卷和文书都挑选了出来，最后以500两银子为代价，从王道士手中得到了这批文书。

伯希和到莫高窟时间虽然比斯坦因晚，但因斯坦因不懂汉文，所以有许多精品他未能带走。伯希和盗走的经卷文书虽然在数量上比斯坦因少，但从质量上说都是藏经洞中的精华。这批敦煌文献后来都入藏于设在巴黎的法国国立图书馆。此外，伯希和也从敦煌掠走了一批绢、纸画和丝织品，后来入藏于巴黎的集美博物馆。

三、中国国家图书馆收藏品

直到1909年，北京的学者罗振玉等，才从伯希和口中知道了敦煌发现了藏经洞的消息，而且许多珍品已流失国外。此事使北京学界人士大受震动，他们立即上书清朝学部，请求采取措施，抢救劫余的文献。清学部这才电令驻在兰州的陕甘总督，命令地方政府负责清点藏经洞的经卷文书，并严令不许再卖给外国人。敦煌县政府会同王道士，再次清点藏经洞所遗经卷文书。学部直接拨款6 000两白银给甘肃，要地方政府将全部经卷文书运到学部保管。但王道士早在官府清查藏经洞之前，已把一些他认为珍贵的写本装满了两个大木桶，转移到其他地方隐藏了起来。

甘肃布政使何彦升具体负责文物东运，他又派自己的亲家李盛铎的外甥傅宝华到莫高窟来负责监运。1910年5月，在省、县两级官员的监督下，藏经洞劫余的经卷文书被装入18个箱子，分装6辆大车，从莫高窟运往敦煌县衙。从敦煌再到兰州、北京，沿途盗窃事件不断。运送到京后，傅宝华没有直接去学部交差，而是将运送的车队直接领进李盛铎家，由李盛铎、刘廷琛、何震彝、方尔谦等人，用了3天时间拣选出数百件精品，据为己有。为弥补数目上的不足，他们再将挑剩下的长卷撕裂成数段以充数，然后才送到学部。同年，这批经卷文书又转归京师图书馆收藏。这样，藏经洞中原来保存的6万多件敦煌文献，最后入藏京师图书馆（今中国国家图书馆前身）时，仅剩下14 000多件（号）了。以后，国家图书馆又通过各种途径，陆续收藏了约2 000件敦煌遗书。目前，国图收藏的敦煌遗书达16 000多件（号）。

何、李二家盗窃的敦煌遗书，后来大部分被转售到了日本，也有一部分经过辗转流传，最终被台北"中央"图书馆收藏。

被王道士转移私藏起来的那一部分敦煌遗书，后来又有不少落到日本"探险"队、斯坦因和俄国"探险"队手中。

四、大谷"探险"队与日本收藏品

日本组织"探险"队到我国西北进行文物掠夺活动，比法国还早。曾经在英国留学、后成为日本西本愿寺宗主的大谷光瑞伯爵，曾在1902—1904年、1908—1909年、1910—1914年，三次派遣"探险"队来中国西北。其中第一次和第二次他们主要在新疆地区盗掘古墓，盗剥壁画。但在第三次"探险"中，"探险"队员桔瑞超和吉川小一郎曾于1912年初在敦煌会合，他们两人曾在莫高窟停留了8周，对敦煌石窟进行了调查和拍照，并从王道士手中买到了一批经卷文书。随后，他们二人又从敦煌转赴新疆。同年，桔瑞超自吐鲁番经西伯利亚铁路回国，吉川小一郎则直到1914年初才取道甘肃、内蒙回国。在回国途中，吉川小一郎于1914年2

月再次来到敦煌，又从王道士及其他人手中购买了一批敦煌文献。总计起来，大谷"探险"队第三次来华期间掠走的敦煌文献有500件左右。

大谷"探险"队和19世纪末20世纪初活跃在中国西北地区的其他欧美国家的"探险"队有所不同，它不是在某个国家或博物馆的支持下进行的，而只是日本京都西本愿寺宗主大谷光瑞的个人事业。大谷"探险"队的成员多是一些年轻的僧人，没有受过考古学的训练，他们在新疆从事盗掘时曾毁坏了不少文物。他们得到的敦煌写本，既没有编目，也没有马上入存博物馆，起初收藏在大谷光瑞的私人别墅二乐庄。1914年，西本愿寺发生财政困难，大谷光瑞被迫辞去宗主职位。大谷"探险"队劫去的敦煌文献也逐渐流散到旅顺、汉城和京都等地。流散到旅顺的那一部分之后转移到了旅顺历史文化博物馆。1954年，根据文化部指示，旅顺历史文化博物馆将所藏敦煌文献的大部分上缴给了国家图书馆，只保留了9件以供展览之用。流散到汉城的那一部分起初藏于朝鲜总督府博物馆，今藏首尔国立中央图书馆。

日本所藏敦煌遗书，主要收藏在龙谷大学、大阪杏雨书屋、大谷大学、东京大学、三井文库、京都国立博物馆、东京书道博物馆、东京国立博物馆、京都藤井有邻馆、天理图书馆、大东急纪念文库、奈良唐招提寺、国立国会图书馆、宁乐美术馆、唐昭提寺、东京女子图书馆、佼成图书馆、九州大学文学部等处，还有一些在私人手上保存，数量大约在2 000件（号）左右。日本所藏敦煌遗书的来源主要是上述大谷"探险"队的收集品与何彦升、李盛铎等人监守自盗后私下卖到日本的原藏品，也有一些是后来由中国贩卖到日本的文书。大谷"探险"队掠走的敦煌遗书多数收藏在京都龙谷大学图书馆。

五、奥登堡与俄国收藏品

19世纪末20世纪初西方列强在我国西北掠夺文物的过程中，沙皇俄国也曾多次派"探险"队到我国新疆、甘肃地区活动，掠走了大量的珍贵文物。其中俄国佛教艺术史家奥登堡受研究东亚和中亚的"俄国委员会"的派遣，曾于1906—1909年、1914—1915年，两次率"探险"队前来中国。在第二次来华"探险"期间，奥登堡等人曾经在敦煌停留了好几个月。他们为莫高窟全部洞窟编写了叙录，测绘了平面图，拍摄了3 000多张黑白照片，还临摹了一些壁画，采集了石窟沙石样品。

奥登堡抵达敦煌之时，莫高窟藏经洞已经过英、法、日"探险"队的数次劫掠，又经过清朝官府的清理，照理说文物应该所剩无几了。但实际上奥登堡的收获并不算小。他不仅搜集到17 000余件（号）敦煌经卷文书，还得到大约350件绢、纸绘画品。奥登堡掠走的敦煌文献大部分为残片，较完整的只有四五百件。这说明他在敦煌停留期间，除收购王道士手中私藏的剩余文书，和一些流散在敦煌的私人手中的经卷文书外，还对藏经洞进行了彻底清理。

奥登堡掠走的敦煌文献后来入藏于俄国圣彼得堡冬宫亚细亚部，今为俄罗斯科学院东方文献研究所藏品；绢、纸绘画和彩塑等敦煌艺术品，至今仍存放在圣彼得堡艾尔米塔什（即冬宫）博物馆。

六、其他散藏品

随着时间的推移，王道士转移私藏敦煌遗书的事终于为官府查知。于是在1919年，甘肃省教育厅再次对莫高窟进行了清查，又获得了吐蕃文文书94捆。这批文书后来一部分被运至甘肃省图书馆，一部分被移至敦煌劝学所，一部分被封存在莫高窟。现在则分藏于敦煌研究院、敦煌市博物馆、甘肃省图书馆及酒泉、张掖、武威等地的文化机构。经过这次彻查，藏经洞保存的敦煌文献算是基本上被清理干净了。

上文曾经提到，在清政府派员清查和运送敦煌遗书入京的途中，曾不断发生被盗和遗失现象，这些被盗和遗失的敦煌遗书，最后都流散到了全国各地公私藏家手中，有的甚至流散到了国外。所以，除了上列主要藏家，国内如甘肃省博物馆、中国国家博物馆、故宫博物院、首都博物馆、上海博物馆、辽宁省博物馆、陕西省博物馆、浙江省博物馆、山东省博物馆、重庆市博物馆、湖北省博物馆、安徽省博物馆、贵州省博物馆、山西省博物馆、天津艺术博物馆、旅顺博物馆、南京博物院、酒泉市博物馆、定西县博物馆、永登县博物馆、高台县博物馆、张掖市博物馆、甘肃省图书馆、上海图书馆、天津图书馆、浙江省图书馆、重庆市图书馆、南京图书馆、天津文物公司、甘肃省文物公司、杭州市文物保管所、浙江温州文管所、西北师范大学历史学院文物室、北京大学图书馆、甘肃中医学院、西北大学图书馆、四川大学图书馆、上海辞书出版社图书馆、中国文物研究所图书馆、首都师范大学历史博物馆、首都师范大学图书馆、中国书店、中国佛教图书文物馆、上海龙华寺、上海玉佛寺、苏州西园寺、南京灵谷寺、五台山圆通寺、南京金陵刻经处、杭州市灵隐寺、台北故宫博物院、台湾"中研院"傅斯年图书馆、香港中文大学文物馆、香港艺术馆等许多省市图书馆、博物馆、大学、寺院及某些私家也都有一定数量的收藏。这些藏家藏品数量都不大，多者二三百件，少者只有数件或一两件。国内零散收藏总计有汉文文献3 000件（号）以上，非汉文文献7 000件（号）左右。

此外，国外也还有一些零散收藏，如丹麦哥本哈根皇家图书馆现藏

14件，印度新德里印度国立博物馆现藏6件，德国慕尼黑巴伐利亚州立图书馆现藏3件，瑞典远东古代博物馆现藏1件。美国的哈佛大学福格艺术博物馆、国会图书馆、普林斯顿大学葛斯德图书馆、华盛顿史密斯学会弗利尔美术馆、芝加哥大学图书馆等处，也藏有敦煌遗书或绘画。以上国外零散收藏合计有数百件（号）。

从上面的介绍可以看出，总数达70 000多件的敦煌遗书，现在分散收藏在欧、亚、美洲的9个国家的80多个博物馆、图书馆、文化机构以及一些私人手中。其中英国国家图书馆大约收藏17 000件（号），法国国家图书馆收藏7 000多件（号），中国国家图书馆收藏16 000多件（号），俄罗斯科学院东方学研究所圣彼得堡分所收藏17 000多件（号）。以上四家收藏了敦煌遗书的主体部分，被称为敦煌遗书的四大藏家。在70 000多件（号）敦煌遗书中，相对比较完整的遗书大约有30 000件（号），其他都是残片。

敦煌藏经洞发现时，王道士未能对文物数量作准确统计，以后又分散世界各地，有的被割裂为两件或三件，分藏在不同地方。所以，对现存敦煌遗书的数量进行统计，不是一件容易的事情。因为敦煌遗书的保存状况十分复杂，有的是长达十几米的长卷，有的则是只有几个字的小残片。过去有人用卷数作为计量单位，虽有一定道理，但很难准确反映敦煌遗书的数量。说这种统计办法有道理，是因为敦煌文书多数是卷轴装，一个卷轴可以作为一个计量单位。说这种方法不准确，是因为古代的"卷"，还有类似如今书籍"章"的含义；有的长卷轴，本身又分为若干"卷"，再加上很多只有几个字的残片，很难用"卷"来计量。所以，本书用"件"作为计量单位，对敦煌遗书进行统计。这种统计方法当然也存在缺陷，即每件遗书大小出入很大，很小的残片和长达十几米的卷轴（包括若干卷）都只能算一件，但用这种方法进行统计，可以计算出敦煌遗书的相对准确数量。

第三节　敦煌宗教文献的内容及其价值

敦煌遗书的内容包罗万象，但因为它是佛教寺院的藏书，所以，佛教典籍及相关文书是其主体，大约占总数的90%。此外，敦煌遗书中还保存了不少道教、景教（基督教）、摩尼教等文献。

一、佛教文献

敦煌遗书中的佛教典籍及相关文书大致可以分为以下几类。

1. 传世佛经

敦煌佛教文献有很多是为历代大藏经所收录的传世佛经，如《大般若波罗蜜多经》《金刚般若波罗蜜多经》《妙法莲花经》《金光明最胜王经》《维摩诘所说经》《大乘无量寿经》等。这类敦煌佛经，有的复本多达数百件乃至一两千件，同时也有不少传世大藏经中的重要佛教典籍在敦煌遗书中未见留存。依据唐代的大藏经目录《开元录·入藏录》，当时一部完整的大藏经应有佛教典籍1 076部，5 048卷。敦煌遗书中保存的佛教典籍见于《开元录·入藏录》的只有350部，其中仅有93部经典保存完整，其余257部，经文均有缺失。这说明，从当时中原佛教大藏经的藏经体系来看，敦煌藏经洞中的佛教典籍并不是系统的佛教藏书。

以上这些经卷虽有传世本存在，但由于抄写年代较早，具有重要校勘价值。因为现在传世的藏经，多为南宋以后的印刷品。历代的翻刻，使不同版本的佛经出现不少文字上的歧义。敦煌遗书中的佛教典籍，虽然不能构成一部完整的大藏经，但隋唐时期流行的主要佛经都有存留，有的还有多种版本和复本。这些敦煌写本佛教典籍，由于是抄写时代较早的古本，故出错几率也相对较少。有的佛典是在该经译后不久就抄写流传到敦煌的，如《大般若波罗蜜多经》《宝雨经》《佛说回向轮经》等。这些佛经当然会比现在流通的版本，更接近当时经本的原貌。还有一些敦煌写本佛经，是从唐代都城长安流通到敦煌的唐代宫廷写经，这类写经，经过京城高僧大德的反复校对，堪称善本。如鸠摩罗什翻译的《金刚经》，是流行很广、影响很大的佛教典籍。此经在敦煌遗书和传世藏经中均有存留，但传世本比敦煌本多出62个字。据学者研究，这62个字是在该经翻刻过程中，刻经人从其他译本的《金刚经》中补入的，敦煌本才应是鸠摩罗什最初译本的原貌。该例证对了解佛经在流传过程中的增益删改，尤其是同本异译经的相互影响与增益删改，具有重要意义。

敦煌遗书中保存的传世佛经，还具有重要的文物价值。由于敦煌遗书都是千年前的古物，所以，每件都是珍贵的文物。而且，出于对宗教的虔诚，时人抄写佛经，对手书和纸张都相当讲究；宫廷写经，更是纸质精良，抄写认真，校勘精心。这类敦煌遗书，当然比其他遗书具有更高的文物价值。

敦煌遗书中保存的传世佛经，特别是宫廷写经，都是由专聘的官方楷书手用毛笔精心抄写而成，它们同时也是精美的书法艺术品。不同时代的写经，书体也在逐渐演变。这些敦煌写经不仅是研究中国古代书法史的重要资料，还是书法研究者和爱好者研究、练习书法的范本。

2. 逸经与未入藏佛典

敦煌佛教经典中还保存有很多传世大藏经中所没有的佛教典籍，这些"逸经"和未入藏的佛教典籍，比传世佛经具有更高的文献价值和研究价值。如竺昙无兰译《佛说罪业应报教化地狱经》和不空译《梵汉翻对字音般若心经》等经，曾见于佛教经目著录，后来失传，幸赖敦煌遗书得以保存。有的佛经如昙倩在安西翻译的《金刚坛广大清净陀罗尼经》，法成翻译的《般若波罗蜜多心经》《诸星母陀罗尼经》《萨婆多宗五事论》《菩萨律仪二十颂》《八转声颂》《释迦牟尼如来像法灭尽之记》《大乘四法经》《六门陀罗尼经》等，是在敦煌或安西翻译的，未能传入中原，而仅流传于西北一带，并被保存在敦煌遗书中。这些"逸经"在一定程度上，补充了现存汉文大藏经的缺失。

佛教传入中国后，除大量的佛经被翻译成汉文以外，中国僧人也陆续写了很多佛教著述。这些佛教著述所表述的是中国佛教徒对佛教的理解，真实具体地反映了中国佛教的特点。但在唐代编纂大藏经过程中，主张不收入中国人著述的观点逐渐占据上风，其结果导致大部分中国人关于佛教的著述逐渐散失。现知唐代所保存的中国人有关佛教的著述总数在万卷以上，在今天的传世大藏经中只能见到其中很小的一部分（史传部、目录部和佛经音义等）。而敦煌遗书中保存了大批古逸中华佛教撰著，为研究古代中国佛教提供了丰富的资料。

敦煌遗书中保存的中国人撰写的佛教著述，内容极为广泛，包括经律论疏释、史传、目录、音义和杂文等诸多方面，尤以各种疏释数量最多。据初步调查，敦煌文献中保存的《金刚经》注疏有 34 种，170 多件；《法华经》注疏有 70 种，120 多件；《维摩诘经》注疏有 34 种，240 多件。[①]这些佛经注疏的绝大部分是历代大藏经没有收录的古逸经疏。如 34 种《维摩诘经》注疏，仅有 3 种见于传世大藏经，其余 31 种均为古逸经疏[②]；

---

① 目前对敦煌写本经疏尚缺乏整体性、系统性的整理和研究，笔者在上海师范大学指导的博士学位论文（吴建伟：《敦煌本〈法华经〉注疏研究》，2012 年）和首都师范大学指导的博士学位论文（董大学：《敦煌本〈金刚经〉注疏研究》，2013 年；王晓燕：《敦煌写本〈维摩诘经〉注疏研究》，2016 年），分别对《法华经》《金刚经》《维摩诘经》三部大经的经疏作过初步的整理和研究，这是本章介绍经疏基本数据的来源。

② 王晓燕：《敦煌写本〈维摩诘经〉注疏研究》，首都师范大学博士学位论文，2016 年，第 169 页。

34 种《金刚经》注疏,有 30 种是古逸经疏[①];《法华经》注疏有 70 种,亦有 66 种是古逸经疏[②]。这些在敦煌文献中重新发现的古逸经疏等中国人关于佛教的著述是研究宋以前佛教史的珍贵宝藏,具有多方面的研究价值。如《般若波罗蜜多心经》是般若经典的精要,概述了般若思想的全部纲要与核心内容,其地位犹如心脏之于人身,故称《心经》。该经言简意赅,思想深刻,流传广泛,影响极大,是研究佛教的基本典籍之一。自三国以后,此经至少被译出 21 次,历代注疏者甚多,但历代大藏经所存唐以前注疏仅有 8 种,而敦煌遗书中存有唐以前《般若心经疏》10 种,其中 9 种为传世大藏经所未见。这样,现在能见到的唐以前《般若心经》注疏就有 17 种。这些不见于传世大藏经的《般若心经》注疏,有不少诠释精要,研究价值很高。如 P.4940 等号中保存了唐代禅宗名僧弘忍十大弟子之一的智诜撰写的《般若波罗蜜多心经疏》,它分 9 个部分对经文作了详细的解释,其解释带有明显禅宗特色。此外,全面整理和研究敦煌写本经疏,还可以了解古代哪种佛经的版本更为流行,哪些经疏流行最广、影响最大,以及古代佛教教派的流行情况。

敦煌佛经中,有一部分还附有梵文原经,而梵文原经在印度本土早已散佚了,如 P.2025 和 P.2798《大般若波罗蜜多经》、P.2739《大智度论》、P.2026《金光明最胜王经》、P.2783《妙法莲花经》等,利用这些梵文本佛经进行再译,有利于修正古译本的不足,更加正确地认识这些佛经的宗旨。[③] 同时,这些附有梵文本的写卷在汉梵对音研究方面也极有价值。

3. 早期禅宗文献

唐代中晚期,禅宗逐渐兴盛起来,成为中国佛教的主流,禅僧的著作

[①] 董大学:《敦煌本〈金刚经〉注疏研究》,首都师范大学博士学位论文,2013 年,第 71 页。
[②] 吴建伟:《敦煌本〈法华经〉注疏研究》,上海师范大学博士学位论文,2012 年,第 21 页。
[③] 周玉显:《敦煌佛经略考》,《敦煌学辑刊》1987 年第 2 期。

也日益增多。僧人宗密曾编《禅藏》百余卷,收录有关禅宗的著作。但《禅藏》编成后不久,发生了唐武宗会昌废佛事件,再加上以后禅宗内部的派别之争,致使早期的禅宗著作大多散失了。而敦煌遗书中保存了一批8世纪前后的禅宗著作,对了解早期禅宗的历史,具有极高的研究价值。如中唐时期的禅宗第七祖神会,是菏泽宗的创始人,也是新禅学的建立者和弘扬发展禅宗南宗的关键人物。但依据宋以后禅宗灯史记载,神会只不过是惠能晚年的一个小徒弟,他在禅宗发展史上的重大贡献都被遮蔽了。至于神会本人的著述,仅在《传灯录》卷二十八保存了几则《荷泽神会大师语》,研究者还怀疑其中有些是后人伪造的。① 所以在敦煌遗书发现以前,神会曾被埋没了一千年之久。幸赖敦煌遗书中保存了《菩提达摩南宗定是非论》(P.3047、P.3488、P.2045、敦博77、S.7907)、《南阳和尚问答杂征仪》(P.3047、S.6557等)、《南阳和尚顿教解脱禅门直了性坛语》(BD.1481、P.2045、敦博77等)、《顿悟无生般若颂》(S.5619+S.468)等数种神会说法论义的记录和语录,为研究神会和菏泽宗的理论提供了重要的新资料。这些都是当时人记当时事的第一手材料,其史料价值远远高于后世的转述。正是由于敦煌文献中有关神会资料的发现和研究,学界才得以了解禅宗南宗得以兴起的原因和具体过程。对了解禅宗早期历史具有重要价值的还有《传法宝记》《楞伽师资记》《历代法宝记》。唐杜朏撰写的《传法宝记》成书于713年,是有关早期禅宗北宗传承历史的史书,早已佚失。敦煌遗书中保存了该书的4个写本(P.2634、P.3559、P.3858、S.10484)。这部禅宗史书记录了自菩提达摩至神秀禅宗七代祖师的传灯法系、传人的传略及禅法主张,是研究早期禅宗法系、历史人物生平与思想

---

① 胡适:《神会和尚遗集——附胡适先生晚年的研究》,胡适纪念馆,1982年,第213-220页。胡适先生关注敦煌遗书中的神会资料达数十年之久,贡献巨大,本章相关部分参考了胡先生发现的资料和研究成果。

的重要资料。唐净觉撰写的《楞伽师资记》，是成书稍晚于《传法宝记》的另一部记述禅宗北宗历史的史书，也早已失传。敦煌遗书中保存了该书的 8 个写本（S.2054、P.3294、P.3436 等）。《楞伽师资记》记述了以《楞伽经》为传承的禅宗传灯法系，共 8 代 13 人，包括每个人的传略和禅法。与《传法宝记》以菩提达摩为禅宗初祖不同，此书以《楞伽经》的译者南朝求那跋陀罗作为东土禅宗的初祖，而以菩提达摩为二祖。敦煌遗书中保存的另一部禅宗史书为《历代法宝记》（S.516、S.1611、S.1776v、S.5916 等），主要内容是记述以唐代剑南地区的保唐寺为中心的禅宗谱系，特别是无相和无住的禅法。

4. 三阶教文献

敦煌遗书中还保存了一批在隋唐时期被取缔的佛教宗派三阶教的典籍。三阶教是隋代僧人信行（540—594）创建的佛教宗派，他在隋开皇中奉敕入京，创建化度、光明、慈门、慧日、弘善五寺。他将佛灭后时段，以 500 年为一阶段，分为正法、像法、末法三个时期，认为他当时生活的时代处于末法时期，主张苦行忍辱，竭力提倡布施，以求解脱。信行践行"对根起行"，针对众生的根机，以对症下药的方式施行第三阶佛法。三阶教理论以三阶普法说为主，实践以"无尽藏"行为重。"无尽藏"所积财物分为 3 份：修建寺庙、施天下饥馁悲田之苦、充供养无碍（斋僧）。三阶教信徒俗众很多，不乏统治阶层，《隋大善知识信行禅师兴教碑》即为越王李贞撰，太子少保薛稷书丹。由于该教否定现实，其典籍曾先后遭受隋文帝、武则天、唐玄宗五次禁毁，将其经典钦定为伪经。唐玄宗在开元十三年（725）第二次敕断三阶教，不仅毁除所行集录，并令诸寺三阶院去除隔障与大院相通。① 但三阶教屡禁屡起，大历初在百塔信行禅师林建造塔院，贞元中三阶教复兴，寺僧发展，教主信行所撰三阶法及杂集录总

---

① （唐）智昇：《开元释教录》卷一八。

35部44卷，亦获准入藏《贞元新定释教目录》。唐武宗会昌法难后沉寂，但9、10世纪敦煌龙兴寺、金光明寺、三界寺等寺院藏经中仍存在三阶教典籍[①]，至北宋初年，三阶教终于销声匿迹，其典籍也大多散失。敦煌遗书中保存的隋和唐初的三阶教典籍有《三阶佛法》卷二（S.2684）和卷三（P.2059）、《三阶佛法密记》卷上（P.2412）、《穷诈辩惑论》（P.2115）、《当根破病药》（P.2550）、《大乘无尽藏法》（S.2137、S.9785）、《对根起行法》（S.5841＋S.2446）、《无尽藏法略说》（S.190、S.2137）、《大乘法界无尽藏法释》（S.721）、《三阶观法略释》（P.2268）、《佛性观修善法》（北8386）、《学求善知识发菩提心法》（P.2283）、《普法四佛》（S.5668）、《制法》《乞食法》《受八戒法》（P.2849v）等。这些典籍的发现，破除了学者对三阶教的疑虑，使我们对曾经盛极一时、后被明令禁绝的末法宗教三阶教，有了新的认识与理解，同时也为了解信行的生平与思想，以及隋唐时期三阶教的活动与思想提供了重要资料。

5. 疑伪经典

按照佛教的说法，"经"应该都是佛所说。假托佛说编造的佛教经典，均属伪经；不能判别其真伪者，就是疑经。在中国佛教传播的漫长历史中，曾出现很多假托佛说的"佛经"。为保持佛教的纯洁，中国佛教徒向来十分重视经典的真伪之辨，并在长期的实践中总结出了一套辨别真伪的具体办法。由于历代僧人在整理佛教经典时，总是力图把疑伪经排除在外，因而历史上流行的大部分疑伪经都失传了。而敦煌遗书中却保存了一批疑伪经，且大多数后代没有传本，它们的出现和流行，是由于当时社会有其生存的土壤，因此，这些疑伪经反映了中国民间社会的思想和印度佛教中国化的过程，资料价值很高。据之也可以了解当时民间的信仰和习俗，例如《大方广华严十恶品经》（S.1320等）就是在梁武帝提倡断屠食

[①] 陈明、王惠民：《敦煌龙兴寺等寺院藏三阶教经籍》，《敦煌研究》2014年第2期。

素的背景下撰成的。该经认为众生若修善根，则应不害众生，不行放逸，不饮酒，不食肉。该经还着重论述了饮酒、食肉的罪孽和断食酒肉所得之福报。此经可与《广弘明集》中的记载相印证，说明了汉传佛教素食传统的形成经过。又如《劝善经》（P.2650 等）劝人们日诵阿弥陀佛一千，称抄写该经可以避免疫病，还说抄写此经贴在门上也有避疫之功效。此经实际上反映了人们对流行病特别是传染病的恐惧心理。再如《佛说十王经赞》（S.3961 等）是劝说大众于每月十五、三十两天预修往生斋，如家有新死人者，应于百日、二年、三年的忌日，请地狱十王的名字建斋会，为死者修功德，并称这些功德可使死者解脱地狱的痛苦而往生净土。此经图文并茂，形象地展示了地狱的面貌，对了解唐以后中国地狱观念的演变和殡葬习俗具有重要价值。此经图中表现的地狱的刑具，对了解唐代的刑具也具有一定参考意义（图 9-3）。

图 9-3　英国国家图书馆藏《十王经》局部，编号：S.3961/6

图片来源：《英藏敦煌文献》，四川人民出版社，1992 年，第 5 卷卷首彩色图版。

其他疑伪经还有《佛性海藏智藏解脱破心相经》（S.5181、S.4000）、《佛说善恶因果经》（又名《菩萨发愿修行经》，S.2077、P.2055）、《佛说要行舍身经》（P.2624）、《相好经》（S.3593）、《续命经》（P.3115、

P. 2374)、《延寿命经》（P. 2374、S. 5563v）、《斋法清净经》（S. 5646、P. 3295）、《咒魅经》（S. 2517）、《佛说父母恩重经》（P. 2285、S. 4476、S. 1907）、《救护身命经》（Дx. 11701）、《阎罗王授记泉修七斋功德经》（S. 6230、S. 5544、S. 2489、S. 3147、S. 4530、S. 5450 等）、《佛说天地八阳神咒经》（北京大学图书馆新 68、S. 1472、P. 2098、S. 5373D 等）、《三厨经》①等。

6. 写经题记及其价值

很多敦煌写经都附有写经题记，这些题记在不同程度上反映了不同时期敦煌的社会历史背景、各阶层生活及信仰心态②，有助于了解佛经传播与交流、敦煌居民的信仰及社会生活等情况，具有重要学术价值。所谓写经题记，是抄经者或出资写经者委托抄经人所写的文字，篇幅从几个字到数百字不等，一般写在佛经正文之后。写经题记的内容各不相同，有的较简单，只有书写者或年代等。官府写经题记较详，一般记录写经时间、书手、用纸数、装潢手及初校、再校、三校、详阅和监制者的姓名，如 S. 36《金刚般若波罗蜜经》题记。类似题记在敦煌遗书中有 30 多件，主要集中在唐高宗时期。当时朝廷设立专门机构，派专人管理、监督写经，抄写后要经过三校，再由四人详阅，而且参加者均有署名，相当认真。这些写经题记使我们对唐代官府的写、校经制度有了具体了解。

有的及经题记可使我们了解唐代的佛经翻译机构（译场）的情况，如国图藏雨字 39 号《金光明最胜王经》题记：

  大周长安三年岁次癸卯十月己未朔四日壬戌三藏法师义净奉制于长安西明寺新译并缀文正字；

  翻经沙门婆罗门三藏宝思惟正梵义；

---

① 曹凌：《〈三厨经〉研究——以佛道交涉为中心》，《文史》2011 年第 1 期。
② 魏郭辉：《敦煌写本佛经题记研究——以唐宋写经为中心》，甘肃文化出版社，2020 年。

> 翻经沙门婆罗门尸利未多读梵文；
> 翻经沙门七宝台上座法宝证义；
> 翻经沙门荆州玉泉寺弘景证义；
> 翻经沙门大福先寺寺主法明证义；
> 翻经沙门崇光寺神英证义；
> 翻经沙门大兴善寺复礼证义；
> 翻经沙门大福先寺上座波仑笔受；
> 翻经沙门清禅寺寺主德感证义；
> 翻经沙门大周西寺仁亮证义；
> 翻经沙门大总持寺上座大仪证义；
> 翻经沙门大周西寺寺主法藏证义；
> 翻经沙门佛授记寺都维那惠表笔受；
> 翻经沙门大福先寺都维那慈训证义；
> 请翻经沙门天宫寺明晓，
> 转经沙门北庭龙兴寺都维那法海，
> 弘建勘定。

以上题记记录了译经的主持人、译经的地点及证梵义、读梵文、证义、笔受、勘定者的身份和姓名，具体揭示了唐代译场的程序和分工。

私人写经，一般都有具体的目的，或为了平安，或为了病愈，或是给已故亲人追福。这些祈求，都会在写经题记中表现出来。这类写经题记一般要说明写经的时间、地点以及供养人的姓名、身份、所写经名、缘由和所求功德。如 S.1864《维摩诘所说经》题记："岁次甲戌年九月卅日，沙州行人部落百姓张玄逸，奉为过往父母及七世先亡、当家夫妻男女亲眷、及法界众生，敬写小字维摩经一部，普愿往西方净土，一时成佛。"可以看出，这是为亡父母及先人追福，为全家及亲眷祈福而写经。

总之，敦煌遗书中所保存的内容丰富的写经题记对了解写经的原因、目的、地点、供养人状况、经本翻译流传、各时期经典的流行情况、民众对佛教的信仰以及当时的社会背景都具有重要价值。

二、道教文献

自北周以后，几乎历代都有对道教经典进行搜集和整理的活动。唐代也曾大规模集结道经，编纂道藏。但由于种种原因，唐宋金元历代编纂的道藏均已亡佚，现在传世的道藏为明《正统道藏》和《万历续道藏》，很多早期的道教典籍均未能保存其中。

敦煌遗书中共保存了800多件道经及相关文书抄本，被考定或拟定的经名约有170种230卷。包括：（1）洞真上清部，收《上清经》；（2）洞玄灵宝部上，收古《灵宝经》；（3）洞玄灵宝部下，收《昇玄经》和其他《灵宝经》；（4）洞神与洞渊部，收《三皇经》和《洞渊经》及符咒道法书；（5）太玄部上，收《道德经》注及道家诸子经论；（6）太玄部下，收《本际经》《海空经》等隋唐道书；（7）太平部，收《太平经》和《济众经》；（8）太清部，收服食摄养类经书；（9）正一部，收早期天师道经箓仪法；（10）道教经目及类书；（11）道教相关文书，包括官方文书、法事文书和诗文集等；（12）失题道经、佛道相关类经典等。其中，《正统道藏》未收的有80多种，道藏本残缺而敦煌本可补缺的有18种30多卷。有超过半数的敦煌道教文献不见于传世的道藏。其中20种《道藏阙经目》有著录，是毁于元代焚经的唐代《道藏》所收经书。这批敦煌道教遗书可校补《正统道藏》缺佚讹漏的资料，对研究南北朝隋唐道教史具有极重要的文献价值。[①]

---

① 王卡：《敦煌道教文献研究——综述·目录·索引》，中国社会科学出版社，2004年，第33-35页。

《道德经》是道教的基本经典之一，属太玄部，敦煌遗书中保存了一批该经的抄本，可以校勘传世本的缺失。敦煌遗书中还保存了至少 11 种《道德经》的注疏，其中 8 种是传世道藏所无的佚书。《老子》及其注是唐代科举考试的必修科目，是士子们的必修课，《道德经》及其注疏本之多，不难理解。①

最受关注的是《老子想尔注》（S.6825）。此书相传是汉末流行于巴蜀地区的五斗米道的祖师张陵或其孙张鲁为教化信徒而作，南北朝时被列为道教必传经书。在唐代与河上公《老子道德经章句》并列，是道教徒学习老君《道德经》时必读之经典②，曾对古代道教徒产生广泛而长久的影响。但此书唐以后失传。所幸敦煌遗书 S.6825 保存了该书残本，该件虽然首部残缺，但仍保存了 580 行，保存了第三章至第三十七章的经文和注释，为道教史研究提供了新资料。该书通过注释，将《道德经》的哲学思想作宗教化的解释。关于早期道教的经教化过程，以往学界对造经活动关注较多，敦煌发现的《老子想尔注》则揭示了道教经教化的另外一个途径，即通过注释的方式将《道德经》宗教化。这类著作除了《老子想尔注》，还有"相传尹喜以内修之旨解注"的《老子内解》和成书于魏晋之际的《老子节解》，后两种亦已散佚，仅存残本或佚文。幸赖《老子想尔注》重新发现，不仅引发了对其文本自身的研究，还引发了对与其同类的著作《老子节解》和《老子内解》的研究，从而使道教经教化的另一条若隐若现的途径重新清晰了起来。从学理上说，《老子想尔注》的解释颇多牵强附会、曲解甚至篡改，但却达到了把《老子》哲学改造为神学的目的，有了《老子》这面大旗，道教神学以后为知识界和统治者所接受乃至成为官方宗教就有了理论基础。所以，《老子想

---

① 赵和平：《对敦煌本〈老子道德经〉及其注疏本的一点新认识》，《敦煌学辑刊》2008 年第 3 期。
② 饶宗颐：《老子想尔注校证》，上海古籍出版社，1991 年，第 1—3 页。

尔注》不仅在中国古代思想史上是一次具有开创性的尝试①，还对以后道教的发展产生了深远的影响。此外，因《老子想尔注》可与早期道教典籍《太平经》和五斗米道的相关规定相互印证，所以也为研究早期道教史提供了新资料。②

《太平经》是最早的一部大型道书，属太平部，也是研究汉代原始道教的重要资料。"太平"二字强调阴阳和顺、天地育养万物和公平无私，是汉代的最高政治理想。该经的主要内容是以一位天师与六位真人之间往来问答的形式，提出一系列能够达致"太平"的具体方法，希望真人能够把天师的教诲传达给有德之君，君王遵行，实现天下太平。该经原本170卷，分为10部。但此经在传世道藏中仅存残本，缺失大部分，且无完整目录，令人无从了解该经的全貌。敦煌道经S.4226《太平部卷第二》，写于南北朝时期，分前序、目录、后跋三部分，有《太平经》10部、170卷、366篇的完整目录，列举了全部篇名。它揭示了《太平经》的原貌，确证了《太平经钞》甲部之伪。抄本首尾还有序和跋，介绍《太平经》的传世始末、经文要旨和修习传授的科仪。

《古灵宝经目录》（P.2861＋P.2256）依据的底本是陆修静于南朝刘宋泰始七年（471）编成的《三洞经书目录》，它为大批原本时代不明的古《灵宝经》提供了确定成书时代的重要时间坐标。其中P.2861是由两件文书粘连在一起形成的，一是《无上秘要》100卷的完整目录，一是宋文明《通门论》和《灵宝经义疏》。《十戒经》是从几种古《灵宝经》中汲取精华，优化组合而成的新经典，其在敦煌乃至全国广泛传授，在道教经戒传

---

① 谢祥荣：《〈想尔注〉怎样解〈老子〉为宗教神学》，《宗教学研究》1982年第1期。
② 饶宗颐：《老子想尔注校证》上海古籍出版社，1991年；［日］大渊忍尔：《五斗米道の教法について——老子想尔注を中心として》（上），《东洋学报》第49卷，1966年，第318-346页；［日］大渊忍尔：《五斗米道の教法について——老子想尔注を中心として》（下），《东洋学报》第49卷，1966年，第523-555页。

授中占有重要地位。[1]

《无上秘要》是北周武帝主持编纂的第一部大型道教类书，也是研究汉魏六朝道教经典和教义的重要资料。该书原本100卷，在唐末时已有缺损。[2] 传世道藏保存的该书仅有68卷，也无完整的目录。敦煌遗书中共保存了13件《无上秘要》，可补正传世道藏本的缺失和错漏，其中有11件是神泉观道士马处幽、马抱一的手笔。尤其是P.2861《无上秘要目录》，保存了该书100卷、288品的目录，并插入注解，说明分卷分品的义例，不仅展示了该书的全貌，还可据之了解传世道藏缺佚部分的内容，具有极高的文献价值。

成书于南北朝末的《太上灵宝昇玄内教经》（P.2560等），是道教徒在魏晋玄学和佛教大乘般若思想激荡下，努力建立道教义学的结果。"内教"是相对"外教"而言，指在保持旧有经教传统的基础上强调心性修养，《昇玄经》的"内教"，本质上是在经教化影响下的经戒科律时代，对经戒科律的进一步深化，即从外在约束力转为修道者发自内心地去遵守戒律，从而行善积功，其得道的最终目的仍是肉体飞升。该经的内容是道教在佛教的刺激下，提高自身思辨水平的努力，同时也是南北朝末期南方玄学思潮和南方道教思想对北方道教影响的具体体现，是顺应全国统一趋势而整合各个道教宗派教义的结果，客观上适应了北周统治者的需求，因而在北周末至隋唐之际十分流行。后来逐渐散失，传世本道藏存有该经改编本数种，均残缺不全。敦煌遗书中保存了该经写本20多件，为研究该经提供了重要资料。

由隋代道士刘进喜造，后经唐初道士李仲卿续成的《太玄真一本际

---

[1] 刘永明：《敦煌本道教〈十戒经〉考论》，《历史研究》2016年第1期。
[2] 《新唐书》卷五九《艺文志三》，中华书局，1975年，第1520页，著录有《无上秘要》72卷。

经》（P.3790等），属太玄部，继承了《昇玄经》的思想，并把道教义学理论进一步深化。其中之"护国""净土"思想适应了唐统治者的需要，受到唐皇室的尊崇，唐玄宗曾两次下令天下道士转写，致使该经在唐代广为流传。此经大约在元代散失，传世道藏中仅存残卷数种。敦煌遗书中保存了140多件写本《本际经》，据之可复原该经之大部，有助于研究唐初道教之义理，并为研究其流传和影响提供了重要的资料。

老子化胡的传说，是历史上道教与佛教长期论辩道佛先后、正邪的产物。早在东汉佛教初传到中国时，已有老子西行，"入夷狄为浮屠"的说法。西晋道士王浮与僧人帛远争论道佛邪正，始依据以往的传说作《老子化胡经》。伪称老子曾出关，西越流沙，入夷狄为佛，教化胡人，这显然是道教徒为攻击佛教而编造的经书。南北朝隋唐时期，佛教徒与道教徒围绕化胡真伪问题，曾经多次进行激烈的辩论，并各自造经书以支持己说，因而产生了一系列《化胡经》类的著作。元初，由于道士在佛道辩论中失败，元世祖下令焚毁《化胡经》和大批道书，致使《化胡经》的具体内容，后人已无从知晓。敦煌遗书中保存了唐代《老子化胡经》（P.2007、P.2004等）的10多件残抄本（图9-4），还有约出于东晋末年的《太上灵宝老子化胡妙经》（S.2081）抄本，为研究佛道二教在历史上的关系提供了重要资料，十分珍贵。二教在历史上既存在辩论与斗争，也互相吸收与融合，基本能够和平共处。8世纪，道教徒原创的"厨经"逐渐被密教吸收并创造出自己的佛经文本，作为一种旨在通过节食获得解脱的精神方法，是佛教文本和仪式从道教借入的例证之一。①

就文本形态而言，敦煌道教典籍多抄写于唐前期，官书正规道经纸质优良，多用染黄，且墨色、书法俱佳。

---

① ［法］穆瑞明：《老子与浮屠的"厨经"》，载戴仁主编：《远东亚洲丛刊》第11卷《纪念法国远东学院创立一百周年敦煌学新研》专号，2000年。

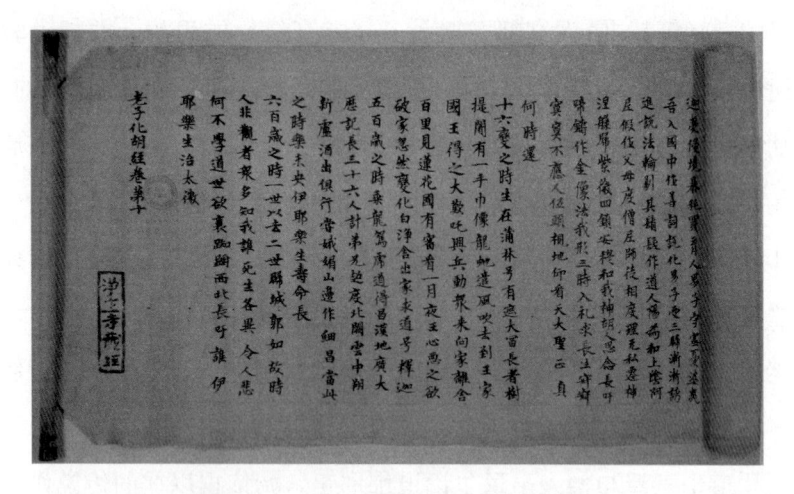

图 9-4　法国巴黎国立图书馆藏卷轴装
《老子化胡经》局部，编号：P. 2004

图片来源：《法藏敦煌西域文献》，上海古籍出版社，1995 年，第 1 册卷首彩色图版。

三、景教、摩尼教等文献

基督教聂斯脱利派（Nestorianism），在唐代被称为景教。据唐德宗建中二年（781）建立的"大秦景教流行中国碑"记载，唐太宗贞观九年（635），该教传教士阿罗本等人到京师长安译经传教，建立寺院，至唐武宗会昌五年（845）被取缔，相关典籍也大多散失。幸运的是，在敦煌遗书中保存了《尊经》（P.3847）、《大秦景教三威蒙度赞》（P.3847）、《大秦景教宣元本经》（日本兴雨书屋藏）、《志玄安乐经》（日本兴雨书屋藏）等数件汉译景教经典，为研究唐代景教提供了重要资料。如《大秦景教三威蒙度赞》，有七言诗 44 句，系教会举行宗教仪式时颂唱的赞美诗，相当于拉丁文本的《荣归上帝颂》。经题中的"三威"指"圣父、圣子、圣灵"三位一体，"蒙度"为仰望救赎之意。研究者认为此经为叙利亚文本的汉译本，译者为 8 世纪来华的景教传教士景净。《尊经》是在华景教徒直接用汉文撰写，据其末尾的按语可知该经应写于唐亡以后。《志玄安乐经》是古代景教徒的真迹[1]，由该经可知某些景教经典在经文形式、概念术语乃至思想方面受到佛教和道教的影响。

摩尼教是公元3世纪中叶波斯人摩尼（Mani，意为教主）创立的宗教。其教义吸收了基督教等多种宗教成分，而以"二宗三际论"为其核心，二宗为光明和黑暗，三际为过去、现在和未来，主张善恶二元论。此教自创立后，在北非、欧洲、西亚、中亚等地广泛传播，并经由中亚传入中国内地。摩尼教在唐代曾合法流行了约一个半世纪[2]，在唐武宗会昌五年（845）被取缔。摩尼教徒十分重视经典编撰和翻译，该教被唐统治者取缔后，汉文经典亦均散失。敦煌遗书中保存了《摩尼光佛教法仪略》（S.3969、P.3884）、《下部赞》（S.2659）和《证明过去因果经》（BD.256，北宇56）3件摩尼教文献。

《摩尼光佛教法仪略》是唐玄宗开元十九年（731）六月八日，在华摩尼传教士大德拂多诞，奉诏于集贤院译撰的一个解释性文件。主要内容为简介摩尼教的起源、教主摩尼的主要著作、教团的组织、寺院制度、教义的核心等，对研究当时中亚地区和中国内地的摩尼教概况具有重要参考价值，是不可多得的摩尼教文献，已被翻译成法、英、德等多种文字。

此外，敦煌遗书中还保存了一些有关祆教的记载。如P.2005《沙州都督府图经卷第三》所记"四所杂神"中有"祆神"，将其列于土地神、风伯神、雨师神之后，并称该神"在州东一里，立舍，画神主，总有廿龛。其院周回一百步"。这个周回一百步的院落，学者们认为就是敦煌的祆祠。在歌咏敦煌名胜古迹的P.3870v《敦煌廿咏》中，则有《安城祆

---

[1] 林悟殊：《景教〈志玄安乐经〉敦煌写本真伪及录文补说》，载《华学》第十一辑，中山大学出版社，2011年。

[2] 林悟殊：《中古三夷教辨证》，中华书局，2005年，第349页。

咏》:"板筑安城日,神祠与此兴。一州祈景祚,万类仰休征。苹藻来无乏,精灵若有凭。更看雩祭处,朝夕酒如绳。"安城是敦煌粟特移民聚居区,祆神参与官方性质的雩祭祈雨仪式,是祆神在唐中后期已被纳入官方祭祀系统的证明。晚唐五代时期的《儿郎伟》(P.3555、P.3552 等)中亦有祆神参与驱傩,表明敦煌祆神亦被纳入驱傩仪式中。[①]"部领安城大祆"一句表明安城大祆成为某支驱傩队伍的主神,敦煌地区的祆神崇拜已经融入当地民间的传统信仰中。[②] P.4518(24)《祆教女神像》是唯一一幅粟特祆教绘画,绘有善、恶两位女神。P.4640《归义军破历》等官府支出账目中,记录了有关"赛祆"的支出,说明归义军时期祆教仍在敦煌流行,并得到了官府的支持。以上记载对了解祆教的流传情况都是具有重要价值的研究资料。

[①] 姚崇新、王媛媛、陈怀宇:《敦煌三夷教与中古社会》导言,甘肃教育出版社,2013 年。
[②] 张小贵:《敦煌文书〈儿郎伟〉与祆教关系辨析》,《西域研究》2014 年第 3 期。

第十章　敦煌社会历史文书的内容及其价值

虽然敦煌遗书的主体是佛教典籍，但也有大约占 10％的非佛教文献，这部分文献的内容十分丰富。本章主要介绍有关历史、地理和社会史的文书。敦煌历史、地理文献，可分为成书的历史典籍和文书两大类，这里主要介绍历史、地理文书，重要的历史书籍将在四部书（古籍）部分介绍。

第一节　敦煌历史地理文书的内容及其价值

一、历史文书

敦煌历史文书的范围十分广泛，涉及政治、经济、民族和地方史等诸多方面。

1. 制书、敕书、告身及律、令、格、式等

按照唐代的制度，官府下发和下级上报的公文都有固定的名称和格式。如下发的公文有制（诏）、敕、册、令、教、符等名目，而上报的公文则有奏抄、奏弹、露布、议、表、状等名目。这些不同名目的公文的内容、形式、格式、用纸（有的用绢）都有区别。因年代久远，史籍中虽然保存了不少唐代公文书的内容，但公文书的原件却都没有保存下来。所幸敦煌遗书中保存了一批唐代的公文书，包括制书、敕书、告身（任职证书）等，为了解唐代公文书的原貌和公文运行情况提供了珍贵资料。制书有《唐玄宗加应道尊号大赦文》（S.446）（赦文为制书的一种）、《唐僖宗中和五年（885）三月车驾还京师大赦诏》（P.2696）；敕书有《景云二年（711）赐沙州刺史能昌仁敕》（S.11287C）、《敕旨京城诸寺各写示道俗侵损常住僧物恶报灵验记》（S.5257）、《天宝元年（742）敕牒》（P.2054）、《咸通十年（869）赐沙州刺史张淮深收瓜州敕》（P.2709）等；省符有《开元五年（717）前后尚书户部下沙州符为长流人事》（Дx.02160vb）[①]；告身有《乾封二年（667）氾文开诏授告身》（P.3714v）、《圣历二年（699）氾承俨制授告身》（P.3749v）、《景云二年（711）张君义告身》（敦研341）、《天宝十四载（755）秦元□制授告身》（S.3392）等。其中最值得一提的就是《景云二年（711）赐沙州刺史能昌仁敕》（S.11287C）。此件是唐代"论事敕书"的原本，仅残存文字8行，文书上钤有"中书省之印"，中间顶天立地的大"敕"格外引人注目，这件文书已经成了敦煌文书的标志性符号（图10-1）。依据此件，参考其他文献，可以大致了解"论事敕书"从起草到下发的复杂过程。

此外，敦煌遗书中也保存了一些下级上报的公文。如《归义军节度使曹延禄上表》（P.3827）、《归义军节度左都押衙安怀恩并管内三军汉蕃百姓一万人奏请表》（S.4276）、《天福十四年（949）归义军节度使曹元忠进贡状》（S.4398）、《乾元元年（759）罗法光祠部告牒》（P.3952）等。

[①] 管俊玮：《唐代尚书省"诸司符"初探——以俄藏Дx02160Vb文书为线索》，《史林》2021年第3期。

第十章 敦煌社会历史文书的内容及其价值 | 331

图 10-1　英国国家图书馆藏《景云二年（711）赐沙州刺史能昌仁敕》，编号：S. 11287C

图片来源：《英藏敦煌文献》，四川人民出版社，1995 年，第 13 卷卷首彩色图版。

　　唐代法律文书是由律、令、格、式四个部分组成的。律是规定罪名和刑罚的，是判罪量刑的依据；令是关于官制、礼制、田制、兵制、赋役等制度和规章的条文，违令将受到"律"的制裁；格是皇帝发布的制、敕的汇编，具体内容是有关尚书省各部门职掌的具体规定，用来防止奸邪；式是有关各级官府施政的各种章程细则。此外还有律疏，是对律的解释，和律一样具有法律效力。以上这些法律文书，只有唐律和律疏完整保存至今，令、格、式都在宋以后散失了，保存在《唐律疏议》《唐六典》《通典》《唐会要》等书中的令、格、式，多非原貌，而敦煌遗书中保存的写本律、令、格、式残卷，为了解唐代法律文书的真实面貌提供了珍贵资料。敦煌遗书中保存的《唐律》有永徽《名例律》（Дх. 1916、S. 9460A 等）、永徽《职制律》（国图丽 85）、永徽《擅兴律》（Ch. 991、大谷 8098）、垂拱《职制·户婚·厩库律》（P. 3608、P. 3252）、永徽《贼盗律》（大谷 5098、大谷 8099）、永徽《诈伪律》（大谷 4491、大谷 4452）、贞观《捕亡律》（Ch. 0045）等。律疏有开元《名例律疏》（P. 3593 等）、开元《贼盗律疏》（S. 6138）、开元《杂律疏》（李盛铎旧藏）、永徽《职制律疏》（P. 3690）等。以上所列敦煌写本律和律疏都是残卷，但仍然具有重要价值。唐律和律疏曾经修订过多次，传世的《唐律疏议》一般认为是永徽律和永徽律疏，其他版本的唐律和律疏以后陆续散失。但上列敦煌遗书中保存的唐律和律疏有多件属于其他版本，为了解唐律的发展演变提供了重要资料。

敦煌写本唐令残卷有《永徽东宫诸府职员令》（P.4634、S.1880、S.3375、S.11446）和《开元公式令》（P.2819），存有制授、奏授格式，对"符"的格式规定等。唐格残卷有《神龙散颁刑部格》（P.3078、S.4673）、《垂拱后长行格》（Ch.3841）、《户部格》（P.1344、国图周69）、《开元兵部选格》（P.4978v）、《贞观吏部格》（P.4745）等。唐式残卷有《开元水部式》（P.2507）（图10-2）。

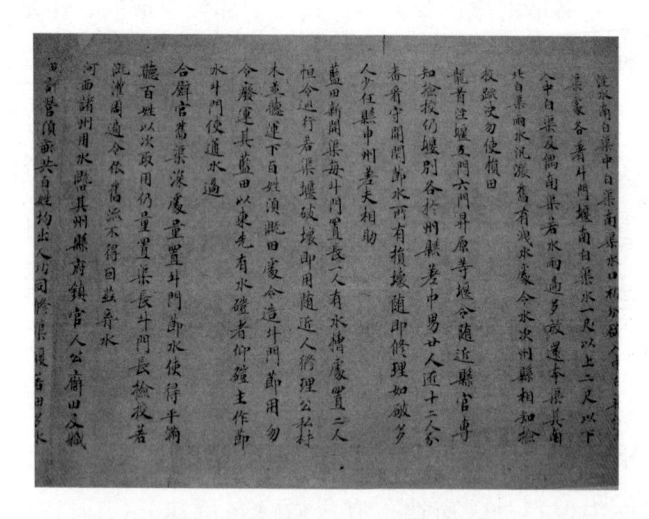

图10-2　法国巴黎国立图书馆藏《开元水部式》局部，编号：P.2507

图片来源：《法藏敦煌西域文献》，上海古籍出版社，2001年，第15册卷首彩色图版。

如上所述，由于唐代的令、格、式在宋以后均佚失，敦煌遗书中保存的写本令、格、式，不仅为了解这几种文书的原貌提供了珍贵资料，也为唐令、唐格和唐式的辑佚工作提供了重要参考资料。如《永徽东宫诸府职员令》比较全面地反映了东宫诸府的职员分布及职掌，有助于了解唐令的一些具体情况；《唐开元户部格残卷》（P.1344），据之可了解唐格的情况；《开元水部式》则详细规定了唐朝对水渠、桥梁的管理制度和各级官府的相关职责，不仅为了解唐代的水利管理制度提供了珍贵资料，还可据之纠正《唐六典》《新唐书》《旧唐书》相关记载的错误。同时，也使我们对唐式的内容和形式都有了具体的了解，为从唐代文献中搜集其他唐式条文提供了文本样板。

据记载，唐代在编纂律、令、格、式的同时，还编修过一部《格式律令事类》，40卷，此书宋以后佚失，后人对其内容不甚了然，以致忽视了该书在古代法典编纂史上的重要地位。其实，该书是从唐代律令格式体系向宋代敕令格式体系转变的重要过渡，对宋代法典的编纂形式具有重要影响。所幸俄藏敦煌文献保存了两件《格式律令事类》残卷（Дx.3558、Дx.6521），残存部分分别为开元二十五年（737）《格式律令事类》40卷中祠部卷和户部卷的一部分，为了解该书的形式和内容提供了珍贵资料。

2. 户籍、差科簿、契约等

敦煌文献中保存的经济文书主要有户籍、差科簿、契约等。

敦煌遗书中保存的户籍类文书有《西凉建初十二年（416）敦煌郡敦煌县西宕乡高昌里籍》（S.113）、《西魏大统十三年（547）瓜州效谷郡计帐样文书》（S.613v）、《唐沙州敦煌县龙勒乡籍》（S.6343）、《武周大足元年（701）沙州敦煌县效谷乡籍》（P.3557、P.3669）、《唐先天二年（713）敦煌县平康乡籍》（P.2822等）、《唐开元四年（716）沙州敦煌县慈惠乡籍》（P.3877）、《唐天宝六载（747）敦煌郡敦煌县龙勒乡都乡里籍》（P.2592等）、《唐大历四年（769）沙州敦煌县悬泉乡宜禾里手实》（S.514v）等20多件。在唐代，百姓每年都要以户为单位如实申报自家的人口、土地面积和所在位置、赋役等情况，由所在乡里汇总后上报州县，当时称这种文书为"手实"。州县官府依据"手实"，每三年编造一次"户籍"。当时的"手实"和"户籍"所记录的各户的信息,比现在的户口簿复杂很多。如《唐大历四年(769)沙州敦煌县悬泉乡宜禾里手实》所记赵大本户的情况如下:

  户主赵大本年柒拾壹岁　　老男^{下下户},课户见输。

  妻　孟　年陆拾玖岁　　老男妻

  女光明年贰拾岁　　中女

  男明鹤年叁拾陆岁　　会州黄石府别将　^{乾元二年十月　日授甲头张为言。曾德、祖多、父本。}

  男思祚年贰拾柒岁　　白丁

  男明奉年贰拾陆岁　　白丁　^{转前籍,年廿。大历二年帐后貌加就实。}

  男如玉年贰拾肆岁　　中男　^{宝应元年帐后漏附。}

  合应受田肆顷伍拾叁亩　玖拾亩已受　八十九亩永业　一亩居住园宅

  三顷六十三亩未受。

  一段拾亩永业　　城东十五里八尺渠　东自田　西翟守　南翟北自田

  一段拾亩永业　　城东十五里八尺渠　东索晖　西路　南路北自田

  一段伍亩永业　　城东十五里八尺渠　东索晖　西渠　南渠北索谦

  沙州　　　　　敦煌县　　　　悬泉乡　　宜禾里

  一段肆亩永业　　城东十五里八尺渠　东智宝　西渠　南渠北荒

一段陆亩永业　　城东廿里沙渠　　东赵义　西路　　南渠
北玄识
　　一段贰拾亩永业　城东十五里八尺渠　东路　　西路　　南怀庆
北路
　　一段玖亩永业　　城东十五里八尺渠　东渠　　西观田　南渠
北张孝
　　一段贰伍亩永业　城东十五里八尺渠　东路　　西路　　南孟庆
北路
　　一段壹亩居住园宅。

这是一份完整的资料，钤有"沙州都督府之印""敦煌县之印"。所记录的情况，第一项是户主及家庭成员的姓名和年龄。第二项是户主及家庭成员的身份，该户每人年龄后的"老男""老男妻""中女""白丁"等就是该人的身份。这些身份标记主要是依据唐代的丁中制度确定的，在唐代，"丁"是需要为官府服劳役的，其他身份的人是可以免役的。该户中有两个"白丁"，都属于服役对象。第三项是该户的户等，上引资料第一行"下下户"就是该户的户等。按唐代的制度，依据每户的资产多寡把天下户分为九等，每等收取不同额度的户税。赵大本户属于"下下户"，属于最低的一等，交纳的户税也是最低的。第四项是该户是否"课户"，在唐代，有纳税服役丁口的民户称为"课户"，其他称为"不课户"，赵大本户有两个需要纳税服役的"白丁"，所以是"课户"。第五项是记载该户的土地情况，包括拥有土地的总数、分为多少"段"、每段土地的位置、该段土地东西南北四边所至的具体位置。古代户籍中所记载的这些信息，对研究古代的人口、土地和赋役制度等都具有重要价值。

除了户籍文书，敦煌遗书中还保存了几件户口田地申告状和户口田地簿，对了解唐五代人口和土地占有情况也有重要意义。"户状"是归义军时期民户土地所有权转移过程中土地过户的法律文件。敦煌遗书中保存的户状有《唐大顺二年（891）正月沙州翟明明等户状》（P.3384）、《后周广顺二年（952）正月一日百姓索庆奴户状》（Дx.2954）、《后周广顺二年（952）正月沙州百姓赵盐久户状》（羽田 834）、《宋雍熙二年（985）邓永兴户状》（S.4125）、《宋至道元年（995）正月沙州曹妙令等户状》（P.3290、S.4172）等，历时一个世纪。

差科簿是唐代各县编制的征发徭役的簿册，由各县县令亲自审定，作为向百姓差派徭役的依据。在敦煌遗书发现以前，学术界对唐代"差科"这类徭役和"差科簿"的情况所知不多。敦煌遗书中保存的差科簿有《唐天宝年间敦煌郡敦煌县差科簿》（P.3559v 等）、《唐大历年间沙州敦煌县差科簿》（S.543）等。这些差科簿都是按乡编制，第一部分分类登记该乡死亡、逃走等已经不在的人名，第二部分按户等登记尚在者的姓名、年龄和身份及已经承担的"差科"。这批文书的发现，为研究唐代的徭役提供了极为重要的资料。[①]

敦煌遗书中保存的契约文书有 300 余件。其时间上起唐天宝，下迄北宋初，主要是唐晚期至五代宋初的遗存。这些契约文书可分为六类。第一类是买卖契约，有 40 件。包括卖地、卖舍、回换土地、回换舍地、换舍、买舍、买地、卖牛、回换驴牛、买钏、买车具、卖铛、买牛、卖胡奴、卖儿、卖奴仆、卖妮子等。如《唐大中六年（852）僧张月光、吕智通博地契》（P.3394）、《后周显德三年（956）宋欺忠买舍契》（P.3331）、《吐蕃未年（803）尼明相卖牛契》（S.5820）、《贞明九年（923）曹留住卖奴仆契》（P.3573）等。第二类是便贷契约，有 89 件。所谓"便"，在当时也是"借"的意思。这类契约大部分为便种子年粮（包括便麦、便粟、便谷、便豆等），也有一些贷绢契和个别的贷布契。如《己年（837?）二月

[①] 王永兴：《敦煌经济文书导论》，新文丰出版公司（台北），1974 年，第 203-229 页。

十日令狐善奴便刈价麦契》(P.2964),是吐蕃时期康悉构家令令狐善奴与敦煌龙兴寺之间的借贷契约,契据规定了借贷双方及保人、见人的责任和义务。又如《某年(823)僧义英便麦契》(S.1475v)、《己年(837?)二月十七日纥骨萨部落百姓李兴晟便黄麻契》[BD.13148(1)]等。第三类是雇佣契约,有45件。主要是雇工耕作农田,也有雇工造佛堂、雇工牧羊等,还有雇驴、雇驼等。如《甲申年敦煌乡百姓苏流奴雇工契抄》(S.5509v)等。第四类是租佃质典契约,约有27件。包括租地契、出租地契、典地契、借地凭、佃地凭、合种地契、合种蓝契、捉梁契、典男契、典身契、出度契、养男契、养女契等。如《唐天复七年(907)高加盈出租土地充折欠债契》(P.3214v)、《癸卯年(943)吴兴顺典身契》(P.3150)等。第五类是凭约,有38件。包括牧羊人算会凭、牧羊人领羊凭、欠羊凭、取物色凭、领物凭、领麦粟凭、领地价物抄、领麻凭、欠麦粟凭、欠驼价绢凭、欠麦凭、贷麦粟凭、卖褐凭、欠油凭、还谷赎舍抄、地价舍麦粟褐凭、还舍地价凭、付身价麦粟凭、把仓凭、执仓凭等。如《辛亥年(951?)后团张里仵等领麦粟凭》(P.T.3964)、《甲午年(934)索义成分付与兄怀义佃种凭》(P.3257)等。第六类是分家书、放妻书等,有39件。包括兄弟分家书、放妻书、放良书、遗书等。[①]如《戊申年(828)善护、遂恩兄弟分家契》(S.11332、P.2685)、《天复九年(909)董加盈兄弟三人分家契》(S.2174)、《富盈放妻阿孟书》[P.4525(7)]、《唐咸通六年(865)尼灵惠遗书》(S.2199)等。这些契约多数是当时人使用过的实用文书,有名有姓,真实具体。如《广顺三年(953)十月廿二日莫高乡百姓龙祐定兄弟出典地契》(S.466)(图10-3)的内容是:

---

① 沙知录校:《敦煌契约文书辑校》,江苏古籍出版社,1998年。

广顺叁年岁次癸丑十月廿二日立契,莫高乡百姓龙
章祐、弟祐定,伏缘家内窘阙,无物用度,今将父
祖口分地两畦子,共贰亩中半,质典与连畔人押衙
罗思朝。断作地价,其日见过麦壹拾伍硕。自
今已后,物无利头,地无雇价,其地佃种,限
肆年内不许地主收赎。若于年限满日,便仰地主办
还本麦者,便仰地主收地。两共对面平章
为定,更不许休悔。如若先悔者,罚青麦
拾驮,充入不悔人。恐后无信,故勒此契,用
为后凭。

地主弟龙祐定（押）

地主兄龙章祐（押）

质典地人押衙罗思朝

知见父押衙罗安进（押）

知见人法律福海　知（签字）

此件的事主龙章祐兄弟,因家中遇到了困难,将自己的土地质典与他人,他们虽被称为"地主",但在这份契约中却是弱势的一方。契约最后的"知见人"就是见证人,如果以后立约双方发生争执,先毁约者要付出"青麦拾驮"的代价,"知见人"就是证人,这份契约就是具有法律效力的证据。

人们常说我国古代的历史典籍浩如烟海,但这些史籍大多经过古代史官和文人的过滤和筛选,而敦煌契约则是当时民众直接使用的文书,是反映当时社会和经济情况的第一手资料,对了解中国古代的经济情况具有无可替代的价值。

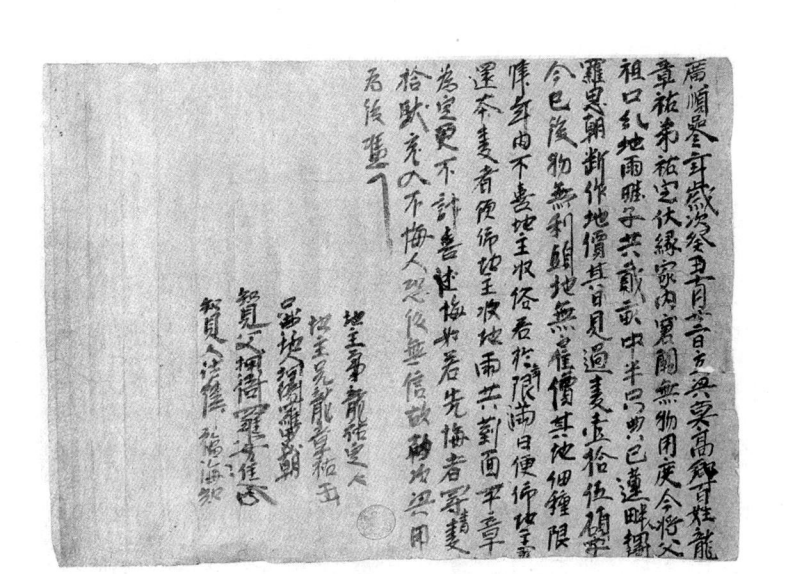

图 10-3 英国国家图书馆藏《广顺三年（953）
十月廿二日莫高乡百姓龙祐定兄弟出典地契》，编号：S. 466

图片来源：《英藏敦煌文献》，四川人民出版社，1990年，第1卷第199页。

此外，敦煌遗书中还保存有一些官府、僧团或私人收入、支出的账目。如《唐咸通四年（863）五月廿三日敦煌管内寺窟算会》（S. 1947v），也是具有重要价值的经济文书。

3. 关于归义军史和西北地区民族史的资料

敦煌遗书中保存的自8世纪中叶至11世纪初叶有关敦煌及其周边地区历史和西北民族史的文书具有独特价值，因这一历史时期的历代中原王朝始终未能有效控制上述地区，故当时的官修史籍对吐蕃管辖时期西北地区的情况，和归义军政权及其周边少数民族政权的有关情况，记载极为简略，且多讹误。幸赖敦煌文献保存了一大批属于这个时期的官私文书和史籍，如《张议潮进表》（S. 6342）、《张淮深墓志铭》（P. 2913v）、《沙州进奏院上本使状》（S. 1156）、《归义军上都进奏院贺正使押衙阴信均状》（P. 3547）、《凉州节院使押衙刘少晏状》（S. 5139）《西汉金山国圣文神武白帝敕》(P.4632＋P.4631)、《曹仁贵状》(P.4638) 等，为学术界探讨吐蕃、归义军史和同期西北民族变迁情况提供了丰富的原始资料。

二、历史地理文书

敦煌遗书中保存的历史地理文书包括全国性地志文书、地方性地志文书和游记。

1. 全国性地志文书

全国性地志文书有《贞元十道录》(P.2522)、《诸道山河地名要略》(P.2511) 和《失名地志》(敦博58) 等。《贞元十道录》为归义军时期抄本，存16行，其内容为唐剑南道下属的急（悉）、柘、静、保、霸、维、直（真）、恭、翼、姚、协、曲12个州的情况。每条记州的等级，州治距京师的里数，所管县名、县的等级、县辖乡数、土贡特产等。如"恭州"条的记载为：

下恭州　恭化郡 上三千一百二十， 和集 二， 博恭 二， 烈山 二，下。 麝香、
　　　　　　　　东三千九百。 　　 下。　　下。　　　　　羌活、当归

以上引文第一个字为州府等级，唐代将州分为三等，恭州为下州，第三等。州名、郡名之后的双行小字为距离京师的里数。其中的"上"指上都京兆府，"东"指东都洛阳。然后是所管辖的县名。县名之后的数字"二"表示县管辖的乡数；"下"表示县的等级。恭州所管辖的三个县都是下县。最后的"麝香、羌活、当归"是该州土贡特产。《贞元十道录》各州之下所记的资料，与《元和郡县图志》、《通典》、两《唐书》地理志的记载多有不同，因此对研究唐代地理具有重要价值。《诸道山河地名要略》为唐韦澳所著，其体例是先记述各州建置沿革，其次叙述该州名人事迹，然后记载地名、水名、山名，最后是民俗和物产。此书体例严谨，条理分明，

言简意赅，沿革、事迹、山水、民俗、物产一一条列，掌故说明则用双行小字写于注中，一目了然，是地理总志类题材史书的佳作，开创了后世地志体例。《失名地志》（敦博58）首尾均残，所记内容与《贞元十道录》相近，其特点是记载了各州县的公廨本钱数。公廨本钱是唐代各级政府经营高利贷的资本，传世文献记载阙如，故《失名地志》记载的各州县公廨本钱数，具有重要研究价值。

2. 地方性地志文书

地方性地志文书有《沙州图经》（S.2593v、S.788）、《沙州都督府图经》（P.2005）（图10-4）、《沙州都督府图经卷第三》（P.2695）、《沙州都督府图经卷第五》（P.5034）、《沙州城土境》（P.2691）、《敦煌录》（P.5448）、《寿昌县地境》、《西州图经》（P.2009）、《始平县图经》（S.6014）、《沙州伊州地志》（S.367）等。这些地方性地志文书，以图经为多。所谓"图经"，是以图为主或图文并重地记述地方情况的地理志书，又称图志、图记。它是中国方志发展过程中的一种编纂形式。地志中的

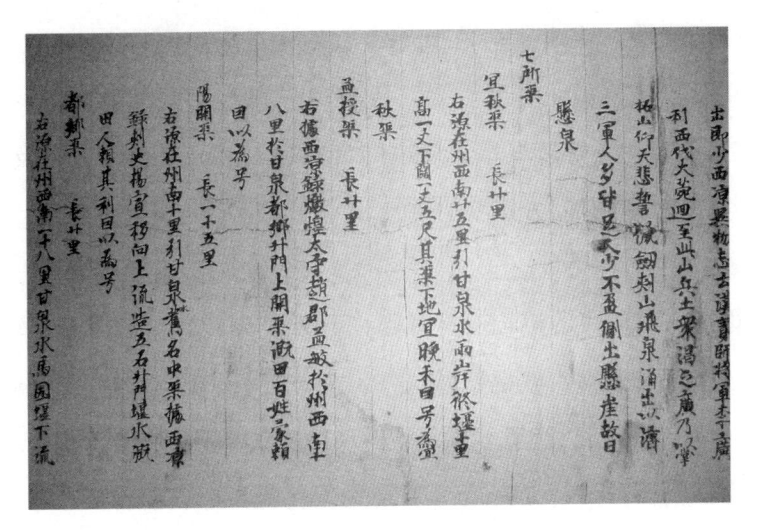

图10-4　法国巴黎国立图书馆藏《沙州都督府图经》局部，编号：P.2005

图片来源：《法藏敦煌西域文献》，上海古籍出版社，1995年，第1册第45页。

"图"是指一个行政区划的疆域图、沿革图、山川图、名胜图、寺观图、宫衙图、关隘图等;"经"是对图的文字说明,包括境界、道里、户口、出产、风俗、职官等情况。唐五代时期,地方各州都要定期编纂本州的"图经"。但敦煌写本图经的"图"均已佚失,只剩下了"经"的部分。

敦煌遗书中保存的地方性地志文书多未被公私目录所著录,而其所记载的内容却十分丰富,特别是"图经"所记载的各方面内容达 40 多项,包括州郡的自然面貌、人文景观、风土人情等诸多方面,很多内容可补传世史籍之缺,对研究唐代沙州(今敦煌)的历史、地理、人文等具有重要价值。如《沙州都督府图经》所记敦煌地区的河流、水渠、泊泽、池堰中,诸如苦水、独利河、兴胡泊、东泉泽、四十里泽、大井渠、长城堰、马圈口堰、宜秋渠、孟授渠、阳开渠、北府渠、三丈渠、阴安渠、西盐池、北盐池等,均不见于其他史籍。关于驿站的情况,传世史籍记载简略,而《沙州都督府图经》却详细记载了沙州境内的每个驿站的地理位置、与州县和附近驿站的距离,以及该驿站的建置沿革情况。如"悬泉驿"条的记载是:"悬泉驿,在州东一百四十五里,旧是山南空谷驿,唐永淳二年奉敕移就山北悬泉谷置。西去其头驿八十里,东去鱼泉驿四十里。"这些资料对了解敦煌及其周边的自然、人文、风土人情以及边防设施、邮驿路线都具有十分重要的意义。

3. 游记

敦煌遗书中保存的游记有《慧超往五天竺国传》(P.3532)、《西天路竟》(S.383)、《大唐西域记》(P.2700、S.2659v、P.3814、S.958)、《五台山志》(P.2977)、《往五台山行记》(P.3973v、P.4648、S.397)、《诸山圣迹志》(S.529v)、王玄策《中天竺国行记》(Дx.00234)等。其中,《大唐西域记》是目前所见此书最早的本子,有重要校勘价值。《西天路竟》记去往西天的路程,始于北宋都城东京开封,简要记载从灵州到南天竺国的主要地名、行程里数及名迹。《诸山圣迹志》是对五代时期敦煌僧人游历各州郡寺院和名山圣迹的记录，对河北六镇记载详细，涉及城池周围里数、寺院僧尼、物产民俗、管辖州县等。除《大唐西域记》有传世本外，其他游记均为仅见的孤本。这些游记记载了所经历地区和城市的疆域、道路、里程、寺观、民俗、物产、服饰等情况，对研究古代历史地理和社会风俗具有重要价值。

第二节　敦煌社会史文书的内容及其价值

社会史的涵盖范围十分广泛，有些相关文书将在其他部分介绍，这里重点介绍氏族谱、书仪、占卜文书、社邑文书和寺院文书等。

一、氏族谱

唐五代时期是从贵族政治向官僚政治的转变时期，也是从士族社会向庶民社会的转变时期，记录世家大姓的氏族谱就是反映这一转变的重要资料。敦煌遗书中保存的氏族谱有《天下氏族谱》（BD.8679）、《天下姓望氏族谱》（S.5861、P.3191）、《新集天下姓望氏族谱》（S.2052）、《姓望谱》（P.3421）等。

氏族谱的主要内容是记录各州郡的世家大姓。如《天下氏族谱》第33行和第34行的内容是：

浔阳郡（江州）二姓陶、翟　豫章郡（洪州）五姓熊、罗、章、雷、湛

武陵郡（朗州）二姓供、伍　长沙郡（潭州）四姓刘、如、曾、秦

第一行"浔阳郡（江州）二姓陶、翟"的含义是在浔阳郡有两家大姓，即陶姓和翟姓，以下可以类推。编纂和颁布这种氏族谱的目的是把世家大族和庶族区分开来。在当时，列入氏族谱的大姓一般是在政治上享有特权的世代为官的贵族。这些大姓还享有较高的社会地位，大姓以外的庶民一般是不能与大姓通婚的。在唐中晚期，随着社会的发展，士庶间的区别逐渐模糊。其表现方式是各州郡的大姓迅速增加，很多杂姓（非大姓）跨入大姓行列，这种情况在敦煌写本氏族谱中得到了充分的证明。如前引《天下氏族谱》一般认为反映的是唐前期各州郡大姓的情况，而《新集天下姓望氏族谱》(S.2052)则反映的是唐后期各州郡大姓的情况。

这两种氏族谱的格式基本相同，但内容差异很大，后者将许多原来的非大姓列为大姓。如《天下氏族谱》记录"范阳郡（幽州）三姓卢、邹、祖"；《新集天下姓望氏族谱》(S.2052)记录"幽州范阳郡出九姓，卢、汤、祖、郕、范、简、张、厉、童"。后者比前者增加了6姓，是前者的3倍之多。其他各州郡的大姓也都增加了很多。《新集天下姓望氏族谱》(S.2052)所记录的大姓达791姓，比唐前期《天下氏族谱》的398姓增加了近1倍。唐代各州郡大姓的增加，一方面反映了唐代部分庶族得到了快速发展，并通过科举成为新兴士族；另一方面众多庶姓成为大姓，也使得士庶间的界限日益模糊。如果一郡内的姓氏都被列为大姓，那么大姓的意义也就消失了。所以，五代以后，士庶不能通婚的限制已不复存在。

除了记录全国大姓的氏族谱，敦煌遗书中还有《敦煌名族志》(P.2625)、《敦煌氾氏家传》(S.1889)等反映敦煌地方大姓情况的文书，对了解敦煌地区大族的发展变化具有重要价值。

二、书仪

一般认为，书仪是古人写信的程式和范文。从其内容来看，也包括不少礼仪和习俗的规定,特别是关于婚丧的礼仪和习俗。所以,书仪实际是古代知识阶层的行动规范和准则。当然,这些规范和准则对没有文化的普通民众也有重要影响。书信往来是人们交往的重要方式,至少自春秋以降,用书信传递信息已经逐渐流行了。魏晋以后,出现了供人们写信时参考的书仪。南北朝隋唐时期,书仪得到了迅速的发展,但传世的宋以前书仪很少。而敦煌遗书中保存的唐五代写本书仪有60多种,140多件,使我们得以看到唐五代时期不同时代、不同类型书仪的原貌。敦煌书仪可分为朋友书仪、综合书仪和表状笺启书仪等三类。

朋友书仪,顾名思义,是朋友间往来书信的范文,其前身为月仪。敦煌文书中这类书仪多为晚唐五代写本,共保存了十几件(P.3375、P.2505、S.5660v、P.2679、P.3420、P.3466、P.4989v、S.6180、S.6246、S.5472、S.361v、P.3715v、Д.5490、Д.10465等)。朋友书仪可分为两部分,第一部分是告诉人们怎样记述年、月、日和不同季节应使用的书信用语等,称十二月相辨文;第二部分是正文,按月编排,每月书写一封来信、一封回信的样文。多数样文的内容是假设远在边塞的游子写给中原朋友的,回信则是中原朋友的答书。书信的文体采用四六骈体文,文字典雅,感情真挚,用典贴切,对仗工整。如其中三月的来信:"自别相思,情怀夜月,恒恋妖质,念积金屋;愁飞气而添云,泪垂珠而益露。想缠绵于往日,等合韵之笙吹竽。情缱绻于昔时,似合音之琴瑟。"四月的来信:"四月孟夏渐热。千里相思,恨朋书之隔绝;关山万仞,怨友信之长乖。想玉貌于尧都,悲伤心于外邑。他乡迢递,羁旅难申;边境彷徨,将心无度。朝朝东望,唯见风尘;日日相思,愁心转切……"这些文字虽多为套语,但辞藻华丽,音节和谐,具有诗意,信中所述离别思念之情,缠绵深切,比散文更能打动读者。人们套用这类样文写信,自然比现场制作的效果要好。

综合书仪,又称吉凶书仪,包括家族内外、婚丧嫁娶的各种礼仪规范，也涉及"四海"、朝廷和官场等不同社会层面。这类书仪有杜友晋《吉凶书仪》（P.3442）、杜友晋《书仪镜》（S.329＋S.361）、杜友晋《新定书仪镜》（P.3637、P.3849 等）、郑余庆《大唐新定吉凶书仪》（S.6537v）、张敖《新集吉凶书仪》（P.2622、S.1040 等）（图10-5）、张敖《新集诸家九族尊卑书仪》（P.3502v）等。唐代早期的吉凶书仪有《删定仪诸家略集》（P.3900、S.1725、P.4024、P.3681、P.2616v）等；开元天宝前后的书仪有杜友晋《吉凶书仪》（P.3442）、杜友晋《新定书仪镜》（P.3637）及《书仪镜》（S.329＋S.361）；中唐时期的吉凶书仪有 S.1438v 和 S.6537v 两件；《新集书仪》（P.3691）提到的《新定唐〔家〕礼亲仪》和《新定唐家礼凶吊仪》，很可能为晚唐书仪，共 20 余种，90 余个卷号，时代从唐初到五代，既有从中原地区传入者，又有敦煌及附近地区模仿、改造中原制作者。这类书仪除包括婚丧的问候与各方面的书信样文外，还有节日时君主和家长对臣下和晚辈赐物的礼品名称、国忌日及其活动、节假日来源及休假天数、婚礼丧礼的议程、孝服的样式和等级、门风礼教习俗乃至吊孝时的口吊辞等，几乎涉及唐代士庶社会的各个方面，

图 10-5　英国国家图书馆藏卷轴装
张敖《新集吉凶书仪》，编号：S.1040

图片来源：《英藏敦煌文献》，四川人民出版社，1990 年，第 2 卷卷首彩色图版。

是极为珍贵的社会史资料。例如：敦煌遗书中对于灵柩停放的位置、孝子哭拜的方向等都有详细记载。如《新集吉凶书仪》(P.2622) 载："柩车到墓，亦设墓屋，铺毡席上，安柩北首。孝子居柩东北首而哭，临圹设祭。……三献讫，孝子再拜哭踊，抚棺号殒，内外俱哭。则令僧道四部众十念讫，升柩入圹。"对下葬仪式中灵柩停放位置、孝子哭拜方向、延请僧道作法及念诵斋文均有规定。

按照唐代的制度，下级向上级申报的公文，有表、状、笺、启、牒、辞等六种。臣下向天子申报的公文，称为表、状（近臣可称为状笺），臣下向皇太子或上级申报的公文称为启。在综合类书仪中，也有书写表状笺启的样文，但这类文字只是综合类书仪的一个组成部分。而表状笺启书仪，主要是供人们起草公务往来的表状笺启等公文参考的样文和公务往来的口头用语，也包含朋友往来的书、启，是吉凶书仪内官场文范的发展。这类书仪有郁知言《记室备要》(P.3723)、《新集杂别纸》(P.4092)、《刺史书仪》(P.3449＋P.3864)、《县令书仪》(S.78v)、《归义军僧官书仪》(P.3715＋P.2729＋P.5015)、《灵武节度使表状集》(P.3931、P.2539v)、《归义军书状集》(P.3101) 等 20 多种。这类书仪大量出现于晚唐五代，其内容主要是地方官和上下级往来的公文，虽然枯燥的套语较多，但保存了不少藩镇与中央、藩镇幕僚与节度使等各方面关系的珍贵史料。《刺史书仪》包括表、状、书、榜子、别纸、散语、辞语、记事、俵钱去处等共 73 篇文范及礼节、仪式等用语，是后唐时代刺史专用的书仪。

三、占卜文书

敦煌遗书中保存的占卜文书也很多，属于中国传统术数文化。占卜是在中国古代社会各阶层中广泛流行的社会现象，虽然占卜术多缺乏科学依据，但对当时的社会产生过重要影响，所以是值得社会史研究者关注的现象。唐五代时流行的占卜典籍也很多，由于种种原因，这些占卜典籍大多未能保存下来，敦煌遗书中保存了300多件唐五代时期的占卜文书，为研究这一时期的占卜历史和社会生活提供了重要资料。

敦煌遗书中保存的占卜文书主要有卜法、占候、相书、梦书、宅经、葬书、时日宜忌、禄命、事项占等。

卜法是运用蓍草、棋子、算子、铜钱或者骰子等工具，依据偶然演算得出的数字或投掷来确定吉凶的占卜术，多数演算是通过卦体来实现的，也称数占、蓍策等。敦煌遗书中保存的卜法典籍和文书有易占、五兆卜法、灵棋卜法、李老君周易十二钱卜法、孔子马头卜法、周公卜法（管公明卜法）、十二时卜法、九天玄女卜法、摩醯首罗卜法和杂卜法。唐代国家专门的占卜机构太卜署职掌占卜术，当时易占、五兆卜法、龟占、式占，同为官方认可的卜筮正术。①

易占是用《周易》六十四卦占卜。易占类文书现知有13件，包括《易三备》（S.6015、S.6349、P.4924、P.5031）和其他易占典籍（S.4963等）。敦煌写本《易三备》都是残本，现存占吉凶宅舍法（易中备第二）和占葬日及地下事（易下备）部分，它们也涉及后世子孙荣枯禄命及应采取的适宜行为等。《易三备》在《隋书》《旧唐书》《新唐书》和《宋史》都有记载，说明在元初时仍在流行，可能在元以后散失。所以，敦煌本《易三备》虽非完璧，仍有很高的资料价值。其他易杂占类包括《京房易占》（S.4863＋S.4863v）、《十二月消息卦》（北大D197＋北大D197v）、《八宫游归卦变图》（P.2482Dv）、《易占》（P.2832)、《京房易

---

① 《旧唐书》卷二《太宗本纪上》载，武德九年九月壬子，"诏私家不得辄立妖神，妄设淫祀，非礼祠祷，一皆禁绝。其龟易五兆之外，诸杂占卜，亦皆停断"。中华书局，1975年，第31页。《资治通鉴》卷一九二载，武德九年九月，太宗诏："民间不得妄立妖祠。自非卜筮正术，其余杂占，悉从禁绝。"中华书局，1956年，第6023页。

占》(浙敦131)、《安彦存易占》(P.2873)、《占候验吉凶法》(S.6349B)。

五兆卜法是用古代的算子等计算工具,利用金、木、水、火、土五行相生相克、王相休囚等理论,来对占卜所得的兆、乡、支之间的关系及其吉凶祸福进行解释[①],是在龟卜易占化的过程中吸收其他术数内容而形成的一种占卜术。敦煌遗书中保存的五兆卜法文书有30件,是了解唐五代时期此种占卜方法的珍贵资料。如《五兆经法要诀》(P.2905B)、《五兆要诀略一卷》(P.2859)、《五兆要诀略一卷》(P.3646)、《五兆要诀略》残卷(P.3896)、《五兆卜法》残卷(P.3452＋S.8574)、《五兆要诀略》残卷(S.8516Dv)等。敦煌五兆卜法文献所占卜的内容,从种田渔猎到出门远行,从婚姻家庭到身体疾病,从官职禄位到钱财得失,以及生时的家宅和死后的丘墓等,涉及民众生产生活的多个方面。

灵棋卜法是用12枚棋子占卜,将12枚棋子分为3份,各标明上、中、下,每份4枚。占卜时投掷这12枚棋子,然后依据随机出现的上、中、下排出卦象,由于每组卦象都有固定的卜辞,所以占卜人可以依据当场排出的卦象来推测吉凶。《灵棋经》的作者是晋代襄城道人法味。这种卜法共有124卦。敦煌遗书中保存的灵棋卜法写本有《灵棋卜法一卷》(P.3782＋S.557)、《灵棋经》(S.9766＋S.9766v)、《灵棋经》(P.4048)、《灵棋经》(P.4984v)等号,其内容与传世本《灵棋经》卦辞文字略同,但可以纠正传世本的许多错误。

李老君周易十二钱卜法,唐宋文献中未见记载,这种卜法是取12枚铜钱,以正面为"文",背面为"曼",然后抛掷,看有几个面(文)朝上,几个背(曼)朝上,知道几文几曼后,再套用易卦卦象,依据卦象的卜辞解释吉凶。如"十一文离一曼坎"卦象的卜辞为:"水火之卦,相克伤身,祸害交至,所求不得,病者竿尽,祟在井灶,急求得差,系者难

---

① 王祥伟:《敦煌五兆卜法文献校录研究》,民族出版社,2011年。

了，逃亡不得，出者凶，来人在道，宅舍不可久居，忌五月、十一月，忌子午人。"敦煌文献中保存的"十二钱卜法"有 S.813、S.1468、S.3724＋S.11415、S.3724v、S.5686、Дx.9941、Дx.9981，可拼接缀合为 6 件写本。各件所存卦象和卦名虽有重复，但占辞不同，可知此种卜法在当时十分流行，而且有不同版本。

孔子马头卜法是用 9 枚标有不同刻数的算子进行占卜，占者手把算子，令被占者随意抽取一枚，占者依据被占者抽取的算子上的刻数判断吉凶。这种卜法在唐宋目录中亦不见著录，但《隋书·临孝恭传》，称临孝恭著有《孔子马头易卜书一卷》，书名与此卜法名相近，或者临孝恭就是此卜法的作者。现知敦煌文献中保存的孔子马头卜法共有 7 件，即 S.1339、S.2578、S.9501v、S.9502、S.11419、S.13002v、S.813，可见此种卜法在当时亦很流行。

周公卜法又称管公明卜法，是托名三国著名术士管辂而作，具有佛道色彩。它是将 34 个算子分成 3 份，分别除以 4，将余数分置上、中、下三层，形成卦象，然后按卦下所附卜辞以占吉凶。共有 16 卦。这种卜法在唐宋文献中未见记载，敦煌遗书中保存了周公卜法的 5 件写本，即 P.3398、P.3868、P.4778、Дx.2375v、散 678，为了解此种卜法提供了重要材料。

十二时卜法又称周公孔子占法，是以十二月为顺序，在子、丑、寅、卯等十二时下分别注有"一""二""三"，然后根据卜事内容，按一、二、三的吉凶预测结果。这种卜法亦不见于唐宋时期的文献，而敦煌遗书中保存了 S.5614、P.2574、P.2859、BD.14636（北新 0836）等 4 件十二时卜法。其占卜内容多是有关疾病健康、生产贸易、家庭居住、出行安全、盗窃恐惧、官事纷争及博戏猜物等日常生活方面。

占候是唐代官府允许使用的占卜方法之一，主要是根据日月星辰的变化和风云气色的差别来预测吉凶。敦煌遗书中保存的占候类文献有《玄象占》《西秦占》《五州占》《太史杂占》(P. 3288、S. 2729、P. 2610、P. 2632、S. 5614、Дx. 01366v＋S. 2729v 等)、《乙巳占》(P. 2536v、S. 2669v)、《候风法》(P. 2610)、《占云气书》(P. 3794、P. 3326、P. 2512、敦博 76v)、《日月食占》(P. 3571v)、《星占书》(P. 3064、P. 2811＋P. 2811v)。

相书是依据人的面相和躯体其他部位的特征预测吉凶，从史书保存的记载来看，这种占卜书源远流长，且与政治关系密切。现知敦煌遗书中保存了 12 件相书，以许负《相书》为主，有 Ch. 87、P. 3589v、S. 5969、P. 2572、P. 2797 等 5 件，还有 S. 3395 和 S. 9987B1v 亦属许负《相书》系统。依据许负《相书》序言可知许负是汉朝人，但许负《相书》中提到的人有三国和东晋时期的，可知所谓许负《相书》并非汉朝的许负所作。许负《相书》系统之外，还有《黡子图》（黑子图）(Ch. 209、Ch. 00209＋S. 5976、P. 2829＋P. 2829v、P. 3492v) 和《面色图》(P. 3390)，依据人身上的黑点和面部气色来判断吉凶。敦煌写本相书的特点是有文有图，说明当时流行以图相面和相身的做法。如《面色图》(P. 3390)，以图为主，卜辞书写于图像之间，依据面部气色来判断吉凶忧喜。敦煌相书占卜的内容包括两类：一是对个人官禄、仕途、年寿、健康、家庭、财富、婚姻、子孙等命运前景的预测；一是对近期官禄升迁变化、疾病生死、财物得失、出行宜否等吉凶祸福的预测。[①] 相书中的面相标准，是中国古代审美观的反映，影响到敦煌壁画的创作，莫高窟供养人相貌几乎没有差别。敦煌写本相书记载的吉兆与人事实现之间存在同一、相异、相反三种情况，相关的占卜也包括直解、转释和反解三种。[②]

在唐宋典籍和传世相术著作中，均未发现与敦煌相书名称相同的相

---

① 王晶波：《敦煌占卜文献与社会生活》，甘肃教育出版社，2013 年。
② 郑炳林：《关于敦煌写本相书的几点认识（代序）》，载郑炳林、王晶波：《敦煌写本相书校录研究》，民族出版社，2004 年。

书，因而敦煌本相书对于了解唐宋时期相术的历史和当时的社会风俗都具有无可替代的价值。

梦书又称解梦书，是占梦者根据梦象占卜吉凶的文字依据。梦书是通过具体解释各种梦象所包括的含义来推断人事的吉凶。古代的占梦术虽多缺乏科学依据，但曾长期流行，对古人的生活产生过重要影响，而且，占梦的记载和梦书中还包含着许多民俗学和心理学的内容，所以，梦书是历史研究者不可忽视的重要资料。敦煌遗书中共保存了 17 件梦书，包括《新集周公解梦书》（P.3908、P.5900、Дх.10787）、《周公解梦书》（P.3281v、P.3685、S.2222）、《解梦书》（S.2222v、P.2829、Дх.1327＋Дх.2844A、P.3105）2 种、《占梦书》（S.620、P.3990v、P.3571v）2 种、《先贤周公解梦书》（P.3105），其中，P.3908 是现存最为完整的解梦书。这些梦书在传世文献中多已失传。完整的梦书一般有序言或前言，说明编纂的目的和经过，并说明梦的本质和占梦的神学依据。《新集周公解梦书》（S.5900）序言作："夫人生在世，记（以）四大丘（立）形，禀五常之养性，三魂从后，六魄于先。梦是神游，依附仿佛。若经年不梦，尚恐有凭。每夜梦多，十无一定。无事思之做梦，即名为梦。若思惟想之或梦，善梦宜说，噩梦理之。夫梦见好梦即喜，恶即忧。若何？智者解之，噩梦即吉；向愚人说之，好梦变为凶也。今纂录《周公解梦书》廿余章，集为一卷，具体条目，以防疑惑之心，免生忧虑，淋（邻）人君子，鉴别贤良，观览视之，万不失〔一〕。"梦书的正文部分则是各种梦象的占辞。如《占梦书》（S.620）"火篇"有如下梦象与占辞："梦见戴火，富贵。梦见林中火，有喜事。梦见抱火夜行，身必先荣。梦见火烧门户，灾祸必至。梦见持火与妻子，多口舌。"

梦书多是按天、地、人的顺序编排各种梦象的占辞。天象类通常包括天、日月、星辰、风雨、雷电等梦象；地物类包括山川、水火、禽兽、草木、六畜、五谷等梦象；人事类包括衣食、住行、婚丧、寿夭、科甲、财货等梦象。上引《占梦书》的梦象与占辞就是地物类的火篇的内容。从以上所引梦书可以看出，梦书的占辞告诉人们梦见什么吉，梦见什么凶，或梦见什么将要发生什么事情。对梦象进行占断的方式有三种。第一种占断方式是根据梦象进行直解，把梦象直接解释为它所预兆的人事，此时梦象与人事表现为同一关系。如梦书中有"梦见配印者，官爵至"。"配印"是古代授受官爵的一种仪式，以上占辞是说如果梦见配印者，就说明做梦者将要配官印了。又如"梦见病人落地，必死"。"病人落地"在古代本指死亡，因忌讳"死"字，故说"落地"。所以，"梦见病人落地，必死"即是"梦见病人死，必死"。第二种占断方式是转释，是把梦象进行一定形式的转换，然后根据已经转换了的梦象再占断人事。或把梦象转换成它所象征的东西。如"日"一般作为君主的象征，"月"则是王妃或臣僚的象征。所以，梦见日月就是大吉大利、大富大贵的象征。《周公解梦书》(P.3281v)中有："梦见日月照人者，富贵。梦见拜日月者，富贵。梦见服日月者，富贵、吉利。"或把梦象转换成与之相连的某类东西。如《新集周公解梦书》(P.3908)中有"梦见桥梁折者，大凶。梦见屋柱折者，家破。梦见弓弦断，事不就。梦见树木死者，大丧"。这是把梦象中的物转换成人进行类推。以上梦象确实反映了梦者担心家破、人亡、事不成的心理状态。或者先取梦象的谐音，再根据谐音解释梦意和占断人事。如《周公解梦书》(S.2222)中有"梦见妻带刀子，有子"。"刀子"与"到子"谐音，"到子"倒过来就是"子到"，所以梦见妻带刀子，即被占断为怀孕有子。又《占梦书》(S.620)中有"梦见菜，得财"。"菜"与"财"音近，所以梦见菜即被占断为得财。又《解梦书》(P.3105)中有"梦见棺木，得官，吉"。"棺"与"官"音同，所以梦见棺木就被占断为得官和吉利。在古代，谐音民俗积淀很深，至今仍有影响。如在北方，至今出门遇到出葬棺材，仍被认为是吉利的象征。不仅因为"棺"与"官"谐音，还因为"材"与"财"谐音。第三种占断方式是反解，就是把梦象反过来，从反面解释梦意和占断人事。如《新集周公解梦书》（P.3908）中有"梦见唱歌，大忧。梦见歌舞者，主惊恐"。唱歌和歌舞本来是吉利的梦象，以上占辞却解释为不吉。而有些梦象通常人们认为属凶，占辞却解释为吉。如《占梦书》（S.620）中有"梦见斩伤血出，大吉。梦见为刀所伤，大吉，得财"。需要说明的是，由于梦象十分复杂，所以，梦书没有也不可能穷尽人们的梦象。而且，在不同的梦书中，由于占断方法的差异，同一梦象可能会有不同甚至相反的占断。因而高明的占梦者总是结合梦者的具体情况，对梦象作出解释，以博得人们的认同。

宅经是有关住宅风水的典籍，提供修建住宅时选择方位方向、破土动工时间、安排宅内门户井灶溷厕等内部设施的布局等的推算方法。与其他占卜文献相比，宅经在建筑选址方面考虑地质、地形和地貌等因素，其中包含着朴素的科学因素，在建筑学、美学、生态学方面具有一定的科学性，当然，这些科学的因素是和神秘的、迷信的因素混杂在一起的。敦煌遗书中保存的宅经类文献有21件，包括《五姓宅经》和其他宅经。所谓"五姓"，是把姓按古代的宫、商、角、徵、羽五音分成五类；《五姓宅经》是根据阴阳五行相生相克的理论推算五姓人家各自应选择居宅的地貌、方位和方向等。敦煌遗书中的《五姓宅经》有 P.2615、P.2632v、P.2962v、P.3492、P.3507、P.4667v 等。其他宅经有 S.6169 等，多为残卷。这些写本宅经在宋以后大多散失，特别是《五姓宅经》，在唐代十分流行，但宋以后不再流行，对了解唐代的相宅术具有重要价值。

葬书是选择墓地的方位、方向和破土动工时间的方法。唐朝人在选择葬日时多以阴阳书或葬书为据。敦煌文书中的葬书、葬事类写卷可以拼合为 10 件写本。史志著录《阴阳书》今已不传，《阴阳书·葬事》（P.2534）

是敦煌文书中唯一原题标明"阴阳书"的卷子，弥足珍贵，也是最早记载鸡鸣狗吠日及其吉凶和大祸灭门日的文献。《葬录》（S.2263v）仅存一个卷号，题"归义军节度使押衙兼参谋守州学博仕（士）将仕郎张忠贤集"，时间为唐昭宗乾宁三年（896）五月。《司马头陀地脉诀》（S.5645）结合山势、地形、水流、动植物及干支、五行、八卦等因素，记述居住、地理与地势地形的吉凶关系。这些写本葬书为了解唐五代时期民间选择墓地的方法和习俗提供了重要资料。

"时日宜忌"是指用占卜的方法选择时日的吉凶，以判断适宜做哪些事，不适宜（忌讳）做哪些事，故又被称为"选择"或"择吉"。敦煌遗书中保存的相关文献有《诸杂略得要抄子一本》（P.2661v）、《七曜历日》（P.2693）、《六十甲子历》（P.3281）、《占周公八天出行择日吉凶法》（P.3594、S.5614D）、《周公八天出行图》（S.612v）、《七曜日吉凶推法》（S.813D、S.6258B、P.4680、P.3081等）、《六十甲子纳音推杂忌日法》（P.3984v+北大D195v）等20多件。《诸杂略得要抄子一本》（P.2661v）主要以时日宜忌与厌禳方法为主，涉及日常起居、沐浴裁衣、买卖耕种、出行吉凶、防病祛病、辟盗驱鼠等许多方面。《周公八天出行图》（S.612v）包含推杂忌日法、推修造月法、推修造日法三部分。这种占卜方法和解说与其他多数占卜典籍一样，均缺乏科学依据，却为当时的很多民众所信奉，对民众的生活具有重要影响，因而也就具有研究价值。

"禄命"类占卜文书是推算人的富贵贫贱、寿夭病厄的占卜术，故又被称为"推禄命术""算命术""推命术""占命术"等，可分为行年（P.2856、P.3896P、P.3066、S.6215）、九宫（P.2830、P.2842v、P.4740、S.3724v、S.5553B等）、纳音（P.3175B、S.3724v+S.11415v、S.6258C）、宿曜（P.2675v、Дх.08977、S.4279等）、十二属相（P.3398B、P.6157等）与杂推禄命（S.6157、P.3602v、S.9814B、Дх.05651、Ф.362A）等类

别。敦煌遗书中有关禄命的文书有 30 多件，包括"星命术类禄命文书"（P. 2675v 等）、"禄命术类文书"（P. 2482v 等），大多是未经著录的民间流传的写本，有一些内容还混合了佛教与外来星命因素。禄命类占卜文献在唐宋时颇为流行，但宋以后大多散失，所以敦煌遗书中保存的这些文书具有重要的资料价值和研究价值。

"事项占"是用各种不同的方法对某一特定事项进行占卜，包括占病、占婚嫁、占死亡、占走失等。这类文书有些是独立的文本，有些则是和其他占卜文书合抄在一起的。占病文书有《发病书》（P. 2856）、P. 3081v、P. 3402v＋P. 4732v、S. 6216、S. 1468A 等，推算男女何年、何月、何时得病、吉凶等。占婚嫁文书有《吕才推嫁娶法》（P. 2905）、P. 3288、S. 6333、S. 2729v 等，推算何月、何时不宜嫁娶及在什么情况下男女不宜结婚等。占死亡文书（P. 3028）是推算在何日死对生人有利或不利，敦煌遗书中仅此一件。占走失文书（P. 3602v、P. 3476v＋P. 4996v、P. 4761 等）是推算走失的人和丢失的物的去向和最终结果。此外还有所谓"逆刺占"（P. 2610、BD. 14636、P. 2859、Дх. 02637 等），是预测来占卜的人所卜事由及其吉凶的占卜术。

此外，还有"占耳鸣耳热心惊面热目润等法"（P. 2621v）、"占人手痒目润耳鸣等法"（P. 2661v＋P. 3735v）、"占乌鸣"（P. 3479、P. 3988、P. 3888、P. T. 1045）、"占音声怪"（P. 3106、P. 4793）、"推十二时耳鸣［耳］热足痒手掌痒等法"（P. 3398C）、"推养犬法"（P. 2661v、S. 813A）之类关于怪异现象的比较特殊的占卜术。吐蕃鸟卜是以乌鸦叫的声音、时间和方位确定判别吉凶。吐蕃还有羊胛骨卜法（P. T. 1047、IOLTibJ763），约成书于唐朝中期。[1]

---

[1] 陈践：《P. T. 1047 号和 IOLTibJ763 号羊胛骨卜新探》，《中国藏学》2013 年第 S1 期。张慧福、陈于柱：《敦煌藏文本 P. T. 1047V〈羊胛骨卜抄〉的再研究》，《敦煌研究》2013 年第 4 期。

四、社邑文书

敦煌遗书中保存的社邑文书有480多件，可分为"社条""社司转帖""社历""社文""社状、牒"5类。

社邑（社）是中国古代的一种基层社会组织。它源远流长，自先秦至元代，在社会生活中始终起着相当重要的作用。社邑的性质、类型、活动内容及其所反映的阶级关系、在社会生活中的作用，也随着社会的发展而不断变化。隋唐五代时期，由部分民众自愿组成的民间团体——私社盛行。这些私社大体有两种类型，一类是主要从事佛教活动的佛社；一类则主要从事经济和生活的互助活动，其中最重要的是丧葬互助，也有兼营社人的婚嫁、立庄造舍的操办襄助等。有些私社则同时从事上述两方面的活动。社邑作为一种曾在中国古代起过重要作用的社会组织，对其加以研究无疑有助于全面认识古代社会。但传世文献有关这方面的记载较少，且很零散，使人们难以对这个课题进行深入研究。特别是曾在中古时期发挥过重要作用的私社，史籍中保存的材料就更少。而敦煌社邑文书恰好为研究唐五代的社邑活动提供了丰富的第一手资料。

"社条"又称"社案""社格""条流"等，现知敦煌遗书中保存的社条有27件。从这些社条来看，唐后期五代宋初敦煌的私社在立社之初，一般要依据社条文样，制定该社所遵奉的社条。各社所立社条详略不同，一般首部为总则，述结社目的、立条缘由，然后规定组织、活动内容、罚则等具体条款。如《显德六年（959）正月三日女人社社条》（S.527）[①]：

1　显德六年乙未岁正月三日女人社因兹新岁初来，各发好

---

① 引文中1、2、3……仅表示列数，非敦煌遗书原文。

意，再

2 立条件。盖闻至城（诚）立社，有条有格。夫邑义者，父母生其身，

3 朋友长其志，遇危则相扶，难则相救。与朋友交，言而（如）信。结交朋

4 友，世语相续。大者若姊，小者若妹，让义先登。立条件已后，山

5 河为誓，终不相违。一、社内荣凶逐吉，亲痛之名，便于社格。人各

6 油壹合，白面壹斤，粟壹斗。便须驱驱，济造食饭及酒者。若本身死

7 亡者，仰众社盖白㲲拽便送，赠例同前一般。其主人看待，不谏厚

8 薄轻重，亦无罚则。一、社内正月建福一日，人各税粟壹斗，灯油壹盏，

9 脱塔印砂。一则报　君王恩泰，二乃与父母作福。或有社内不拣大小，

10 无格在席上喧拳，不听上人言教者，便仰众社就门罚醴腻一筵，

11 众社破用。若要出社之者，各人决杖叁棒，后罚醴腻　局席一筵，的无

12 免者。社人名目诣实如后。社官尼功德进（押）

13 　　　　　　　社长侯富子（押）

14 录事印定磨柴家娘（押）

15 社老女子（押）

第十章　敦煌社会历史文书的内容及其价值 | 359

16　　　　　　　　社人张家富子（押）

17　　　　　　　　社人涡子（押）

18　　　　　　　　社人李延德（押）

19　　　　　　　　社人吴富子（押）

20　　　　　　　　社人段子（押）

21　　　　　　　　社人富胜（押）

22　　　　　　　　社人意定（押）

23　　　　　　　　社人善富（押）

24　　　　　　　　社人烧阿朵（押）

25　　　　　　　　社人富连（押）

26　　　　　　　　社人住连（押）

27　　　右通前件条流，一一丁宁，如水如鱼，

28　　　不得道说事（是）非，更不于（如）愿者，山河

29　　　为誓，日月证知。恐人无信，故勒此条。

30　　　　　　　用后记耳。

这是一篇由部分女人自愿组成的民间团体制定的社条。这个社条表明，唐五代宋初的私社已经成为用社条（章程）形式规定其组织、活动与罚则的严密的民间团体。在私社内部，每个成员的权利和义务都是平等的，社条（即引文中的"条件"）是通过民主的形式由全体社人共同制定的。上引社条中有"各发好意，再立条件"，表明社条反映了全体社人的意志。这一点在《戊辰年（968）正月廿四日褀坊巷女人社社条》（P.3489）中说得更加清楚明白，该社条是参加该社的"女人团座商议立条，合社商量为定"。而在社条的最后，全体社人都要签字画押，这既表明社人对社条的认可，同时也是她们必须接受社条约束的证据。社条的第二部分是说明立社的原则。第二行的"邑义"，是私社的自称，立社的原

则是"父母生其身,朋友长其志",社内成员要像朋友一样,"大者若姊,小者若妹"。社条的第三部分是规定私社的活动。上引社条规定该社的活动有两项:一是"荣凶逐吉",即社人家遇到丧事时全体社人都要出油、面、粟等物品助葬,并要参加送葬活动;二是"正月建福一日",即在每年正月举办佛教斋会。第四部分是处罚规定。从敦煌文献中保存的其他私社文书看,社条是私社组织活动和处罚社人的准则,其规定在私社活动中确实得到了执行。私社的首领是"三官",即上引社条中出现的社官、社长和录事。"三官"负责依据社条的规定举行活动,监督社人履行社条规定的义务,保障社人的权利,并处罚违反规定的社人。社人必须服从三官(社司)的管理。参照其他私社文书,"三官"也是由全体社人推选的。如《景福三年(894)五月十日敦煌某社偏案》(P.3989)社人签押前有"众请社长翟文庆,众请社官梁海润,请录事汜彦宗",这里的"众请"就是推选的意思。如果三官主持的社司不遵守社条,擅自举行社条规定以外的活动或不称职,社人大会有权否决社司(三官)的决定甚至罢免三官,重新选举。如《甲辰年(944)五月廿一日窟头修佛堂社再请三官凭约》(P.4960)称"伏缘录事不听社官,件件众社不合,功德难办。今再请庆度为社官,法胜为社长,庆戒为录事"。此社原录事不服从社官,行事不合众社(全体社人)之意,故被罢免,另外推选新的三官。可见,晚唐五代宋初的私社是具有严密组织纪律、高度民主的民间团体。

"社司转帖"是社邑通知社人参加活动的通知单,敦煌遗书中有265件。社司转帖一般要写明因何事、带何物、何时、何地取齐,迟到者、不到者以及递帖延误者的罚则,发帖的时间和发帖者的职务、姓名等。多数实用社司转帖在帖文后(有的在帖文前)要列上被通知者的姓名。接到转帖后,被通知者在自己姓名的右下角写上"知"(少数)字或在姓名右侧加一墨点(多数)等表示已知的记号,再转给下一个人。如此依次接力式下传，直至最后一个人，再转回到发帖者手中。如《丁卯年（967）二月八日张憨儿母亡转帖》（S.5632）（图10-6），是"亲情社"因其成员张憨儿母亲去世，私社通知社人带着粟一斗前往助葬。这个转帖在社人姓名旁有不止一个符号。一些社人姓名右上角有勾画，右侧另有一圆圈，一墨点。疑墨点为社人自己所标，表示已知，圆圈和勾画为社司所加，表示到场及纳物与否。在当时，不管私社从事什么活动，都要用这样的转帖通知社人。除了身亡转帖，还有局席转帖，建福、设斋、设供转帖，少事商量转帖等。

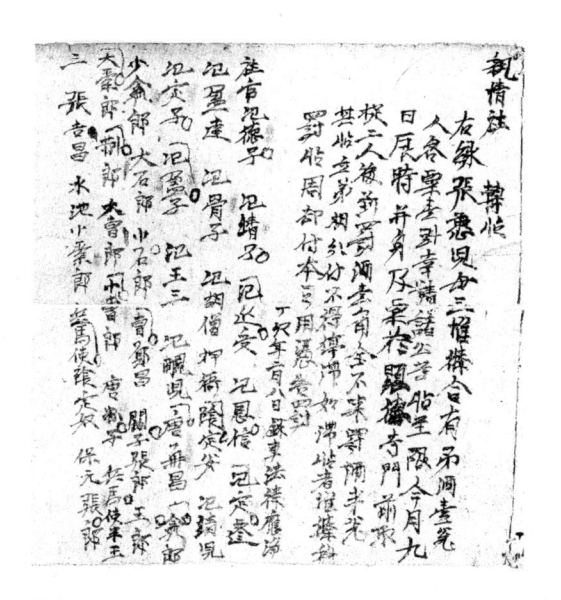

图10-6　英国国家图书馆藏《丁卯年（967）二月八日张憨儿母亡转帖》，编号：S.5632

图片来源：《英藏敦煌文献》，四川人民出版社，1992年，第8卷第187页。

"社历"是社邑的账目，当时称账目为"历"，这类文书共计60件。社历中最重要的是"身故纳赠历"，它是社邑成员或其亲属亡故时社人依据社条的规定或社司的临时决定向社司交纳物品的记录。其中备载社人所纳物品的名称和数量（饼、粟、油、柴等如按规定交纳，常不书数量）。

多数在社人所纳物品右上角有社司所作的勘验符号，有的在最后还有将社人所纳物品支付给凶家的记录。身故纳赠历之外，较为重要的是社司便物历，所谓便物，就是借物。多数可以确定为社人向社司借贷面、油、粟、麦、黄麻等物品，为研究私社的公共积累提供了重要材料。此外，还有社人欠物、社人纳物、社司罚物、社司破历等。

"社文"共有107件。这类文书可分为"社日相迎书""请宾头卢波罗堕上座疏""社斋文""社邑印沙佛文""社邑燃灯文""社司功德记""社祭文""祭社文"8种。"社日相迎书"是在春秋二社社日时邀请社人参加聚会的通知书的文样。现知的2种社日相迎书（每种都有复本）均保存在《书仪》中。"请宾头卢波罗堕上座疏"是社邑在举行设供活动前书写的疏文，以祈该罗汉驾临。"社斋文""社邑印沙佛文""社邑燃灯文"，分别是社邑举办斋会、印沙佛和燃灯等佛事活动时宣读的文字。"社司功德记"是记述社邑修佛画、修塔、修建洞窟、修建兰若、造佛像等佛事功德的文书。这类功德记都是稿或抄件，因为在实际生活中，修窟功德记是书于窟壁，修建寺、塔功德记是刊刻在寺、塔的碑上。"社祭文"是社邑用传统方式祭祀亡故社人或亲属时宣读的文字。"祭社文"则是举行春秋二社祭祀仪式时宣读的文字。这些社文对了解敦煌社邑的活动内容以及思想、观念等都具有重要价值。

"社状、牒"是社邑处理投社、退社及其他事务时使用的文书，共有24件。"投社状"是社邑成立以后，又有欲加入者向社司递交的入社申请书。"退社状"是社邑成员向社司递交的退社申请。

敦煌社邑文书的时代大多在唐五代宋初。这批内容丰富的第一手资料为研究中国古代社邑提供了大量生动而具体的材料，人们不仅可以据之对唐五代宋初社邑（主要是私社）的具体情况进行深入的探索和细致的描述，还可以借助从这批文书中获得的认识，对汉至唐及唐以后社邑发展的脉络作进一步考察。同时，社邑文书的内容还涉及中古时期的政治、军事、经济、文化等诸多领域，对研究唐后期五代宋初敦煌地区的政治、经济乃至整个社会的全貌都有重要参考价值。

五、寺院文书

敦煌写本寺院文书，包括"什物历""施舍疏""入破历""斋文"等，这些文书反映了唐五代宋初敦煌僧团生活及其与社会的联系等诸多方面的情况。

"什物历"是记录寺院常住什物的账目，包括幡像、幢伞、经案、经巾等供养具，铜镬、铜罐、铛、鏊等铜铁器，盘、碗、碟、床等家具，瓮、缸、瓦盛等瓦器，及函柜、车乘、毡褥、金银器皿等。按照当时寺院的制度，这些物品均由专人保管，保管人定期更换。敦煌遗书中保存的"什物历"实际是前任保管人和后任保管人交接时清点物品的记录。这类"什物历"有《子年领得常住什物历》(S.5878等)、《龙兴寺卿赵石老脚下依蕃籍所附佛像供养具并经目等数点检历》(P.3432)、《吐蕃时期某寺常住什物交割点检历》(P.2706)、《吐蕃时期某寺交割常住什物点检历》(S.7939v＋S.7940v)、《吐蕃时期某寺交割常住什物点检历》(S.7941)、《唐咸通十四年(873)正月四日沙州龙兴寺交割常住什物等点检历》(P.2613)、《长兴元年(930)正月法瑞交割常住什物点检历状》(P.3495)、《乙未年(935)后报恩寺交割常住什物点检历》(P.2917)、《十世纪前半叶永安寺交割常住什物点检历》(P.3161)、《庚子年(940)后报恩寺前寺主法□交割常住什物点检历》(P.4004＋S.4706＋P.3067＋P.4908)、《庚子年(940)后报恩寺交割常住什物点检历》(S.4215)、《后晋天福七年(942)大乘寺法律智定等交割常住什物点检历》(S.1774)等

20多件。这些文书虽多数残缺，但经过整理，比较完整地保存了敦煌净土寺、大乘寺、报恩寺、永安寺、龙兴寺所拥有的生活用具的品种、数量和保存状况。

"施舍疏"是唐后期五代宋初敦煌各类官私僧俗施主向寺院施舍物品时使用的文书，其内容具有一定规范。如北京大学图书馆藏第162v《辰年正月十五日女弟子索氏施舍疏》[①]：

1　草绿衣兰一，施入修造。

2　右弟子所施意者，为男东行，愿

3　无灾障，早得归还。今投道场，请

4　为念诵。

5　辰年正月十五日女弟子索氏疏。

这是因为其男儿远行，施舍衣物，请寺院为诵经，保其男儿平安。敦煌遗书保存了《长兴五年（934）曹议金施舍回向疏》（P.2704）、《申年（816）十二月十五日比丘尼修德施舍疏》（P.2583v）等100多件"施舍疏"。这些"施舍疏"文字虽有多寡之别，但都要记明所施物的名称、数量及去向，施物的缘由、目的、日期、地点与施主姓名等。而这些信息对我们了解敦煌官私施舍的情况具有重要参考价值。如施舍的物品有：依附人口：家客；不动产：土地、房屋、水磑等；纺织品：绢、布、绵、绫、罗、锦、绸、继、毡等；衣物：袈裟、裙衫、偏衫、衫子、孝衣、袄子、长袖、暖子、半臂、襻裆、裤子、披子、帔子、手巾、帽子、缚头、腰带、袜子、袜肚、履、靴子、靴底、靴带、被子等；粮食：麦、粟、米、黄麻、油、面、沙糖、葡萄等；用品：食床、绳床、坐具、碗、盘、碟、钵、瓶子、香炉、盆、罐、箱、镜子、梳子、胡粉、纸、经床、经案、经

---

① 引文中1、2、3……序号仅表示列数，非敦煌遗书原文。

帙、经巾、经布等；供养物：幡、佛经等；修造工料：木材、树木、白子、红花、黄丹、红蓝、荝篱、铁、铜、金、银、石灰等；药品：解毒药、诃梨勒、龙骨、杷豆、槟榔、芹子、油麻、酥、槐花、槐子、芍药、草豉、纥林子、狗气子、毕拨等；珍稀物品：珍珠、玛瑙、琥珀、琉璃瓶子、银器等。可谓名目繁多，应有尽有。

"入破历"是记录寺院常住斛斗收入和支出的账目，有100多件。"入"指收入，"破"指支出。"常住斛斗"包括麦、粟、油、酥、米、面、黄麻、麸、滓、豆、布、绁等。与常住什物一样，当时敦煌寺院的常住斛斗也是交由专人保管的，保管人也定期更换。敦煌遗书中的"入破历"就是这些保管人在收入和支出或交割时记录的账目。这些账目不仅全面地反映了寺院的经济活动和财务收支状况，还具体地反映了当时寺院与社会多方面的联系。如：《后晋时期净土寺诸色入破历算会稿》（P.2040v）、《光启二年（886）安国寺上座胜净等诸色斛斗入破历算会牒》（P.2838）、《乾宁四年（897）某寺诸色斛斗入破历算会稿》（P.2974v）、《天福三年（938）十二月六日大乘寺诸色斛斗入破历算会牒》（S.1625）、《庚辰年（980）正月报恩寺寺主延会诸色斛斗入破历算会牒》（P.2821＋BD.15246）等。特别是在P.2049v保存了两件完整的敦煌净土寺全年常住斛斗收支账目，即《后唐同光三年（925）正月沙州净土寺直岁保护手下诸色入破历算会牒》和《后唐长兴二年（931）正月沙州净土寺直岁愿达手下诸色入破历算会牒》。敦煌寺院会计文书中的"算会"就是年度决算。"直岁"是当时寺院常住斛斗的保管人。这两份账目详细记录了现任保管在上一年正月一日接手"直岁"时，从前任直岁领得的常住斛斗的名目和数量、当年正月一日至年末的收入与支出、当时库存的常住斛斗的名目与数量，最后是全寺僧人签名画押。由于每一笔收入都有具体的来源，每一笔支出也都有具体的去向，所以据之可以全面具体地了解净土寺的收支情况，具有极高的研究价值。这两件"入破历算会牒"还是现存最早的完整寺院账目，是珍贵的会计史资料。它们均采用"四柱结算法"，第一柱是"前账旧"（前账节余），第二柱是"新附入"（当年收入），第三柱是"破除用"（当年支出），第四柱是"应及见在"（现存）。因在记账时"前账旧""新附入""破除用""应及见在"都是顶格书写，像柱子一样顶天立地，所以被称为"四柱结算法"。在敦煌遗书发现以前，会计史研究者一般认为"四柱结算法"创自宋代。在敦煌遗书中，无论官府还是寺院的会计文书，都是采用"四柱结算法"，说明这种结算方法早在唐代就已经流行了。

"斋文"是僧人在佛教斋会上宣读的文字，一般先颂扬佛的功德、法力，次述斋会的事由，再述斋主的出身、美好品德及对佛教的虔诚。因为当时流行的斋会种类繁多，所以在敦煌遗书中保存了数以千计的斋文。主要有庆窟文、庆寺文、佛堂文、二月八日文（P.2237v）、行城文（P.3806v）、庆佛文、叹像文（造像文，P.3494）、四天王文、天王文、庆经文（P.3494）、开经文（P.3494）、转经文（P.3806v）、四门转经文（P.3494）、行军转经、散经文（P.2226v、P.3494）、绘丹青文、施舍文（P.2226v、P.2231v）、坚幢伞文、安伞文（置伞文，P.2237v）、庆幡文、启请文、结坛文；禳灾文、国为灾疠文、水旱文、兵贼侵扰文；患文（P.2237v、P.3566、P.3282v）、法师患文、僧患文（S.5561）、尼患文（S.5561）、俗患文、俗丈夫患文（丈夫患文，P.5561）、妇患文、难月文（P.3765）、重病文；亡斋文（通亡文、死亡文，P.3566、P.3722）、愿亡人文、亡僧尼文、亡僧文（僧亡文、亡和尚文，P.3566）、亡阇梨尼文、亡尼文、亡考文（S.6417、P.2915、P.2226v、P.3491等）、亡妣文（P.2915、P.3491）、亡丈夫文（亡夫文）、亡妇文（亡夫人文，P.2237v等）、亡兄弟文（S.343、P.2237v等）、亡弟文、亡姊文、亡男文（P.3722v、S.1441v）、亡女文（P.2237v）、亡孩子文、脱服文（P.3765、

S. 2832、P. 2237v、Ф. 263、Ф. 326)、远忌并邑文、国忌日行香文、先圣皇帝远忌文、临圹文（P. 3282v、P. 3491）；杂愿文（P. 3722）、愿斋文（愿文，P. 3566、P. 2226v、P. 2237v、P. 2231v、P. 3545、P. 3282v、P. 3491)、愿男文、愿女文、赛愿平安文、远行文（P. 2237v)、社斋文（社邑文、社文、邑文，P. 2588、P. 2058v、P. 3566、P. 2231v、P. 3545、P. 3566、P. 3806v 等)、燃灯文（P. 2226v、P. 2237v、P. 3545、P. 3282v)、叹灯文、印沙佛文（P. 2237v)、满月文（P. 3491)、娘子文、生男女文、奴婢文、入宅文（P. 3765）；逆修文、亡马文（P. 3545)、亡牛文（P. 3545）等。这些斋文对了解当时流行的斋会活动以及佛教与民众的关系都具有重要价值。

此外，敦煌遗书中还保存了一些僧官告身（委任状）和寺院三纲——上座、寺主、维那的任免文书，出家、授戒的度牒和戒牒，僧团内部行事用的榜文、帖、牒、判文和僧尼籍等。这些文书对了解唐五代宋初敦煌僧团的内部运营情况提供了珍贵的资料。

第十一章　敦煌俗文学、科技文献与四部书的内容及其价值

本章主要介绍敦煌俗文学文献，科技文献，经、史、子、集四部书的内容及其价值。

第一节　敦煌俗文学文献的内容及其价值

敦煌遗书中保存的文学文献可以分为两类：一类是其他地方传入敦煌的文学典籍及其抄本；另一类是俗文学作品，主要有讲经文、因缘、变文、话本、词文、故事赋、诗话等文体形式。此类俗文学作品创作或者改编于敦煌，是最具有敦煌地域特色的文学作品。本节仅介绍俗文学作品，其他将在本章第三节介绍。

一、讲经文

"讲经文"是僧人向世俗百姓宣传教义讲唱佛经时使用的文本。

南北朝以降，面向世俗百姓特别是下层百姓的讲经，被称为"俗讲"，敦煌遗书中的讲经文，就是俗讲的底本。这类讲经文，特别是晚期的讲经文，并非照本宣科，而是在其中往往穿插一些故事情节，并采用比喻、场景描绘、人物对话等文艺性手段和方法，把抽象的道理寓于故事情节和具体事物之中，使其易解易明，亲切生动，这样的讲经由于深受民众的欢迎而在中古时期长期流行。如《维摩诘经讲经文》（S.4571、P.2292、P.3079等）"持世菩萨第二"在描述魔王波旬和随从的魔女时说："其魔女者，一个个如花菡萏，一人人似玉无殊。身柔软兮新下巫山，貌娉婷兮才离仙洞。尽带桃花之脸，皆分柳叶之眉。徐行时若风飒芙蓉，缓步处似水摇莲亚。朱唇旖旎，能赤脂红；雪齿齐平，能白能净。轻罗拭体，吐异种之馨香；薄縠挂身，曳殊常之翠彩。排于座右，立在宫中；青天之五色云舒，碧沼之千般花发。"正是因为讲经文添加了这样的场景描述和故事情节，才使其具有了文学性，成为中古时期文学宝库的组成部分。

作为俗讲底本的讲经文，其文字有散文，也有韵语，讲经者既有"道白"，又有演唱，演唱的部分实际是用韵语把前面散文讲述的内容再简略重复一次。如上文所引对魔女的描述，与其对应的韵语是："各装美貌逞透迤，尽出玉颜夸艳态。个个尽如花乱发，人人皆似月娥飞。"（P.3079《维摩诘讲经文》）讲经文中演唱的韵语多为七言或五言，因讲经文中有说唱部分，所以又成为中古时期讲唱文学的组成部分。

敦煌遗书中保存的讲经文有《长兴四年（933）中兴殿应圣节讲经文》（P.3808）、《金刚般若波罗蜜经讲经文》（P.2133v）、《妙法莲华经讲经文》（P.2305）、《维摩诘经讲经文》（S.4571、P.2292等）、《佛说阿弥陀经讲经文》（P.2931、S.6551等）、《佛说观弥勒菩萨上生兜率天经讲经文》（P.3093）、《父母恩重经讲经文》（P.2418、国图河12）、《双恩记》（Ф.96）、《盂兰盆经讲经文》（台北"中央"图书馆藏）等。其中第一篇是以讲唱的时间和地点命名的，实际讲唱的是《仁王般若经》，第八篇讲唱的是《大方便佛报恩经》之"序品"和"恶友品"。

上列讲经文的时代，除第一篇具有明确时间外，其他各件的创作时代和抄写时代都应在唐五代宋初。各件所讲唱的佛经也都是唐五代时最流行的佛经。如历史篇所述，俗讲在吐蕃时期传至敦煌，归义军时期比较流行，上列讲经文就是这两个时期的遗留物。

二、因缘

"因缘"又称"缘""缘起"，是僧人说唱佛经故事的底本。

按照佛教的说法，因缘是"因"和"缘"的合称，指的是形成事物、引起认识和造就业报等现象的原因和条件。佛经中有专门记述因缘报应故事的门类，就称为"因缘"。敦煌遗书中的"因缘"作品是借用了佛经"因缘"的名称，但因是选取佛经中的一段故事或僧传中的一段传记，渲染铺陈成文，且亦采用散文和韵文相间的文体，所以，其故事性和文学性比佛经中的"因缘"浓厚多了。如《悉达太子修道因缘》（日本龙谷大学藏卷、S.3711v、S.5892）（图11-1）起首即是一大段韵文：

迦夷为国净饭王，悉达太子厌无常。
誓求无上菩提路，半夜逾城坐道场。
太子十九远离官，夜半腾空远九重。
莫怪不辞父王去，修行暂到雪山中。
二月八日夜逾城，行至雪山犹未明。
父王忆念号啕哭，慈母捶胸发大声。

这类韵文，通俗易懂，如果再用讲唱的方式，就会更加引人入胜。韵文后就是对故事情节的说明："凡因讲论，法师便似乐官一般，每事须有调署曲词。适来先说者是《悉达太子押座文》，且看法师解义段。其摩耶夫人自到王宫，并无太子，因甚于何处求得太子。后又不恋世俗，坚修苦行？其耶输彩女，修甚种果，复与太子同为眷属？更又罗睺之子，从何而托生？如何证得真悟，同登正觉？小师略与门徒弟子解说，总交（教）省知。暂舍火宅，莫喧莫闹，齐时应福，能不能？愿不愿？"以上解说，全是演唱艺人的口吻，并设置了诸多悬念，以吸引听众。

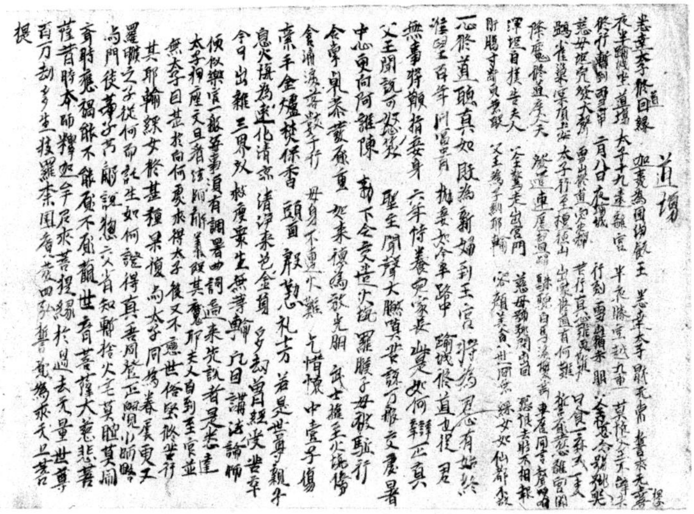

图 11-1　英国国家图书馆藏《悉达太子修道因缘》局部，编号：S. 3711v

图片来源：《英藏敦煌文献》，四川人民出版社，1992年，第 5 卷第 142 页。

敦煌遗书中保存的"因缘"除上引《悉达太子修道因缘》外，还有《太子成道经》（P. 2999、S. 548v 等）、《太子成道因缘》（P. 3496 等）、《须大拿太子好施因缘》（Дx. 285）、《四兽因缘》（P. 2187）、《难陀出家因缘》（P. 2324）、《十吉祥》（Ф. 223）、《目连缘起》（P. 2193）、《欢喜国王缘》（上海图书馆 16）、《金刚丑女因缘》（P. 3048 等）、《祇园因由记》（P. 2344v、P. 3784）等。从这些文本来看，因缘一般是宣讲佛、佛弟子或善男信女前世、今生因果报应的故事。

与讲经文不同的是,"因缘"没有读经文的环节,也不是按照佛经的结构铺陈,而是选取佛经中的一段故事或僧传中的一段传记,渲染铺陈成文。

如历史篇所述,说"因缘"在敦煌兴起于归义军时期。所以,上列"因缘"作品均属归义军时期。

三、变文

"变文"又简称"变",是唐五代时期民间说唱伎艺"转变"的底本。"转变"就是讲唱变文。所以,变文和讲经文属于同类,其文本形态都是散文和韵文相间;其表演形式则都是有说有唱。并且同样是先用散文讲说一段,再用韵文将其内容重复咏唱一遍。如《八相变》(国图云 24 等):

尔时金团天子,奉遣下界,历遍凡间,数选奇方,并不堪世尊(佛经中称佛为世尊——引者)托质。唯迦毗卫国似膺堪居,却往天中具由谘说云云:

当日金团天子,潜身来下世间。
今朝菩萨降生,福报合生何处?
遍看十六大国,从头皆道不堪。
唯有迦毗罗城,天子闻名第一。
社稷万年国主,祖宗千代轮王。
我观过去世尊,示现皆生佛国。
看了却归天界,随相菩萨下生。

变文和讲经文的区别:一是变文的题材更为广泛,不仅讲唱佛经故事,也说唱伍子胥、王昭君等传统民间故事、当世英雄人物(如归义军节度使张议潮)的故事。二是变文更注重故事性和文学性。即使讲唱佛教题材的变文，也摆脱了讲经文中所包括的佛经的部分，加重了对场景的渲染、人物的"对白"和"吟唱"的部分。如《降魔变》（S.5511 等）在讲唱佛弟子舍利弗和外道六师斗法经过时，以生动的语言描述了双方互相变化以争高低的过程："六师闻语，忽然化出宝山，高数由旬，钦岑碧玉，崔嵬白银，顶侵天汉，丛竹芳薪。东西日月，南北参辰。亦有松树参天，滕（藤）罗（萝）万段，顶上隐士安居，更有诸仙游观，驾鹤乘龙，仙歌缭乱。四众谁不惊嗟，见者咸皆称叹。舍利弗虽见此山，心里都无畏难，须臾之顷，忽然化出金刚。其金刚乃作何形状？其金刚乃头圆像天，天圆只堪为盖；足方万里，大地才足为站。眉郁翠如青山之两崇，口叱喝犹江海之广阔。手执宝杵，杵上火焰冲天。一拟邪山，登时粉碎。山花萎悴飘零，竹木莫知所在。百僚齐叹稀奇，四众一时唱快。"虽然外道六师变化的宝山气象万千，怎奈舍利弗的大力金刚更胜一筹。整个斗法场面被描绘得惊心动魄。三是讲唱变文时除说唱外，有时还展示图像。这种既有道白，又有吟唱，并附以随时展示图像的表演方式，与近代说唱曲艺中的"拉洋片"相似。

敦煌遗书中保存的变文有《八相变》（国图云 24 等）、《破魔变》（P.2187、S.3491）、《降魔变》（S.5511 等）、《大目乾连冥间救母变文》（S.2614 等）、《频婆娑罗王后宫彩女功德意供养塔生天因缘变》（S.3491v、P.3051），以上为讲唱佛经故事的变文；《舜子至孝变文》（S.4654、P.2721）、《伍子胥变文》（S.328 等）、《孟姜女变文》（P.5039、P.5019）、《汉八年楚灭汉兴王陵变》（S.5437 等）、《李陵变文》（国图新 866）、《王昭君变文》（P.2553），以上为讲唱历史故事和民间传说故事的变文；《张议潮变文》（P.2962）、《张淮深变文》（P.3451），以上为歌颂当世英雄的变文。这些变文的创作和抄写时代大多在归义军时期。

变文在讲唱文学作品中流行最为广泛，影响也最大，曾在很长时间内被当作讲唱文学作品的通称。变文和讲经文对后世有很大影响，如宋代的"鼓子词""诸宫调"，元代的"词话"，明清的"弹词""鼓词""宝卷"等，都受到这种讲唱方式的影响。但宋代以后，变文和讲经文逐渐失传，故敦煌遗书中保存的这类讲唱作品在文学史上具有重要研究价值。

四、话本

"话本"是"说话"人的底本。隋至宋代，曾流行一种"说话"艺术形式。"说话"其实就是讲故事，类似现在的说书。早期话本的文本大约在宋以后散失，所幸敦煌遗书中保存了《庐山远公话》（S.2073）、《叶净能诗（书）》（S.6836）和《韩擒虎话本》（S.2144）等几种。"话本"是对变文散文部分的发挥和完善，其特点是故事完整，有开头，有结尾，情节脉络清楚，语言通俗易懂。如《庐山远公话》是现存最完整的话本，其中之"远公"即东晋名僧释慧远。该话本讲述慧远一心修道，远行到庐山，感动得山神为其造寺，甚至潭中的龙也来听其讲经。但是以白庄为首的一伙强盗抢劫了慧远所在寺院，慧远也被劫持为奴。后来白庄将慧远卖给了东都崔相公，慧远在崔相公家甘愿吃苦受辱，还利用一切时机向崔家讲述佛经。一次慧远随主人前往福光寺听名僧释道安说法，当场与道安争论经义，使道安折服。慧远借机公开了自己的身份，并说自己是因前世替崔相公的前身作保，欠了白庄的前身五百贯钱未还，所以此世要给白庄作奴还债。于是崔相公奏报晋文帝，将慧远迎入宫中供养，最后又回到庐山，并如愿升入天宫。这个故事宣传的是佛教的因果报应思想，内容荒诞不经，也与历史记载不符。但其情节曲折动人，语言通俗流畅，具有很强的艺术感染力。

五、词文

"词文"是艺人用吟唱的方式演说故事的底本,这种文体在传世文献中没有记载,其名称是依据敦煌遗书中原有标题《季布骂阵词文》确定的。敦煌遗书中保存的词文有《季布骂阵词文》(P.3697等)、《董永词文》(S.2204)、《百鸟名》(S.3835、S.5752、P.3716v)、《下女夫词》(S.3227)等。从语言形式来看,词文均为韵文唱词,以七言为主,间或变化为三言、四言、五言、六言等,中间不穿插散文说白。有的词文在篇首有简短的散文叙述,作为歌唱前的说明。词文用韵比较自由,或一韵到底,或中间换韵,或邻韵通押,不避重韵。从内容来看,词文主要取材于史传故事、民间传说,其文体受到汉代的乐府民歌和以后的长篇叙事诗《孔雀东南飞》《木兰辞》的影响。实际上,每篇敦煌词文都是用唱词写成的长篇叙事诗,适合由一人演唱。这种表演形式及其文本对后代的鼓词和弹词具有深刻影响。

词文的内容和表演形式,均为民众所喜闻乐见。如《季布骂阵词文》(P.3697等),讲述的是楚汉相争时代季布替项羽在阵前骂阵,辱骂刘邦,但最终又被刘邦录用为官的故事。这篇词文共640句,均为七言,一韵到底,是一篇宏伟的七言叙事诗。如其中骂阵一段的词文为:

> 遥望汉王招手骂,发言可以动乾坤。
> 高声直喊呼"刘季",公是徐州沛县人。
> 母解缉麻居村墅,父能牧放住乡村。
> 公曾泗水为亭长,久于阛阓受饥贫。
> 因接秦家离乱后,自号为王假乱真。
> 鸦乌如何披凤翼,鼋龟争敢挂龙鳞!

百战百输天不佑，士率三分折二分。

何不草绳而自缚，归降我王乞宽恩。

更若指迷夸斗敌，活捉生擒放没因。

在词文中，季布当众直呼"刘邦"为"刘季"，"季"是"小"的意思，称刘邦为"刘小"，当然有羞辱之意。然后又当众揭露刘邦出身低贱、贫寒，甚至连其居住在农村缉麻的老母和放牧的老父也没有放过。还说刘邦趁秦末之乱，自称为王，如同乌鸦长上了凤凰的翅膀，乌龟披挂龙鳞一样以假乱真。与其屡战皆败，损兵折将，还不如"自缚"投降，否则定会被活捉生擒。骂得称霸为王的刘邦"羞看左右耻君臣，拨马挥鞭而便走，阵似山崩遍野尘"。刘邦统一天下以后，始终对季布耿耿于怀，悬赏捉拿季布。词文细致地描写了季布狼狈逃匿，以及机智地躲过严密的搜捕，最后用计谋获得赦免的经过。整个故事结构严谨，情节生动，语言流畅，十分引人入胜。这篇词文在敦煌遗书中保存了10件写本，可见当时流行之广。

六、故事赋

敦煌遗书中保存的赋类作品有20多篇，40多件，可分为3类。第一类是张衡《西京赋》、王粲《登楼赋》、江淹《恨赋》、成公绥《啸赋》、王绩《游北山赋》《元正赋》《三月三日赋》、杨炯《浑天赋》等见于传世典籍的赋。第二类是刘希夷《死马赋》(P.3619)、高适《双六头赋》(P.3862)、刘瑕《驾行温汤赋》(P.5037、P.2967)、刘长卿《酒赋》(P.2488等)、白行简《天地阴阳交欢大乐赋》(P.2539)、张侠《贰师泉赋》(P.2488等)、何蠲《渔父歌沧浪赋》(P.2621等)、卢竫《龙门赋》(P.2544等)、佚名《秦将赋》(P.5037)、佚名《月赋》(P.2555)、佚名《子虚赋》(P.2621v)、佚名《去三害赋》(S.3393v)等仅见于敦煌遗书的文人赋。第三类是《晏子赋》（P.2564等）、《韩朋赋》（P.2653等）、《燕子赋》（甲）（P.2491等）、《燕子赋》（乙）（P.2653）、赵洽《丑妇赋》（P.3716等）等故事赋。

敦煌故事赋是一种以白话韵文进行说理叙事并以叙事为主的通俗赋体，故又被称为敦煌俗赋。它多用四言或六言问答句，有的则为五言白话诗体，押韵不严整。敦煌故事赋一般篇幅不长，但语言幽默风趣、生动活泼、通俗易懂，其题材则多取材于民间传说，多具有深刻寓意。如具有寓言性质的《燕子赋》是以黄雀无端霸占燕巢，引起诉讼，由凤凰判案为基本情节，采用拟人化的手法叙述。此赋表面上是动物寓言，实际上揭露的是唐代现实生活中那些类似黄雀的以强凌弱、狡诈奸猾的无耻之徒的丑恶嘴脸，深刻地反映了唐代的世态人情和社会现实。《韩朋赋》描写的是韩朋和其妻贞夫忠于爱情的故事。该赋先写贤士韩朋娶"明经解书"淑女贞夫为妻。婚后相亲相爱，二人发誓，男不再娶，女不改嫁。后韩朋出外做官，六年不归。贞夫给韩朋写信，倾诉衷肠。不料韩朋不小心，将妻子的信丢了，不巧被其国君宋王得到了。宋王用计将贞夫骗进宫，强娶为王后。面对宋王的胁迫，贞夫表示不愿做一国之母。她说："芦苇有地，荆棘有丛，豺狼一伴，雉兔有双。鱼鳖有水，不乐高堂；燕雀群飞，不乐凤凰。妾是庶人之妻，不乐宋王之妇。"表达了她忠于爱情、不慕高位的决心。后来贞夫与韩朋相约双双殉情而亡。二人死后先化为青白二石，被宋王分埋在道路两旁，又化为两棵枝叶相交的树，宋王又命人将树砍倒，结果树枝又变成了一对鸳鸯，并用鸳鸯的一片羽毛杀了宋王。此赋死后复仇的情节具有寓言色彩和浓郁的民间文学特色，但进一步强化了韩朋故事反抗暴虐的主题，表达出古代民众"行善获福，行恶得殃"的理想和愿望，具有很强的艺术感染力。几篇敦煌故事赋都有多件复本，说明这类作品受到了当时人的喜爱。

七、诗话

诗话和讲经文、变文一样，也是讲唱艺人的底本。其语言形式也是散韵相间，夹以诗咏，既有押韵自由的四六骈文，又有句法灵活的散体叙说。与讲经文和变文不同的是，其散说部分也是韵文，一般隔句押韵，或一韵到底，或换一两次韵。这种文体在表演时和讲经文、变文一样，也是讲唱结合，但以唱为主。敦煌遗书中保存的诗话作品有《孟姜女故事》（P.5019、P.5039）、《季布诗咏》（P.3645）、《苏武李陵执别词》（P.3595）等。从这些作品看，诗话演说的均为历史人物和民间传说。

总的来说，由敦煌人创作或改编的俗文学作品，具有题材多样化、人物多样化、语言通俗化的特点。应该说，敦煌俗文学作品中的人物行为是受敦煌民众改造与支配的，反映的是普通百姓喜怒哀乐的情感、愿望和理想。在《孟姜女变文》《董永变文》《舜子变》《韩朋赋》《秋胡变文》《燕子赋》《下女夫词》《孟姜女故事》等作品中，直接反映出当时的民间社会习俗、人情世态以及交织于故事情节中的社会制度。《孟姜女变文》借古讽今，对当时的繁重兵役徭役进行了血泪控诉，同时反映出百姓追求和平与真挚爱情的愿望。《秋胡变文》对世态人情的描述，表现出平民大众疾恶如仇的情感。《燕子赋》以拟人化的创作手法，写实地描述了唐代的土地制度以及官府对浮逃户的处置方式变化，反映出唐人诉讼、受理、传唤、讯问、押禁、审理、判决、结案等一系列司法处理过程。即使是僧人宣教说法的讲经文、因缘和变文，在除却其中的佛教义理、地狱轮回、因果报应之类的宗教主题后，所宣传的仍是普通百姓所重视的孝道、信义等世俗价值观。如根据《佛说盂兰盆经》演绎而成的《大目乾连冥间救母变文》，此篇变文旨在宣传佛教的地狱轮回、因果报应，然其故事结局却是中国传统的孝道战胜了因果报应,目连救出了母亲。自慧远大师以来,僧人说法时"不废俗书""牵引古今",亦间接地反映了普通百姓世俗生活中的情感,如《无常经讲经文》引入了潘岳、彭祖、西施、妲己、石崇等家喻户晓的史籍有载或民间传说中的人物,以说明白发变须臾之间,世事变化无常。

总之,敦煌俗文学作品虽属俗文学,在内容及特征上却多具有"雅俗"交融的特征,符合历代文学追求的"雅俗共赏"宗旨[①],它折射出当时的人情世态,反映了唐五代宋初时期敦煌地区社会生活的方方面面。

第二节　敦煌科技文献的内容及其价值

敦煌遗书中的科技文献包括医药、天文历法和算书等专门科技文献,以及散见于社会历史文书中的手工业科技资料和绘制于壁画中的形象科技资料,反映出我国古代科学技术多方面的成就。

一、医药文献

敦煌医药文献包括写本医药文献和壁画形象医学资料两个部分。敦煌壁画中有治病救人、洗浴沐发、揩齿刷牙、气功健身、洒扫庭院、拦护水井、建造厕所等社会医疗卫生的形象画面,反映出古代劳动人民在生产与生活中同疾病做斗争的方式方法。形象医学资料同写本医药文献,共同构成了敦煌中医学的两大基本骨架,从理论到形象,从经文到壁画,它们共同显示出敦煌中医药学独特于其他学科的优势和内涵,是一份不可多得的

---

① 柴剑虹:《雅俗之间——简论敦煌俗文学在中国文学发展史上的地位》,载郝春文主编:《敦煌吐鲁番研究》第十六卷,上海古籍出版社,2016年。

世界传统医学的宝贵文化遗产。①

敦煌遗书中保存的医药典籍有 80 多种，包括医经诊法、医术医方、针灸药物等方面的典籍。医经诊法有《脉经》(P.3481)、《素问·三部九候论》(P.3287)、《伤寒论辨脉法》(S.202)、《王叔和脉经》(S.8289)、《张仲景五脏论》(P.2115v、S.5614、P.2378)、《明堂五脏论》(P.3655)、《玄感脉经》(P.3477) 等；医术医方有《杂疗病药方》(P.3378v)、《唐人选方》(P.2565、P.2662)、《黑帝要略方》(S.3960)、《单药方》(P.2666)、《备急单验药方》(S.9987) 和一批不知名医方；针灸药物典籍有《灸法图》(S.6168、S.6262)、《新集备急灸经》(P.2675)、《灸经明堂》(S.5737)、《本草经集注》(龙 530)、《新修本草》(S.4534、P.3714、P.3822、S.9434v 等)、《食疗本草》(S.76) 等。此外，敦煌遗书中还保存了一些古代养生方面的文献，一些佛教、道教典籍中也包含了部分与医学有关的内容。

就保存状态而言，敦煌医药典籍多为残卷，但这批文献还是极大地丰富了中国古代医学典籍宝藏。隋唐五代时期，医学和药学相当发达，著述繁多。《隋书·经籍志》《旧唐书·经籍志》《新唐书·艺文志》著录医药学书籍都超过了 100 部，而这些著作在宋以后大多陆续散失，能够完整保存至今的只有《肘后备急方》《诸病源候论》《千金药方》《千金翼方》《外台秘要》等有限的几部，敦煌医药典籍在一定程度上弥补了唐五代医药典籍传世太少的缺憾。首先，这批医药典籍具有重要校勘价值。如《素问·三部九候论》(P.3287) 可校正传世本在流传过程中出现的错误，而《伤寒杂病论》(S.202) 则补上了传世本佚失的一大段文字。其次，敦煌写本医药典籍中还保存了一些已经佚失的古代医学典籍。如南朝梁陶弘景所撰

---

① 参见丛春雨：《敦煌壁画"形象医学"的历史贡献》，《中医文献杂志》1998 年第 4 期、1999 年第 1 期。

写的《本草经集注》，是继《神农本草经》后的一部重要药典。该书在《神农本草经》所记 365 种中草药的基础上，增补了《神农本草经》成书后陆续行用的新中草药 365 种。但《本草经集注》一书在宋代失传，而敦煌遗书中保存了一件写本《本草经集注》，现藏于日本龙谷大学图书馆。这部失传已久的千年以前药典的重新发现，为研究古代本草学的发展演变提供了极为重要的材料。又如唐初由政府组织医官撰写的药典《新修本草》，是在修订、增补陶弘景《本草经集注》基础上编纂的我国第一部官颁药典，记录了 9 类 844 种中草药，是唐以前本草学的集大成之作。此书亦在宋代失传，仅在日本保存了该书的部分残本。敦煌遗书中保存有多件《新修本草》(S. 4534、P. 3714、P. 3822、S. 9434 等)，有的可以补日本保存的该书残本之缺，内容重合的部分也可校正日本残本的错误。再如唐孟诜撰、张鼎补充的《食疗本草》，分条记述与食疗有关的各种药物的药性、主治、功效及禁忌，有的食疗药物下还附有单验药方，部分药物还记述了采集、修治、地域差别和生活用途。此书也在宋代佚失，敦煌写本《食疗本草》(S. 76)(图 11－2) 保存了食物药 26 种，共 86 条，约占该书所收 207 种药物的十分之一。此书对食疗药物的记述，有些至今仍有参考价值。

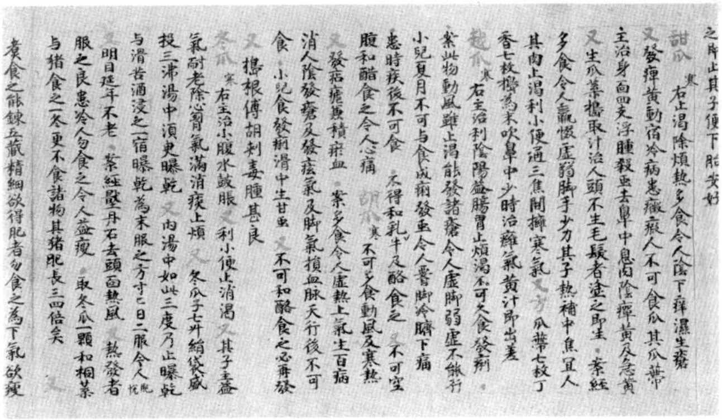
之時止其子便下胎安好
甜瓜 寒 右止渴除煩熱多食令人陰下痒濕生瘡
又發瘅黃動宿冷病患癥瘕人不可食瓜其瓜蒂
主治身面四支浮腫殺虫去鼻中息肉陰瘅黃及急黃
又生瓜葉搗取汁治人頭不生毛髮者塗之即生 ・案經
多食令人羸惙虛弱腳手少力其子熱補中焦宜人
其肉止渴利小便通三焦間擁塞氣 又方 瓜蒂七枚丁
香七枚搗爲末吹鼻中少時治癰氣黃汁即出差
越瓜 寒 右主治利陰陽益腸胃止煩渴不可久食發痢
・案此物動風雖止渴能發諸瘡令人虛腳弱虛不能行
小兒夏月不可与食成痢發虫令人嗜腳冷臍下痛
患時疾後不可食 不得和乳牛及酪食之 又不可空
腹和酪食之令人心痛 胡瓜 寒 不可多食動風及寒熱
又發瘧病及積瘀血 ・案多食令人虛熱上氣生百病
消人陰發瘡及發痃氣及腳氣損血脈天行後不可
食 ・小兒食發痢滑中生甘虫 又不可和酪食之必再發
又 搗根傅胡刺毒腫甚良
冬瓜 寒 右主治小腹水鼓脹 又利小便止消渴 又其子主益
氣耐老除心胷氣滿消痰上煩 又 冬瓜子七升絹袋盛
投三沸湯中須臾曝乾 又內湯中如此三度乃止曝乾
与滑苦酒浸之一宿曝乾爲末服之方寸匕日二服令人肥悅
又 明目延年不老 ・案經驗丹石去頭面熱風 又熱發者
服之良患冷人勿食之令人益瘦 ・取冬瓜一顆和桐葉
与猪食之一冬更不食諸物其猪肥長三四倍矣
又 煮食之能鍊五藏精細欲得肥者勿食之爲下氣欲瘦

图 11－2　英国国家图书馆藏《食疗本草》局部，编号：S. 76

图片来源：《英藏敦煌文献》，四川人民出版社，1990 年，第 1 卷第 24 页。

敦煌医药文献中还保存了很多未见于著录的古医籍和古医方。如《玄感脉经》(P. 3477)，是脉学理论著作，据研究是唐苏游撰，敦煌本只保存了该书第一篇和第二篇，主要探讨诊脉部位和诊脉方法。又如《青乌子脉诀》(P. 3655v)，用七言歌诀的形式论述诊脉之法。再如《明堂五脏论》(P. 3655)，按肝、心、肺、脾、肾等五脏分为五篇，论述各脏脏象，提倡适应四时阴阳以保存人体精气的养生之道，重视自然界气候变化对人的生理活动与病态过程的影响，从而确立了结合天时地利、形气阴阳进行诊察的方法和辨症施治的治疗原则。这几种医学理论著作均属未见于著录的古医籍，具有重要的资料价值。敦煌遗书中的古医方，总数达 1 000 多，多为中古时期医家通过验证的医方。这些医方治疗疾病的范围包括内科、外科、妇科、儿科、五官科和美容等方面。投药的剂型有汤剂、丸剂、散剂、膏剂以及药酒方、灌汤方、磁疗方等。各种验方长期在民间流行，虽多未为唐宋典籍所著录，却是百姓治疗常见病、流行病的最便捷、最有效、最实用的医方。

敦煌医药文献不仅具有重要的文献价值，对当时百姓的生活产生过重要影响，还是我国最早的一批医药学文献抄本，同时具有重要的版本价值和文物价值。

二、天文历法文献

敦煌遗书中保存的天文文献有《二十八宿次位经和三家星经》(P. 2512)、《玄象诗》(P. 2512、P. 3589)、《全天星图》(S. 3326) 和《紫微垣星图》(敦煌市博物馆 76v) 等。我国古代对星宿的观测和记录起源很早，战国时期已有甘德、石申和巫咸三家星经。可惜三家星经后来都失传了。所幸敦煌遗书中保存了《三家星经》(P. 2512)，该件用红、黑、黄三种颜色分别记录了甘德、石申和巫咸三家283官、1464颗星，这是一份现存最古老的用文字表现星官的星表。而敦煌《全天星图》（S.3326）和《紫微垣星图》（敦煌市博物馆76v）则是用图像来描绘当时人所认识的星官。敦煌《全天星图》绘于唐代，是当时北半球所能看到的，且被古代天文学家著录过的全天星象。全图共绘星1339颗，除去衍重的7星，实际共有恒星1332颗，是现存世界上著录星数最多最古老的星图，是研究古代天文学史的珍贵资料。

敦煌遗书中保存的历法文献共有50多件，多为不完整的残卷，其代最早者为《北魏太平真君十一年（450）、十二年历日》（敦煌研究院368v），最晚者为《宋淳化四年癸巳岁（993）具注历日》（P.3507）。这些历日有的是来自中原王朝或外地的历日，如上文提到的《北魏太平真君十一年（450）、十二年历日》和《唐大和八年甲寅岁（834）具注历日》（印本）(Дx.2880)、《唐乾符四年丁酉岁（877）具注历日》（印本）(S.P.6)都是来自中原的历日，而《唐中和二年（882）剑南西川成都府樊赏家印本历日》(S.P.10)则是由成都流入敦煌的历日。其他都是敦煌地区自编的历日，这类历日是敦煌历法文献的主体部分。在古代，历日颁行的区域向来是中原王朝行使管理权的重要象征。安史之乱后，中原板荡，在青藏高原的吐蕃乘虚而入，逐步占领了包括敦煌在内的西北广大地区。公元786年吐蕃管辖敦煌地区以后，敦煌地区开始行用自编历日。归义军时期，敦煌地区仍保持了行用自编历日的传统。现知最早的一件敦煌地区自编历日是《唐元和三年戊子岁（808）具注历日》(Ch.87)，最晚的一件就是上文提到的《宋淳化四年癸巳岁（993）具注历日》。

敦煌历法文献为了解古代历日的具体情况提供了宝贵的资料。我国古代的"正史"虽均有关于历法的内容，但主要记述历法的计算数据、计算方法以及历日的改革与演变，早期的历日实物多未能保存下来，现存传世历日实物最早者为《南宋宝祐四年（1256）会天万年具注历》。而50多件敦煌历日自北魏至北宋，时间跨度达500多年，既有中原王朝颁布的历日，也有被史书称为"小历"的民间私家历日（《唐中和二年（882）剑南西川成都府樊赏家印本历日》），更多的则是敦煌自编行用的历日。如此丰富多彩的历日实物在很大程度上弥补了中古时期历日文献资料不足的缺憾。

敦煌历日中包含一些天文资料。如《北魏太平真君十一年（450）、十二年历日》在太平真君十二年历日二月十六日和八月十六日下各注有"月食"，这二日分别相当于公元451年的4月2日和9月27日，据中国科学院紫金山天文台研究人员推算，在以上二日确有月食发生。这两次精确的月食预报说明当时我国对日月食的认识以及推断都达到了相当高的水平。

与现在流行的日历相比，唐五代历日的内容要复杂得多。完整的唐五代历日包括标题、序言和历日三个部分。序言简述历日的性质、编纂历日的依据、历日的用途以及年九宫图、年神方位图、推七曜直日吉凶法、各种杂忌法。历日部分在每月月首有月序，如《显德三年丙辰岁（956）具注历日并序》（S.95）（图11-3）正月的月序为："正月小，建庚寅。天道南行，宜修南方，宜向南方（行）。"月序的内容包括月大小（即上引文中之"正月小"）、月建干支（即上引文中之"建庚寅"）、天道行向（即上引文中之"天道南行"）、所宜修（即上引文中之"宜修南方"）和宜行方向［即上引文中之"宜向南方（行）"］等。历日自身的内容也有多项，如《显德三年丙辰岁（956）具注历日并序》（S.95）正月一日至十一日的内容为：

    一日甲午金定 岁直 加官、拜谒、治灶、剃头吉。
    二日乙未金执   入财、捉获、解厌吉。
    三日丙申火破 雨水 正月中 獭祭鱼 葬殡、坏屋、符镇吉。

第十一章　敦煌俗文学、科技文献与四部书的内容及其价值 | 385

　　蜜四日丁酉火危　　　　　安床、葬殡、洗头吉。
　　　五日戊戌木成　　　　　入财、镇谢、符解吉。
　　　六日己亥木收 藉田　　　起土、种莳吉。
　　　七日庚子土开 启原祭　　地囊、嫁娶、移徙吉。
　　　八日辛丑土闭 上弦 鸿雁来　归忌、取土、塞穴、符吉。
　　　九日壬寅金建　　　　　嫁娶、移徙、符解吉。
　　　十日癸卯金除　　　　　祭祀、斩草、嫁娶吉。
　　蜜十一日甲辰火满　　　　内财、市买、九焦、九坎吉。

　　可见当时敦煌历日的第一项是蜜日注，如上引文四日和十一日前均有一朱笔书写的"蜜"字，表示该日为"蜜"日，蜜日标注源自基督教的星期制度，敦煌历日将一星期的各日从星期日开始依次称为"蜜""莫""云汉""嘀""温没斯""那颉""鸡缓"。一般来说，敦煌历日要在正月一日注明是星期几，如P.3404正月一日顶端注"那颉日受岁"，以后只在星期日那天注一"蜜"字。之所以具注蜜日，是因为星期制度背后的七曜推灾之术的日渐普及，使得"蜜"日所具有的择吉避凶的社会文化意义显露出来，表现在历日中便是"蜜"日的适宜之事相当广泛，凡拜谒、见官、远行、修造、安宅、买卖、纳财、收获、入学、医方、服药、嫁娶等，均适合在"蜜"日行事，大致囊括了敦煌民众日常生活和社会实际的诸多方面，展现出一幅世俗化的生产生活场景。第二项是日期。第三项是干支。干支即每日的干支，如"一日甲午"，"甲午"就是一日的干支。第四项是六十甲子纳音。所谓六十甲子纳音，是将六十甲子配上宫、商、角、徵、羽五音，五音又可与金木水火土五行相配，于是便用五行代替五音，如"一日甲午金"，"金"就是甲午的纳音。第五项是建除十二客，是以建、除、满、平、定、执、破、危、成、收、开、闭十二个字配于每日之下，各主一定吉凶。如"一日甲午金定"的"定"字，就是建除十二客。第六

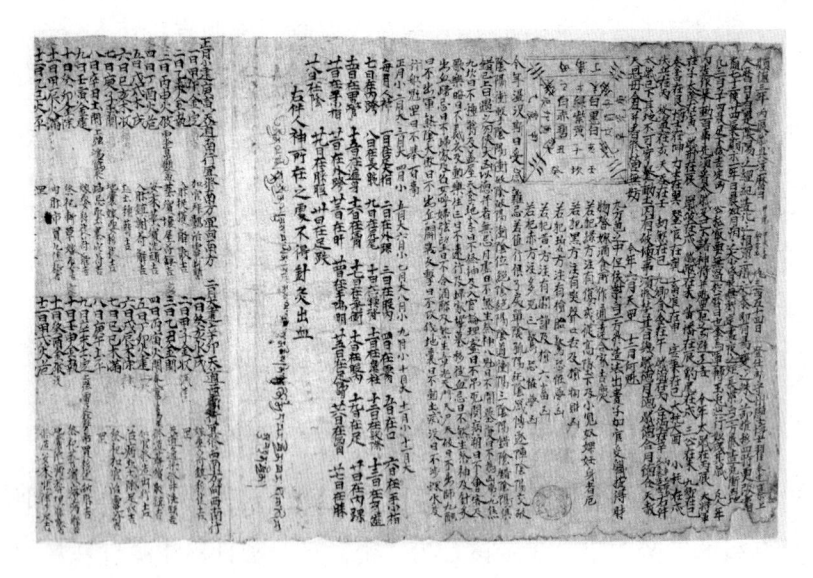

图 11-3　英国国家图书馆藏《显德三年丙辰岁（956）具注历日并序》局部，编号：S.95

图片来源：《英藏敦煌文献》，四川人民出版社，1990 年，第 1 卷第 45 页。

项是弦、望，指所能看到的月亮的形状，如"八日辛丑土闭　上弦"，其中之"上弦"，指辛丑日为上弦月。第七项是节气，如上引文三日下注有"雨水"，指该日是雨水节。第八项是物候，如上引文八日下注有"鸿雁来"，指该日鸿雁返回。第九项是有关节日和祭祀日的注记。如上引六日下有"藉田"，这是古代帝王所从事的一项重要的礼仪，以示重视农事。六日下注有"藉田"二字，表示该日是从事"藉田"礼仪的日子。其他月份标注的类似祭祀日还有"春秋二社"（即春二月和秋八月祭祀社神）、"释奠礼"（祭祀孔子的传统礼仪）、祭风伯、祭雨师、祭川原、腊（腊月）祭、人日节（正月七日为人日节）和启原祭等。第十项是内容繁杂的吉凶注。如上引文一日的吉凶注为"加官、拜谒、治灶、剃头吉"，指该日是从事所列几项活动的吉日。有的历日的内容比上引历日还要复杂，还包括昼夜时刻、日游、人神等内容。这些内容既有科学的成分，也有不少非科学成分，但都对当时人的生活产生过重要影响，因而是我们了解当时人的祭祀、节日和民俗的重要资料。

需要说明的是，敦煌历日所注记的内容并不完全一致，有的简单一些，有的复杂一些。总的来看，早期的历日简单一些，到唐晚期以后，历日注记的吉凶宜忌日益繁多，所以历日的名称也改称为"具注历日"。敦煌具注历日详注每日宜忌，堪称"民用小百科全书"。其中的节气、节日、食忌、吉日、祭祀等内容反映出人们的行为方式、文化积淀和精神寄托。

三、算书

敦煌遗书中保存的算书有《算书》（P.2667）、《算经》（P.3349、S.19、S.5779）、《立成算经》（S.930v）和《算表》（P.2490）。据研究，《算书》（P.2667）成书于北朝，是现知最古老的纸质算学典籍。《算经》（P.3349、S.19、S.5779）的内容大多来自成书于南北朝时期的《孙子算经》。现存内容包括序文、识位法、九九表、大数记法、度量衡制、九九自相乘数以及总题为"均田法第一"的十道关于土地面积计算的应用题。其中之"九九表"从"九九八十一"到"一一如一"，共四十五句，与宋代和西方使用的"九九表"不同。《算经》中之"九九表"还有"自相乘"和"分之"两种数据。如"九九八十一"之后有"自相乘得六千五百六十一。九人"，其中的"九人"，指八十一除九等于九。"自相乘"和"分之"两种数据的增加，是对汉代九九表的发展，也未见于其他传世算经，这两项有助于提高综合运算能力，并利于速算和供实际运用查阅。我国先秦时用十进位制，汉以后有十进位制和万进位制两种，十进位制以十万为亿，十亿为兆，万进位制是以万万为亿，万亿为兆。敦煌《算经》中两种进位制并存，万以下采用十进位制，万以上采用万进位制。万进位制是随佛教传入中国的，为中国所吸收，反映了佛教文化对中国数学的影响。

《立成算经》（S.930v），作者不详，"立成"即"速成"，是唐以后天文学家推算各种数据所用算表的通称。此件的内容有识位法、度量衡制、金属比重、大数记法、九九歌和九九累加表。此件之大数记法自十万以上皆以十进位，与上文介绍的敦煌《算经》不同。《立成算经》还保存了数码计数，即在九九歌和九九累加表的各步计算后又以数码另书于数字之下。如：

九九八〔十〕一 ⊥|　　　　直下八十一 ⊥|

八九七十二 ⊥||　　　　通前一百五十三 |≡

七九六十三 ⊥|||　　　　通前二百一十六 |⊤

六九五十四 ≡|||　　　　通前二百七十 ||⊤

五九四十五 ≡|||　　　　通前三百一十五 |||⊥

四九三十六 ≡|　　　　通前三百五十一 |≡。

以上各组数字后的符号是表示该组数字运算结果的数字符号。这套数码系统是随着用算筹计算产生的。这些数码完全采用十进位置值制，是当时世界上最简便的计算工具和最先进的计数制度，比古巴比伦的六十进位置值制方便，比希腊、罗马的十进位置值制先进。《立成算经》中的数码上承汉魏，下接宋代，对了解中国古代数码发展史具有重要意义。

金属比重值是当时经济领域中一个相当重要的计算参数。《立成算经》所记金属比重值为："金方寸为斤，银方寸为十二两，玉方寸为九两，铜方寸为八两，铁方寸为六两，石方寸为四两。"《立成算经》记载的度量衡制和金属比重值与传世诸算经及官方颁行的标准略有不同，这应当是敦煌人根据本地实际情况进行了细微调整，更符合本地经济实情。陆龟蒙诗云："呼儿舂取红莲米，轻重相若加十倍。"轻重相若加十倍的现象，涉物体的比重与密度两个物理量。红莲米与普通稻米，因密度不同，同样重量的两种米的体积相差十倍，此诗表明唐人对密度、体积、比重事宜并不陌生。相同体积的不同物体因各自的密度不同而有质量的差异，单位体积的某种物质的质量称为比重。唐人接受了自汉代以来的"比重"知识，所不同的是，李淳风校《孙子算经》时重新测定了物体的比重值："黄金方寸重一斤。白金方寸重一十四两。玉方寸重一十二两；铜方寸重七两半。铅方寸重九两半；铁方寸重六两。石方寸重三两。"① 经过换算比对，"唐代所用值已和今测值相当接近"②。准确的比重值意味着不同工种间的产品可以进行等值的程功计算，这是经济领域的重大社会进步。《立成算经》中的比重值，证实了敦煌经济发展与中原经济发展保持着同步。

北朝《算书》（P. 2667）、晚唐《算经》（P. 3349＋S. 5859＋S. 19＋羽37＋Дx. 3903＋S. 5779）渊源于北大秦简《算书》甲篇。研究者指出：敦煌本《算经》在内容上主要受《孙子算经》影响，又吸取了韩延《算经》（即今本《夏侯阳算经》）的部分内容；在结构上则继承北朝《算书》分门别类的传统；在算学思想上则源起于秦代。③ 这一脉《算经》所表达的算学思想在强调"数"是"六艺之纲纪"外，还充分阐述了算学的社会功用："立规矩，准方圆，谨法度，约尺丈，立权衡，平重轻，剖毫厘，析黍絫，历亿载而不朽，施八极而无疆。"④ 敦煌本《算经》序云："推方员（圆），合规矩，均尺丈，制法度，立权衡，平斛斗，剖毫厘，析黍絫，历亿载而不朽。"学者们已论定这一系统的算书、算经是在敦煌寺学、乡学

---

① 郭书春、刘钝校点：《孙子算经》，辽宁教育出版社，1998年，第2页。
② 王燮山：《中国古代所测定的物质比重》，《自然科学史研究》1985年第4期。
③ 任占鹏：《敦煌〈算经〉编撰年代及源流探析》，《敦煌研究》2021年第2期。
④ 郭书春、刘钝校点：《孙子算经》，辽宁教育出版社，1998年，第1页。

等民间私学中使用的普通教育的教材①，这足以说明敦煌百姓普遍接受了儒者九数所蕴含的算学思想。

四、散见于社会历史文书中的科技文献

散见于敦煌社会历史文书中的科技文献非常丰富，涉及 20 多个手工行业，包括饼匠的发面技术、酒匠的酿酒技术、锯匠的解材技术、灰匠的地仗制作技术等。

1. 发面技术

P. 3616v 有"造起面饼叁斗伍胜（升）"，S. 6233 则有"出面一斗造白饼"。起面饼，指使用发酵面团制作的饼。中国传统的起面方式有酸浆起面法、酵面起面法、酵汁起面法、酒浆起面法。贾思勰记载了汉魏时期汉人用酸浆、酒浆起面，直到唐代仍复如斯。释慧琳《一切经音义》云："酵暖，谓起面酒酵也。"② 用酒酵起面法制作的饼，又称作"白饼"。贾思勰在《齐民要术》中介绍了"作白饼法"，故 S. 6233 中的"造白饼"应当理解为以酒酵之法造饼，即制作中式饼。

P. 2040v 记录："面壹斗，交库日造水饼用。"水饼应为"水溲饼"的省称。所谓"水溲"，指仅用水和面，关键在于和好面团后的静置饧面，务使水和面粉的蛋白质分子充分结合而舒展。用充分饧好的水溲面团造饼，"与常酵者不异"。唐代以前将使用"水溲"起面法制作的饼称为"水溲饼"，将使用酒酵等起面法制作的饼称为"面起饼""起面饼"。

---

① 李并成：《从敦煌算经看我国唐宋时代的初级教学教育》，《数学教学研究》1991 年第 1 期。刘再聪：《隋唐五代宋夏金时期的甘肃教育》，载傅九大主编：《甘肃教育史》第三章，甘肃人民出版社，2002 年，第 115 页。薛艳霞：《敦煌算学文献研究》，西北师范大学硕士学位论文，2016 年。

② （唐）慧琳：《一切经音义》卷二六，载徐时仪校注：《一切经音义三种校本合刊》，上海古籍出版社，2008 年，第 958 页。

2. 酿酒技术

P.T.1097 中的敦煌"酿酒人",唐人又称为"酒匠""酒人"。曲粮比是酿酒时的重要技术参数。唐人最常用的曲粮比为:"神曲末一斗,煞黍秫米二石一斗。神曲末一斗,煞糯米一石八斗。法曲:第一年一斗米用曲八两,第二年一斗米用曲四两,第三年一石米用曲一斤。"实际上,酒匠要根据所酿酒的种类与质量要求来计算每次的用曲量,P.2763v 记录当年 9 月 8 日酿酒的曲粮数为"一石米,一石麦,三斗面,四斗麸,一石一斗曲",麦曲占了酒料的 29%。鲁酒兰陵美酒的曲粮比也是这个比例,"著名山东兰陵美酒,单用麦曲,不加其他糖化、酵母菌制剂,则为黍米的 30%左右"[①]。P.2763v 的记录说明当时官府酿酒的曲粮比很高,甚至能达到 30%,曲本身就是酿酒原料的主体部分。酒的"生香"靠发酵,30% 的曲粮比带来酒料的充分发酵,因此产生浓郁的酒香和醇厚的酒质,生产出来的酒就是在今天也属于高端酒。

唐人使用低温煮酒灭菌的方法来保证酒的贮藏品质。S.542v + BD.09606v 记载,大云寺"安保德煮酒一日"。煮酒"贮以瓦瓮,用粪埪火烧之",粪埪火即木柴残烬再烧之火,木柴烧过后留下的残烬炭,百姓俗称"火矢""火屎",故此称"粪埪火"。粪埪火的火势很软,与牛羊粪的火势相当,"贮羊粪:牛羊粪正月贮之,充煎乳火,软而无患,柴火则致干焦"。P.2049v 第 416 行:"面贰斗,两件付义员取奶酪用。"低温煮酒的火候要求与煮奶酪的火候要求相同,用牛羊粪煮酪、煮酒恰是敦煌百姓擅长的事情。低温灭菌处理过的煮酒可以较长时间放置,大都陈放经年,唐人称此种酒为"烧酒"。

3. 解材技术

大历十年(775)僧秀严建造"大圣文殊师利菩萨阁"的工程决算清

[①] (唐)韩鄂撰,缪启愉校释:《四时纂要校释》,农业出版社,1981 年,第 159 页。

单记载有："一千五十一贯二百九十六文，雇人解木手功粮食用。"解木，即使用框锯伐木制材。框锯之所以称为框锯，是因为其形制结构中独有的受力支撑点"锯梁"。《唐开元廿三年（735）沙州会计历》（P.3841v）记载有"叁具斧，壹梁锯"，以"梁"作为锯的量词，可见敦煌百姓对框锯特点的把握已经相当准确。《唐杂物牲畜帐》（64TAM15）列有唐代吐鲁番地区使用的大锯、中锯和小锯。敦煌地区同样有各种规格的大中小锯，《庚子年某寺交割常住什物点检历》（S.4215）中有"五尺大锯壹梁内有叶。又三尺锯壹梁。又三尺五寸锯壹梁在库"。唐五尺，合今制为1.5米，五尺大框锯是古代锯匠解大木的标准工具。《丙戌年（806）正月十一日已后缘修造破用斛斗布等历》（S.6829v）记载有"解木"的工价，"三月十四日，出麦捌斗，雇索鸾子等解木手工，城西。四月二日，出麦柒斗，付曹昙恩解木七日价；同日，出麦贰斗，付索家儿充两日解木价；又一日价，麦一斗。九日，出麦柒斗，付索鸾子充解木五日价"[1]。P.3875中记录有"面贰斗、粗面五斗，第五日看博士及解木人用"。

随着锯匠行业的发展，唐五代时锯匠职业的内部分工已比较细密。《丙子年（976或916）修造及诸处伐木油面粟等破历》（P.3875）记录了锯匠职业内部分工的具体工种："粗面三斗，氾都知解木人夫食用。粗面三斗，又氾都知［解］木人夫食用。""面一斗，宋博士错锯食用。面一斗五升，早上、日作、夜头看错锯博士食用。""粗面五斗、油半升，氾都［知］郎君、张乡官三团拽锯人食用。""面一斗，□□看团锯博士用。""面一斗，开锯齿博士两日食用。"按："团锯博士"当校作"抟锯博士"，因为"团"是"抟"的俗字，意为"以手圜之也"[2]，抟锯博士是组装框

---

[1] 唐耕耦、陆宏基编：《敦煌社会经济文献真迹释录》第三辑，全国图书馆文献缩微复制中心，1990年，第146页。

[2] （汉）许慎撰，（清）段玉裁注，许贤雅整理：《说文解字注》，凤凰出版社，2007年，第1055页。

锯的匠师。框锯的组装在当时是个高技术活，它涉及绞索的松紧、锯条的刚柔以及锯条安装的方向角度等诸多技术细节，是锯子好不好用的关键，以此"团锯博士"这一工种从锯匠职业的内部分工中细分出来。锯匠职业内部细分出来的第二个工种为"开锯齿博士"。开锯齿博士是给新锯条的齿牙开刃和修复旧锯条磨损齿牙的匠师。不同功用的大小锯子，其锯齿开刃的角度不同，锯子好用不好用，开刃的角度也是一大关键。锯匠职业内部细分出来的第三个工种为"错锯博士"。错锯博士是古代用砺石或三角锉刀磨利锯齿并校正齿形的匠师。汉人刘向云："错者所以治锯。"① 错是古代锉锯的工具，又别称"鑢"，俗称"错子""锉子"或者"锉刀"，《学童习字》中有"错子"（P.3644），《杂集时用要字》（P.3391）"使用物"中有"错子""锉刀"。每当锯齿用钝以后，须用"错"磨砺使其再度锋利，此生产过程称为"错锯"，故敦煌文献中又常用"错锯"来指代"错"，如 S.4215 有"错锯壹，重壹两"，P.3161 有"错锯壹"。错锯博士与近现代"磨剪子戗菜刀"的磨刀师颇为相类。锯条开锋刃并装配好后，最后的使用者为锯匠。锯匠操作框锯的生产过程是：先在原木上弹上墨线，然后由两人沿着墨线推拉框锯，将原木解制成所需的板材和方木。这个解制原木的过程，近现代人俗称"拉大锯"，敦煌文献中则称为"拽锯人"。"拽锯人""解木人"从不同的技术工艺环节共同说明了"锯匠"的工作情形，诸种博士名称上的不同，共同阐释了初唐以来锯匠行业内的具体分工。

4. 地仗制作技术

大历十年（775）僧秀严建造"大圣文殊师利菩萨阁"的工程决算清单记载有："八十五千二百八十八文，买石灰、赤土、黑蜡等用。"石灰、赤土等是灰匠使用的原材料，灰匠是以地仗工艺执业的装饰工匠，其主要

---

① （汉）刘向撰：《古列女传》卷三，中华书局，1985年，第78页。

工作是调灰泥和上灰泥，为壁画和油漆彩画在墙壁和木质构件上制作油灰地仗层。S.6829v 第 29 行记录八月二日"出白面壹硕柒斗，供赤白人"。"赤白人"是敦煌地区对灰匠的又一称谓，因为制作地仗层所用的主要材料是用猪血、油、石灰、白面等材料特别调制成的赤土和白土，《杂集时用要字》(Дх.02822)"工匠部"中就径直写作"赤白"。

《年代不明某寺诸色破用历》(P.4906) 第 59 行有"油贰升，大众条（调）灰泥"。灰匠的主要工具是刮刀，刮刀又称"油灰刀"，上灰泥不是操鈣镘的泥匠的业务，而是操油灰刀的灰匠的业务。《杂集时用要字》(Дх.02822)"工匠部"中的"撚塑"，即敦煌的塑匠，其业务也有调灰，《庚辰—壬午年（980—982）归义军衙内油面破历》(S.2474) 记载"塑匠调灰，面一斗五升，油半升"。只是塑匠所调的灰不是堆灰匠用的油灰，而是堆塑用的沙麻细泥，其制作方法是："土里边再加 30% 的细沙，沙子不管和成泥或是在干燥的过程当中它都不收缩。为了防止开裂加上棉花、麻和麦草这三种东西，之后经过三种泥不断的干燥过程，最后塑完的像才不会收缩也不会开裂，这个办法是很科学的。"[①] 因为塑匠用的灰泥主要由泥、沙、麻构成，为了区分灰匠与塑匠，敦煌文献中又称塑匠为"泥沙麻博士""沙麻塑匠"，如《后晋时代净土寺诸色入破历算会稿》(P.2032v) 第 175—176 行"面二斗二升，粟四斗，油一合，泥匠张留住、窟上后件泥沙麻博士及沙弥食[用]"。《癸卯年（943）正月一日已后净土寺直岁沙弥广进面破》(P.3234v) 第 21—23 行"面贰斗，挑赤土造烧饼人夫食用。面陆斗，调白土用；面柒斗捌胜，上赤白僧及上沙麻塑匠等用。面贰斗，造糊饼两件驮赤土用"。依据以上记录，可知敦煌民众对泥匠、灰匠、塑匠的执业界限非常清晰，在支出记录中分别以上泥、上赤白、上沙麻等加以区分。

---

① 中视传媒股份有限公司、敦煌研究院编：《敦煌》，中国传媒大学出版社，2010 年，第 71 页。

泥匠是建造工匠，灰匠和塑匠是装饰工匠，他们在生产链系中的位置不同。

总之，散见于社会历史文书中的科技文献提供了唐五代时期 20 余种手工业生产的现实记录，为全方位了解唐五代时期的手工生产技术提供了实证案例。

第三节　敦煌写本四部书（古籍）的内容及其价值

"四部"是中国古代使用的图书分类法。自唐代以来，人们将书籍分为经、史、子、集四大部类。经部收录儒家经典；史部收录历史、时令、政书、地理和目录等方面的著作；子部收录诸子百家以及释道宗教的著作；集部收录汇集几个作者或一个作者的总集、别集以及其他文学、戏曲方面的著作。"四部书"是这四大部类的简称。于理而论，四部书应该包括所有敦煌遗书，但因敦煌遗书中包括大量的文书和原始档案，很难按书籍分类，而且现在的学科分类和图书分类均与古代有很大差别，所以，本书对敦煌遗书的介绍是以现代学科分类为主，这里的"四部书"仅指前列各部分未涉及的古代典籍。

一、经部

在中国古代，儒家经典的范围随时代的变迁有所变化。汉代开始称《诗经》《尚书》《周易》《仪礼》《春秋》为"五经"。唐代先把《周礼》《礼记》《仪礼》《春秋公羊传》《春秋穀梁传》《左传》《诗经》《尚书》《周易》称为"九经"。唐文宗时又把《孝经》《论语》《尔雅》列入经部。宋代又将《孟子》列入，称"十三经"。

如历史篇所述，敦煌的儒学，最初应该是由内地的移民带来的，以后逐渐发展为占主导地位的官方意识形态。这是敦煌遗书中出现大量儒家典籍的社会背景。敦煌遗书中保存的经部典籍，除《周礼》《仪礼》《春秋公羊传》和宋代始列为"经"的《孟子》以外，其他九经都有几件或几十件抄本。即《周易》3种，《尚书》2种（49件），《诗经》4种（40多件），《礼记》7种（14件），《左传》4种（50件），《春秋穀梁传》2种（6件），《孝经》6种（41件），《论语》6种（92件），《尔雅》2种（2件），共计30多种，300多件。这些儒家经典的抄写年代，分布于六朝到五代宋初。就其性质而言，有些可能是私家藏书，更多的应该是公私学校的课本或教材。据研究，这些经典的来源有本地流传的典籍、唐以前从内地传入的官府典籍、唐代官府典籍和唐代从外地传入敦煌的典籍。这些儒家典籍，不仅具有重要的文物价值和校勘价值，还是了解当时敦煌文化面貌的重要资料。

敦煌遗书中保存的经部典籍，多数是目前所知最早或较早的写本，具有重要校勘价值。如传世本《周易·既济·六二》王弼注中之"而近不相得"，P.2619写本作"近而不相得"。据学者研究，敦煌本的文字是正确的，传世本在流传过程中将"近而"误改成了"而近"。又如传世本《尚书·高宗肜日》"惟天监下民，典厥义，降年有永有不永"，其中之"惟天监下民"一句，敦煌本P.2643、P.2516均作"惟天监下"。经学者研究，敦煌本是正确的，传世本在流传中误增了一"民"字。再如《诗经·齐风·东方之日》，传世本序作"刺衰也"，而P.2669写本却作"刺襄公也"。这显然是在《诗经》的流传过程中，因"襄"与"衰"字形相近，先把"襄"字误写或误刻成了"衰"字，后人不知，又删掉了"公"，遂成为现在传世本的样子。若非敦煌古本的存在，传世本的错误恐怕很难被改正了。又如传世本《春秋穀梁传·庄公二十年》中有"冬，齐人伐我"，此句为《春秋》经文，相同经文在《左传》和《春秋公羊传》中却作"齐人伐戎"。以往已有研究者怀疑传世本《春秋穀梁传》之"齐人伐我"应为"齐人伐戎"之误，而敦煌本《春秋穀梁传集解》（P.2536）第14行正作"齐人伐戎"，与《左传》《春秋公羊传》所载《春秋》经文相同，可确证传世本《春秋穀梁传》之"我"乃因与"戎"字字形相近而致误。又如成语"举一反三"语出《论语》，传世本《论语》原文作"举一隅不以三隅反，则吾不复也"，而敦煌写本《论语集解》（S.800、P.3705）则作"举一隅而示之，不以三隅反，则吾不复也"，敦煌本比传世本多"而示之"三字。以上引文的大意是要求弟子能举一反三，触类旁通，如不能"反三"，孔子则不再就此问题作进一步解释。比较而言，当然是敦煌本的表述更加明确、清楚，应是传世本在流传过程中脱漏了"而示之"三字。

敦煌遗书中一些经部典籍的音、注、疏等还是历史上佚失的著作。如《毛诗音》（P.3383），存96行，行款疏朗，书法精美，保存了《诗经》的古音近千条，学者研究认为，该文本是从中原流传到敦煌的六朝佚籍，具有重要研究价值。又如《礼记音》（S.2053v），亦为六朝佚籍。此件词目为单行大字，注音为双行小字，其注音为河南方音，属于北方音系，其撰写年代大约在公元5世纪左右，抄写年代大约在中唐。再如《御刊定礼记月令》（S.621）虽为残本，但所保存的部分李林甫注亦属佚籍。而P.4905＋P.2535尾题"春秋穀梁经传解释僖公第五"，此书名不见于历代书目，也应为古代佚失之典籍。而P.3573是佚失于南宋的皇侃《论语疏》。此外，还有佚名《论语摘抄》、佚名《论语音》和几种佚名的《孝经》注疏，亦均属佚籍。

二、史部

参照唐人对史部的分类，敦煌遗书中保存的史部典籍可分为正史、编年史、杂史、杂传等几个部分。

敦煌遗书中保存的正史有《史记》《汉书》《晋书》，均为残本。其中《史记》仅存1件（P.2627），已被剪裁为3段，其内容为《史记》"燕召公世家""管蔡世家""伯夷列传"，唐初写本。现存对《史记》最早的注释是刘宋裴骃所作之《史记集解》，敦煌写本即最早的《史记集解》抄本，可据之考察古本《史记》的原貌，并可据之校勘传世本的错误。该写本上还有用小字和涂黄校改原抄本错误的记录，并有朱笔句读。

敦煌遗书中保存了10件《汉书》写本，即P.2513《汉书·王莽传》，P.3557、P.3669《汉书·刑法志》，P.2485、S.2053《汉书·萧望之传》，S.10591《汉书·王商史丹傅喜传》，P.2973《汉书·萧何曹参张良传》，S.20《汉书·匡衡传》，P.5009《汉书·项籍传》，及罗振玉《敦煌石室碎金》所载《汉书·匡衡张禹孔光传》等。这批写本的抄写时代，最早的在唐前期，晚的在归义军时期。这些写本《汉书》除具有重要校勘价值外，最重要的是其中几种写本的注释与传世本《汉书》不同。《汉书》自问世后，历代作注者甚多，传世《汉书》用的是唐代颜师古的注本。在颜师古的注本流行之前，以晋人蔡谟的《汉书集解》在南北朝隋唐时期最为流行。由于颜师古对《汉书集解》大加诋毁，故颜注流行以后，蔡谟的"集解"逐渐失传。但敦煌遗书中保存了数种蔡谟"集解"的《汉书》，其中S.2053《汉书·萧望之传》，正文为大字，注文为双行小字，唐初写本。此件注文与传世的颜师古注不同，经学者研究认为应是蔡谟的"集解"，可据以了解蔡注的原貌和注释特征。此件还保存了唐代流行的《汉书》古本的原貌。班固在撰写《汉书》时，使用了不少古字。但在隋唐时期，很多《汉书》原来使用的古字在传抄过程中已被改为唐代通行的字。颜师古在为《汉书》作注时，把《汉书》本来已被改为通行字的文字又恢复成了古文。唐代以后，颜注本《汉书》流行，其他注本失传，后人也就无法得见颜注本流行之前古本《汉书》的原貌了。S.2053《汉书·萧望之传》正是未经颜师古改动的版本。更为珍贵的是,此件还留下了当时人用朱笔给该书所作的标点和注音,其标点与今中华书局标点多有不同,其注音则为了解唐初字音提供了材料。

此外,P.2973《汉书·萧何曹参张良传》所存之注释,既与颜师古注不同,也与蔡谟"集解"不同,据学者研究,此注为唐颜师古的叔父颜游秦所作,也是已经亡佚的《汉书》注本。同时,颜师古注本的《汉书》也有留存(如 P.2485《汉书·萧望之传》、P.2513《汉书·王莽传》)。

敦煌遗书中之所以保存的写本《汉书》较多,《史记》较少,应和南北朝隋唐时期知识界推崇《汉书》有关。

敦煌遗书中保存了3件写本《晋书》。现在流行的传世本《晋书》是唐太宗亲自组织编纂的,在唐代官修《晋书》之前,已有多家撰写的晋史著作流传,唐太宗时流行的晋史著作有十八家之多。唐代官修《晋书》颁行以后,其他有关晋史的著作都相继失传。P.3481《晋书·何曾传》,书法古朴,所存内容与传世本《晋书》不尽相同,且未避唐太宗的名讳,应该抄写于唐太宗之前,因而也就不是唐太宗组织编纂的现在传世的《晋书》,研究者认为这个《晋书》写本很可能是南朝齐隐士臧荣绪撰写的《晋书》。P.3813《晋书·载记》和 S.1393《晋书》残本则为唐代官修《晋书》的节略本。这几件敦煌写本《晋书》都具有重要的文物价值和校勘价值。

编年体史书是指按时间(年、月、日、时)顺序记录历史事件的史学著作。按照这样的界定,前面介绍的《春秋》《左传》《穀梁传》当然也属于编年体史书,但因这几种史书已经上升为儒家经典,故在四部书中它们是被列在经部,不在史部。属于史部的敦煌写本编年体史书有《晋纪》《晋阳秋》《春秋后语》《闽外春秋》等。

《晋纪》为东晋干宝撰写的编年体晋史，这部史书以简略和"直而能婉"著称，是上文提到的直到唐初仍在流行的十八家晋史著作之一。此书唐以后失传，清代学者有辑本。敦煌遗书 P.5550《晋纪》仅存一残片，应该是《晋纪总论》的一部分。敦煌本《晋纪》的抄写时代在中晚唐，说明在唐官修《晋书》颁行后，《晋纪》在民间仍有流传。

《晋阳秋》是东晋史学家孙盛撰写的编年体晋史。此书亦在唐以后佚失。敦煌遗书 P.2586《晋阳秋》残本，保存了晋元帝太兴二年（319）二月至六月的纪事，六朝写本。此外，吐鲁番文书中也保存了一件写本《晋阳秋》。这两件写本为研究晋史提供了重要的资料。

《春秋后语》为晋孔衍撰。此书是以《战国策》和《史记》为主要材料来源，记述战国时秦、赵、韩、魏、楚、齐、燕七国事，至秦朝灭亡止。该书以国分卷，每国以君主世系为序，按时间顺序纪事，因而属于国别编年史。此书在南北朝唐宋时期曾很流行，南宋后失传。但敦煌遗书中保存了 12 件写本《春秋后语》，即 P.5034v、P.5523v、P.5010、P.2702、罗振玉藏《春秋后语·秦语上、中》、国图新 865 号、S.713《春秋后语·秦语下》、P.3616《春秋后语·赵语上》、P.2872《春秋后语·赵语下》、P.2859《春秋后语·魏语》、P.2569《春秋后语》"赵语第五、韩语第六、魏语第七、楚语第八、齐语第九"节略本、P.3616《春秋后语》全书十卷的删节本。以上写本多为残本，整合在一起也未能复原该书之全貌，但所存之内容已多出清人辑本数倍，可据之排列出该书十卷的次第，并可窥知该书之大概。此外，S.1439 是《春秋后语》卷七至卷十的注释。在敦煌古藏文写卷中，保存了一件《春秋后语》的吐蕃文译本（P.T.1292）。而在吐鲁番文书中，也发现了写本《春秋后语》的踪迹。这都说明唐五代时期此书在西北地区是相当流行的。

《阃外春秋》，唐李筌撰，按时间顺序记载自周武王至李世民擒窦建德之间的明君良将和用兵得失，是一部编年体的战争史。该书在唐后期五代颇为流行，宋以后失传。据记载，《阃外春秋》全书为十卷，敦煌遗书P.2668保存了《阃外春秋》卷一和卷二，P.2501则保存了该书的卷四和卷五，以上两件保存的内容接近全书的一半，具有十分重要的资料价值和研究价值。

此外，敦煌遗书中还保存了几种不见于著录的类似编年史的文书，或按时间顺序记载汉晋的大事（S.2552），或按时间顺序记载唐代的大事（S.2506等），或按时间顺序记载瓜、沙两地的大事（S.5693、P.3721）。

杂史指记载一事之始末、一时之见闻或一家之私记的史书。敦煌遗书中保存的杂史类著作有《帝王略论》和《天地开辟以来帝王纪》。

《帝王略论》五卷，是一部评论古今帝王为政得失的著作，记事始于太昊，止于隋，作者为唐代虞世南。此书无传世本，仅日本金泽文库中有其中卷一、卷二、卷四残抄本，唐马总《通历》中亦保存了该书部分佚文。敦煌写本《帝王略论》（P.2636）虽也是残本，但保存了该书之序、卷一和卷二之部分，与日本金泽文库中之残抄本对照，具有重要校勘价值。

《天地开辟以来帝王纪》不见于古代书目，应该是佚失的古代杂史。该书以问答体形式记述古代传说中的开天辟地、日长、月广及三皇五帝的事迹等，似是介绍历史知识的童蒙教材。如其中有"问曰：五帝是谁？答曰：轩辕一、颛顼二、帝喾三、尧四、舜五，为五帝也"。据研究，此书的作者是宗显，东晋十六国时人。敦煌遗书中保存了4件《天地开辟以来帝王纪》写本（P.4016、P.2652、S.5785、S.5505），均抄写于唐五代时期，说明此书曾在民间广泛流行。

所谓杂传，是相对于正史中的人物传记而言的。敦煌遗书中保存的这类传记有P.2568《南阳张延绶别传》和S.1899《敦煌氾氏家传》等。张延绶是归义军节度使张淮深的儿子，他的"别传"说他"博学多闻，尤好诗礼"，又"留心骑射"，武艺高强。《敦煌氾氏家传》则记述了敦煌大族氾氏多位名人的事迹。以上两种传记都是研究敦煌地方史的重要资料。

敦煌遗书中还保存了一些按人物类别编纂的类传。如《孝子传》（S. 389v、P. 3680、P. 3536 等），记述了郭巨、舜子、文让、向生等人的孝行事迹。S. 5776《孝友传》，则记载王祥、王修、王褒、吴猛的孝行和伯夷叔齐让国等事，每传都注明材料出处。S. 6271 记录了卢楚、张季珣忠义守节的事迹，应为《忠臣传》。P. 5544 记录了董宣、朱穆、公孙鞅、李斯等杀人和滥施酷刑等残忍事件，当为《酷吏传》。这些类传中的不少人也见载于传世史籍，但与传世史籍的记载比较，情节和文字都有出入，说明这些杂传有自己的材料来源。

三、子部

敦煌遗书中保存的子部典籍种类繁多，除佛教、道教、天文、历数、医方等已在相关学科作过介绍外，尚有儒家、杂家、小说家、兵家和类书等多种。

这里的儒家，是指唐代"经"以外的儒家著作。敦煌遗书中保存的这类典籍有《孔子家语》（S. 1891），抄写于六朝时期，与传世本对勘，可改正传世本的多处错误。

杂家有《刘子新论》《治道集》等。《刘子新论》是北齐刘昼所著，也有人说是《文心雕龙》的作者刘勰所著。该书以儒道为宗旨，兼采子部其他各家而成。敦煌遗书中保存的写本《刘子新论》有 7 件（P. 3562、P. 2546、P. 3704、P. 3636、S. 12042、国图新 688、罗振玉旧藏本），均为六朝唐代写本，可据之校勘传世本之错误。《治道集》为隋李文博撰，其内容是记载诸子及前贤关于治理的精要，共有 100 篇。此书宋以后失传。敦煌写本 P.3722 存该书卷第三、第四，唐太宗时写本；S.1440 存该书卷第四之第三十三至三十六篇，也是唐写本。这两件敦煌写本《治道集》为了解该书提供了重要资料。

小说家有《搜神记》《还冤记》《周秦行记》《启颜录》等。《搜神记》是古代志怪小说集，旧题为东晋干宝编撰，但原书至宋代散佚。敦煌遗书中保存的《搜神记》和与《搜神记》有关的写本有数种。其中原日本中村不折收藏（现藏书道博物馆）有原题之《搜神记》写本，题句道兴撰（《敦煌变文集》所收录的《搜神记》即以该件为底本）。该件首尾完整，但所记之人的排列次序与 S.525《搜神记》不同，记事在文字上也有较大出入。可知两书虽同名，内容却不完全一致，应属不同版本系列。

此外还有 S.6022 也保存了部分《搜神记》，该件首尾均缺，上残，起首亦述段子京等事，但与此件不相接续，中间有缺失。P.2656 过去一般亦认为是《搜神记》，存张嵩、焦华等事。但张嵩事结尾处有"事出《搜神记》"，可知其并非《搜神记》。被定名为《搜神记》的还有 P.5545，存孙元觳、郭巨、丁兰、董永、郑袖、孔嵩、楚庄王、孔子与老人、齐国人与鲁国人等条。有些内容超出了中村不折藏本，是否《搜神记》，有待于进一步研究。

《还冤记》，北齐颜之推撰，亦为志怪小说集，所记为前代与当时的神怪之事，用以宣传报应之说。现存《还冤记》在流传过程中出现了不少错误。敦煌写本 P.3126《还冤记》虽然只保存了该书的一部分，但仍具有重要校勘价值。

《周秦行记》属于传奇小说，作者为唐牛僧孺。敦煌写本 P.3741《周秦行记》保存了 60 行，约占该书三分之二。与传世本对校，亦可校正传世本在流传过程中出现的错误。

S. 610《启颜录》（图 11-4）是失传的古代笑话集，成书于唐代，到五代至宋，将其附会到隋代侯白的名下。此书宋以后失传，幸赖敦煌写本得见其部分内容。其中的很多笑话，至今仍可令人忍俊不禁。

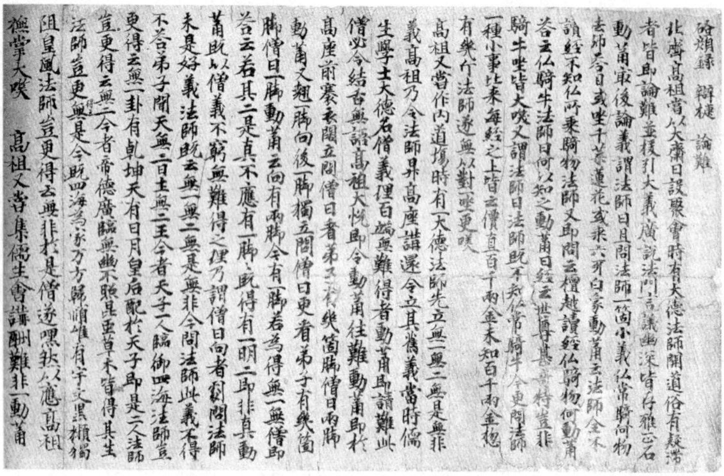

图 11-4　英国国家图书馆藏《启颜录》局部，编号：S. 610

图片来源：《英藏敦煌文献》，四川人民出版社，1990 年，第 2 卷第 64 页。

属于兵家的有 P. 3454《六韬》残本。据研究，敦煌写本《六韬》为北宋删定前的原本，虽不完整，但也保存了 200 行，既可据之校勘传世本的错误，更重要的价值是敦煌本保存了《六韬》的本来面目。

类书是辑录古籍原文中的部分或全部材料，按类编排，以供人们查考、引用的工具书，类似现在的专科辞典或百科全书。类书的编纂始于汉代，而流传至今较早的类书只有唐代编纂的《艺文类聚》和宋代编纂的《太平御览》《太平广记》《册府元龟》等。早期的类书大多失传。敦煌遗书中保存的类书很多，多为失传的类书。如以书名冠首的《修文殿御览》（P. 2526）和《励忠节抄》（S. 1810 等）。所谓以书名冠首的类书，是指该书在摘引古籍时，将书名冠于每段之前。

《修文殿御览》编纂于北齐时期，共有 360 卷，分为 50 部，每部下再分若干类。其内容是从当时所存典籍中摘录相关记载，分类编排。此书对后来的大型类书《艺文类聚》和《太平御览》都有重要影响。敦煌本《修文殿御览》（P.2526）首尾残缺，存该书鸟部的鹤、鸿、鹄、雉4类88则，为现知存世最古之类书，其抄写时代在唐初，所存部分引书达70种，其中如《玄中记》《风土记》等均为已佚失之古书，价值很高。

《励忠节抄》为唐王伯玙编纂，摘录典籍中激励忠臣节气的文字，分类编排而成。全书约10卷，分为100部，如忠臣部、道德部、恃德部、德行部、贤行部、言行部、亲贤部等。该书被《宋史·艺文志》著录，元代以后散失。敦煌遗书中保存了11件《励忠节抄》（S.1810、S.1441等）写本，约占全书十分之三四。其编纂体例与《艺文类聚》《群书治要》等大型类书近似。该书大量摘抄当时典籍中之文字，每每长达百字以上，所摘引之书如《玄游子》《奕论》《太公金匮》等，均已失传，具有重要辑佚价值。该书所引用的传世典籍，因时代较早，也有重要校勘价值。

以人名冠首的敦煌类书有《类林》（P.2635等）、《事林》（S.4052）、《事森》（S.5776等）和《珣玉集》（S.2072）等。所谓以人名冠首的类书，是指该书在摘引古籍时，先列人名，其下摘录该人之事迹，不同类别的人分类编排。如《类林·善射部》记载了李广的事迹。所记之事虽与史书记载基本相同，但作者把当时能够见到的典籍中有关的善射人物和事迹搜集在一起，还是很有意义的。《类林》的编者为唐于立政，是私人编撰的小型类书。原书分为10卷，分善射、壮勇、音声歌舞、美人、丑人、祥瑞、怪异、歌谣、报恩、感应等类编排历史上各类人物的事迹。《类林》大概在宋以后散失。敦煌遗书中保存了3件《类林》（P.2635等）。该书不仅将各类人物和事迹编排在一起，其中所引《丹阳记》《晋阳秋》《燕丹子》《续齐谐记》《蜀王本纪》等书均为佚籍，具有辑佚和校勘价值。

敦煌遗书中还保存了一种文赋体的类书——《兔园策府》，该书为唐杜嗣先奉唐太宗之子蒋王李恽之命而作，编撰时间在唐高宗时期。此书是为参加科举考试的人准备的，采用问答体形式提出和回答科举考试中经常遇到的问题，如辨天地、正历数、议封禅、征东夷、均州壤等。全书分为10卷，48门，收集古今事迹、典故，正文以对偶的文句分类编集，注文为散文，广引经史解释正文。《兔园策府》文辞典雅，就类书的编纂体例而言，也是前所未有的创举，可以说是宋代吴淑《事类赋》的先驱。该书宋以后失传，敦煌遗书中保存了4件写本《兔园策府》，即P.2573、S.1722、S.1086和S.614。其中P.2573与S.1722可以缀合，两件缀合后存书名、作者、序文、完整的第一卷和第二卷之起首。S.614保存了第一卷和序文的大部分，仅缺起首二至三行。所以，S.614可和缀合后的P.2573＋S.1722比勘。S.1086首尾残缺，只保存了第一卷第二篇"正历数"的一部分、第三篇的全部和第四篇"征东夷"的一部分。该件虽保存的内容不多，但正文中有作者的双行小注，说明当时流行的《兔园策府》有注文本和白文本两种版本。

敦煌遗书中还有一种名为《珠玉抄》的小类书，该书又被称为《益智文》《随身宝》或《杂抄》。该书以问答的形式介绍历史地理、天文历法、伦理道德、典章制度、年节时令起源、事物起源、名物典故和行为处世准则等各个方面的基本知识。这些知识都是人文常识，如果不知，在人际交往中会被人耻笑。因其内容重要，文字简要，可谓字字珠玑，故被称为《珠玉抄》。《珠玉抄》的成书年代，研究者认为在唐开元天宝年间。郑樵《通志·二十略》卷七《艺文略》著录有张九龄撰《珠玉抄》一卷，可能在元以后失传。有人认为敦煌写本《珠玉抄》的作者就是张九龄，但敦煌本未署作者名。敦煌遗书中保存的《珠玉抄》写本较多，有P.2721等11件，可见此书作为童蒙教材曾在敦煌广为流行。

此外，还有类语体类书，如"语对"（P.2524等）、李若立《籝金》

(P.2537)；近似书名冠首之类书，《勤读书抄》(P.2607)、《应机抄》(S.1380)、《新集文词教林》(P.2612)、《新集文词九经抄》(P.2557 等)；诗体之类书，《李峤杂咏》(S.555 等)、《古贤集》(S.2049v 等)。敦煌类书不仅具有重要的辑佚和校勘价值，同时也是研究古代的教育、风俗和社会观念变迁的重要资料。

四、集部

比较而言，敦煌遗书中保存的集部文献数量少于经、史、子部，但亦有重要价值。

唐以前的集部文献有《文选》和《玉台新咏》。敦煌遗书中保存了20多件《文选》抄本（P.2493v、P.2525、P.2527、P.3480 等），其抄写时代均在隋唐时期，是现知最早的一批《文选》抄本。在这些抄本中，既有元以后佚失的昭明原编白文无注 30 卷本《文选》残卷（P.3480 等），也有流传至今的唐李善注 60 卷本《文选》(P.2528)，还有在李善注本之前的佚名注本《文选》(Φ.242a) 和已经佚失的《文选音》(P.2833、S.8521)。毫无疑义，这批写本具有重要版本价值、辑佚价值和校勘价值，为《文选》学增添了新的研究资料。

《玉台新咏》是继《诗经》《楚辞》之后的诗歌总集，南朝徐陵编，选录梁以前诗歌 870 首。敦煌本《玉台新咏》(P.2503) 抄于唐代，虽仅存 62 行，却具有重要版本价值，且可校勘传世本的错误多处。如潘岳《内顾》诗中之"不见陵间柏"，今本误作"不见陵涧柏"。又石崇《王明君辞》中"遂入匈奴城"，今本误作"乃造匈奴城"；"杀身良不易"，今本误作"杀身良未易"；"甘与秋草并"，今本误作"甘为秋草并"。

敦煌写本唐人文集有《王绩集》(P.2819v)、《故陈子昂集》

（P.3590、S.5867、S.5971）和刘邺《甘棠集》（P.4093）。《王绩集》又称《东皋子集》，初唐吕才编，5卷，而今传世的却为3卷本《王绩集》。敦煌写本《王绩集》虽非完帙，却是吕才原编5卷本的组成部分，其版本价值十分珍贵。陈子昂少承家学，后以文章著称，被誉为"海内文宗"。《故陈子昂集》为其好友卢藏用所编，10卷。今传世之《陈子昂集》最早刊本为明弘治四年（1491）杨澄校定本，敦煌写本《故陈子昂集》是现知最早的卢藏用原编本，虽均为残本，但可以校正传世本的脱漏、妄改、增衍等错误多处。《甘棠集》，晚唐宰相刘邺撰。此书并非刘邺之诗文集，而是表状书启等公文的范文，这类官私文牍虽缺乏文学性，却保存了不少晚唐人物和史事资料。惜乎此书佚失于宋代，敦煌写本《甘棠集》（P.4093）为册页装，存表、状88通，保存了该书的大部分，由于是孤本，其版本价值和资料价值自然都很重要。

敦煌写本唐人诗集有《王梵志诗集》《高适诗集》《珠英集》《瑶池新咏集》等。

王梵志为隋唐间白话诗人，他的五言诗唐宋以来一直受到僧俗人士的喜爱，明代以后失传。敦煌遗书中保存了30多件《王梵志诗集》抄本（S.778等）（图11-5），保存了300多首五言白话诗。王梵志诗内容广泛，思想驳杂，语言通俗。如开篇第一首为："遥看世间人，村坊安社邑。一家有死生，合村相就泣。张口哭他尸，不知身去急。"此诗描述世间村坊百姓在乡邻死亡时，全村人都会赶去追悼，但在哭别人死亡的时候，却没有想到将来自己也会有这一天。另外一首则描述了人间的冷暖："吾富有钱时，妇儿看我好。吾若脱衣裳，与吾迭（叠）袍袄。吾出经求去，送吾即上道。将钱入舍来，见吾满面笑。绕吾白鸽旋，恰似鹦鹉鸟。邂逅暂时贫，看吾即貌哨。"敦煌写本《王梵志诗集》不仅具有重要的版本价值，也为古代文学史研究增添了新的资料。

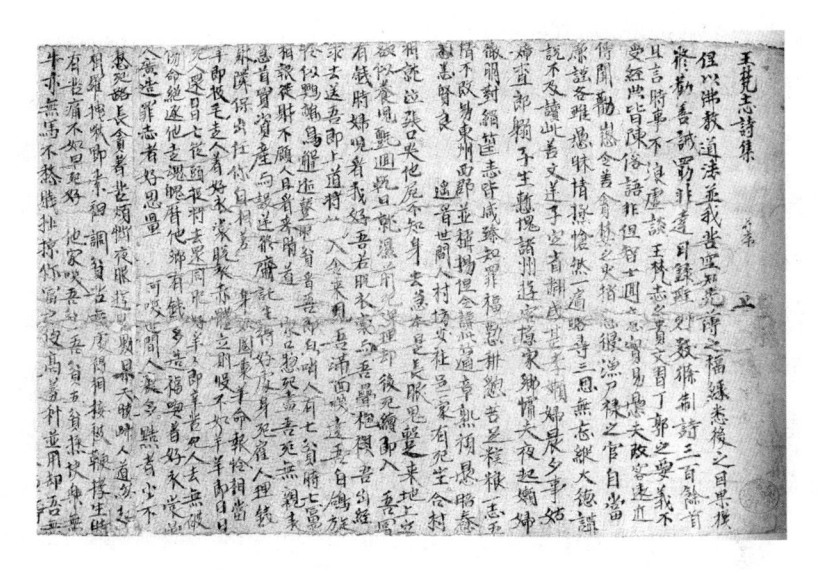

图 11-5　英国国家图书馆藏《王梵志诗集》局部，编号：S.778

图片来源：《英藏敦煌文献》，四川人民出版社，1990年，第2卷第149页。

高适是唐代重要诗人和作家，著述颇多，分别有文集和诗集传世。敦煌遗书中保存的《高适诗集》（P.3862），存诗36题50多首，另外P.2567、P.2552、P.3619"唐人诗集"中也保存了一些高适诗。《高适诗集》虽有传世本，但敦煌本中有8题8首高适诗不见于传世本。其他见于传世本的敦煌本高适诗，因是现存年代最早的唐人抄本，其中保存的诗篇诗句也必然更加接近唐人原编《高适诗集》的原貌，故可以校勘传世本传刻过程中出现的错误。

《珠英集》的全称是《珠英学士集》，是武后时崔融编辑的唐人诗集，宋元之际散失。敦煌写本《珠英集》有S.2717和P.3771两件，虽均为残卷，但是重新发现的孤本，两件共保存诗55首，其中《全唐诗》未收的佚诗有30首，其他见于《全唐诗》的诗作也具有重要校勘价值。

《瑶池新咏集》又称《瑶池新咏》，是唐蔡省风编的见于文献著录的唯一一部唐代女诗人诗歌选集。此书亦早已散失。敦煌遗书 Дx.6654＋

Дх. 6722v、Дх. 3861＋Дх. 3872＋Дх. 3874＋Дх. 3927A、Дх. 11050 等均为《瑶池新咏集》的组成部分，经整理存 4 位女诗人的诗作 23 首，占该书全部 23 人 115 首诗作的 1/5。敦煌写本《瑶池新咏集》的发现，填补了宋以前女诗人选集传本的空白，并为了解唐代女诗人群体的创作情况提供了资料。

敦煌写本歌辞集有《云谣集》和一些佚名的曲子辞集。歌辞又称曲辞，是指托于曲调，能发声歌唱的辞。《云谣集》又称《云谣集杂曲子》，是晚唐时的歌辞选集。该书作者不详，大约编选于 9 世纪后半叶，早于五代时成书的同类作品集《花间集》和宋代人编选的《尊前集》。《云谣集》不见于著录，敦煌遗书中保存了 S. 1441v、P. 2838v、P. 3251 共 3 个写本，保存了"凤归云""天仙子""竹枝子""洞仙歌""破阵子""浣溪沙""柳青娘""倾杯乐""内家娇""拜新月""抛球乐""渔歌子""喜秋天" 13 种调名 30 首词。《云谣集》是现知最早的歌辞选集，它的发现为研究词的起源、形式和内容提供了珍贵资料。

后 记

本书是 2010 年由高等教育出版社出版的《敦煌学概论》的修订版。书稿的雏形是我多年在首都师范大学、上海师范大学和台湾中正大学讲授"敦煌学概论"的教案。这次修订吸收了 2010 年以来敦煌学界的重要的新成果，有的部分如"绪论"几乎是重写的，而第五章则是新增的。其他部分的修订是先由各章参与修订的责任人在原书基础上修订，然后由我统一审订。本书的目标是最大限度地吸收国内外敦煌学各个学科、各个领域、各个方面的最新成果，使读者对古代敦煌文化遗产的精华及其产生的背景有比较深入、全面的了解，并对与之相关的敦煌学的由来及其性质有概要的了解。期望本书能成为读者走进敦煌学的入门向导。

参与各章节修订的责任人如下：

绪论：郝春文（首都师范大学）；

第一章第一至三节：郝春文、刘屹（首都师范大学）；

第一章第四至六节：郝春文、杨梅（中国人民大学）；

第二章第一、二节：郝春文、武绍卫（山东大学）；

第二章第三节：郝春文、陈大为（上海师范大学）；

第三章：郝春文、陈大为；

第四章：郝春文、赵贞（北京师范大学）；

第五章：郝春文；

第六章：郝春文、王秀林（中央民族大学）；

第七章第一节：郝春文、王秀林；

第七章第二节：郝春文、陈丽萍（中国社会科学院古代史研究所）；

第八章：郝春文、陈丽萍；

第九章第一、二节：郝春文；

第九章第三节：郝春文、么振华（兰州大学）；

第十章：郝春文、么振华；

第十一章：郝春文、周尚兵（山东师范大学）。

郝春文
2025 年 3 月 12 日于北京

图书在版编目（CIP）数据

敦煌学概论 / 郝春文等著. -- 北京：中国人民大学出版社，2025.4. --（中国自主知识体系研究文库）. ISBN 978-7-300-33798-2

Ⅰ. K870.6

中国国家版本馆 CIP 数据核字第 2025D3N798 号

中国自主知识体系研究文库
敦煌学概论
郝春文　等　著
Dunhuangxue Gailun

出版发行	中国人民大学出版社			
社　　址	北京中关村大街 31 号		邮政编码	100080
电　　话	010-62511242（总编室）		010-62511770（质管部）	
	010-82501766（邮购部）		010-62514148（门市部）	
	010-62511173（发行公司）		010-62515275（盗版举报）	
网　　址	http://www.crup.com.cn			
经　　销	新华书店			
印　　刷	涿州市星河印刷有限公司			
开　　本	720 mm×1000 mm　1/16		版　次	2025 年 4 月第 1 版
印　　张	26.5 插页 3		印　次	2025 年 4 月第 1 次印刷
字　　数	334 000		定　价	169.00 元

版权所有　侵权必究　　印装差错　负责调换